초연결성과 그 불만

일러두기

이 책에는 내용의 이해를 더하고 깊이 있게 읽을 수 있도록 옮긴이가 덧붙인 각주가 많다. 각주는 모두 옮긴이의 것이며, 원주는 원서 본래의 표기를 따라 미주로 표기하였다.

Hyperconnectivity and Its Discontents
by Rogers Brubaker

초연결성과 그 불만

로저스 브루베이커 지음 | 배현석 옮김

한울
아카데미

차 례

서문

고대 그리스 시인 아르킬로코스(Archilochus)[1]는 "여우는 많은 것을 알고 있지만 고슴도치는 한 가지 큰 것을 안다"라고 썼다. 철학자이자 사상사가(思想史家)인 아이제이아 벌린(Isaiah Berlin)이 대중화한 비유적 의미에서, 이 격언은 "모든 것을 하나의 중심 비전이나 구성 원리에 관련시키는" 작가들(고슴도치)과 "광범위하고 다양한 경험과 대상을 … [하나의] 단일한 내적 비전"에 맞추려 하지 않고 "그러한 경험과 대상"을 받아들이는 작가들(여우)을 구분한다.[1)] 이 책은 여우의 관점에서 쓴 책이다. 이 책은 방어할 포괄적인 논지도 없고, 내세울 단일한 개념적 프리즘도 없다. 오히려 이 책의 목적은 필자가 디지털 초연결성(hyperconnectivity)[2]이라고 부르는 제멋대로 뻗어나가는 통제 불가능한 다면적인 사회기술적(sociotechnical) 현상을 하나의 거대한 고슴도치적 아이디어(hedgehog-worthy idea)[3]의 개념 틀 안에 쥐

---

1 아르킬로코스(BC 680년~BC 645년)는 기원전 7세기 초엽에 활약한 그리스 파로스 태생의 전사·시인이다.

2 'connectivity'와 'connectedness'는 구별할 필요가 있다. 'connectivity'는 형용사 'connective'(연결하는)의 명사형이고 'connectedness'는 형용사 'connected'(연결된)의 명사형이다. 따라서 'hyperconnectivity'(초연결성)는 능동적 의미를 지니는, 즉 연결하는 기술 혹은 기계의 관점에서 본 개념이고 'superconnectedness'(초연결)는 수동적 의미를 지니는, 즉 기술이나 기계에 의해 연결된 인간의 관점에서 본 개념이라 할 수 있다.

3 "고슴도치적 아이디어"는 아이제이아 벌린의 유명한 구분에서 유래한 표현으로, "여우

어짜 넣지 않고 종합적으로 설명하는 것이다. 이 책의 목적은 초연결성이 자기(self)의 영역에서부터 경제 및 정치 구조에 이르기까지 사적 및 공적 사회생활의 모든 측면과 영역을 어떻게 변환시켰는지, 그리고 그토록 새롭고 흥미진진한 많은 가능성을 열어준 이러한 변환(transformation)[4]이 다른 면에서 인간의 자유와 번영에 어떻게 해로울 수 있는지 보여주는 것이다.

이 책은 필자가 LA 소재 캘리포니아 대학교(UCLA: University of California at Los Angeles)의 아너스 컬리지엄(Honors Collegium)[5]에서 여러 해 동안 가르쳤던 학부 세미나의 결과물을 발전시킨 것이다. 이 세미나에서 필자는 학생들이 점점 더 편재하는 일상적인 사회적 경험의 디지털 매개(digital mediation)와 디지털 초연결에 의해 시작되거나 가속화된 광범위한 문화적·경제적·정치적 변환에 대해 비판적으로 생각해 보도록 요청했다. 강의에 적절한 읽을거리를 찾는 동시에 연속적으로 개설하기 위해 강좌를 설계하고 재설계하는 동안, 필자는 일상적인 경험과 그 이면에 있는 구조적 변환 모두에 문제를 제기하면서도 일반인들이 쉽게 이해할 수 있는 방식으로 디지털 초연결성을 다루는 통합된 포괄적인 설명을 찾지 못했다. 필자는 이 책이 바로 그러한 책이길 바란다.

필자는 신종 코로나 바이러스가 지구상의 정상적인 삶을 정지시키기 1년 전에 이 책을 집필하기 시작했다. 그러나 이번 팬데믹(pandemic)으로 인해

는 많은 것을 알지만 고슴도치는 한 가지 큰 것을 안다"에서 따온 것이다. 즉, 모든 것을 하나의 큰 이론이나 아이디어로 설명하려는 접근법을 의미한다.

4 이 책에서 '변환'(탈바꿈)은 어떤 것 또는 누군가의 성격이나 모습을 완전히 바꾸는 행위나 과정을 말한다. 동사 'transform'은 변환하다, 완전히 바꾸다, 혹은 탈바꿈하다로 번역한다.

5 성적 우수 학생 프로그램(College Honors)에 등록한 학생들을 위해 고안된 것으로, 학제 간 연구를 강조하는 일련의 성적 우수자 과정을 말한다.

이 프로젝트가 그 어느 때보다 더 시의적절해졌다. 이번 팬데믹으로 인한 감금, 혼란, 제한은 삶의 모든 영역의 디지털화를 급격히 가속화했다. 그러한 감금, 혼란 및 제한은 원격 근무, 원격 교육, 원격 쇼핑, 원격 의학, 원격 치료, 원격 문화, 원격 오락, 원격 사교(社交) 등으로 갑작스러운 대대적인 전환을 야기했다. 이러한 전환 가운데 어느 것도 거의 완전하게 제자리로 되돌아가지는 않을 것이다. 이 모든 영역에서 사회생활의 급격하고 급진적인 이러한 재조직화는 기존의 디지털 하부구조(infrastructure) 덕분에 가능했다. 따라서 초연결성은 우리가 이번 팬데믹에 잘 대처할 수 있게 해주었다. 그렇지만 이번 팬데믹은 다시금 훨씬 더 완전하게 디지털 방식으로 매개되는 미래를 우리가 준비할 수 있게 해주었다.

이번 팬데믹 이전에는 거대 기술 기업(Big Tech)의 거대하고 설명할 수 없는 힘과 디지털 공론장의 쇠퇴가 강도 높은 비판적인 조사를 촉발했다. 막 시작된 이러한 '기술 반발(techlash)'[6]의 에너지는 대부분 코로나19에 직면해 일시적으로 사라졌다. 거대 기술 기업은 더 이상 시급한 문제가 아니었으며, 사회생활이 실제로 중단되었을 때 온라인으로 사회생활을 계속할 수 있도록 해준 매우 감사한 해결사였다. 따라서 이번 팬데믹은 거대 기술 기업에게는 신의 선물이었다. 이번 팬데믹은 새로운 시장을 개척하고, 전 세계적인 규모로 실험하고, 사회적 세계를 재편할 수 있는 독특한 기회를 제공했다. 이번 팬데믹은 또한 기술 기업들이 자신들을 정부 및 공중보건 당국과 협력하여 공익을 위해 일하는 존재로 내세울 수 있게 해줌으로써 그들에게 명예를 회복할 기회도 제공했다. 오정보(misinformation)[7]에 대한 우려가 커

6 기술(technology)과 반발(backlash)의 합성어로 거대 기술 기업들이 성장하며 사회에 부정적인 영향을 미치게 되자 이들의 과도한 영향력에 대한 반발 작용이 발생하는 현상을 말한다.

지면서 플랫폼들은 분명 압박을 받아왔다. 거대 기술 기업들은 여전히 일련의 독점 방지 및 규제 발의안에 직면해 있으며, 일부 발의안은 어느 정도 초당적인 지지를 받고 있다. 그러나 이러한 발의안의 운명이 어떻게 되든, 거대 기술 기업의 경제적 권력뿐만 아니라 문화적·정치적 권력은 더욱 커질 것이다. 그리고 10년 전 에브게니 모로조프(Evgeny Morozov)[8]가 아주 통렬하게 비판한 실리콘 밸리(Silicon Valley)의 '해결주의(solutionism)'[9] 이데올로기, 즉 모든 사회적 문제와 정치적 문제에는 기술적 해결책이 있다고 생각하는 습관이 그 어느 때보다 확고하게 자리 잡은 것 같다.[2)]

이 책이 다루는 방대한 범위에 비해 페이지 분량은 그리 많지 않다는 점 때문에, 필자는 잔인할 정도로 간결하고 무자비할 정도로 선택적일 수밖에 없었으며 또한 일찌감치 많은 중요한 주제를 무시하거나 기껏해야 수박 겉핥기식으로 다룰 수밖에 없었다는 점을 자인하지 않을 수 없다. 필자가 경계를 구획한 광대한 영토 위에 필자가 그려 넣은 특정한 경로는 의심할 나위 없이 필자의 지적·도덕적·정치적 감수성에 영향을 받았다. 따라서 필자의 기술(記述)은 어떤 면에서 개인적이고 특이하다. 그러나 필자의 기술이 개인적이고 특이하기만 한 것도 아니고 그것이 주된 목적도 아니다. 다시 말해, 필자의 기술은 디지털 초연결성의 복잡성을 우리가 살고 있는 세상을 강

---

7 오정보는 사실이 아닌 정보로, 사람들의 잘못된 믿음이나 실수로 인해 전달되는 정보를 말한다. 즉, 의도적인 왜곡 없이 단순히 잘못된 정보가 퍼지는 경우이다. 이에 비해, 역정보(disinformation)는 의도적으로 잘못된 정보를 퍼뜨려 사람들을 속이거나 특정한 목적을 달성하려는 목적을 가진 정보를 말한다. 정치적, 사회적, 또는 상업적 이익을 위해 고의적으로 사실을 왜곡하거나 조작하는 경우이다.

8 기술의 정치적·사회적 영향을 연구하는 벨라루스 출신의 미국 작가이자 연구자이다.

9 주로 기술적 해결주의(technocratic solutionism)라는 형태로 사용되는 해결주의는 모든 문제를 기술로 해결할 수 있다는 믿음을 의미하는 표현으로, 1960년대부터 사용되어 왔다.

력하게 구조화하는 '총체적인 사회적 사실(total social fact)'[10]로서 파악하려는 노력이다.3)

이처럼 넓은 범위를 다루는 책은 당연히 1차 연구에 기반하지 않는다. 아브람 더 스반(Abram de Swaan)[11]이 기억하기 쉽게 자신의 책을 특징지었듯이, 이 책은 '4차' 연구로, 어느 정도 전문화된 많은 2차 연구뿐만 아니라 여러 연구를 종합한 '3차' 연구[12]에도 의존한다.4) 사회과학, 법률, 미디어 및 커뮤니케이션 연구, 과학 및 기술 연구에 이르기까지 필자가 다루는 주제의 다양한 측면에 관한 문헌은 조사할 수 없을 정도로 방대해졌다. 물론 필자는 관련 저작물들을 모두 읽은 척하거나 심지어 알고 있는 척할 수는 없다. 그러나 특정 주제를 더 깊이 살펴보고자 하는 독자는 미주(尾註)에서 문헌에 대한 풍부한 조언을 찾을 수 있을 것이다.

디지털 초연결성은 전 지구적 규모의 현상이기는 하지만 세계의 다른 지역에서 그리고 서로 다른 사용자 집단 사이에서 매우 다르게 형성된다. 따라서 주의 깊은 독자들은 필자가 1인칭 복수 대명사를 자주 사용하는 것에 대해 궁금해할 수도 있다. 그러한 독자들은 그렇게 아무렇지도 않게 부르는 이 '우리(we)'가 누구인지 물을 수도 있다. 저자를 나타내는 '우리(authorial we)'[13]는 문체상의 편의를 위한 것이지만, 사회학적으로 보면 그것은 허구이

10 사회학에서 총체적 사회적 사실은 경제, 법률, 정치 및 종교 영역에서 사회 전체에 영향을 미치는 활동을 말한다.

11 네덜란드의 수필가이자 사회학자로 암스테르담 대학교(University of Amsterdam) 명예교수이다. 1996년 출간된 『함께 산다는 것(*Human Societies: An Introduction*)』의 저자다.

12 2차 창작으로 만들어진 작품을 바탕으로 타인이 또다시 그 설정과 인물을 차용하여 만든 작품을 3차 창작물이라고 한다.

13 저자를 나타내는 '우리'는 학술적 글쓰기에서 '나(I)'의 사용을 피하기 위해 사용하는 1인칭 복수 대명사이다.

다. '우리'와 초연결성과의 관계는 고도로 차별화된 관계이며, '우리'는 여러 다른 방식으로 그것을 경험한다. 세대 간 차이가 특히 커 보이지만, 국가, 계층, 교육, 젠더, 종교, 인종 및 민족성의 차이 역시 중요하다. 이러한 차이점들이 필자의 논의에서 때때로 등장하기는 하겠지만, 이러한 차이점들을 자세히 나타내는 것이 필자의 목표는 아니다.

그럼에도 필자는 저자를 나타내는 '우리'를 사용하는 것에 대해 제한적인 방어를 하고자 한다. 디지털 초연결성은 여러 가지 다른 방식으로 우리에게 영향을 미치지만, 그것은 점점 더 우리 모두에게 영향을 미친다. 초시공간적 연결성(anytime-anywhere connectivity)이, 최소한 스마트폰 소유가, 사실상 완전한 시민권의 요건이 되면서, 심지어 상대적으로 연결되지 않은 사람들도 불가항력적으로 그 궤도 안으로 끌려들어 간다. 그리고 위대한 기술 플랫폼에 의해 구축되고 있는 한층 더 디지털 방식으로 매개되는 미래는 우리 모두가 살게 될 미래이다. 이용자들은 플랫폼을 예상치 못한 방식으로 재구성할 수 있지만, 점점 더 강력해지는 플랫폼들 역시 이용자를 설계하고 구성하며 규율한다. 어떤 점에서 플랫폼들은 사회학적 허구를 사회학적 사실로 만들 수 있다.

특히 정치에 관한 장의 일부 부분에서 필자가 하는 일부 주장은 미국의 맥락을 구체적으로 다룬다. 그러나 이 책이 미국에 관한 책은 아니다. 그러한 주장은 유럽과 미국 간의 상당한 법적·제도적 차이, 특히 유럽의 훨씬 더 강력한 데이터 보호 체계에도 불구하고, 대부분의 경우 선진 서구 국가들에게 적용된다. 그리고 그러한 주장의 상당 부분은 서구 국가들 외에도 적용된다. 그러나 필자는 중국의 디지털 초연결성의 독특한 구성(즉, 국가의 중심적인 역할, 거대한 중국 기술 플랫폼 특유의 특성, 그리고 훨씬 더 높은 일상생활의 디지털 매개 정도)에 대해서는 그것에 의당 기울여야 할 관심을 기울이지 못했다. 초연결성의 지정학에서 중국은 다른 모든 곳에서 미국의 기술 거대 기업들

이 장악하고 있는 패권의 주요한 견제 세력 역할을 하고 있다.5)

제1세계(the first-world)에 있는 65세의 대학교수가 디지털 초연결성에 대해 대체로 비판적으로 기술하는 것은 '요즘 아이들'에 대해 불쾌하게 조바심을 내는 '쇠퇴론자(declinist)'의 장광설로 희화화될 위험이 있으며, 디지털 방식으로 매개되지 않은 대면 관계를 지나치게 순진하게 이상화하며, 디지털 이전의 공론장을 따뜻하지만 왜곡된 향수(鄕愁)의 빛으로 물들여 버린다. 필자는 그와 같은 해석을 정당화할 그 어떤 내용도 이 책에는 없기를 희망한다. 필자는 디지털 연결성에 의해 필자 자신의 삶과 전 세계 수십억 명의 삶이 풍요로워졌다는 사실을 기꺼이 인정한다. 필자의 입장은 확실히 비판적이지만 무비판적으로 비판적이지는 않다. 필자는 하소연하거나 단절론자들(disconnectionist)[14]의 선언문을 작성하는 데 관심이 없으며, 초연결성의 양면성을 두루 강조한다. 좋든 나쁘든, 아니 더 좋은 면과 더 나쁜 면이 공존하면서, 우리는 삶의 모든 영역과 모든 수준에서 초연결성에 의해 형성되고 구조화된 세상에 살고 있다. 앞으로의 길은 분명하지 않다. 그러나 되돌아갈 수는 없다.

14 단절론자들은 인터넷이 계산된 아바타 수행을 위해 진정한 자기(self)에 대한 전례 없는 억압을 정상화하고 심지어는 강제했다고 본다.

감사의 글

2015년부터 필자가 가르치고 있는 디지털 초연결성에 대한 연속 강좌에 참여해 준 학생들에게 먼저 고마움을 전한다. 그들과의 논의를 통해 필자는 이 책을 써야겠다는 생각을 하기도 전에 이 책에 대한 아이디어를 생각해 낼 수 있었으며, 이후에 그들은 이 책의 초안 대부분의 첫 번째 독자들이기도 했다. 예일대학교(Yale University), 리버사이드 소재 캘리포니아 대학교(UC Riverside), 오슬로 대학교(University of Oslo), 그리고 중앙 유럽 대학교(Central European University)[1]에서의 강연은 필자의 아이디어를 추가적으로 테스트할 수 있는 장이었다. 조사에 탁월한 도움을 준 모건 바틸리어(Morgan Boutilier)와 알렉잰더 페러(Alexander Ferrer)에게 고마움을 표한다. 팔러티 출판사(Polity Press)의 존 톰슨(John Thompson)의 지원과 격려에도 큰 감사를 드린다.

필자와 함께 프로젝트에 대해 논의하고 여러 단계에서 초안에 대한 의견을 제시해 준 친구, 동료, 학생, 가족들에게 정말 큰 빚을 졌다. 전체 원고의 내용과 스타일에 대해 상세하고도 독자의 이해를 돕는 유익한 의견을 제시해 준 위삼 알샤이비(Wisam Alshaibi), 벤 브루베이커(Ben Brubaker), 여동생

1 오스트리아·헝가리·미국에서 인가를 받은 연구 중심 사립 대학교로, 현재 비엔나와 부다페스트에 캠퍼스가 있다.

엘리자베스 브루베이커(Elizabeth Brubaker), 리아나 그랜사(Liana Grancea), 폴 스타(Paul Starr), 오리 슈바르츠(Ori Schwarz), 두 장에 대한 특유의 예리한 의견을 제시해 준 로이크 와캉트(Loïc Wacquant), 그리고 프로젝트의 전반적인 형태에 대한 귀중한 조언을 해준 셰리 터클(Sherry Turkle)에게 특히 감사드린다. 도움이 되는 의견을 제시하고 아울러 격려도 해준 줄리아 애덤스(Julia Adams), 존 보웬(John Bowen), 새라 박서(Sarah Boxer), 대니얼 브루베이커(Daniel Brubaker), 마이클 컬리나(Michael Cullina), 미치 더니어(Mitch Duneier), 제이컵 포스터(Jacob Foster), 파블로 제랄도(Pablo Geraldo), 빌 헤퍼넌(Bill Heffernan), 마이클 이그나티에프(Michael Ignatieff), 크리스티안 요프케(Christian Joppke), 김재은(Jaeeun Kim), 게일 클리그먼(Gail Kligman), 존 라페이(John Laffey), 레베카 린(Rebecca Lin), 리처드 오언스(Richard Owens), 카챠 라이스(Katya Rice), 율리아네 포겔(Juliane Vogel), 스티브 워서먼(Steve Wasserman), 안드레아스 위머(Andreas Wimmer) 및 케이팅 조(Kaiting Zhou)에게도 고마움을 전하고 싶다. I. 라이스 페레이라(I. Rice Pereira)[2]의 표지 이미지를 제안해 준 해리 쿠퍼(Harry Cooper)에게도 감사한다.

책 제목을 결정한 후 셰리 터클의 2011년 저서 『외로워지는 사람들: 테크놀로지가 인간관계를 조정한다(*Alone Together: Why We Expect More from Technology and Less from Each Other*)』에 있는 절의 제목['연결성(connectivity)과 그것에 대한 불만']을 그대로 되풀이하고 있다는 사실을 발견했다. [프로이트(Sigmund Freud)의 『문명과 그것에 대한 불만(*Civilization and Its Discontents*)』[3]에 대한 오랜 관심 때문에 그 제목에 끌리기도 했지만] 몇 년 전에 터클

2 아이린 라이스 페레이라는 미국의 추상미술가이자 시인, 철학자로 미국 모더니즘 발전에 중요한 역할을 한 인물이다.

3 독일어 원본의 제목은 『문명 속의 불만(*Das Unbehagen in der Kultur*)』이다.

의 그 책을 읽었기 때문에 처음 그 책을 읽으면서 그 문구가 필자의 기억에 남았을 가능성이 꽤 높다. 필자가 터클에게 제목을 흉내 낸 것을 언급했을 때, 그녀는 『시뮬레이션과 그것에 대한 불만(*Simulation and Its Discontents*)』이라는 필자가 모르는 책도 출판했다고 언급했다. 따라서 이 책의 제목은 이중으로 흉내 낸 것이다.

1장의 이전 버전은 2020년에 발행된 ≪이론과 사회(*Theory and Society*)≫ 제49권 5~6호에 "디지털 초연결성과 자기(Digital Hyperconnectivity and the Self)"라는 제목으로 발표된 바 있다.

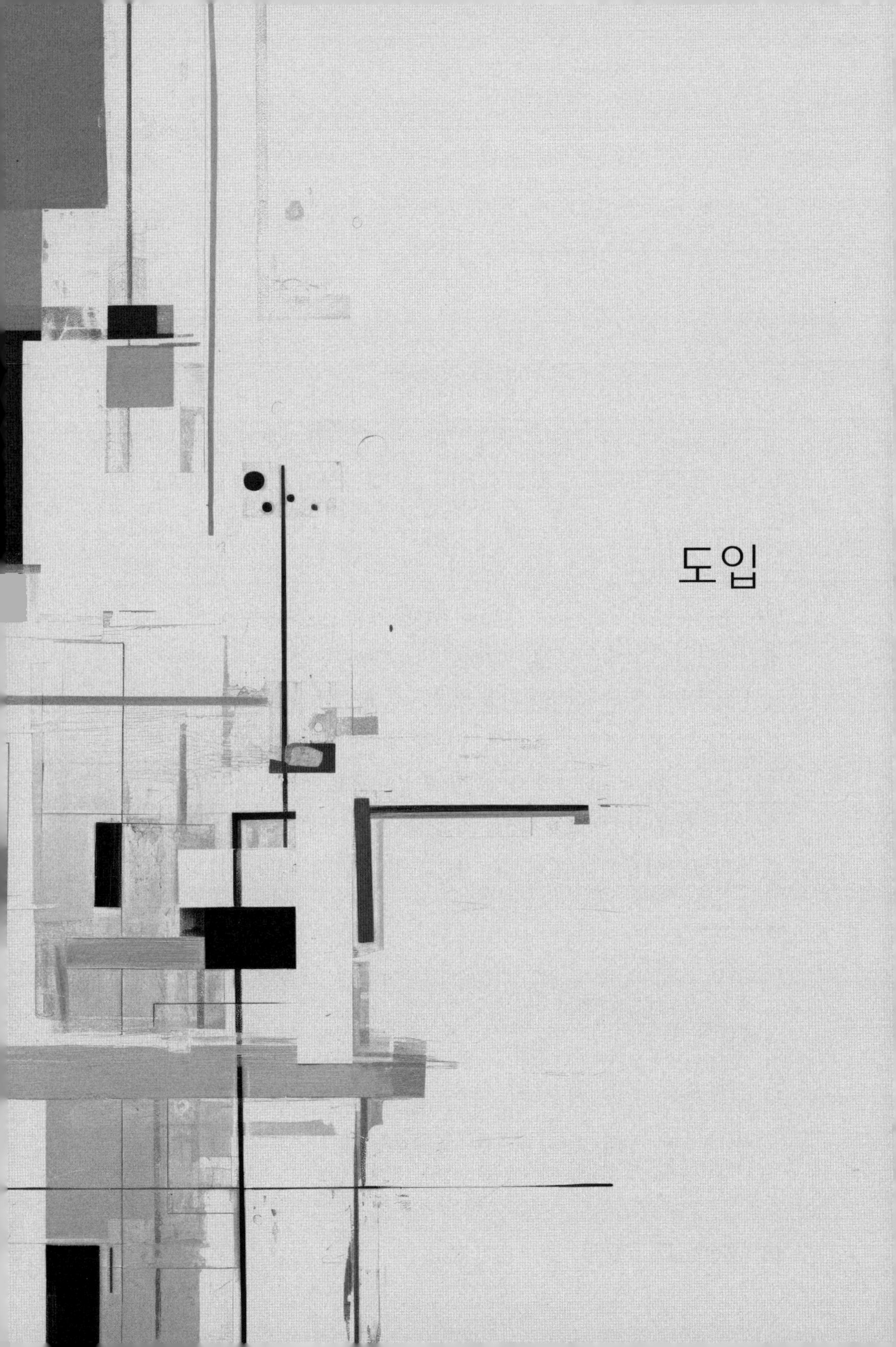

도입

디지털 초연결성은 우리 시대를 정의하는 사실이다. 보편적 연결(universal connection)에 대한 실리콘 밸리의 꿈, 즉 모든 사람과 모든 것을 다른 모든 사람과 다른 모든 것과 언제 어디서나 연결하는 꿈이 빠르게 실현되고 있다. 우리는 다른 (거의) 모든 사람에 그리고 무한한 디지털 콘텐트(content)[1]의 세계에 연결되어 있을 뿐만 아니라, 점점 더 밀도가 높아지는 물질들의 네트워크에도 연결되어 있다. 우리는 단순히 사물 인터넷(Internet of Things)의 세상이 아닌 만물 인터넷(Internet of Everything)의 세상에 살고 있다.

가장 가벼운 관계에서부터 가장 친밀한 관계에 이르기까지 우리의 사회적 관계, 우리의 일과 놀이의 형태, 우리가 세상과 타인과 우리 자신을 아는 방식(ways of knowing),[2] 시공간에 대한 우리의 경험, 우리 몸을 돌보고 우리 자신을 즐겁게 하며 우리의 기분을 조절하는 행위, 체화된 습관과 생리적 리듬, 우리의 상업적 거래, 집에 있는 사물과의 상호작용, 가장 덧없고 순간적

---

1 흔히 콘텐츠로 표기하나 '내용'이라는 의미의 추상명사로 사용될 때 'content', 즉 단수형으로 사용되기 때문에 '콘텐트'로 표기하는 것이 옳다. 그러한 분리될 수 있는 여러 내용의 형태들로 구성되어 있는 경우에는 복수형인 'contents'로 표기하기도 하며, 책을 구성하는 내용 단위들을 나타내는 '목차'라는 의미의 'contents'가 그러한 예다.

2 지식(knowledge)과 앎(knowing)은 모두 이해와 관련이 있지만, 그 강조점과 출처에서 차이가 있다. 지식은 일반적으로 학습이나 경험을 통해 습득한 사실적인 것으로, 외부적인 것으로 간주되는 경우가 많은 반면, 앎은 직관이나 직접적인 경험에서 비롯된 좀 더 내면적이고 경험적인 이해 또는 확신을 의미하는 경우가 많다.

인 것에서부터 인간 창의성의 가장 오래 지속되는 결실에 이르기까지 모든 종류의 문화 콘텐트와의 상호작용과 같은 일상적인 경험의 모든 측면이 연결된(connected) 기기와 연결을 가능하게 하는(connective) 플랫폼에 의해 매개된다. 그리고 이번 팬데믹은 일상적인 경험의 디지털 매개를 극적으로 강화시켰다.

우리의 일상적인 활동이 점점 더 디지털 플랫폼으로 옮겨감에 따라, 그것들은 넘칠 정도로 풍부한 흔적과 자국을 남긴다. 이러한 자국들은 수집되고 취합되고 체계화되어 지금까지 상상할 수 없는 규모로 상품화되고 교환되며 데이터베이스로 집계될 수 있는 데이터로 변환된다. 디지털 흔적(digital trace)은 개별적으로는 가치가 없는 '데이터 잔해(data exhaust)'이지만, 데이터베이스에 통합되고 최첨단 연산 기술을 통해 분석된 잔해는 금으로 바뀔 수 있다.[1] 이 연산 연금술은 모든 것을, 심지어 가장 하찮아 보이는 디지털 파편도, 다른 모든 것과 연결하는 데 달려 있다. 연산 연금술로 인해 데이터 추출 및 데이터 기반 감시가 사회, 문화, 경제 및 정치 생활의 중심이 되었다. 연산 연금술은 또한 기계학습(ML: machine learning) 및 인공지능(AI: artificial intelligence) 개발을 강력하게 자극했으며, 점점 더 그 범위가 넓어지는 일련의 중대한 결정을 이끌며 때로는 어떠한 인간의 개입도 없이 그와 같은 결정을 내리는 새로운 형태의 알고리즘적 거버넌스(governance)를 만들어 냈다.

비물질적이고 마찰 없는(frictionless) 초연결성 경험과 디지털 데이터의 추출, 분석 및 가치화(valorization), 이 둘 모두의 기반이 되고 이 둘 모두를 가능하게 하는 것은 거대하지만 대체로 보이지 않는 물질적 기반이다. 이 엄청나게 조밀하고 정교한 물질적 하부구조는 계속 증가하는 디지털 트래픽이 이동하는 상호 연결된 라우트(route)들의 네트워크들(광섬유 고속도로 및 이것과 연결된 마지막 구간의 지역 라우트들), 트래픽을 계속 이동시키는 보조 기계설비들[무선 기지국(cell tower), 라우터(touter), 거대한 네트워크들이 만나는 교환국], 트래픽을 확실하게 목적지에 도달하게 해주는 프로토콜(protocol), '클라우드(cloud)'라는 비현실적인 이미지와는 상반되는 엄청난 에너지를 소모하는 데이터 센터들, 연결된 엄청난 수의 최종 이용자 기기들, 그리고 우리의 일상 물건과 환경에 배태된(embedded) 수천억 개의 네트워크화된 센서(networked sensor)와 작은 추적 및 식별 태그(tag)들로 구성된다.[2)]

이러한 경험적이고 데이터 추출적이며 물질적인 차원뿐만 아니라 문화, 경제, 법 및 정치 차원에서도 디지털 초연결성은 고대사회의 선물 교환에 대해 쓴 인류학자 마르셀 모스(Marcel Mauss)가 "총체적인 사회적 사실"이라 부른 것으로, 법적, 도덕적, 정치적, 국내적, 종교적, 경제적, 미학적, 사회구조적 측면에서 동시에 발생하는 현상이다. 초연결성도 유사하게 "사회와 사회제도 전체를 포함한다."[3)] 초연결성은 우리의 주의(注意)를 재구성하고 우리가 생각하고 보고 느끼는 방식을 재형성하면서 자기(self)를 식민화했다. 초연결성은 사회적 상호작용의 공간과 시간을 늘리고 사회적 상호작용을 플랫폼 친화적이고 감시를 강화하는 형식과 포맷으로 이동하게 함으로써 사회적 상호작용의 형식을 재구성했다. 초연결성은 인간 문화 전체를 개인 맞춤화된 알고리즘을 통해 우리에게 제공되는 끝없는 디지털 콘텐트 스트림으로 바꾸어놓았다. 초연결성은 우리의 미래에 전례 없는 힘을 행사할 거대한 과점기업들을 탄생시킴으로써 경제생활에 혁명을 불러일으켰다. 초연결성은 공론장을 파편화하고, 시민 집단 전체를 양극화하며(어떤 면에서는 마비시키며), 포퓰리스트(populist)들이 매개 기관에 문제 제기를 더 강력하게 할 수 있게 함으로써 정치를 뒤엎어 놓았다.[4)]

『초연결성과 그 불만』은 이러한 편재해 있는 불안한 변화에 대한 해석적인 설명을 펼쳐나가는데, 이 모든 변화는 이번 팬데믹 동안 극적으로 가속화되었다. 이 책은 자기, 사회적 상호작용, 문화, 경제, 정치 등 폭넓은 범위의 변환을 아우른다. 필자는 초연결성의 기저 역학에 대한 구조적 분석을 통해 이러한 각 영역에서 초연결성의 일상적인 경험을 조명하고자 한다. 필자는 이런 식으로 초연결성을 후기 근대성(late modernity)의 중심이 되는 총체적인 사회적 사실로 파악하고자 한다.

* * *

디지털 초연결성은 비교적 새로운 현상이다. 대규모 디지털 연결성은 수십 년 전으로 거슬러 올라가는데, 인터넷 이용의 폭발적인 성장은 1993년 최초의 웹 브라우저가 도입된 때부터 시작된다. (물론 전자적 연결성의 역사는 훨씬 더 길어서 19세기 중반 전신의 발달로 거슬러 올라간다.) 그러나 필자가 이해하기로 디지털 '초'연결성은 2010년대 상반기가 되어서야 비로소 나타났다. 불과 몇 년 사이에 선진국에서는 스마트폰 사용과 초시공간적 연결성(anytime-anywhere connectivity)이 거의 보편화되었다. 예를 들어, 미국에서는 14세 이상의 스마트폰 보유 인구 비율이 2008년 말 11%이었던 것이 불과 6년 후 75%로 급증했다. 이때는 또한 소셜 미디어 이용이 널리 퍼져나갔을 뿐만 아니라 소셜 미디어 이용이 당연시되기 시작한 시기이기도 하다. 정기적으로 페이스북(Facebook)을 이용하는 사람들이 2008년 말에는 미국 인구의 14%에 불과했지만 불과 3년 후에는 인구의 절반 이상을 차지했다(이용자들 가운데 젊은이의 비율이 훨씬 더 높았음).[5] 디지털 방식으로 매개되는 우리의 활동 흔적에서 나오는 방대한 양의 데이터를 추출하고 집계하며 수익화하는 것(monetization), 이러한 엄청난 데이터 세트를 토대로 훈련된 기계학습 및 인공지능의 비약적 발전, 디지털 감시의 비대화, 클라우드 컴퓨팅 및 고속 모바일 광대역 하부구조의 발전, 우리가 온라인에서 볼 콘텐트를 결정하는 알고리즘적 분류가 편재적으로 사용되는 것, 이 모든 것들 역시 새천년에

와서 등장했으며 임계 질량(critical mass)[3]에 도달한 것은 훨씬 더 최근의 일이다.

이러한 변환은 최근에 일어났을 뿐만 아니라 여전히 진행 중이다. 초연결성이 강화됨에 따라 이러한 변화는 심화하는 동시에, 초연결성이 삶의 새로운 영역에 침투함에 따라 이러한 변화는 확대되고 있다. 초연결성은 정적인 상태가 아니라 역동적으로 전개되는 현상이다.[6)] 예를 들어, 현재 구축 중인 5G 모바일 네트워크는 (불과 10년 전 모바일 광대역을 지원하기 위해 도입된) 이전의 4G보다 훨씬 더 넓은 대역폭, 더 빠른 속도, 더 짧은 지연 시간을 제공하며, 새롭게 떠오르는 '메타버스(metaverse)' 비전의 중심인 증강현실(AR: augmented reality)과 가상현실(VR: virtual reality)의 기능을 크게 향상할 것이다. 초연결성의 자기-확장적, 자기-변환적 역동성은 이번 팬데믹 기간에 두드러지게 드러났는데, 이 기간에 일어났던 '대규모 격리'는 모든 것을 더욱 디지털화하는 데 엄청난 추진력을 제공했으며 감염에 대한 불안은 비접촉 미래를 위한 비접촉 기술의 개발 및 마케팅을 가속화했다.[7)]

초연결성의 '초(hyper)'는 무엇을 의미하는가? 디지털 초연결성을 생각할 때, 우리는 사람들 사이의 연결을 먼저 생각할 것 같다. 그와 같은 연결성의 규모는 실로 믿기 어려울 정도이다. 페이스북 하나만 하더라도 거의 30억 명의 월간 활성 이용자들(MAU: monthly active users)을 연결하며, 왓츠앱(WhatsApp)과 인스타그램(Instagram)은 각각 20억 명 이상, 메신저(Messenger)는 13억 명을 연결한다. [물론 많은 사람이 메타(Meta)가 모두 소유하고 있는 이러한 앱들 가운데 하나 이상을 이용한다.] 유튜브(YouTube) 이용자 수는 20억 명에

---

3 원래는 핵분열 연쇄반응을 일으키는 데 필요한 최소한의 질량, 곧 '임계 질량'을 가리키는 용어이나 어떤 새로운 변화나 혁신이 성공을 거두는 데 필요한 최소 규모의 이용자 수를 가리키는 뜻으로도 사용된다.

이른다. 중국의 위챗(WeChat) 이용자 수는 12억 5000만 명이며, 불과 2016년에 설립된 틱톡(TikTok)은 2021년에 이미 10억 명의 이용자를 확보했는데, 이들 가운데 거의 모두가 2018년 이후에 가입했다. 10억, 즉 100만의 1000배는 매우 많은 수다. 분명 이러한 소셜 미디어 플랫폼을 이용하는 사람들은 대부분 상대적으로 적은 수의 친구나 팔로워(follower)만 있으며, 대부분 메시징 플랫폼을 이용해 소수의 다른 사람들과만 소통한다. 그러나 중요한 것은 플랫폼이 매개하는 연결성의 엄청난 규모이다. 소셜 미디어는 가까운 친구와 가족[사회학자들은 이것을 강한 유대 관계(strong tie)라고 부름]뿐만 아니라 더 넓은 범위의 지인[약한 유대 관계(weak tie)], 그리고 훨씬 더 넓은 범위의 팔로워들(디지털 공간에서만 볼 수 있는 호혜적이지 않은 유대 관계)을 연결하기 때문에, 온갖 종류의 콘텐트(뉴스, 가십, 단편적인 문화, 소문, 또는 오정보)가 엄청나게 많은 수의 사람들에게 매우 빠르게 퍼질 수 있다. 약한 유대 관계와 팔로워십(followership) 유대 관계는 응집력 있는 핵심을 중심으로 뭉치는 경향이 있는 강한 유대 관계보다 훨씬 더 광범위하게 확장하는 경향이 있다. 약한 유대 관계는 서로 다른 공동체와 네트워크들 '사이'에 연결 고리를 만든다. 강한 유대 관계는 공동체와 네트워크 '내'에서 관계를 공고히 한다. 따라서 플랫폼이 매개하는 약한 유대 관계는 디지털 콘텐트의 바이럴 확산(viral diffusion)을 위한 사회구조적 기반을 제공하여 문화, 정치, 마케팅, 오락의 역학 관계를 변화시킨다.

사람들은 다른 사람에게만 연결되는 것이 아니라, (사회 조직, 정치 조직, 종교 조직, 상업 조직, 교육 조직, 의료 조직, 금융 조직 등) 조직에도 연결된다. 그들은 '항상 켜져 있고, 항상 소지하는(always-on, always-on-them)' 기기에 연결되는데, 이러한 기기들은 지속적이지만 대체로 습관적인 배경 주의(background attention)[4]를 요구한다.[8)] 사람들은 그들의 환경 속에서 밀도를 높여가고 있는 사물 네트워크에 연결된다. 그리고 그들은 정보, 뉴스, 해설, 게임,

음악, 비디오, 오락, 가능한 모든 주제에 대한 논의, 그리고 가장 넓은 의미에서 인간 문화 전체와 같은 역동적으로 업데이트되는 무한한 디지털 콘텐트에 연결된다.

그러나 디지털 연결성의 점점 더 많은 부분은 사람들을 전혀 포함하지 않는다. 즉, 다양한 형태의 '기계 대 기계' 커뮤니케이션을 통해 작동하는 사물들 간의 연결을 포함한다. 그와 같은 연결은 새로운 5G 네트워크하에서 훨씬 더 빠르게 늘어날 것인데, 5G 네트워크는 훨씬 더 많은 수의 밀도 높은 센서 내장 기기들을 지원할 것이다. 커넥티드 웨어러블 기기(connected wearables), 온도 조절 장치, 보안 시스템, 조명 시스템 및 기타 '스마트 홈(smart home)' 기기를 갖춘 소비자-대면(consumer-facing) '사물 인터넷'은 가장 비근한 예이다. 그러나 소형 센서와 고유 식별 RFID[5] 태그로 구현되는 '산업용 사물 인터넷'은 훨씬 더 큰 변환을 보여주고 있는데, 이것은 인간 조작자의 조정 없이도 구성 요소와 기계가 서로 소통할 수 있게 함으로써 생산 자동화를 촉진한다.[9)] 모바일 결제 시스템, 건물 또는 운송수단에 대한 자동화된 접근, 자동화된 재고 관리 시스템 및 자동화된 유료 도로도 마찬가지로 RFID 태그에 의존한다. 무선 센서 네트워크는 환경, 하부구조, 농업, 의료, 산업 및 군사 모니터링에도 사용된다.

초연결성의 '초'는 누구를 그리고 무엇을 연결하는가에 관한 것일 뿐만 아니라, 언제 그리고 어디에서나 연결하는가에 관한 것이기도 하다. 초시공간적 연결성은 이전의 뚜렷이 구별되는 삶의 영역들 간의 경계를 허물었는데,

---

4 예를 들어, 친구와의 대화와 같은 주된 활동(전경; foreground)을 하는 도중에도 울리는 휴대폰 확인과 같은 부수적인 일(배경; background)에 주의를 기울이는 것을 말한다(이 장의 미주 8 참조).

5 RFID(radio-frequency identification) 기술이란 전파를 이용해 먼 거리에서 정보를 인식하는 기술을 말하며, 전자기 유도 방식으로 통신한다. '전자 태그'로도 불린다.

이전에 삶의 영역들은 각각의 고유한 시간과 공간을 가지고 있었다. 그러나 실리콘 밸리가 그리는 미래에는 연결성이 단지 어디에서든 어느 때든(anywhere and any time) 연결된다는 개념이 아니라, 모든 곳에서 항상(everywhere and always) 연결된다는 개념이다. 스마트 기술에 대한 현재의 기술 담론은 마크 와이저(Mark Weiser)[6]의 '편재적 컴퓨팅(ubiquitous computing)'에 대한 초기 비전을 재해석하면서 연결성과 컴퓨팅이 '눈에 띄지 않게 주변 환경의 일부가 되는(become ambient)',[7] 즉 스마트폰과 같은 중요한 중심 기기에 집중되기보다는 환경에 녹아들면서 환경 전체로 분산되고 있는 것으로 본다.[10)]

디지털 초연결성이 초래하는 변환은 전 지구적 규모와 범위, 광범위한 편재성, 현기증이 날 정도의 속도를 보여주면서 이전의 미디어와 커뮤니케이션 기술의 혁명에 의해 시작된 변화를 능가한다. 인쇄의 발명과 확산의 영향도 분명 디지털 초연결성의 그것만큼 널리 퍼졌고 더 심오했을 수도 있지만, 그 결과가 드러나는 데에는 수 세기가 걸렸다. 전신과 전화는 거리를 무의미하게 만들었고 세계를 그 어느 때보다 촘촘히 연결해 주었지만, 이 네트워크들은 한 세기 반 동안 특정 장소에 묶여 있었다.[11)] 텔레비전은 일상의 경험, 문화, 정치를 변환시켰지만, 디지털 초연결성도 같은 일을 해내는 동시에 사회적 상호작용의 양식(modality)을 근본적으로 재구성하고 경제의 기본 구조를 바꾸며 알고리즘적 거버넌스라는 새로운 양식을 만들어내면서

6 편재적 컴퓨팅이라는 새로운 개념을 제시한 미국의 컴퓨터공학자이다.

7 앰비언트 컴퓨팅(ambient computing)은 편재적 컴퓨팅에서 한발 더 나아가 사용자가 기기를 인식하지 않은 상태에서 디지털 행위를 하는 컴퓨팅 환경을 뜻한다. 편재적 컴퓨팅은 주변에 설치된 기기들이 핵심이 되는 개념이라면, 앰비언트 컴퓨팅은 특정 기기가 아닌 사용자의 행동 방식이 중심이 된다. 최근 화두가 되고 있는 AI, AR, VR, 스마트홈, 자율주행 차량 등의 기술은 모두 앰비언트 컴퓨팅을 향해 나아가고 있는 것들이다.

자기(自己)의 구성에 더 깊숙이 침투한다.

디지털 연결성의 혁명은 이전의 미디어 및 커뮤니케이션 혁명을 기반으로 기존 미디어 형식을 디지털화하고 재매개하며(remediate)[8] 인쇄, 사진, 녹음된 사운드, 영화, 전신, 전화, 라디오, 텔레비전, 게임 및 컴퓨팅을 디지털 방식으로 네트워크화된 단일 옴니미디어(omnimedia) 생태계로 결합한다.[12)] 이를 통해 디지털 초연결성은 일종의 현대 생활의 보편적 하부구조, 즉 커뮤니케이션, 사교, 지식, 문화, 오락, 뉴스, 정치, 상업, 거버넌스 등의 하부구조로 발전할 수 있었다. 전신, 전화, 라디오, 텔레비전, 그리고 그 이전의 우편 시스템, 이것들은 모두 매우 중요한 커뮤니케이션 하부구조였다. 그러나 인터넷의 놀라운 만능성(pluripotentiality)[9]은 디지털 초연결성을 '메타-하부구조적인(meta-infrastructural)' 것으로 만들었다. 즉, 그것은, 예를 들어 전기, 수도 같은 유틸리티(utility)[10]뿐만 아니라 금융, 산업 및 운송 하부구조를 포함해, 거의 모든 다른 사회기술적 하부구조가 의존하는 하부구조이다. 초연결성에 광범위한 도달 범위와 변환적인 힘을 부여하는 것은 바로 이러한 매우 하부구조적인 특성이다.[13)]

초연결성의 변환적인 힘과 침투적인 현존감(presence), 즉 초연결성이 사회생활의 모든 측면과 더욱 밀도 있고 복잡하게 엮여 있는 방식을 강조하는 것은 기술결정론적인 입장(technological determinism)을 취하려는 것이 아

8 재매개(remediation)란 뉴 미디어가 기존 미디어들을 개조하면서 스스로의 의미를 획득해 나가는 과정으로, 1999년에 미디어 이론가인 제이 데이비드 볼터(Jay David Bolter)와 리처드 그루신(Richard Grusin) 교수가 사용한 개념이다. 예를 들어, 사진은 회화를, 영화는 연극과 사진을, 텔레비전은 영화와 라디오를 재매개해 왔다고 할 수 있다.

9 생물학에서 만능성(pluripotency)이란 태아나 성체의 모든 세포로 가는 분화 능력을 말하는데, 초기 수정란 세포가 분열하면서 여러 장기로 분화되기 전 단계의 세포로서 이러한 세포는 심장, 췌장, 간, 피부, 신경 등등 다양한 장기로 분화가 가능하다.

10 수도·전기·가스 등 생활 소비재를 공급하는 공익사업을 말한다.

니다. 초연결성이 사회생활의 모든 주요 영역을 재구성했다는 필자의 주장은 다르게 들릴 수도 있을 것이다. 그러나 이러한 표현과 이와 유사한 고도로 축약된 표현은 단순히 설명을 위한 편법일 뿐이며, 복잡하고 장황한 서술을 피하기 위해 사용한 것이다. 그러한 표현은 좀 더 미묘한 차이를 고려한 분석을 대체한다. 디지털 초연결성은 '사물'도 아니고, '힘'도 아니며, 직접적으로 무언가를 일어나게 하지도 않는다. 그것은 커뮤니케이션의 환경, 지형, 생태계이고;[14] 인간, 기계, 프로토콜, 관행 및 데이터들의 망이며; 커뮤니케이션 네트워크, 연산 절차, 물질적 인공물, 사회적 관행, 체화된 습관, 조직 형태, 경제적 인센티브 및 법적 프레임워크로 구성된 복잡한 사회기술적 배치(assemblage)[11]이다.[15] 네트워크화된 디지털 기술은 어떤 행동은 더 쉽게, 어떤 행동은 더 어렵게 만들면서 새로운 가능성을 열어주고 다른 가능성은 배제하는 특정한 '어포던스(affordance)'[12]를 가지고 있지만, 우리가 그것을 사용하는 용도를 결정하지는 않는다.[16] 디지털 초연결성에 의해 촉발된 사회적 변환은 네트워크화된 디지털 기술 자체의 성질에 의해 미리 정해지는 것이 아니라, 오히려 이러한 기술과 그것을 중심으로 서서히 생겨나는

---

11 프랑스어 '아상블라주(assemblage)'에서 온 단어로 집합, 집적, 조합을 의미한다. 들뢰즈와 가타리의 철학에서는 구성 요소들이 고정된 형태로 결합되지 않고, 상호작용하면서 형성되는 배치(또는 구성체)를 의미한다. 이 개념은 각 요소들이 유동적이고 다차원적으로 결합되며, 그 상호작용에 따라 새로운 형태와 기능이 생겨나는 방식에 집중한다.

12 심리학에서 '어포던스'는 환경이 개인에게 제공하는 것을 의미하며, 디자인 분야에서는 더 좁은 의미로 행위자가 쉽게 인지할 수 있는 가능한 행동을 의미한다. 미국의 심리학자 제임스 J. 깁슨(James J. Gibson)이 1966년 자신의 저서 『지각 시스템으로 간주되는 감각(*The Senses Considered as Perceptual Systems*)』에서 이 용어를 처음 사용한 것으로 알려져 있으며, 1979년 저서 『시각 지각에 대한 생태학적 접근법(*The Ecological Approach to Visual Perception*)』에 소개된 정의가 가장 잘 알려져 있다: "환경의 어포던스는 좋은 것이든 나쁜 것이든 환경이 동물에게 '제안하는(offer)' 것, 환경이 동물에게 '제공하거나(provide)' '공급하는(furnish)' 것이다. … 이는 동물과 환경의 상호보완성을 의미한다."

관행이 문화적으로 이해되고, 사회적으로 체계화되고, 법적으로 규제되고, 정치적으로 쟁점이 되는 방식에 따라 다르게 나타난다.[17)]

필자는 자기(self)와 사회적 상호작용이라는 우리의 경험과 가까운 영역에서 시작하여 문화, 경제, 그리고 정치를 고려하기 위해 이동하면서 다섯 가지 영역에서 이러한 변환을 분석한다. 1장은 자기의 변환을 다룬다. 필자는 자기를 탐색하고 실험하고 사회적 제약으로부터 자기를 해방하는 매개체로서 웹에 대한 초기 주장을 재고하고 재구성하는 것으로 시작한다. 그런 다음, 디지털 초연결성의 생태계에서 등장한 새로운 자기를 알고(knowing the self) 자기를 수행하는(acting on the self) 양식을 분석한다. 여기에는 자기를 하나의 대상으로 보는 새로운 방식, 숫자를 통해 자기를 아는 방식, 타인의 소비를 위한 디지털 자기(digital self)를 생산하는 방식, 기분과 정서를 조절하는 새로운 방식이 포함된다. 필자는 반영적으로(reflexively)[13] 자기 자신을 다스리는 것(governing oneself)[14]과 사회기술적 시스템에 의해 다스려

13 반영성(reflexivity)은 좀 더 넓은 개념으로, 사회적 구조와 개인 간의 상호작용, 그리고 그 과정에서 발생하는 상호 영향을 설명한다. 사회적 현상이나 지식이 자기 자신을 참조하고 재구성하는 과정을 의미한다. 자기-반영성(self-reflexivity)은 반영성의 특수한 형태로, 개인의 내적 과정에 더 집중한다. 개인이 자신의 행동, 사고, 정체성을 지속적으로 관찰하고 평가하는 과정을 의미하며 자기 자신에 대한 비판적이고 분석적인 접근을 강조한다. 'reflexivity'와 혼동하기 쉬운 'reflectivity', 즉 '성찰성'은 주체가 대상, 경험, 사유를 비추어 숙고하고 의미를 해석·평가하는 인지적 성향 및 역량을 뜻한다.

14 일반적으로 푸코(Michel Foucault)의 자기-통치하기(self-governing)에서처럼 'govern'은 '통치하다'로, 'governemnt'는 '통치'로, 그리고 'governmentality'는 '통치성'으로 번역하는 것이 관례이지만, 통치의 개념은 '나라나 지역을 도맡아 다스림'을 의미하는 반면, 푸코가 말하는 'government'의 개념은 '타인의 행위에 영향을 주어 특정한 방식으로 행동하도록 이끄는 권력의 작동 방식'을, 그리고 'governmentality'는 '인구를 대상으로 하여 개인들이 스스로를 통제하도록 만드는 근대적 권력의 합리성'을 의미한다. 실제로 한글 번역어의 한계로 인해 'governance'는 거버넌스로 표기하기도 하므로, 이 책에서는 원래의 의미를 좀 더 살리기 위해 자기(self)와 관련해서는 다스리다(govern)나 다스리기 또는 다스림(governing)으로 번역하고, 더 광범위한 차원에서는 '거번먼트

지는 것(being governed) 사이의 긴장을 분석하는 것으로 끝을 맺는다. 초연결성은 반영적 자기-형성(self-formation)이라는 후기 근대의 프로젝트에 새로운 자원을 제공하기도 했지만, 동시에 외부에서 자기를 객관화하고, 수량화하고(quantify), 생산하고, 조절하며, 다스리는 불투명한 사회기술적 시스템의 서비스에 자기를 끌어들이기도 했다.

2장에서는 사회적 상호작용을 다룬다. 필자는 디지털 초연결성이 더 초기 형태의 전자적으로 매개되는 커뮤니케이션에 의해 시작된 변화를 급진화하면서 그때 거기의 상황(the there and then)을 새로운 방식으로 지금-여기(here and now)의 상황으로 엮어내면서 상호작용의 시간적 틀과 공간적 틀의 형식을 어떻게 재구성하는지 보여준다. 필자는 사적인 맥락과 직업적 맥락 모두에서 새로운 형태의 미소(微小)-사회성(micro-sociality)[15]의 확산과 그것에 수반되는 미소-의무(micro-obligation)[16]를 추적한다. 필자는 새로운 가시성 체제(regime of visibility)[17]와 친구, 파트너 및 가족 구성원 감시의 새로운 가능성(과 이를 둘러싼 갈등)을 분석한다. 그리고 필자는 새로운 형태의 행동(예, '좋아요' 누르기, 친구 되기, 공유하기 및 팔로우하기)을 만들어내고, 이러한 행동을 하도록 우리를 조종하고, 그러한 행동이 제공하는 충족감에 우리

(government)'와 '거버멘탤러티(governmentality)'로 음차해서 번역하기로 한다.

15 더 규모가 작은 사회적 단위 내에서나 특정 맥락에서 개인 간에 발생하는 복잡한 소규모 상호작용, 관계 및 연결성을 말한다.

16 디지털 환경과 연결된 미시적 상호작용이 만들어내는 아주 작은 단위의 사회적 의무들을 가리킨다. 메시지를 읽으면 곧바로 반응해야 할 것 같은 압박감, 온라인 공간에서 '좋아요'나 간단한 피드백을 해야만 관계가 유지된다고 느끼는 기대, 단체 채팅방에서 최소한의 존재감을 드러내야 한다는 규범, 업무용 메신저에서 빠른 응답이나 상태 업데이트를 요구받는 암묵적 규칙처럼 사소해 보이지만 일상적으로 반복되는 행동 의무를 뜻한다.

17 새로운 방식으로 '보이는 것'과 '보이는 방식'을 체계화한 상태를 의미한다.

가 길들여지게 하며, 플랫폼이 성장하고 번창하는 데 필요한 기술과 성향을 우리에게 심어주면서, 사회적 상호작용을 형식화하고 사회적 상호작용의 경로를 설정하며 사회적 상호작용을 조작하는 새로운 형태의 '플랫폼화된 사회성(platformed sociality)'을 자세히 살펴본다. 간략한 맺음말에서는 이번 팬데믹 동안 탈체화된(disembodied) 상호작용과 비접촉 상거래로의 가속화된 전환을 다룬다.

3장에서는 디지털 초연결성의 문화적 약속에 대해 흔히 제기되는 세 가지 희망적인 주장을 살펴본다. 풍요에 대한 약속은 인류의 전체 문화적 자산에 대한 즉각적이고 마찰 없는 접근을 상상하게 한다. 탈상품화(decommodification)에 대한 약속은 문화의 생산과 소비가 시장의 제약에서 벗어나는 것을 상상하게 한다. 민주화에 대한 약속은 문화 상품의 생산, 유통 및 소비에 대중이 더 폭넓고 더 능동적이며 더 자기-주도적으로 참여하는 것을 상상하게 한다. 이 세 가지 약속은 어떤 측면에서 이미 실현되었다. 그러나 거기에는 철저한 비판적 검토가 필요하다. 디지털 문화의 풍요로움은 흥미진진하지만 단조롭고도 동질화하는 효과가 있다. 즉, 문화는 끝없는 흐름 속에서 동일한 통로를 통해 동일한 인터페이스를 가로질러 흐르면서 서로 섞여 구분하기 어려워지는 경향이 있는 '콘텐트(content)'로 변환된다. 많은 문화 상품이 무료로 이용 가능하지만, 탈상품화된 문화 생산에 대한 좀 더 원대한 약속은 대체로 실현되지 않은 상태로 남아 있다. 보다시피 아마추어의 문화적 창의성은 점점 더 상업적 플랫폼에 의해 조직화되고 매개되며, 이용자들(심지어 콘텐트의 수익화를 추구하지 않는 사람들)은 주목 경제(attention economy)[18]의 경쟁 역학에 빠져들고 있다. 대중문화에 참여하는 새로운 길이 확

---

18 인간의 주목을 희소한 상품이자 자원으로 보고 다양한 정보 관리 문제와 경제 현상을 설명하려는 경제학적 접근법으로, '관심 경제'라고도 한다.

실히 열렸고 게이트키퍼(gatekeeper)의 힘은 극적으로 약화하였지만, 문화 권력은 여전히 극도로 집중되어 있으며 승자 독식(winner-take-all)[(또는 승자 준독식(winner-take-most)] 논리는 여전히 확고하다.

4장에서는 문화, 오락, 상거래, 교육, 숙박, 교통, 제조, 금융, 의료, 저널리즘, 공적 논의, 데이트하기 및 사회적 상호작용을 포함한 사회생활의 각 부문을 재구성한, 새롭고 점점 더 지배적인 경제적·조직적 형태로서 디지털 플랫폼 출현을 다룬다. 필자는 플랫폼이 세심하게 설계된 상호작용 아키텍처(architecture)와 데이터 추출, 제어, 분석을 통해 마찰 없는 상호작용과 거래를 촉진하고 조율하면서 어떻게 신속하게 확장 가능한 디지털 중개자(digital intermediary)로서 기능하는지 보여준다. 핵심 플랫폼의 힘은 경제, 사회, 문화, 정치 생활에 필수적인 것이 되어버린 일련의 하부구조적 자원에 대한 집중적인 통제를 수반한다는 점에서 다른 플랫폼과 양적으로뿐만 아니라 질적으로도 다르다고 필자는 주장한다. 필자는 디지털 매개되는 노동이 조직되고 수행되고 통제되는 방식에서 플랫폼이 주도하는 변화를 분석한다. 필자는 블록체인(blockchain) 기술을 기반으로 근본적으로 탈중앙집권화되는 경제에 대한 새로운 기술-유토피아적(techno-utopian) 전망을 자세히 살펴보면서 결론을 맺고자 한다.

5장에서는 초연결성이 앎(knowing)의 방식, 감정을 느끼고 표현하는 방식, 다스리는(governing) 방식을 변환시킴으로써 정치 생활의 모습을 어떻게 바꾸어놓았는지 살펴본다. 초연결성은 공적 논의의 채널을 늘리고, 지식을 생산하고 전파하는 기관의 권위를 약화하고, 공적 지식 주장(knowledge claims)[19]에 대한 의심을 불러일으키고, 공유되는 공적 세계의 기반을 약화

---

19 인식론 혹은 지식론(theory of knowledge)에서는 지식을 하나의 주장으로 표현하며 개방적이고 일반적인 지식 질문을 통해 지식의 속성과 지식이 구축되는 과정, 지식의 의

함으로써 공적 세계를 아는 방식을 바꾸어놓았다. 초연결성은 도덕적 격분(moral outrage)[20]의 표현과 동원을 조장하여 파당적 반감과 양극화를 심화시킴으로써 공적 감정 체제(regimes of public feeling)[21]를 바꾸어놓았다. 그리고 그것은 새로운 공적·사적 알고리즘적 규제 양식을 가능하게 함으로써 다스리는 방식도 바꾸어놓았다. 이 장은 알고리즘적 거버넌스의 기술관료주의적(technocratic) 전제 및 양식과 디지털 매개되는 포퓰리즘적 앎의 체제와 감정 체제 사이의 긴장을 강조하면서 결론을 맺는다.

결론은 초연결성이 어떻게 우리를 이번 팬데믹에 대응할 준비를 시켰는지, 역으로 이번 팬데믹이 어떻게 삶의 모든 측면의 디지털 매개를 강력하게 가속화했는지 보여주는데, 이러한 변화는 이전에도 되돌릴 수 없었고 앞으로도 되돌릴 수 없을 것이다. 결론은 또한 디지털 초연결성의 중요성을 더 광범위하게 반영한다. 20세기 중반의 두 소설과 최근의 한 사회과학 저서가 보여주는 세 가지 디스토피아 비전을 참고하여 필자는 초연결성이 통제 기술, 주의를 분산하는 기술, 그리고 조작 기술을 어떻게 향상했는지 살펴보는데, 이 모든 기술은 데이터 추출 및 분석, 즉 감시를 전제로 한다. 그렇게 해서 초연결성은 개인보다 조직에 훨씬 더 많은 권한을 부여했으며, 인터넷 초창기의 권력의 탈중앙집권화와 분산을 되돌려 놓으면서 권력의 재중앙집권화(recentralization)와 재집중(reconcentration)을 촉진했다.

의 등에 대한 폭넓은 성찰을 꾀한다.

20 부정의(불공정하거나 비윤리적인 행동)나 도덕적 기준에 어긋나는 행동에 대한 강렬한 감정적 반응을 의미한다.

21 공적 감정이란 사회 구성원들이 공적 영역에서 공유하고 표현하는 집단적 감정 상태를 말한다.

* * *

각 장들을 서로 이어주는 것은 필자가 이 책 전체에서 특별히 주목하는 다섯 가지 주제인 풍요(abundance),[22] 소형화(miniaturization), 편의성(convenience), 수량화(quantification) 및 규율(discipline)이다. 이 책 전체를 관통하는 주제가 이 다섯 가지뿐인 것은 아니며, 그 밖에 감시, 데이터 및 데이터화(datafication), 알고리즘 및 플랫폼도 포함된다. 그러나 필자는 여기에서 이 다섯 가지 주제의 윤곽을 그려보고 싶은데, 왜냐하면 그것들은 그다지 폭넓게 논의되지 않았기 때문이다.

디지털 초연결성은 우리에게 풍요에 대한 약속과 풍요의 문제점을 동시에 안겨준다. 앤드루 애보트(Andrew Abbott)가 주장한 것처럼, 사회 이론은 주로 결핍(scarcity)에 대한 가정을 중심으로 오랫동안 체계화되어 왔다.[18)] 기술적으로 가능해진 물질적 풍요에 대한 비전은 분명 오랫동안 다반사였으며, 새로운 형태의 탈결핍 정치에 대한 이론화 작업은 반세기 동안 회자하고 있다.[19)] 그러나 풍요[와 이것의 규범적 사촌인 과잉(excess)]은 여전히 사회 이론에서 주변적 존재로 남아 있다.

디지털 방식으로 매개되는 풍요는 우리가 일상적으로 겪는 세상 경험 곳곳에 영향을 미친다. 관찰자들은 이미 20세기 마지막 수십 년 동안 정보 과부하, 커뮤니케이션의 풍요(communicative abundance), 매개되는 경험, 포화된 자기(saturated self)[23]에 주의를 환기한 바 있다.[20)] 사회적 관계 영역에

---

22 케임브리지 사전은 'abundance'를 "the situation in which there is more than enough of something"(충분한 정도 이상)으로 정의하고 있다. 따라서 '풍부함'보다는 '매우 많아 넉넉함'이라는 의미의 '풍요'로 번역한다.

23 정보 과잉과 과도한 사회적 연결로 인해 개인이 자신의 정체성이나 경험을 명확히 구분하기 어려운 상태를 비유적으로 나타낸다.

서 다양한 채널을 통해 끊임없이 쏟아지는 메시지의 흐름에서, 소셜 미디어 플랫폼에서 친구와 팔로워 수가 크게 증가하는 것에서, 우리가 데이트할 때 잠재적 파트너가 무한히 공급되는 것에서, 그리고 우리에게 다른 사람들의 삶을 단순히 들려주는 것이 아니라 보여주는 소셜 미디어상의 초접근 가능한(hyper-accessible) 시각 자료가 급격히 증가하는 것에서, 우리는 풍요를 경험하는데, 이러한 시각적 자료들과 비교하면 우리 자신의 삶은 초라하고 불만족스럽게 보일 수 있다. 우리의 동료와 다른 사회적 세계에 대한 사회적 정보의 풍요는 우리 자신의 경험과 우리의 자기 의식을 끊임없는 비교의 틀 속에 놓이게 만든다. 디지털 방식으로 매개되는 무한한 가능성과 대안적인 삶의 방식에 대한 전망은 지금-여기의 상황을 불안정하게 만들고, 상황이 달라질 수 있다는 잠정성에 대한 의식, 즉 이미 후기 근대성의 경험에서 핵심적이었던 의식을 더욱 강화한다.[21] 그럴지도 모르는 것이 현재 그런 것 위에 끊임없이 그림자를 드리운다.

가장 인상적인 것은 몇 번의 클릭만으로 우리는 무한한 디지털 콘텐트의 풍요를 접하게 된다는 것이다.[22] 스포티파이(Spotify)는 약 8000만 곡의 노래, 유튜브는 약 4000만 개의 채널, 틱톡은 셀 수 없을 정도로 많은 수십억 개의 동영상을 저장·제공한다. 무한 스크롤(infinite scroll)[24]은 많은 소셜 미디어 피드(feed)의 핵심적인 설계 특성 가운데 하나이다. 우리는 이 짜릿한 풍요로움을 만끽할 수도 있지만, 또한 광활하고 단조로우며 특징이 없는 바다에서 방향 감각을 잃고 표류하는 느낌을 받을 수도 있다. 그럴 경우, 우리는 "선택의 역설(paradox of choice)", 즉 선택의 범위가 증가하면 만족도가 감소할 수도 있는 상황에 직면할 수 있을 뿐만 아니라,[23] 풍요로움의 가치

24 사용자가 특정 페이지 하단에 도달했을 때, API(application programming interface)가 호출되며 콘텐트가 끊어지지 않고 계속 로드되는 사용자 경험 방식을 말한다.

와 의미를 약화할 수도 있다. 마이클 사카사스(Michael Sacasas)의 말대로, 디지털 형태의 인위적인 기억의 산물(memory artifact)[25]이 넘칠 정도로 풍요로운 것(superabundance)은 "우리가 그러한 기억에 더 관심을 가지게 만드는 것이 아니라 오히려 덜 관심을 가지게 만들 것이다."[24)] 이와 유사하게 스트리밍할 수 있는 넘칠 정도로 풍부한 음악은 욕망을 자극하기보다는 약화할 수 있다.[25)] 그리고 위기 시기 동안 넘칠 정도로 풍부한 뉴스는 "둠스크롤링(doomscrolling)"[26]에 너무 쉽게 빠져들게 만든다.[26)]

디지털 재화의 풍요(디지털 재화를 재생산하고 유통하는 데 드는 한계비용이 거의 0에 가까워진 결과)는 일부 관찰자들에게 희소성(scarcity)을 전제로 하는 경제학의 기본 원칙이 무력화되는 것처럼 보였다. 모든 부문, 특히 저널리즘과 음악 부분의 비즈니스 모델이 실행 불가능해졌다. 무료 제공이 빠르게 규모를 확장하고 네트워크 효과(network effect)[27]의 이점을 얻고자 하는 플랫폼 비즈니스(platform business)[28]의 핵심 전략이 되었다. 그러나 풍요는 그 자체로 결핍을 야기한다. 허버트 사이먼(Herbert Simon)은 50년 전 다음과 같은 유명한 말을 남겼다: "정보의 풍요는 주목의 빈곤함을 야기한다."[27)] 넘칠 정도로 풍부한 정보와 디지털 재화를 처리하거나 소비하거나 심지어 그러한 것에 주목하는 데 필요한 시간과 주목의 결핍은 '주목 경제'의 핵심일 뿐만 아니라 이른바 '주목 정체(attention polity)'[29]의 핵심이기도 하다. 모

---

25 디지털 기술을 통해 저장된 기억의 흔적이나 기록물을 의미한다. 여기에는 사진, 동영상, 음성 녹음, 소셜 미디어 게시물, 이메일, 채팅 기록 등과 같이 우리의 삶의 순간이나 경험을 디지털 형식으로 보존한 모든 것이 포함된다.

26 암울하고 충격적인 사건들로 구성된 뉴스나 기사를 찾아 끊임없이 탐독하는 것을 말한다.

27 네트워크 외부성(network externality) 혹은 네트워크 효과란 어떤 재화에 대한 소비자의 수요가 그 재화를 소비하는 다른 소비자들의 수요에 의해 영향을 받는 효과를 말한다.

28 외부 생산자와 소비자가 플랫폼이라는 공간을 통해 상호작용하면서 가치를 창출할 수 있게 해주는 것에 기반을 둔 비즈니스를 말한다.

든 영역에서 너무 많은 정보, 너무 많은 문화, 너무 많은 커뮤니케이션이 너무 적은 주목과 너무 적은 시간을 얻기 위해 열심히 쫓아다니고 있다. 이것은 경제 분야뿐만 아니라 사회·문화·정치 분야/장에서도 주목과 가시성을 차지하기 위한 치열한 경쟁을 유발한다. 이로 인해, 우리는 만성적으로 시간이 부족하다고 느끼게 되고 우리가 놓치고 있는 것에 대해 예민하게 의식하게 된다. 포모(FOMO: the fear of missing out)는 소셜 미디어에 너무 많은 시간을 보내는 10대들에게서만 볼 수 있는 특이한 현상이 아니라 우리 시대의 피할 수 없는 상태이다.

정보와 커뮤니케이션의 풍요는 디지털 연결성의 민주화에 대한 약속의 핵심이었다. 그러나 오늘날 그 약속은 절망적일 정도로 현실감이 없어 보인다. 정보와 의사-정보(pseudo-information), 주장과 반대 주장(counter-claim)이 넘쳐나는 혼란스러운 과잉은 디지털 공론장을 마비시키고 공적 지식의 위기를 초래한다.[28] 그러나 모든 디지털 매개 활동의 부산물로 생성된 믿기 어려울 정도로 많은 디지털 흔적을 포함해 기계 분석이 가능한(machine-analyzable) 데이터 형태로 만들어진 넘칠 정도로 풍부한 정보는 강력한 새로운 형태의 지식을 뒷받침하며 "지식으로 간주되는 것"을 실제로 변환시킨다.[29] 넘칠 정도로 풍부한 데이터는 기계학습의 발전, 지배적인 경제 형태로서 디지털 플랫폼의 출현, 그리고 편재적이고 유례없이 강력한 형태의 정부 감시와 상업적 감시의 핵심이었다. 분열된 공론장에서 공중 '스스로' 아는 것과 넘칠 정도로 풍부한 데이터 및 기계학습 시대에 공중에 '대해' 알려

---

29 정체(政體)란 식별 가능한 정치적 실체로, 집단적 정체성을 갖고 있으며 제도화된 사회적 관계의 형태로 조직되고 자원을 동원할 수 있는 능력을 가진 사람들의 집단을 말한다. 따라서 주목 정체는 주목의 정치적 배분과 통제, 그리고 이를 통한 권력관계의 형성에 초점을 맞춘다.

진 것 간의 대조는 놀랍다.30)

이 책 전반을 아우르는 두 번째 주제인 소형화는 어떤 면에서 풍요의 이면이다. 즉, 디지털 객체(digital objects)와 행위는 부분적으로 그것들의 조각화(fragmentation)를 통해 급격히 증가한다. 지금까지의 문헌은 규모에 관한 한 빅 데이터(big data), 디지털 플랫폼의 급속한 확장성, 엄청난 크기를 선호하는 네트워크 효과, 거대 기술 기업의 막대한 힘과 전 세계적인 도달 범위와 같이 규모가 커지는 것에 초점을 맞추었다. 그러나 초연결성은 동시에 사물을 더 작게도 만든다. 물론, 나노기술(nanotechnology)과 '기술적' 소형화의 다른 측면에 관한 문헌은 많다. 그러나 '사회적' 소형화(social miniaturization), 즉 대상과 활동을 분해해서 재구성할 수 있는 조각들로 재접합하는 것(rearticulation)[30]은 무시되어 왔다.31)

디지털 객체와 디지털 매개 활동의 어포던스 가운데에는 그것들의 무한한 분할 가능성(divisibility), 손쉬운 조작 가능성(manipulability) 및 마찰 없는 배포 가능성(distributability)이 있다. 이러한 어포던스는 언번들링(unbundling)[31]을 가능하게 해서, 신문, 잡지, 서적, 백과사전, 레코드 앨범, 일자리, 또는 대학 학위 프로그램과 같이 이전에 패키지로 묶여 있던 아이템들이 이제는 개별 기사, 개별 장(章), 개별 표제항(entry),[32] 개별 곡(曲), 개별 작업, 또는 개별 강좌 형태로 유통된다. 그리고 이러한 개별 디지털 아이템들은 나아가 더 조각화된 비트, 클립 및 발췌물로 더 잘게 쪼개어져 흔히 리믹스

---

30 접합 혹은 절합(articulation)은 두 요소가 일정한 독립성을 유지하면서 결합되어 작동하는 상태를 말한다.

31 패키지 형태로 묶기보다는 개별적으로 서비스/제품을 시장에 출시하거나 요금을 부과하는 것을 말한다.

32 백과사전류에서 표제어(headword)와 표제항(entry)은 구분되는데, 표제어는 해당 단어를 말하며, 표제항은 단어와 그 설명과 예문까지 포함하는 개념이다.

되거나(remixed)[33] 적어도 재맥락화된(recontextualized)[34] 형태로 개별 유통된다. 밈(meme), 트윗(tweet), 틱톡과 같은 미니어처 형태와 형식이 문화적 중요성을 얻는 한편, 초단문자(ultra-minimal text), 자립형 이모지(self-standing emoji), '좋아요'와 같은 미소-커뮤니케이션(micro-communication)과 미소-긍정 표현(micro-affirmation)[35]이 메시징 플랫폼과 소셜 미디어 플랫폼에서 급격히 증가하고 있다. 기업은 미소작업(microtask) 노동 플랫폼을 통해 각 작업에 적게는 몇 센트만 지불하면서 작업을 맡길 수 있다. '미소-학습(micro-learning)' 이니셔티브는 '바이트 크기의' 교육 콘텐트를 제공한다. 디지털 분할 가능성은 모두 동일한 기기를 통해 접근되는 디지털 매개 활동과 대상들 사이를 쉽게 전환할 수 있는 특성과 더불어 뉴스, 게임, 오락, 사교 및 업무의 조각들을 심지어 다른 활동들 사이의 가장 작은 틈새에도 끼워 넣을 수 있게 해준다.[32)] 따라서 소형화는 시간과 주목의 조각화와 편재적인 멀티태스킹(multitasking)에 기여하며, 흘낏 보기(glance)를 주된 주목 방식으로 자리 잡게 한다.[33)]

소형화는 디지털 경제의 핵심이다. 디지털 플랫폼은 해체(disaggregation)와 재집산(reaggregation)을 조직화하는 기술이다. 플랫폼은 활동이나 작업을 작은 단위로 분해하고 거래 비용을 최소화함으로써 그렇지 않았다면 비효율적으로 소규모였을 거래를 가능하게 하고 촉진한다.[34)] 이것은 위에서

---

33 기존 자료를 결합하거나 편집하는 파생 작업을 통해 새로운 창작물이나 제품을 만드는 것을 말한다.

34 텍스트의 환경과 맥락과 조건이 변화하더라도 계속 담론이 확장되고 변환되면서 확산되는 것을 말한다.

35 중요하지 않은 것처럼 보일 수 있지만 강력한 결과를 가져오는 작은 말과 몸짓을 의미하는 미소-긍정(미소-동작, 미소-몸짓 및 미소-장점이라고도 함)에는 포용, 배려, 경청을 전달하는 고개 끄덕임, 얼굴 표정, 단어 선택 및 목소리 톤이 포함된다.

언급한 미소작업 플랫폼이나 우버(Uber)와 에어비앤비(Airbnb) 같은 미소-기업활동(micro-entrepreneurship) 플랫폼에만 적용되는 것은 아니다. 그것은 또한 위키피디아(Wikipedia)라는 가장 적절한 예시에서 보듯, 디지털 방식으로 네트워크화된 비상업적 공유 자원-기반 동료 생산(commons-based peer production)[36]에도 해당하는데, 이것은 프로젝트를 더 작은 모듈로 쪼개는 모듈성(modularity)과 사람들이 최소한의 시간과 에너지 투자로 참여할 수 있도록 하는 세분성(granularity)에 의존한다.[35)] 디지털 결제 하부구조, 특히 중국의 알리바바(Alibaba)와 텐센트(TenCent)가 개발한 결제 하부구조는 지불 거래 비용을 줄이고 디지털 콘텐트에 미소-팁 주기(micro-tipping)를 가능하게 한다. 미소-거래(Micro-transaction)를 통해 게임 개발자와 출판업자는 플레이어가 다양한 장식 업그레이드나 기능 업그레이드를 위한 소액의 인-게임(in-game) 결제를 유도함으로써 점점 더 인기를 끌고 있는 '무료 플레이(free-to-play)' 게임에서도 수익을 올릴 수 있다. 새로운 형태의 '토큰화(tokenization)'[37]와 '분할화(fractionalization)'[38]를 통해 소규모 투자자는 디지털 자산의 조각들을 소유하고 거래할 수 있다. 좀 더 근본적으로 디지털 광고 하부구조는 자동화된 극소-경매(nano-auction)[39]를 사용하여 구글에서 검색하거나 페이스북 뉴스피드(newsfeed)를 스크롤할 때 어떤 이용자에게 어떤 광고가 표시될지 거의 즉각적으로 결정한다.[36)]

---

36 하버드 로스쿨 교수인 요하이 벤클러(Yochai Benkler)가 만든 용어로, 대개 공유자원을 기반으로 인터넷을 통해 다수의 사람들이 협동적으로 일하는 사회경제적 생산 모델을 설명한다.

37 토큰화 기술이란 보호할 데이터를 토큰으로 치환하여 원본 데이터 대신 토큰을 사용하는 기술을 말한다.

38 NFT를 쪼개서 주식처럼 지분을 만들고, 해당 지분을 거래하는 것을 말한다.

39 원래 크기를 한 번 축소한 것이 미니(mini)이고, 그것을 한 번 더 축소한 것이 마이크로(micro)이다. 여기서 한 번 더 축소하면 나노(nano)가 된다.

소형화는 또한 정치, 거버넌스 및 권력의 작동 양식을 형성한다. 흔히 탈맥락화된(decontextualized) 방식으로 담론의 파편과 조각들이 유포되는 트위터(Twitter)[40]와 (그리고 점점 더 틱톡) 같은 미소-커뮤니케이션 플랫폼은 공적 담론의 시간성(temporality)[41]과 문법을 변환시켰으며 공론장을 재구성했다. 온라인 청원에 서명하거나 디지털 망신 주기 캠페인(shaming campaign)에 참여하는 것과 같은 새로운 형태의 디지털 미소-참여(digital micro-engagement)[어떤 사람들은 이것을 '클릭티비즘(clicktivism)'[42] 형태들이라고 조롱함]는 정치 참여에 대한 이해와 실천을 바꾸어놓았으며 사회운동의 레퍼토리와 흐름의 방향을 변환시켰다. 그것들로 인해 신속한 동원은 가능해졌지만, 지속적인 행동을 위한 조직 역량은 약화했다.[37)] 정치 캠페인은 신뢰와 친숙함으로 정의되는 네트워크를 활용하는 하나의 방법으로 유급(有給) 나노-인플루언서(nano-influencer: 메가-인플루언서보다 팔로워들과 더 많이 상호작용하는 것으로 여겨짐)를 모집한다.[38)] 데이터-주도적(data-driven) 미세-표적화(micro-targeting)는 상업 영역에서 정치 광고 영역으로 이동했다. 그리고 거버넌스 자체는 데이터-주도적 "변조(modulation)"[43] 및 개인 맞춤화된

---

40 2023년 테슬라(Tesla)와 스페이스X(SpaceX) 등을 경영하는 일론 머스크(Elon Musk)에게 전격 인수되어 X라는 이름의 서비스로 리브랜딩되었다.

41 사회과학에서 시간성은 인간의 시간에 대한 지각과 시간의 사회적 구성과 관련된 개념이다.

42 클릭(click)과 행동주의(activism)의 합성어로 SNS를 통한 사회운동을 뜻한다. 오프라인에서 시위를 진행하는 기존 방식과 다르게 SNS와 인터넷을 이용한다. 기존의 물리적 시위까지 포함하므로 온라인상에서만 진행되는 슬랙티비즘[slacktivism: 게으름뱅이를 뜻하는 슬래커(slacker)와 행동주의(activism)의 합성어]과는 차이가 있다.

43 들뢰즈의 변조(modulation) 개념은 사회통제 방식에 대한 그의 독특한 이론적 관점을 나타낸다. 기존의 규율(discipline) 통제가 고정된 금형(型)에 맞추는 방식이었다면, 변조는 지속적이고 유동적인 통제 방식을 의미한다. 변조의 핵심 특징은 끊임없이 변화하고 적응하는 통제 메커니즘, 개인을 구속하지 않고 은밀하게 유도하고 조정하는 방식으

"마이크로너지(micronudge)"44를 통해 더욱 세분된다.[39)]

이 책 전반을 아우르는 세 번째 주제인 편의성도 마찬가지로 충분히 이론화되지 않았다. 이는 이해할 만한 것이, 편의성은 아마도 마케팅 영역에서는 익숙할지 몰라도 사회 이론의 관심사와는 거리가 먼 지루한 주제로 보일 수 있을 것이기 때문이다. 그러나 편의성이 겉으로 시시해 보인다고 해서 그것의 힘을 간과해서는 안 된다. 편의성은 기대치를 재설정하고 습관을 형성하며 또한 그것은 우리의 일상에 교묘히 파고든다. 그리고 이러한 기대, 습관 및 일상은 잘 드러나지 않지만 강력하게 세상을 변환시키고 있다. 예를 들어, 우리는 아마존(Amazon)의 소매시장 지배의 결과를 한탄할 수 있지만, 그것이 우리에게 기대하고 원하도록 훈련시켜 온 그 엄청난 편의성 때문에 우리는 계속해서 아마존을 더 찾게 된다. 편리한 클릭 한 번 한 번이 수조 번 반복되면서 우리는 오늘날 우리 삶의 매우 많은 부분을 구성하는 엄청나게 강력한 플랫폼을 공동으로 구축해 왔다.[40)]

편의성은 마찰을 줄여준다. 다시 말해, 편의성은 그렇지 않았다면 시간, 생각, 노력이 필요했을 일을 빠르게 반자동적으로 수행할 수 있게 해준다. 혼란스러운 복잡성과 끊임없는 시간적 압박(아이러니하게도 초연결성 자체의 역동성과 디지털 문화 및 넘칠 정도로 풍부한 커뮤니케이션에 의해 심화하는 복잡성과 압박)의 세상 속에서 편의성은 하나의 문화적 기준점이자 경제적 필수 요소가 된다.[41)] 다른 측면에서와 마찬가지로 이 측면에서도 디지털 기술은 스스로 악화시킨 바로 그 문제들을 완화하라는 요구를 받는다.

로 디지털 시대의 통제 방식을 잘 설명하는 개념이다. 구체적 예를 들자면, 알고리즘에 의한 개인 맞춤형 광고, 소셜 미디어의 개인화된 콘텐트 추천, 신용점수나 평판 시스템 등을 들 수 있다.

44 너지(nudge)의 원래 뜻은 '옆구리를 슬쩍 찌른다'는 의미인데, 강요에 의하지 않고 부드러운 개입을 통하여 타인의 선택을 유도하는 것을 의미한다.

디지털 편의성의 복음은 즉각성(instantaneity)과 마찰 없음(frictionlessness)을 찬양한다. 1000분의 1초도 중요하다. 새천년 전환기에 구글은 이미 검색 쿼리(search query)에 대한 응답으로 표준 10개의 결과가 아닌 25개의 결과를 표시하는 데 추가로 0.5초가 걸리면 한 달 후 트래픽이 20% 감소한다는 것을 알아냈다.42) 클릭 또한 중요하며, 그래서 계산된다. 아마존의 유명한 원-클릭(one-click) 기술은 매듭 없는(seamless) 전자 상거래의 첫 번째 주요 이정표를 세웠다. 즉각성과 마찰 없음을 추구하는 것은 자기-강화적(self-reinforcing)이어서, 초연결성으로 인해 익숙해진 즉시성(immediacy)[45]에 대한 기대로 우리는 아주 짧은 지연에도 민감하게 반응하며 매듭 없음(seamlessness)에 대한 기대로 가장 작은 마찰도 과장한다. 스타트업들이 저렴한 수수료에 최소한의 지연도 없는 30분 이내 배송을 약속하면서 익일 또는 당일 배송은 느린 배송으로 재정의되었다. 코로나는 마찰 없음과 즉각성을 향한 추진력을 가속화했다. 비접촉 결제 시스템과 비접촉 배송이 보편화되었다. 문을 닫은 소매점은 초고속 배송을 위한 미소-고객주문처리 센터(MFC: micro-fulfillment center)로 탈바꿈했다. 직원 부족으로 직접 쇼핑과 관련된 마찰이 증가하면서, 온라인 쇼핑을 꺼리는 사람들까지 온라인 쇼핑으로 내몰았다.43)

개방형 웹(open web)의 소용돌이치는 짜릿한 혼돈에서 앱과 플랫폼의 길들여지고 질서 있는 '울타리 친 정원(walled garden)'[46]으로의 전환과 그것들을 구축한 회사의 성공은 주로 편의성에 기반을 두었다. 앱과 플랫폼은 무엇보다도 매듭 없는 쇼핑, 초시공간적(anytime-anywhere) 문화와 오락, 즉

---

45 미디어 이론이나 현상학적 논의에서 경험의 직접성을 논할 때는 '비매개성'으로도 번역된다.

46 디지털 플랫폼의 폐쇄적 생태계를 의미하는 전문 용어이다.

각적인 정치 참여, 푸시-버튼식 반응(push-button reaction)과 같은 편의성을 우리에게 제공한다. 앱과 플랫폼은 우정, 커뮤니케이션, 창의성, 지식, 계약, 투자 및 교육에서 마찰을 제거해 준다(즉, 윤활유 역할을 한다). 앱과 플랫폼은 물리적 세계를 디지털 세계처럼 마찰 없는 세계로 만들겠다고 약속한다. 우버의 전 CEO인 트래비스 캘러닉(Travis Kalanick)은 다음과 같이 말했다: "당신이 이 세계 어디에 있든 5분 안에 당신이 필요로 하는 차량 서비스를 제공할 수 있는 기술이 존재하는 세상에서, 언젠가 단 한 번의 버튼 터치로 모든 상품과 서비스가 빠르고 안전하게 배송되는 것을 상상해 보세요."44)

그러나 이것들은 이제 오래된 형태의 편의성이다. 편의성의 새로운 경계는 우리가 심지어 알아차리기도 전에 우리의 기분(mood)을 파악하고 우리의 필요(need)와 바람(desire)을 예측하려는 시도로 정의된다. 편의성의 새로운 경계는 물품 재주문, 페이스북 친구들의 생일 축하 인사, 일상적인 커뮤니케이션에 대한 회신, 회의 주선, 또는 그 순간에 적합한 음악 선택과 같은 틀에 박힌 일상적인 행동과 결정을 자동화하고 외주화하려는 시도로 정의된다.45) 편의성의 새로운 경계는 우리가 일을 더 쉽게 할 수 있도록 하는 것에서 아예 일을 할 필요가 없게 만드는 것으로의 전환을 나타낸다.

초연결성은 우리에게 "모든 것이 [우리의] 편의성을 위해 조직된 세상",46) 즉 우리를 육체적으로 힘들고 단조로운 일뿐만 아니라 정신적으로 힘들고 단조로운 일로부터도 벗어나게 해줄 세상을 제공하려는 것처럼 보인다. 그러나 편의성에 대한 찬양은 인간 본성과 정치에 대한 빈약한 비전에 영향을 받았고 편의성의 대가는 점점 더 분명해지고 있다.47) 마찰 없음은 공론장을 약화하고, 엄청난 사이버 보안 취약성을 야기한다. 또한 마찰 없음은 마찰 없음의 경험이 의존하고 있는 "추출, 물류, 제조 및 운송의 거대한 글로벌 네트워크와 폐기, 회수 및 폐기물 처리 장소"뿐만 아니라 노동도 대체하고 보이지 않게 만든다.48) 그러나 편의성은 여전히 앱과 플랫폼의 논리 속에 깊이 뿌리내리고 있고, 지배적인 담론 속에서 존중받고 있으며, 우리의 습관과 기대 속에 깊이 새겨져 있다.

이 책 전체를 아우르는 네 번째 주제인 수량화는 사회 이론에서 훨씬 더 많은 관심을 받아왔으며, 최근 수십 년 동안 경제적·문화적·정치적 근대성을 설명하는 데 핵심적인 역할을 해왔다.[49] 그러나 디지털 초연결성은 새로운 국면의 강화되고 일반화된 수량화가 도래했음을 알렸다. 그것은 자기의 영역, 사회적 상호작용의 영역, 아마추어의 창의력 영역을 포함해 수량화의 새로운 영역을 열었다. 그리고 그것은 모든 영역에서 수량화가 더욱 널리 퍼지게 했다. 디지털 매개는 세상을 데이터로 표현하기 때문에, 세상의 점점 더 많은 측면이 수량화될 수 있으며 일시적이고 의도적인 방식이 아닌 연속적이고 자동적인 방식으로 수량화될 수 있다. 요컨대, 초연결성은 수량화를 보편적이고 편재적이게 만들었다. 이언 해킹(Ian Hacking)이 1820년대와 1830년대의 "인쇄된 숫자들의 쇄도(avalanche of printed numbers)"라고 부른 것은 우리가 살고 있는 디지털 숫자의 쇄도에 비하면 아무것도 아니다.[50]

디지털 플랫폼은 방대한 새로운 데이터화 및 수량화의 하부구조를 구축했다. 이러한 하부구조를 통해 플랫폼-매개 활동의 모든 측면을 자동으로 캡처하고 저장하며 분석할 수 있다. 모든 종류의 공공 및 민간 조직은 플랫폼이 주도하는 방향에 따라 일종의 문화적·제도적 '데이터 명령(data imperative)'[47]을 받아들이고 있다. 즉, 조직들은 데이터를 어떻게 사용할지에 대한 분명한 생각이 없을 때조차 가능한 한 많은 데이터를 수집하고 저장하려고 한다. 데이터 추출과 저장이 매우 저렴해서 그리고 데이터 명령이 '데이터주

---

47 데이터를 수집하고 보유하는 것이 조직 운영의 필수 요소로 간주되는 문화적·제도적 논리로, 그것이 당장 유용하지 않더라도 그 자체로 필요하며 가치 있다고 여겨지는 믿음을 의미한다.

의(dataism)'48라는 지배적인 이데올로기 속에 매우 확고하게 자리 잡고 있어서 데이터 추출과 저장은 특별한 정당화가 필요하지 않은 기본 선택지가 된다.51)

이렇게 축적된 넘칠 정도로 풍부한 데이터는 가시적 수량화 행위와 비가시적 수량화 행위 모두에 반영된다. 지표(metrics)가 디지털 사회적 상호작용의 공간을 철저히 지배하고 있다. 모든 페이스북 및 인스타그램 게시물은 '좋아요'(와 페이스북의 경우 다른 '반응들')의 수와 생성된 댓글 수로, 모든 트윗은 '좋아요', 리트윗(retweet) 및 인용 트윗(quote tweet) 수로, 그리고 모든 트위터 이용자와 인스타그램 이용자는 팔로워 수로 공개적으로 평가된다. 이러한 지표는 상호작용 패턴을 단순히 기록하고 설명하는 것이 아니라, "대화 성과에 … 대한 즉각적이고 생생하며 수량화된 평가"를 제공함으로써 상호작용에 동기를 부여하고 상호작용을 체계화하고 조절하며 게임화한다(gamify).52) 그러나 점수, 등급 및 순위는 소셜 미디어뿐만 아니라 삶의 모든 영역 어디에서나 볼 수 있다. 일반화된 사회적 가치 지표나 신뢰성 지표는 다양한 영역과 데이터 흔적들을 아우른다.53) 트렌딩 알고리즘(trending algorithm)은 현재 인기 있는 문화, 뉴스 및 오락 아이템을 수량화하고 그 영향력을 증폭시킨다.54) 세분된 실시간 지표는 광고주, 정치인, 음악가, 엔터테이너, 라이브 스트리머(live streamer), 블로거(blogger), 브이로거(vlogger) 및 모든 종류의 콘텐트 창작자들을 온라인 수용자와 직접적이고 즉각적으로 연결한다. 그와 같은 지표의 편재성은 훈련된 편집자의 판단이라는 전문가적 논리를 측정 가능하고 수익화할 수 있는 인기라는 경제 논리로 대체함으로써 저널리즘을 재구성했다. 이로 인해, 비즈니스와 편집 작업 사이의

48 사람들이 데이터를 마치 종교처럼 신봉하는 상황을 표현한 것이다.

'분리의 장벽'을 심각하게 허물어버렸고 공론장을 포퓰리즘적인 방향으로 탈바꿈시켰다.

'수량화된 자기(quantified self)' 운동은 센서로 인해 가능한(sensor-enabled) 자기-추적(self-tracing)을 통해 도출된 데이터 스트림을 바탕으로 숫자를 통한 새로운 형태의 자기-지식(self-knowledge)[49]을 제공해 주겠다고 약속한다. 그러나 우리 모두는 이미 수량화된 자기가 되었다. 자기-추적에 관심이 없더라도 우리는 사회기술적 체계에 의해 눈에 띄지 않게 끊임없이 추적되고 수량화된다. 우리의 취향은 틱톡의 경우처럼 기이할 정도로 정확해 보일 수도 있는 알고리즘에 의해 파악된다. 우리의 특성과 태도는 우리의 데이터 추적을 통해 확률적으로 추론될 수 있기 때문에, 우리는 상업적 광고주나 정치적 광고주의 개별적 표적이 될 수 있다.[55] 우리의 행동은 가격 차별화(price discrimination)에 관여하고, 복지 수당을 배분하고, 보석 및 양형 판단을 조언하며, 법 집행 자원을 상황에 맞게 배분하는 알고리즘에 의해 예측된다.[56] 예측 알고리즘(predictive algorithm)은 새로운 것이 아니어서, 대출자가 대출을 상환할 가능성을 예측하기 위해 알고리즘을 통해 신용점수를 산

---

49 자기-지식이란 자신의 성격, 가치, 목표, 능력, 한계 등을 인지하고 아는 것을 말하며, 자신에 대한 사실적인 정보를 포함한다. 유사한 개념으로 자기-인식(self-awareness)은 자신의 행동, 감정, 생각, 그리고 이들이 타인과 환경에 미치는 영향을 실시간으로 의식하는 능력으로, 자기 자신을 현재 순간에 자각하는 상태를 뜻한다. 자기-인지(self-recognition)는 자기 자신을 외부에서 본다는 것을 이해하는 능력, 즉 자신의 정체성이나 존재를 스스로 식별할 수 있는 능력을 말한다. 그리고 자기-이해(self-understanding)란 자신의 본질, 신념, 가치, 동기 등을 깊이 있게 파악하는 과정으로, 자기-지식, 자기-인식 등을 종합적으로 활용하여 보다 심층적인 자기 통찰에 도달하는 상태를 의미한다. 이 개념들의 차이점을 비유를 들어 이해하자면, 자기-지식은 거울을 보며 "내 머리카락이 검다"라고 말하는 것이고, 자기-인식은 거울 앞에서 "내가 지금 머리카락을 만지작거리고 있네"라고 깨닫는 것이고, 자기-인지는 거울 속의 모습을 보며 "저건 나다"라고 아는 것이며, 자기-이해는 "내가 머리카락을 만지는 것은 긴장한 신호야"라고 통찰하는 것이라고 할 수 있다.

출하는 것은 20세기 중반으로 거슬러 올라간다. 그러나 이제는 알고리즘을 훈련하는 데 사용할 수 있는 방대한 양의 디지털 데이터는 기계학습의 급속한 발전을 이끌었고 상거래뿐만 아니라 공공 및 민간 모두에서 거버넌스의 핵심이 된 훨씬 더 정교한 알고리즘이 확산할 수 있게 했다.

이 책 전반을 아우르는 마지막 주제인 규율은 푸코(Michel Foucault)와, 정도는 덜하지만, 엘리어스(Norbert Elias)와 베버(Max Weber)에게서 영감을 받은 사회 이론의 전통에서 중심적인 역할을 했다. 그러나 (푸코적 전통에서 그것의 가까운 사촌인 감시가 물론 핵심 주제이긴 하지만) 규율은 초연결성과 관련해서는 널리 논의되지 않았다. 질 들뢰즈(Gilles Deleuze)의 영향력 있는 견해에 따르면, 가족, 학교, 막사, 공장, 병원, 감옥과 같은 밀폐된 공간에 의존한다고 본 푸코의 "규율 사회(disciplinary society)"가 20세기 중반 이후 정보기술에 의해 매개되는 일련의 유연한 "변조"에 의존하는 "통제 사회(societies of control)"로 대체되었다.57) 그러나 이러한 대비는 너무 지나치게 단순화되었다. 디지털 플랫폼들은 그 자체로 울타리가 있는 공간이기 때문에, 사회생활을 부문별로 그들의 감시적 응시(gaze)와 다스림 체제의 울타리 안에 가두어왔다.58) 그리고 들뢰즈가 통제의 중심이라고 밝힌 "보편적 변조(universal modulation)"는 새롭고 궁극적으로 더 심원한 형태의 규율을 가능하게 하는 것으로 달리 해석될 수 있다. 디지털 규율은 더 이상 폐쇄된 물리적 공간과 그에 상응하는 시간대에 국한되지 않고 사회적 장(social field)[50] 전체에 걸쳐 더 유연하게 그리고 지속적으로 작동한다.59)

사람들은 심지어 디지털 초연결성을 새로운 '규율의 혁명'의 사회-기술적

---

50 들뢰즈의 철학에서 '사회적 장' 개념은 단순히 인간들의 상호작용이 이루어지는 공간이 아니라, 힘, 욕망, 기계적 배치 등이 끊임없이 작용하고 변환되는 유동적인 흐름을 의미한다.

매트릭스(matrix)로 생각할 수도 있을 것이다. 필립 고어스키(Philip Gorski)가 연구한 초기 근대의 규율 기술과 같은 디지털 연결 기술과 플랫폼은 외적으로 규율하는 만큼이나 내적으로도 규율한다. 즉, 디지털 연결 기술과 플랫폼은 자기를 '대상으로' 작용하는 만큼이나 자기 '내부'에서도 작용한다. 그것들은 우리가 생각하는 방식과 우리가 행동하는 방식만큼이나 우리가 느끼는 방식도 형성하면서 우리의 주체성(subjectivity)을 구성한다.60) 그것들은 우리를 자신들의 궤도로 끌어들이고, 자신들이 제공하는 충족을 원하도록 우리를 조건화하며, 우리의 상호작용을 디지털 플랫폼이 제공하는 조사 가능하고, 계산 가능하며, 조작 가능한 형식과 형태로 유도한다. 그것들은 강력한 다목적 "거버넌스 하부구조"를 형성한다.61)

정부 감시, 직장 감시, 상업적 감시, 사회적 감시 및 자기-감시(self-surveillance)와 같이 디지털 초연결성에 의해 가능해진 감시의 증강된 권력과 감시의 새로운 형태는 모두 규율적 작용을 한다. 감시의 증강된 권력과 새로운 형태는 모두 파놉티시즘(panopticism)[51]의 규율 논리를 취하고 있다. 푸코의 유명한 분석에서 "가시성의 장(場)에 놓여 있는 개인은" 파놉티시즘의 규율 논리에 따라 "권력의 제약에 대한 책임을 스스로 떠맡고" "자발적으로 그 제약이 자신에게 적용되도록 하며" "자신의 복종을 스스로 주도하는 근원이 된다."62) 새로운 형태의 감시와 증강된 감시 권력은 새로운 형태의 자기-규율(self-discipline)을 통해 사회적 규율을 만들어내고, 새로운 형태의 자기-통제(self-control)를 통해 사회적 통제를 만들어낸다. 증강된 감시 권력과 새로

51 파놉티콘은 영국의 철학자이자 법학자인 제러미 벤담이 제안한 일종의 감옥 건축 양식으로, 소수의 감시자가 자신을 드러내지 않고 모든 수용자를 감시할 수 있는 원형 형태의 감옥이다. 벤담의 파놉티콘이 '완벽한 감금의 이상'을 표상하는 데 비해 푸코의 파놉티시즘은 감시, 관리, 교정을 본질적인 측면으로 하는 '부드러운 규율의 도식'이다[정규영, 2014, 「미셸 푸코의 파놉티시즘과 근대 교육」, ≪교육사학연구≫, 24(2): 117~153].

운 형태의 감시는 다루기 쉽고, 온순하고, 예측 가능하고, 신뢰할 수 있으며, 다스리기 쉬운 시민과 소비자를 만들어낸다.63)

그러나 푸코의 규율 권력에 대한 이해에서와 같이 디지털 하부구조는 또한 주체성 형성을 통해 간접적으로 작동하는 것이 아니라 행동 형성을 통해 직접적으로 작동하는 규율 방식을 가능하게 한다. 디지털 매개가 사회생활의 점점 더 많은 부분을 차지하면서 너지(nudge)에 의한 신행동주의적(neo-behaviorist)[52] 거버넌스 형태와 알고리즘에 의한 자동화된 자기-집행적(self-enforcing) 거버넌스 형태를 가능하게 한다. 디지털 아키텍처를 설계하고 운영하는 사람들은 디지털 플랫폼에서의 행동을 완전히 통제할 수 있다. 예를 들어, 플랫폼 소유자는 (특정한 형식의 발언과 같은) 특정 행동을 자동으로 막거나 (등급이 특정 임곗값 미만인 사람과 같은) 특정 참여자를 제외할 수 있다. 이러한 의미에서 규율 권력은 위반할 수 있고 규제 대상자의 의식을 통해 작동하는 좀 더 익숙한 "규제적" 규칙(regulative rule)[53]을 통해서가 아니라, 위반할 수 없고 규칙들이 그 행동을 다스리는 사람들의 의식과 무관하게 작동하는 "생성적" 규칙(generative rule)[54]을 통해 작동한다.64)

디지털 거버넌스 하부구조는 규율 과정을 강화하고 자동화함으로써 사회생활 또는 적어도 플랫폼으로 둘러싸인 특정 사회생활 영역을 더 질서 있고 더 예측 가능하며 더 다스리기 쉽게 만든다. 그와 같은 디지털 매개되는 규율 권력은 플랫폼 자본주의(platform capitalism)와 디지털 권위주의(digital

---

52 신행동주의는 정신주의적 개념과 경험적 관찰을 사용하여 행동을 설명하는 심리학 접근법이다. 논리적 실증주의의 영향을 받아 1930년대에 클라크 헐(Clark L. Hull)과 그의 제자 케니스 스펜스(Kenneth Spence)에 의해 개발되었다.

53 사회적 행동 방식을 제재하는 것으로 기존의 행동 방식을 규제한다.

54 앞의 규제적 규칙이 기존의 행동 방식을 규제하는 것이라면, 생성적 규칙은 행동 그 자체를 야기하거나 구성하는 것이다. 예를 들면 놀이의 규칙이 여기에 해당한다.

authoritarianism)에는 큰 이점을 제공하지만, 인간의 자유와 번영에는 새로운 종류의 위협을 제기한다. 우리는 이제 겨우 이 문제의 해결책을 찾기 위해 고심하기 시작한 단계이다.

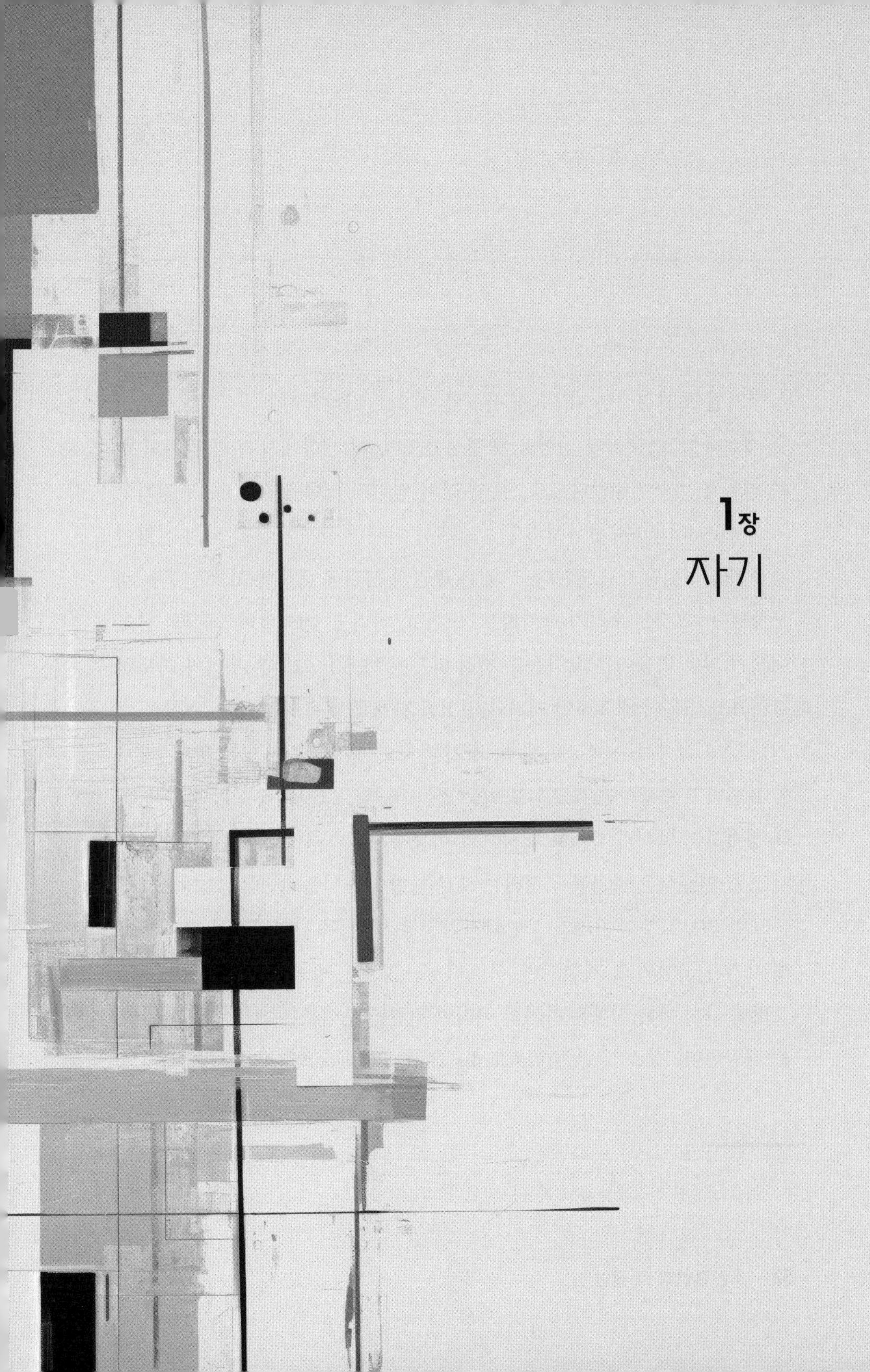

1장 자기

디지털 초연결성은 자기(self)를 근본적으로 탈바꿈시켰다. 그것은 우리를 재교육했고, 우리의 성향을 재형성했으며, 이 세상에서 우리 존재의 기본 리듬을 바꾸어놓았다. 그것은 우리의 정서에 영향을 미쳤고, 신경화학(neurochemistry)[1]을 변화시켰으며 그래서 어쩌면 심지어 우리 뇌의 신경연결을 재구성했을지도 모른다. 그것은 공간과 시간에 대한 우리의 경험을 재구성했다. 그것은 우리가 생각하고, 느끼고, 바라고, 기억하며, 세상과 서로에게 주의를 기울이는 방식을 완전히 바꾸어놓았다. 그것은 우리가 더욱더 강력하고 더욱더 매혹적인 기기와 친밀한 관계를 맺게 해주었다. 그것은 자기를 알고 상상하는 새로운 방법, 자기를 보고 평가하는 새로운 방법, 자기를 표현하고 수행하는 새로운 방법을 만들어냈다. 그것은 우리가 자기에 대해 생각하는 방식과 자기를 대상으로 행동하는 방식을 변화시켰다. 요약하자면, 초연결성은 자기를 구성하는 새로운 방식을 만들어냈다. 그러나 그것은 또한 외부로부터 자기가 구성되는 새로운 방식, 즉 사회기술적 체계에 의해 자기가 구성되고, 재현되며, 다스려지는 새로운 방식도 만들어냈다.

몇몇 사회 이론 전통은 자기의 이러한 변환을 분석하는 데 유용한 출발점을 제공한다. 찰스 호턴 쿨리(Charles Horton Cooley)와 조지 허버트 미드

1 뇌를 포함한 신경계의 화학 작용을 말한다.

(George Herbert Mead)에서 어빙 고프먼(Erving Goffman)에 이르는 첫 번째 풍부한 전통은 자기를 지속적인 사회적 상호작용과 수행적 실행(performative enactment)을 통해 형성되고 유지되는 철저히 사회적인 현상으로 이해한다.[1)] 초연결성은 이러한 자기-형성(self-formation)의 심층적인 사회적 과정을 어떻게 완전히 바꾸어놓았는가? 만약 우리가 외부에서, 타인의 관점에서 자기를 봄으로써 자기를 알게 된다면 그리고 실제로 자기를 형성하게 된다면 디지털 매개 상호작용은 외부에서 자기를 보는 새로운 방식을 어떻게 만들어내는가? 우리가 우리 자신을 비추는 거울이 디지털 거울일 때, 쿨리가 제시한 "거울 자기(looking glass self)" 개념은 어떻게 변하는가? 디지털 맥락에서 자기를 표현할 수 있는 그리고 자기를 수행적으로 실행하고 생산할 수 있는 어떤 새로운 가능성이 출현하는가? 어떤 의미에서 자기는 사회적 현상일 뿐만 아니라 점점 더 사회기술적 현상인가?

앤서니 기든스(Anthony Giddens)와 연관된 두 번째 전통은 자기를 후기 근대의 "탈전통적" 사회 환경에서 개인이 반드시 책임져야 하는 "반영적(reflexive) 프로젝트"로 이해한다. 이것은 지속적인 자기-모니터링(self-monitoring), 비판적인 자기-질문(self-interrogation), 그리고 "어떻게 행동해야 할지에 대한 것뿐만 아니라 어떤 사람이 되어야 할지에 대한" 지속적인 선택이 필요한 프로젝트이다.[2)] 초연결성은 이 프로젝트를 어떻게 완전히 바꾸어 놓았는가? 초연결성은 자기-모니터링을 위한 새로운 도구, 새로운 형태의 자기-지식, 새로운 스타일의 자기-기업가화(self-entrepreneurship)[2]를 만들어냄으로써 후기 근대성의 반영성(reflexivity)을 어떤 방식으로 강화했는가?

---

2 개인을 마치 하나의 기업처럼 관리하고, 자신의 역량을 시장가치가 있는 상품으로 간주하는 태도를 의미하며, 경제적·사회적 맥락에서 자신을 끊임없이 브랜딩하고 마케팅하는 행위를 포함한다.

반대로, 초연결성은 우리를 너지하고, 조작하고, 규율하는 사회기술적 체계에 얽매이게 함으로써 어떻게 반영적 자기-만들기(self-making)를 약화할 수도 있는가?

미셸 푸코(Michel Foucault)의 후기 연구에 영감을 받은 세 번째 전통은 마찬가지로 반영성과 적극적인 자기 향상 작업을 강조하지만, 선택보다는 자기의 실천 또는 자기의 '기술'에 더 초점을 맞추는데, 이는 자신을 탈바꿈시키는 방법으로 개인들이 자신의 수단으로 또는 다른 사람의 도움을 받아 자신의 신체와 영혼, 생각, 행동 및 존재 방식에 대해 일정한 작업을 수행하도록 허용한다.[3] 디지털 초연결성하에서 어떤 새로운 "자기의 기술(technologies of the self)"과 "자기 돌봄(care of the self)"을 위한 어떤 새로운 자원이 등장했는가? 이러한 자기의 새로운 기술과 초연결성에 의해 가능해진 권력 및 지배의 새로운 기술 사이에는 어떤 관계가 있는가?

필자는 이러한 질문들에 직접적으로 접근하기보다는 우회적으로 접근한다. 필자는 자기에 대한 이론들을 분석하기보다 자기의 실천에 초점을 맞춘다. "자기의 실천(practices of the self)"은 푸코와 연관된 문구이지만, 필자는 최근 수십 년 동안 사회 이론에서 이루어진 "실천으로의" 광범위한 "전환"에 따라 좀 더 느슨하고 좀 더 일반적인 의미로 그 표현을 사용한다.[4] 필자는 자기를 탐구하고 해방하는 매체로서 웹에 대한 초기의 두 가지 논의를 살펴보는 것으로 시작한다. 이러한 논거들은 초연결 시대 훨씬 이전인 1990년대에 처음 개발되었으며, 그러한 논거의 한계는 곧 분명히 드러났지만, 현재의 상황에 맞게 재구성될 수 있다. 그다음 절들에서는 초연결성이 '능동적인, 반영적 실천'이자 '체계적인 데이터-주도적 및 알고리즘-주도적 과정'으로 간주되는 자기를 객체화하고, 수량화하고, 생산하며, 조절하는 새로운 방식을 어떻게 만들어냈는지 보여준다. 필자는 자기를 다스리는 현대적 방식의 더 광범위한 함의를 되짚어 보고 초연결성이 자기를 기술-사회적

(techno-social) 체계의 서비스에 동원하면서 자기의 영역을 장악하는 방식을 강조함으로써 결론을 맺는다.

초연결성은 복잡하고 양면적인 방식으로 자기를 탈바꿈시켰다. 필자는 단순한 퇴보의 서사, 즉 웹 초기의 설렘 가득했던 해방의 약속이 배신당한 이야기에 대한 유혹을 거부하고자 한다. 탐색과 해방이라는 주제는 그 자체로 복잡하고 양면적이지만, 25년 전과 마찬가지로 오늘날에도 여전히 적절하다. 그리고 자기를 객체화하고, 수량화하고, 생산하고, 조절하며, 다스리는 새로운 실천들 역시 마찬가지로 복잡하고 양면적이다. 즉, 그것들은 능동적인, 반영적 순간을 강조하는 방식으로 해석될 수도 있고 체계적이고 사이버네틱하며 규율적인 순간을 강조하는 방식으로 해석될 수도 있다. 필자는 끝까지 이러한 복잡성과 양면성에 세심한 주의를 기울이고자 한다.

1. 자기 탐색하기

일부 이론가는 디지털 연결성이 자기성(selfhood)을 위한 가능성의 공간을 넓힌 것으로 보고 이를 높이 평가했다. 그들은 디지털 연결성이 자기를 탐색하고 실험하는 데도 도움이 되며 사회적 제약으로부터 자기를 해방하는 데도 도움이 되는 것으로 보았다. 두 가지 측면 모두에서 연결성은 자기성의 역량을 강화하는 혹은 적어도 자기성을 확장하는 생태계이자 기술로 이해되었다.

탐색과 실험이라는 주제는 25년 전에 가상 커뮤니티, 대화방 및 온라인 롤-플레잉(role-playing) 게임에 대한 논의에서 처음으로 구체화되었다. 셰리 터클(Sherry Turkle)의 영향력 있는 설명에 따르면, 이러한 맥락의 특징인 상호 익명성(mutual anonymity)으로 인해 사람들은 자신이 선택한 디지털 페르소나(persona)[3]를 채택하고 수행하여, "흔히 탐색되지 않는 자기의 여러 측면을 표현하고, 자신의 정체성을 자유롭게 탐구하며, 새로운 자기를 시도해 볼 수 있다." 사람들은 자신이 거주하는 신체, 자신이 구현하는 역사, 혹은 오프라인에서 수행하는 자기에 의해 제약을 받지 않고 자신이 선택한 자기를 표현하고 유지할 수 있으며 그러한 자기는 다른 사람들에 의해 인정되고 그 가치를 평가받을 수 있다. 열성적인 참여자들은 그와 같은 가상 세계의 상호작용의 밀도로 인해 가상 세계를 "실제 삶보다 … 더 실재적"으로 느낄 수 있다.5)

그와 같은 익명적인 온라인 맥락에서 수행되는 자기는 오프라인의 자기와 여러 가지로 관련되어 있다. 어떤 참여자들은 "실제 삶"에서 거의 또는 전혀 표현되지 않는 자기의 일부를 탐색한다. 어떤 참여자들은 자신의 오프라인 자기의 이상화된 버전을 표현한다. 어떤 참여자들은 실제 삶에서 공개적으로 드러내기 전에 경험과 자신감을 얻는 방법 가운데 하나로 새로운 정체성(예를 들어, 새로운 젠더나 성정체성)을 실험한다. 어떤 참여자들은 오프라인 자기와 거의 또는 전혀 관련이 없을 수도 있는 다수의 온라인 정체성을 자유롭게 탐구한다.6)

1990년대 중반에 글을 쓰면서 터클은 복수의 온라인 페르소나들을 순환하며 몇몇 자기를 동시에 유지하는 참여자들에게 특별히 관심을 기울였다. 터클의 설명에 따르면, 이러한 "순환"은 자기에 대한 더 광범위한 탈근대적(postmodern) 경험을 상징한다. 복수의 가상 세계에 참여하는 자들은 "선구자"로, 이들이 "사이버 공간에서 하는 자기 구성 경험"은 정체성이 "다중적

3 페르소나(Persona)란 고대 그리스 가면극에서 배우들이 썼다가 벗었다가 하는 가면을 말한다. 이후 라틴어로 섞이며 사람(person)/인격, 성격(personality)의 어원이 되었고, 심리학 용어로 쓰이고 있다.

이고 이질적이며 조각화된" 탈근대적인 "시뮬레이션 문화"에서 "점점 더 중요해질 것이다."[7)]

이후의 비평가들은 그와 같은 선구자들의 경험을 토대로 더 광범위한 온라인 경험을 외삽하는(extrapolate)[4] 것에 문제를 제기했다. 그들은 롤-플레잉 게이머(지나치게 젊고 교육 수준과 기술 수준이 높은 남성)가 일반 온라인 인구 집단을 대표하지 않는다는 점에 주목했다. 그리고 롤-플레잉 게임과 가상 커뮤니티는 여전히 자기-탐색(self-exploring)을 위한 중요한 특정 영역이긴 하지만 온라인 생활이라는 광활한 세계에서 훨씬 더 작은 부분이 되어버렸다.[8)] 좀 더 근본적으로, 익명성은 특정 형태의 온라인 활동에 여전히 중요하지만, 디지털 초연결성의 전체 생태계는 점점 더 정교한 신원 확인 하부구조(infrastructure of identification)에 의존하고 있다. 대부분의 사람들에게 온라인 자기는 오프라인 자기의 대안이 아니라 오프라인 자기의 확장이다.

그러나 상호 익명성의 맥락에서 복수의 가상 정체성을 실험해 보고 자유롭게 탐구해 보는 것이 1990년대 때보다 온라인 활동을 덜 대표한다고 하더라도, 웹은 가상 세계 참여자들에게뿐만 아니라 모두에게 그 어느 때보다 자기-탐색과 자기-형성의 광범위한 공간이다. 서핑(surfing), 검색, 눈팅(lurking)을 통해 사람들은 그들의 직계가족과 사회적 환경에서 이용 가능하고 승인된 방식 이외의 다양한 방식을 발견하고 탐색하며 그러한 방식에 대한 사회적 지지를 찾아낼 수 있다.[9)] 그러나 초연결성은 자기가 가상의 공간을 통해 세계로 모험을 떠나게 해줄 뿐만 아니라, 세상을 자기에게 데려오기도 한다. 이전 형태의 미디어, 특히 텔레비전은 "포화된 자기(saturated self)"[5]를

---

4 수학에서 원래의 관찰 범위를 넘어서서 다른 변수와의 관계에 기초하여 변수의 값을 추정하는 과정을 말하는데, 쉽게 말해 범위 밖에 있는 값을 예측하는 것이다.

5 케네스 거겐(Kenneth Gergen)은 현대를 새로운 기술이 수많은 목소리로 우리를 포화

만들어냈었다면, 웹/소셜 미디어/스마트폰 복합체는 끊임없고 넘칠 정도로 풍부한 "매개되는 경험"의 흐름으로 자기를 압도하고 자기를 "복수의 이질적인 존재 가능성으로 가득 채우면서" '과포화된 자기(hyper-saturated self)'를 만들어냈다.[10)]

초연결성은 자기를 의식하면서 대안적인 존재 방식을 탐색하는 사람들뿐만 아니라 우리 모두에게 무궁무진한 "가능한 자기(possible self)"의 저장고를 제공한다. 헤이즐 마커스(Hazel Markus)와 폴라 뉴리어스(Paula Nurius)는 가능한 자기를 "자신이 어떤 사람이 될 수 있는지, 어떤 사람이 되고 싶은지, 그리고 어떤 사람이 되는 것을 두려워하는지 대한 사람들의 생각"으로 정의한다. 가능한 자기는 흔히 사회적 비교 과정에서, "다른 사람들은 지금 이렇게 되어 있는데, 나도 그렇게 될 수 있다"라고 생각하면서, 직접적으로 드러난다.[11)] 초연결성과 특히 소셜 미디어는 사회적 비교의 기회를 배가함으로써 가능한 자기의 집합을 엄청나게 확장한다. 이것은 풍요로운 것으로, 가능한 존재 방식의 지평을 넓히는 것으로 경험될 수 있다. 그러나 그것은 또한 매우 불안하게 만드는 것으로 경험될 수도 있다. 그것은 "잠재력의 가상적 불협화음"을 만들 수도 있다. 다시 말해, 우리가 다양해지는 일단의 타자들을 자기 속으로 통합해 나감에 따라, 그들의 상이한 욕망과 사고방식이 우리의 것이 되어 우리를 서로 다른 방향으로 끌어당기고 서로 다른 그리고 충돌하는 자기-평가(self-evaluation) 기준을 제공한다.[12)] 다른 곳에서와 마찬가지로 여기에서도 우리는 자기를 풍요롭게 하고 확장해 주지만 동시에 자기를 조각화하거나 마비시키거나 해체할 위험을 초래하는 풍요의 양가성을 본다.

시켜 버리는 포화력이 큰 사회로 규정한다. 사회에 의해 완전히 포화된 자기는 전혀 자기가 아닌 자기(no self at all)가 되고 만다(자료: https://anstit.tistory.com/31).

2. 자기 해방하기

디지털 연결성은 탐색의 기술일 뿐만 아니라, 좀 더 찬양하는 방식으로 표현하자면, 해방의 기술로 이해되어 왔다. 탐색과 마찬가지로 해방이라는 주제는 가상 커뮤니티와 롤-플레잉 게임과 관련하여 처음 등장했다. 사이버 유토피아적(cyberutopian) 설명은 신체의 고정성(fixity)으로부터의 해방과 차별적으로 가치가 매겨지는 신체에 기반한 사회적 위계로부터의 해방을 예고했다. 스튜어트 브랜드(Stewart Brand)와 래리 브릴리언트(Larry Brilliant)가 만든 유명한 초기 가상 커뮤니티인 더 웰(The Well)에 대한 1987년 에세이에서 하워드 레인골드(Howard Rheingold)는 다음과 같이 썼다: "우리는 서로를 볼 수 없기 때문에 다른 사람들이 말하는 내용을 읽기 전에 그들에 대한 편견이 생길 수가 없다: 인종, 젠더, 나이, 출신 국가, 외모는 사람이 그와 같은 특성을 공개하기를 원하지 않는 한 겉으로 드러나지 않는다."[13] 대부분의 초기 롤-플레잉 게임과 대화방에서는 분명 사람들은 젠더로 식별되었고 흔히 그렇게 하도록 요구받았다. 그러나 온라인 신원 확인이 오프라인 신체에 의해 고정되거나 보장되지 않는다는 사실은 일부 논평가들에게는 젠더 질서를 더 광범위하게 파괴할 가능성이 있는 것처럼 보였다.[14] 인종은 젠더보다 덜 주목받았다. 그러나 문화 이론가 리사 나카무라(Lisa Nakamura)는 자신의 초기 에세이에서 "오로지 글쓰기를 통해서 [자신을] 수행하는" 실천은 "시사하는 바가 많은 인종과 신체의 분리를 가능하게" 하며 "하나의 범주로서 인종의 본질"에 의문을 제기할 수 있다; 그것은 "[롤-플레잉 게임의] 연극성(theatricality)[6]을 오래된 위계질서의 지겨운 반복과 복원이 아니라 진정으

6 말이나 단어만으로 말해지지 않은 것들, 즉 행동, 어조, 거리, 조명, 음악 등을 통합적으로 인식하여 받아들이게 되는 것으로, 20세기 이후에 등장하였다. 현재에는 연극뿐만

로 혁신적인 형태의 플레이로 바꾸는 힘"을 가지고 있다고 주장했다.15)

차별화된 신체에 근거한 위계와 불평등으로부터의 해방 가능성에 대한 초기의 낙관론은 오래가지 못했다.16) 롤-플레잉 게임은 젠더 규범과 위계를 넘어서기보다 그러한 규범과 위계를 때로는 과장된 형태로 더 자주 재생산하는 공간임이 밝혀졌다.17) 그리고 나카무라 자신이 강조했듯이, "인터넷은 인종이 드러나고 구성되는(happen) 공간이다." 즉, 심지어 채팅 공간에서도 인종은 "신체가 감추어져 다른 이용자들에게 보이지 않을 때도 이용자들이 사용하는 언어에서, 그들이 구성하는 정체성의 유형에서, 그리고 그들이 언어와 그래픽 이미지 모두를 통해 온라인에서 자신을 묘사하는 방식에서 자신의 존재감을 드러내는 방식을 가지고 있다."18) 이러한 각성(disenchantment)[7]은 초연결성이 대안-우파(alt-right)[8]의 인종차별주의와 여성혐오를 번식시키는 완벽한 배양 접시가 되기 훨씬 이전부터 시작되었다.

그러나 초연결성이 신체에서 자기를 해방하거나 분리하는 데에는 실패했더라도 가족과 지역공동체에서 자기를 해방하는 데에는 좋든 나쁘든 크게 기여했다. 신체로부터의 해방이 탈근대주의적 꿈이라면, 가족과 공동체로부터의 해방은 사회학적 근대성의 핵심 서사로, 점점 더 문해력이 높고, 이

아니라 시, 영화, 무용, 음악 등 연극을 넘어서 거의 모든 장르에 나타나는 현상으로 관심이 집중되고 있다. 따라서 연극성은 연극에 국한되어 나타나는 특성이 아닌 무용과 다른 장르에서 나타나는 포괄적인 특성이라 할 수 있다. 이러한 연극성을 규정하는 본질적 요소는 크게 세 가지 요소, 즉, 움직임, 시각적 요소 그리고 청각적 요소로 구분된다고 할 수 있다(자료: https://m.riss.kr/search/detail/DetailView.do?p_mat_type=1a0202e37d52c72d&control_no=43da26e498715827ffe0bdc3ef48d419).

7 막스 베버(Max Weber)가 주로 사용한 개념으로, 근대화와 합리화 과정에서 세계의 신비로움과 마법적 해석이 사라지는 현상, 과학과 이성이 전통적 신념과 영적 해석을 대체하면서 느끼는 정서적 공허함, 기대했던 것과 현실의 괴리에서 오는 환멸을 뜻한다.

8 'alternative right'의 약칭으로 미국 주류 보수주의의 대안으로서 제시된 우익의 한 부류이다.

동성이 있으며, 도시적이고, 미디어로 포화한 세계에서 사회화 수단에 대한 가족과 공동체의 통제가 점진적으로 약화하는 것에 대한 오랜 이야기이다. 디지털 초연결성은 이러한 장기간에 걸쳐 벌어져 왔던 일을 가속화하고 그 강도를 심화한다.19)

초연결성의 해방적 잠재력은 초연결성이 가장 심각한 위협을 가하는 사람들의 관점을 통해서 가장 분명하게 볼 수 있다. 보수적인 종교 공동체, 즉 세속적 세계에서 자신들의 경계를 유지하고 전통을 재생산하며 자신들을 에워싸고 있는 사회와 문화를 좀먹는 해로운 영향으로부터 구성원들을 보호하려는 공동체가 여과되지 않은 인터넷과 스마트폰을 특히 위험하게 여기는 것은 우연이 아니다. 인류학자 아얄라 페이더(Ayala Fader)가 뉴욕의 초-정통(ultra-orthodox) 유대인 공동체에 대한 연구에서 밝혔듯이, 그러한 위협은 음란물과 같은 위험한 자료에 초-접근 가능해지는(hyper-accessible) 것에 그치지 않고, 그보다 더 은밀하고 궁극적으로 더 깊게 진행된다.

그러한 위협은 부분적으로 인지적이다. 즉, 율법을 공부할 때 집중력과 기억력을 소중히 여기는 공동체에게, 한 랍비(rabbi)의 말마따나, 집중력 상실은 "인터넷상의 모든 더러운 것"보다 유대 민족의 거룩함에 더 큰 위협이 된다. 그러한 위협은 부분적으로 정동적(affective)[9]이다. 즉, 스마트폰의 매혹적인 매력은 공동체의 정동 경제(affective economy)[10]를 방해한다. 그 랍비는 다음과 같이 말했다: "우리 가운데 너무 많은 이들이 … 자신들의 아이폰(iPhone)을 좋아한다. 부끄럽게 여기지 않는다면, 그들은 아이폰에 키스

---

9 정동(affect)은 심리학에서 감정(feeling), 정서(emotion), 기분(mood)에 대한 잠재된 경험을 말한다.

10 정서와 경제 과정 사이의 관계를 강조하는 개념으로, 정서는 개인적일 뿐만 아니라 사회구조와 권력 역학 관계에 의해 형성된다는 점을 강조한다. 또한 정동 경제는 정서가 어떻게 유통되고 사회질서의 구축과 유지에 기여하는지도 고려한다.

라도 할 것이다." 그러나 그러한 위험 가운데 아마도 가장 큰 위험은 사회적인 위험일 것이다. 즉, 초연결성이 금지된 생각과 씨름하면서 의문과 의심을 품은 개인에게 단순히 자신의 수치심으로 남몰래 고심하는 대신 익명성으로 신분을 숨긴 채 같은 생각을 가진 다른 사람들과 의심, 의문, 내적 갈등을 공유할 수 있도록 제공하는 기회가 가장 큰 사회적 위험이다. 그 랍비가 불평했듯이, 그와 같은 사람은 인터넷 포럼을 통해 "즉시 자신을 지지하는 집단이 있다는 것을 느낄 수 있다. 인터넷 포럼에는 그와 같이 느끼는 다른 사람들도 있다. Er iz dortn a normaler mentsh[인터넷 포럼에서 그는 평범한 사람이다]."20)

초시공간적인 사적 인터넷 접속 통로로서 스마트폰은 '개별화' 기술(individualizing technology)이다.[11] 즉, 스마트폰은 초-정통파적이거나 기타 보수적인 종교 공동체의 유지와 확대에 매우 중요한 촘촘한 공동체 감시망을 우회한다.21) 그러나 그 랍비의 발언이 시사하듯이, 스마트폰(과 더 일반적으로는 초연결성)은 '집단화' 기술(collectivizing technology)이 될 수도 있다. 즉, 스마트폰은 대항-공중(counter-public)[12]과 대안 공동체의 출현을 촉진한다. 페이더가 연구한 사례에서, 초-정통파 공동체에서 광범위하게 공유되긴 했지만 과거에는 분명하게 표현되지 않았던 우려를 대변하는 상호 연결된 일단의 익명 블로그가 의심하는 자들에 의해 작성되었고, 이를 중심으로 대항-공중이 결집했다.22) 초연결성은 개별화 방식은 물론 집단화 방식을 통해 가족과 지역사회에서 자기를 해방하는 역할을 한다.

---

11 개별화(individualization)란 사회적 구조와 규범으로부터 개인의 분리와 자율성 형성 과정을 말하는 반면, 개인화(personalization)는 개인의 취향, 선호, 경험에 맞춤화된 서비스나 경험을 의미하며 개인의 구체적인 요구에 대응하는 실천적 접근이다.

12 지배적인 공중에 반대하는 집단을 말한다.

집단화 기술로서 초연결성은 사회심리학자들이 말하는 "다원적 무지"(pluralistic ignorance: 사람들이 자신의 신념이 공동체의 다른 모든 사람의 신념과 다르다고 잘못 믿는 상황)를 극복하는 데 도움을 준다. 다원적 무지의 극복은 초연결성이 정치를 변환시킨 방식의 핵심이다.[23)] 그러나 다원적 무지의 극복은 자기의 사회적 형성에도 중요하다.

다원적 무지의 상황에서 부적응자, 아웃사이더, 또는 (초-정통파 공동체에 의심을 품고 있는 자들과 같은) 일탈자인 것처럼 느끼는 개인들은 그러한 느낌 속에 고립된 채로 남아 있는데, 왜냐하면 그들은 자신의 상황이 독특하다고 잘못 믿고 있기 때문이다. 초연결성은 같은 생각을 가진 타인의 존재를 드러내고 그들과의 저위험·저비용 커뮤니케이션을 가능하게 함으로써 다원적 무지와 그에 수반되는 사회적 고립을 극복한다. 초연결성은 자기에 대한 대안적 정의와 공동체에 대한 대안적 이해를 위한 사회적 지지를 제공한다. 가족과 지역사회 환경에서 인정받지 못하거나, 의료적 문제가 있는 사람 취급을 받거나, 낙인찍혀 있다고 믿는 자기-이해(self-understanding)가 온라인에서는 정당한 자기성의 형태로 공개적으로 표현되고, 인정되며, 타당화될 수 있다. 가족이나 지역공동체의 맥락에서 사사로운 개인적 실패로 경험되는 것이 공적으로 정당화되는 방식으로 재표현되고 자신의 것으로 재주장될 수 있다. 따라서 초연결성은 자기의 사회적 형성에 이르는 대안적 경로를 열어주는 강력한 자기-인식(self-recognition) 및 자기-타당화(self-validation)[13] 기술이다.

해방에 대해 생각할 때 우리는 거의 언제나 보수적인 가족과 공동체 환경의 제약으로부터의 해방을 제일 먼저 떠올리게 된다. 그러나 디지털 연결성

---

13 판단이나 외부 승인의 필요성 없이 자신의 생각, 감정, 경험을 유효하고 인정받을 가치가 있는 것으로 인식하고 수용하는 과정을 말한다.

은 또한 자유주의적이거나 진보적인 가족, 공동체, 또는 제도적 환경의 제약에서 벗어날 수 있게 해주는 자원도 제공한다. 예를 들어, 대안-우파의 선구자들이 등장한 디지털 영역, 특히 익명의 이미지 기반 메시지 게시판인 포챈(4chan)은 이러한 순전히 기술적(記述的)인 의미에서 해방적인 공간으로 이해될 수 있다. 그러한 영역들 역시 다원적 무지를 극복하는 데 도움을 주었으며 도발(provocation), 위반(transgression), 트롤링(trolling)을 중심으로 하는 대안적인 자기성의 스타일에 대한 사회적 지지를 제공했다.24)

초연결성의 해방적 잠재력 혹은 위협은 보수적인 종교 공동체의 경우처럼 사회학적으로 '극단적인' 사례에서 가장 뚜렷하게 드러난다. 그러나 초연결성은 훨씬 더 일반적이고 편재적이며 일상적인 방식으로 자기의 해방에 이바지한다. 그것이 제공하는 "익명적 사회성(anonymous sociality),[14] 비판 및 탐색" 가능성은 사회화 수단에 대한 통제력을 가족, 공동체 및 지역 기관(이들의 한때 광범위했던 사회화 능력은 후기 근대성의 문화적·사회구조적 맥락에서 이미 크게 약화되었음)에서 다양한 매개 네트워크 및 매개 공동체와 "인포스피어(infosphere)"[15] 전반으로 재분배한다.25) 다시 한 번, 해방이라는 용어를 순전히 기술적(記述的)인 의미로 이해한다면, 이것은 해방적인 작용을 할 수밖에 없다.

---

14 자신의 신원을 밝히지 않고 온라인에서 콘텐트를 공유하고 상호작용하는 것을 말한다.

15 정보, 데이터, 지식, 커뮤니케이션을 포함하는 형이상학적인 영역으로, 인포그(inforg: 인포스피어에 존재하는 정보로 구현된 유기체)라는 정보 개체에 의해 채워지며, 사이버 공간을 넘어 오프라인과 아날로그 정보를 모두 포함한다.

* * *

필자가 이 절과 앞 절에서 살펴본 논지들은 사회학적 근대성에 대한 고전적 이야기를 확장하는 방향으로 수렴한다.[26] 그러한 논지들은 디지털 연결성을 사람들을 그들이 태어나면서 주어진 선택 불가능한 의무적 공동체에서 탈배태시켜(disembed) 그들 자신이 선택한 더 느슨하고 덜 포괄적이며 덜 구속적인 네트워크와 공동체에 재배태하는(re-embed) 장기적인 과정을 촉진하고 강화하는 것으로 본다.[27] 이러한 탈배태와 재배태를 통해 자기는 그 어느 때보다 개인이 책임을 져야 하는 반영적 프로젝트가 된다.

개별화에 대한 친숙한 이야기를 이렇듯 업데이트하고 확장한 버전은 여러 측면에서 주목하지 않을 수 없다. 그러나 그것은 여전히 지나치게 고전적인 개별주의이다. 그것은 초연결성의 생태계에서 자기-형성의 사회기술적 차원에 대해 구체적인 것을 포착하지 못한다. 그것은 우리가 우리 자신의 디지털 버전을 구성하거나 다른 사람들과 공동 구성하는 방식을 고려하지 않는다. 그것은 편재적인 모바일 연결성, 빅 데이터, 편재적인 수량화, 알고리즘적 자기성, 또는 우리가 소셜 미디어 플랫폼이라고 부르는 강력한 사회기술적 구성체를 고려하지 않는다. 그것은 그러한 사회기술적 체계들에 의한 자기의 규율이나 식민화를 고려하지 않는다. 다음 절은 자기-형성의 이러한 새로운 측면을 다룬다.

3. 자기 객체화하기

조지 허버트 미드의 사회적 상호작용을 통한 자기의 사회적 형성에 대한 풍부하고 미묘한 설명에서 중요한 순간은 외부에서 자신을 보는 것이다. 이것은 "타자 역할 취해보기(taking the role of the other)"를 요구한다. 아이들은 놀이를 할 때는 초보적인 방식으로, 구조화된 게임을 할 때는 좀 더 복잡한 방식으로, 그리고 특정한 타자(particular other)뿐만 아니라 미드가 말한 "일반화된 타자(generalized other)"의 관점을 취할 때는, 훨씬 더 정교한 방식으로 그렇게 하는 것을 배운다. 바로 타자의 역할을 취함으로써 우리는 우리 자신을 객체화한다. 그와 같은 자기-객체화(self-objectification)는 자기-의식(self-consciousness)의 기본 토대이며 자기 되기(becoming a self) 과정의 핵심이다.28)

자기의 사회적 형성에 대한 미드의 설명은 여전히 사회심리학과 사회학의 상징적 상호작용주의(symbolic interactionism) 전통의 기초이다. 그러나 대상화(objectification)[16]와 자기-대상화에 관한 문헌이 심리학과 사회학에서 급격히 증가했음에도 그 초점은 오히려 급격히 좁아졌다. 대상화는 대개 소녀와 여성이 남성, 미디어, 궁극적으로 그들 자신에 의해 실제로 혹은 잠재적으로 성애화된(sexualized) 대상으로 간주하고, 평가되고, 재현되며, 취급되는 방식을 가리키게 되었다. 그리고 자기-대상화는 소녀와 여성이 대상화하는 응시(凝視)를 자신에게 되돌리고, 그 평가 기준을 내면화하며, 그러한 기준에 따라 자신과 자신의 신체를 이해하고 평가하며 행동하게 되는 과정을 지칭하게 되었다.

초연결성은 이러한 대상화와 자기-대상화라는 성애화 형태에 엄청난 새

---

16 'objectification'은 맥락에 따라 '객체화' 혹은 '대상화'로 번역될 수 있다. 객체화란 주체를 사물(object)로 전환하는 과정을 의미하며, 철학적·사회학적 맥락에서 더 널리 사용된다. 인간을 조작 가능한 사물로 취급하는 것 혹은 기술적·시스템적 처리의 의미가 강하다. 이에 비해 대상화란 주체를 대상(target/object)으로 만드는 과정을 의미하며, 페미니즘 이론에서 특히 많이 사용된다(성적 대상화 등). 인간을 목적이 아닌 수단으로 취급하는 것으로, 관계적·사회적 맥락의 의미가 강하다.

로운 동력을 제공했다. 그것은 포르노그래피를 편재화했고(ubiquitize; 遍在化), 디지털 성성(sexuality; 性性)을 자기-대상화하는 새로운 (상업적·비상업적) 형태를 크게 증가시켰으며, 시각적 자기-대상화를 전제로 하는 온라인 데이팅(dating) 인터페이스를 만들어 이용자가 '오른쪽이나 왼쪽으로 밀어서' 사진에 관심이 있는지 표시하도록 유도한다. 그리고 대상화하는 성애화 응시가 더 난잡해져 더 이상 이성애자 남성에 의한 오로지 여성만을 겨냥하는 것이 아니게 되었음에도, 그러한 응시는 신체적 자기-이미지(self-image)와 자기-가치감(feelings of self-worth)에 미치는 영향에 있어서 여전히 심하게 젠더화되어 있다.[29)]

그러나 초연결성은 더 깊고 더 일반적인 의미에서 객체화와 자기-객체화의 기술이다. 그것은 대상들이 세상에 존재하는 방식과 우리가 우리 자신과 타인, 그리고 초인간적 지식 체계에게 하나의 대상이 되는 방식을 근본적으로 변환시켰다. 그렇게 함으로써 초연결성은 완전히 새로운 자기성(自己性)의 기술-사회적 하부구조, 즉 자기가 형성되고 재형성되는 완전히 새로운 생태계를 만들어냈다.[30)]

디지털 매개는 하나의 대상으로서 자기를 구성하고 경험하는 새로운 방식을 배가시킨다. 가장 명백한 방식은 우리가 의도적으로 소셜 미디어 프로필을 구성하거나, 셀카를 찍어 유포하거나, 소셜 미디어에 게시할 때 자신을 객체화하는 것이다. 좀 더 감지하기 어려운 방식은 우리가 반복되는 일상의 과정 속에서 자기 자신도 그렇게 하고 있다는 것을 모르는 상태에서 지속적으로 우리 자신을 객체화하는 것이다. 삶이 온라인으로 이동함에 따라, 삶이 남기는 디지털 객체는 그 여파로 계속해서 늘어난다. 이런 의미에서 디지털 매개 행동과 상호작용은 '본질적으로 객체화'된다.[31)] 모든 텍스트, 모든 이메일, 우리의 브라우징 기록의 모든 클릭, 모든 앱-매개 행동, 센서에 기록되는 모든 데이터 포인트, 소셜 미디어상의 모든 행동과 상호작용, 심지어 가장 사소한 '좋아요'나 리트윗도 디지털 잔여물(digital residue)을 남기며, 그 가운데 많은 것이 디지털 객체로 존속한다.32) 이러한 잔여물들은 우리를 우리 자신과 타자들에게 새로운 방식으로 보일 수 있게 해주며, 우리 자신과 우리의 행위를 외부에서 대상으로 볼 수 있게 해준다.33) [이러한 디지털 흔적들은 또한 우리가 누구인지 알고 우리가 행동하는 방식에 영향을 미치기 위해 플랫폼들이 전략적으로 활용하는 알고리즘에 의해 우리가 대상으로 구성되게 한다. 이러한 목적으로 사용되는 디지털 잔여물들(우리 자신이 사용하는 잔여물들을 압도하는 규모임)은 우리에게는 보이지 않는 상태로 남아 있다. 그것들은 자기의 알고리즘적 객체화를 가능하게 하는 방대하고 불투명한 데이터 집계 및 분석 시스템에 투입되는데, 이 주제에 대해서는 다음 절에서 다시 다룬다.]

자기를 하나의 객체로 재현하는 언어적·시각적 행위는 결코 새로운 것이 아니다. 글쓰기는 오랫동안 자기-형성의 중요한 매개체로 인식되어 왔으며, 무엇보다도 자기를 객체화하고 자기를 외부에서 보는 하나의 방법이다. 역사학자들은 특히 일기를 편지와 마찬가지로 '자기 쓰기(writing the self)'[17]의 강력한 기술로 분석했다. 그리고 자화상도 오랜 역사를 지니고 있다.34) 그러나 초연결성의 생태계에서 자기-객체화는 민주화되고, 일상화되고, 평범해지며, 소수의 사람의 주목을 받는 독특한 행위가 아니라 플랫폼이 매개하는 사교성에 의해 요구되고 일상생활의 구조에 스며든, 많은 사람의 눈에 띄지도 않는 언급되지도 않는 일상적인 습관이 된다. 이러한 객체화와 자기-객체화가 만성적으로 이루어지는 일상적인 디지털 매개 사회생활의 특성은 현대의 자기성 경험을 형성하는 데 큰 영향을 미친다.

우리는 때로는 의도적인 자기-의식적 자기-향상 작업(self-work)[18]을 통

---

17 푸코에 따르면, 자기 쓰기는 고독의 위험을 상쇄하고, 자신이 생각하거나 행한 것을 드러내는 것과 관련이 있다.

해, 때로는 무의식적으로 객체화된 자기의 디지털 재현을 일상적으로 만들어낸다. 이러한 재현물들이 자리를 잡으면 우리는 외부에서 자기를 하나의 대상으로 볼 수 있다. (많은 플랫폼은 이용자들이 자신의 디지털 자기를 다른 사람이 보는 것처럼 외부에서 볼 수 있도록 특별히 허용한다.) 우리가 보는 디지털 자기는 합성된 대상으로, 거기에는 의도적으로 또는 자기를 의식하지 않은 채 '우리'가 만들어낸 디지털 자기-재현과 자기-흔적(self-trace)뿐 아니라, 우리의 자기-재현과 영속적으로 결합해 있는 '타자들'의 디지털 매개 반응도 포함된다. 디지털 거울을 볼 때 우리는 우리 자신의 이미지뿐만 아니라 다른 사람들이 보는 우리 자신의 이미지도 보게 된다. 우리가 우리 자신의 디지털 자기를 구성하고 또 타자들도 지속적으로 객체화된 디지털 반응을 통해 우리의 디지털 자기를 공동 구성함에 따라, 우리는 이중굴절된 우리 자신을 본다.

따라서 타자의 관점을 취하는 것은 미드에게서처럼 상상적 전위(imaginative displacement)[19]나 인지적 전환(cognitive shift)[20]을 요구하지 않는다. 타자의 관점은 이미 디지털 자기에 코드화되어 있다. 우리는 댓글, '좋아요', 즐겨찾기, 리트윗과 같은 우리의 디지털 자기에 대한 타자들의 객체화된 반응을 직접 확인할 수 있다. 플랫폼은 이러한 반응들을 수량화하기 때문에, 디지털 자기에 코드화되어 있는 것은 '특정한' 타자들(particular others)의 관점일 뿐만 아니라 '일반화된' 타자(generalized other)의 관점이기도 하다. 그리고 미드의 일반화된 타자와 달리, 일반화된 디지털 타자는 '수량화되고(quan-

18 우리의 생각, 감정 및 행동을 더 잘 이해하는 데 도움이 되는 반성과 성찰의 과정을 의미한다.

19 자신을 일시적으로 다른 사람의 위치에 놓아보는 심리적 과정을 의미한다.

20 자신의 기존 인지 체계나 관점에서 다른 관점으로 전환하여 사고의 틀, 해석 방식, 관점을 근본적으로 변화시키는 과정을 말한다.

tified) 수량화하는(quantifying) 타자'이며, 디지털 자기를 전 세계적인 디지털 자기(친구, 팔로워 등의 수)는 물론 특정한 객체화된 표현(우리가 게시하거나 공유하는 자료에 대한 댓글 및 '좋아요' 수) 모두에 연결된 숫자열로 나타낸다.

디지털 자기-객체화의 마지막 단계에서 우리는 일반화된 디지털 타자의 응시를 다시 우리 자신에게로 돌린다.[35] 성적 대상화(sexual objectification)에 관한 문헌들이 구체적으로 밝히고 있듯이, 우리는 타자의 객체화하는 응시를 내면화하고 그러한 평가 기준에 따라 우리 자신과 우리의 행동을 평가한다. 그러나 내면화된 객체화하는 응시는 우리 신체만을 향하는 것도 아니고, 특별히 성애화하지도 않는다. 그러한 응시는 우리의 디지털 존재에 대한 모든 표현으로 확장된다.

외부의 응시를 내면화하는 것은 온라인뿐 아니라 오프라인에서 우리가 이 세상을 경험하는 것을 바꾸어놓는다. 끊임없이 변하는 디지털 자기 전시회의 큐레이터(curator)로서 우리는 일반화된 디지털 타자의 기준으로 측정되는 디지털 가치를 가질 수 있는 것, 즉 효과적으로 공유할 수 있거나 게시할 수 있는 것을 항상 예민하게 주시한다.[36] 그러한 객체화하는 응시를 내면화함으로써 우리는 그 기준에 따라 사후에 우리 자신과 우리의 디지털 수행(digital performance)을 평가할 뿐만 아니라, 수량화된 타자의 판단을 '예상함'으로써 앞으로의 우리의 디지털 수행도 평가한다.

따라서 초연결성은 자기의 객체화된 재현을 급격하게 증가시키고, 타자의 관점에서 우리 자신을 보는 새로운 방식을 만들어내며, 디지털 응시(digital gaze)를 우리 자신에게로 되돌려주는 편재적인 디지털 거울을 우리에게 들이밂으로써 자기-객체화를 일반화하고 민주화하고 일상화하며 수량화한다. 이제 수량화에 대해 더 자세히 살펴보자.

4. 자기 수량화하기

2010년, 게리 울프(Gary Wolf)는 ≪뉴욕 타임스(*New York Times*)≫에 기고한 "데이터-주도적인 삶(The Data-Driven Life)"에 대한 칼럼에서 "숫자를 통한 자기-지식" 추구의 새로운 가능성을 극찬했다. 이 기고문과 2009년에 ≪와이어드(*Wired*)≫에 실린 한 기사는 이른바 "수량화된 자기 운동(quantified self movement)"의 토대가 된 선언문으로 간주되는데, 수량화된 자기 운동이란, 단어보다 숫자, 내성(內省)보다 계측(計測), 측정 불가능한 것보다 측정 가능한 것, 장기적 탐색보다 실시간 피드백, 영혼의 깊이보다 신체의 표면에 우선순위를 둠으로써 데이터의 객관성이라는 이름으로 '직관의 변덕'을 극복하자는 운동이다.[37)]

그러나 '수량화된 자기'는 운동이라기보다는 한순간이고, 이데올로기적 프로젝트라기보다는 일상적 행위이다. 수량화된 자기 '커뮤니티' 또는 '운동'에 참여해 온 열정적인 선구자들은 덜 자의식적이고 덜 실험적인 방식으로 자기-수량화 행위에 빠져든 사람들에 비하면 소수에 불과하다.[38)] '수량화된 자기'는 흔히 그러한 선구자들을 떠올리게 하는 것으로 받아들여진다. 그러나 필자는 숫자를 통해 자신을 아는 행위가 일상생활의 정례적이고도 당연시되는 일부가 되어 '네트워크 사회에서 자기-지식을 추구하는 공인된 방법'으로 부상하는 더 넓은 사회문화적 순간을 떠올려 주는 것으로 받아들인다.[39)]

지난 10년 동안 센서를 사용하여 다양한 생체 측정 데이터와 행동 데이터를 기록하고 사용자에게 정기적으로 다른 데이터도 기록하도록 유도하는 자기-추적 장치와 앱이 확산했다. 생체 측정 데이터에는 맥박, 호흡, 걸음 수, 수면 패턴, 혈중 알코올 농도, 혈당 수치, 전기 피부 반응과 심지어 음경 발기력도 포함된다. 행동 데이터에는 자동차 주행속도, 가속, 제동 및 기타 주행 데이터의 패턴과 사회적 상호작용의 빈도, 기간 및 질(말하는 것을 녹음하고 분석하여 측정), 그리고 기기 사용 패턴(컴퓨터 사용, 앱 사용, 방문한 웹사이트 등)이 포함된다. 사용자-제공 데이터에는 감정, 통증, 에너지 수준, 활동, 지출, 그리고 음식, 비타민, 수분, 알코올, 카페인 및 약물 소비에 대한 기록이 포함된다. 종합하자면, 이렇게 해서 얻은 지식은 체력 단련(fitness), 건강, 행복, 생산성 향상에 도움을 주는 자료로 활용될 수 있다는 전제하에 사용자는 이러한 데이터를 통해 운동, 수면, 식이조절, 성생활, 기분, 생산성 및 기타 다양한 건강 및 웰빙(well-being) 차원을 체계적으로 모니터링할 수 있다.[40]

규율된 형태의 자기-모니터링이 물론 새로운 것은 아니다.[41] 체계적인 자기-점검(self-scrutiny) 처방들은 다양한 종교적 전통과 세속화된 후속 전통의 중심이었다. 벤저민 프랭클린(Benjamin Franklin)은 자신의 행동을 '매일 점검하는' 방법을 개발한 것으로 유명한데, 각 열에는 요일을 적고 각 행에는 13가지 덕목을 적은 표를 사용해 자신의 품행에 부족한 점이 있었다고 생각하는 모든 항목에 검은 점 하나(가끔은 두 개)를 찍음으로써 '매일 저녁 그날의 잘못을 표시했다.'[42] 그리고 욕실 체중계가 널리 이용되면서 몸무게 관측이 일상적인 관행이 된 것은 이미 한 세기 전의 일이다.[43]

그러나 초연결성의 어포던스는 계량적인 자기-추적 형태의 급격한 증가를 초래했다. 센서 기술의 혁신은 편리하고 겉으로 티 나지 않으며 큰 비용을 들이지 않고 추적할 수 있는 신체적·행동적 과정의 범위를 크게 확장했다. 항상 연결되어 있는 편재적 모바일 장치와 클라우드 컴퓨팅을 통해 사용자는 메시지가 표시될 때마다 입력할 수 있고 언제 어디서나 자신의 데이터에 접근할 수 있다. 앱은 질적 데이터를 양적 데이터로 변환하고, 상관관계를 확인하며, 편리하게 추이와 관계를 시각화한다. 그리고 기본적으로 소셜 미디어 플랫폼과의 기본 내장된 통합을 통해 자기-추적 데이터를 다른 사람과 쉽게 공유할 수 있으므로, 이는 자기-추적의 '게임화(gamification)'[21] 에서도 분명하게 볼 수 있듯이 추가적인 동기 부여의 사회적 측면을 활용할 수 있다.[44)]

10년 전만 해도 수량화된 자기-추적은 열성가들을 위한 것이었지만, 머지않은 장래에는 모든 사람을 위한 것일 수도 있다. 그것이 개인들에게 어떤 가치가 있든, 자기-추적 데이터는 (집계 데이터가 아닌 개별화된 데이터를 기반으로 자동차, 건강, 또는 생명보험의 요율을 설정하고 개인 데이터를 공유하지 않으려는 사람들에게 불이익을 줄 수 있는) 보험회사에, (생산성 향상, 의료 비용 절감, 혹은 직원 규율을 위해 직원이 체력 단련 모니터링 앱을 사용하도록 권장하거나 요구할 수 있는) 고용주에게,[45)] 그리고 (이러한 데이터를 사용해 고객을 더 효과적으로 표적화할 수 있는) 소매업자에게 잠재적으로 가치가 있다. 추적 데이터는 잠재적인 금전적 가치 외에 학교에서도 점점 더 많은 관심을 받고 있는데, 일부 학교는 학생들이 건강 추적 또는 체력 단련 추적 프로그램에 참여하도록 요구하거나 최소한 그러한 프로그램에 참여하지 않는 것을 어렵게 만든다. 이러한 '권장된' 자기-추적(pushed self-tracking)이나 '강제된' 자기-추적(pushed self-tracking)[22]은 감시 크립(surveillance creep),[23] 프라이버시 및 자율성에

21 소비자 대상 웹이나 모바일 사이트 등 게임이 아닌 애플리케이션에 애플리케이션 사용을 권장하기 위해 게임 플레이 기법을 적용하는 것을 뜻한다. 이와 같은 게임을 펀웨어(funware)라고 부르기도 한다.

22 데버라 럽턴(Deborah Lupton)의 2016년 연구에 따르면, '권장된 자기-추적'은 개인이 자기-추적을 자발적으로 선택한 것처럼 보이지만, 실질적으로는 사회적·제도적 압력에 의해 권장되거나 유도된 형태를 말하며, '강제된 자기-추적'은 이용자가 자기-추적을 선택할 수 없는 상황으로, 추적이 의무화되거나 자동화된 시스템을 통해 강제적으로 수행되는 경우를 말한다.

23 감시 기술이나 시스템이 원래 의도했던 목적을 넘어 다른 목적으로 사용되거나, 감시 범위가 확대되는 현상을 의미한다.

대한 더 광범위한 문제를 제기한다.[46]

그러나 자기는 자기-추적을 훨씬 넘어서는 규모로 점점 더 수량화되고 있다. 소셜 미디어 플랫폼이 지배하는 커뮤니케이션 생태계에서 '모든' 자기는 꾸준한 숫자 섭취를 통해 영양을 공급받으면서 수량화된 자기가 된다.[47] 수량화는 플랫폼들의 기본 아키텍처에 배태되어 있다. 팔로워 수는 소셜 미디어 플랫폼의 두드러진 특징일 뿐만 아니라 댓글, '좋아요', 공유, 즐겨찾기, 리트윗, 심지어 단순한 조회수까지 플랫폼의 모든 활동이 끊임없이 수량화되어 일련의 숫자로 사용자에게 피드백된다.[48] 예를 들어, 페이스북에서는 모든 게시물과 심지어 게시물에 대한 모든 댓글이 게시물을 공유하거나 게시물에 댓글을 다는 사람 수뿐만 아니라 그 게시물에 '반응한' 사람 수를 통해 게시자와 게시물을 보는 다른 모든 사람에게 보이도록 수량화된다.[49] 2021년에 페이스북과 인스타그램은 청소년의 정신 건강에 대한 우려에 부응하여 사용자가 게시물의 '좋아요' 수를 숨길 수 있도록 허용하기 시작했다. 두 플랫폼의 모회사인 메타는 '좋아요' 수를 모두 제거하는 것을 고려했지만, 일부 사용자들, 특히 인플루언서 지망자들과 유명 인플루언서들이 이러한 지표에 많은 시간과 노력을 기울이고 있다는 사실을 알게 된 후 그렇게 하지 않기로 했다.[50]

수량화는 통약화(commensuration), 즉 '상이한 특성들'을 '서로 다른 양'으로 변환하는 공통 척도의 확립을 수반한다.[51] 2009년에 페이스북 내에 도입되었다가 외부 콘텐트를 페이스북과 통합하는 방법으로 2010년에는 외부 웹사이트에서도 사용 가능해진 페이스북의 '좋아요' 버튼은 방대한 규모의 통약화 도구이다. 수백만 개의 외부 웹사이트에서 '좋아요' 버튼이 사용되고 다른 주요 플랫폼에서도 유사한 버튼이 채택되면서 보편적으로 인정되는 인기도 척도가 만들어졌는데, 이것은 사실상 '좋아요 경제(like economy)'를 움직이는 일종의 사회적 통화(social currency)이다.[52]

페이스북과 기타 소셜 미디어 플랫폼이 수행하는 대규모 통약화 작업은 두 가지 축에서 비교를 가능하게 하고 조장한다. 통약화는 우리 자신의 수행(performance) 간의 비교를 용이하게 한다. 즉, 우리는 우리의 게시물 가운데 어떤 게시물이, 즉 우리의 온라인 자기 수행 중 어떤 것이, 비교적 성공적이고 어떤 것이 완전히 실패하는지에 따라 의식적으로든 무의식적으로든 조율될 수밖에 없다. 그러한 만성적인 조율(attunement)은 우리의 자기-이해와 자기-평가(self-appraisal)를 재형성하여 우리의 수용자들과 더 효과적으로 상호작용하기 위해 우리의 수행을 바꾸게 만든다. 통약화는 또한 사람들 간의 비교를 용이하게 한다. 즉, 소셜 미디어 환경은 우리가 다른 사람들과 비교해 어떤 위치에 있는지 만성적으로 의식하게 만들며, 이는 우리의 상대적 가시성(또는 비가시성)을 드러나게 만든다. 소셜 미디어상의 존재는 타인을 위한 존재(existence-for-others)이며, 우리는 다른 사람들이 우리의 디지털 자기와 상호작용하는 한에서만 존재한다. 끊임없이 수량화되는 소셜 미디어 생태계는 우리의 디지털 자기를 측정하고 그 측정값을 피할 수 없이 비교적이고 암묵적으로 경쟁적인 프레임 안에 위치시킨다.[53)]

숫자는 자기를 '아는(knowing)' 수단일 뿐만 아니라 자기를 '다스리는' 수단이기도 하다. 소셜 미디어 지표들은 단순히 세상을 반영할 뿐만 아니라 세상과 우리의 관계를 바꾸기도 한다. 도널드 매켄지(Donald MacKenzie)가 금융 모델에 대해 말한 것처럼, 소셜 미디어 지표들은 '카메라가 아니라 엔진'이다.[54)] 지속적인 수량화는 상호작용의 게임화에 기여하며, 우리의 숫자들을 향상하도록 자극하면서 우리가 소셜 미디어와 더 깊게 상호작용하게 만든다.[55)] 그러한 숫자들이 아무리 좋아도 늘 더 나은 숫자를 얻기 위해 노력한다. 즉, 절대적인 가치가 아닌 상대적인 가치로 규정되는 위치재(positional goods)[24]의 경우처럼, 풍요 속에서도 늘 결핍을 동시에 경험하게 된다.[56)] 따라서 수량화된 자기는 만족할 줄 모르는 매우 탐욕스러운 자기이다.

지금까지 논의해 오고 있는 숫자는 눈에 띄게 드러나는 방식으로 우리의 경험 속으로 들어온다. 다시 말해, 우리의 자기-추적 보고서와 소셜 미디어 피드에 두드러지게 표시되어 우리는 그 숫자들을 피할 수가 없다. 그러나 이러한 숫자들은 빙산의 일각에 불과하다. 우리의 자기들은 자기의 디지털 재현물이나 '데이터 쌍둥이(data doubles)'를 구성하는 데이터 분석 절차와 연산 절차를 통해 결과적으로 불투명하고 눈에 잘 띄지 않는 방식으로 수량화된다.[57] 우리는 지금까지 우리가 우리 자신을 추적하고 수량화하기를 바랄 수 있었던 것보다 훨씬 더 철저하고 무자비하게 다른 사람들에 의해, 사회기술적 체계에 의해, 추적되고 수량화된다.

이러한 디지털 재현물은 우리가 남기는 계속 확대되는 디지털 흔적(digital trail)에서 조합한 데이터로 구성된다.[58] 연산 과정을 거치지 않아도 데이터 흔적(data trail)에는, 예를 들면 점점 더 정확하고 포괄적인 지리적 위치 데이터를 포함해, 우리 삶에 대한 놀랍도록 상세한 정보가 풍부하게 포함되어 있다. 그러나 이 밖에도 그러한 데이터는 우리가 누구이며 어떻게 행동할 가능성이 있는지에 대한 다양한 확률적 추론을 지원한다. 이러한 추론은 성격 특성, 정서 상태, 성적 지향(sexual orientation) 등 자기의 가장 내밀한 측면을 다룬다.[59] 계속해서 더 커지고 더 풍부한 데이터 세트로 훈련되면서 점점 더 강력해지는 기계학습 알고리즘은 이러한 추론의 정확도를 극적으로 높여왔다. 예를 들어, 2018년에 발표된 한 논문에 따르면, 얼굴 인식 알고리즘이 개인당 하나의 얼굴 이미지를 기반으로 할 때는 81%, 개인당 다섯 개의 이미지를 기반으로 할 때는 91%의 정확도로 동성애자와 이성애자 남성을 구별할 수 있다고 한다.[60]

---

24 남들이 소비한 것과의 상대적 맥락에서 그 가치가 결정되는 특징이 있는 재화를 말한다.

따라서 숫자를 통해 자기를 아는 것은 내면으로부터 자기를 아는 방식인 '반영적 실천'일 뿐만 아니라, 외부로부터 자기를 아는 방식인 '연산 과정'(computational process)이기도 하다. 자기에 대한 외적인 연산적 지식은 우리가 잊어버린 많은 것과 우리가 결코 알지 못한 다른 것들을 포함한다. 데이터를 모으고 이러한 데이터로부터 추론하는 사회기술적 체계는 우리가 우리 자신에 대해 가지고 있는 것보다 더 완전하고 더 정확한 우리에 대한 재현물을 가지고 있을 수도 있다. 다만 이러한 추론과 이러한 추론의 기반이 되는 데이터는 오류로 가득 차 있을 수도 있다는 점을 인식하는 것이 중요하다.61)

5. 자기 생산하기

사회적 상호작용에서 자기의 제시(presentation)과 자기의 수행적 실연(performative enactment)에 관한 어빙 고프먼의 고전적인 연구는 디지털 방식의 자기 제시와 수행에 관한 연구에 풍부한 영감을 주는 원천이다. 연구자들은 고프먼의 연극적 관점을 유지하고 그의 많은 주요 개념[예를 들면, 무대 '전면(front stage)'과 '후면(backstage)' 영역의 구분, 의도적으로 정보를 '주는 것(giving)'과 비의도적으로 정보를 '흘리는 것(giving off)' 간의 구분[25]]을 사용하면서 온라

25 고프먼에 따르면, 개인의 표현력은 근본적으로 다른 두 가지 신호 행동, 즉 '명시 표현(the expression that he gives)'과 '암시 표현(the expression that he gives off)'으로 나타난다. 명시 표현이란 개인이 명백하게 오로지 정보를 전달하기 위해 자타가 모두 무슨 뜻인지 아는 언어 상징이나 대체 신호를 사용하는 행동이다. 암시 표현은 다른 사람들이 행위자의 됨됨이를 판단할 만한 것으로, 행위자가 정보 전달 이상의 의미가 전해지기를 기대하면서 하는 다양한 행동을 표현한다. 암시 표현에는 위장이 포함된다(자

인 맥락에서 자기-제시의 어떤 특징들을 강조했다. 예를 들어, 연구자들은 비동기적인(asynchronous) 텍스트 기반 커뮤니케이션이 어떻게 사람들의 자기-제시를 자기-의식적으로 '편집하는 것'을 용이하게 하며, 심지어 실시간으로 다른 사람의 도움을 받는 협업적인 형태의 자기-제시를 가능하게 하는지 강조했다. 그들은 대면 커뮤니케이션에서 이용 가능한 신체-행동적 단서의 부재가 다른 사람의 자기-제시를 평가하기가 더 어렵게 할 뿐만 아니라 다른 사람이 우리를 어떻게 보는지를 파악하는 것도 더 어렵게 한다는 점에 주목했다. 그들은 일부 온라인 포럼의 특징인 익명성이 더 큰 친밀감(intimacy)과 자기-공개(self-disclosure)를 가능하게 할 수 있지만, 동시에 극단적인 무례함을 허용할 수도 있음을 확인했다. 그리고 그들은 '다양한 관객을 하나로 통합해 버려서' '맥락 붕괴(context collapse)'[26]를 초래하는 소셜 미디어 사이트에서 고프먼이 '관객 분리(audience segregation)'[27]라고 부르는 것을 실천하는 것이 어렵다는 점을 강조했다.[62)]

그러나 초연결성은 자기를 '제시하는(presenting the self)' 새로운 방법을 소개할 뿐만 아니라, 자기를 '생산하는(producing the self)'[28] 새로운 기회를 제공하기도 하고 자기를 '생산해야' 한다는 의무감을 더 널리 확산시키기도 한다. 푸코가 말했듯이, '자신의 기업가(entrepreneur of oneself)'가 된다는 생

료: https://archivage002.tistory.com/85).

26 맥락 붕괴는 일반적으로 소셜 미디어상의 서로 다른 수용자들이 같은 공간을 차지하여 한 수용자를 대상으로 한 정보가 다른 수용자에게 전달될 때 발생하며, 그때 새로운 수용자는 원래의 맥락을 이해하지 못하기 때문에 그 반응은 매우 몰인정하고 매우 부정적이다.

27 서로 다른 관계를 유지하기 위해 서로 다른 관객에게 (자기-표현과 관련하여) 다른 공연을 보여줄 수 있는 능력을 의미한다.

28 자기 생산하기란 자신의 행동, 정신적 과정, 또는 신체적 과정을 통해 무언가를 만들거나 존재하게 하거나 일어나는 과정을 설명하는 방식이다.

각은 오랫동안 신자유주의(neoliberalism)의 중심이었다.63) 그리고 자기를 향상하고 자기를 하나의 반영적 프로젝트로 취급해야 한다는 문화적 의무는 여전히 더 긴 역사를 지니고 있으며, 그것은 근대성의 핵심적인 부분으로 해석될 수 있다. 그러나 자기-향상 작업과 자기-생산(self-production)이라는 이상은 소셜 미디어 플랫폼이 지배하는 커뮤니케이션 생태계에서 광대한 새로운 적용의 장(長)을 찾았으며, 새로운 변화를 겪고 있다.

1980년대와 1990년대에 기업가적 자기(the enterprising self)[29]에 대한 지배적인 설명은 역동적으로 진화하는 노동 분업을 특징으로 하는 유연화된 탈포드주의(post-Fordism)[30] 경제의 요구에 부응하기 위해 인적 자본의 선제적인 획득과 자기의 지속적인 재훈련을 강조했다.64) 이러한 맥락에서 기업가적 자기의 가치는 노동시장에서 평가되었다. 디지털 초연결성의 환경 속에서 자기-기업가화는 노동시장의 경쟁에 적응한, '생산요소'로서 육체적 자기(corporeal self)를 향상한다는 의미뿐만 아니라, 소셜 미디어 시장의 경쟁에 적응한, '소비의 대상'으로서 디지털 자기를 생산한다는 의미도 지니게 된다. 이러한 새로운 맥락에서 기업가적 자기의 가치는 수용자의 규모로 평가된다. 디지털 자기는 더 이상 단순한 지표적 존재, 즉 그것이 대표하는 '실제' 자기를 가리키는 것이 아니라, 다른 사람들이 자신의 지속적인 미디어 소비의 일부로 소비하는 자기로서 그 자체의 가치와 의미를 획득한다.65) 따라서 디지털 자기는 더 이상 단순히 신자유주의적인 '가치 있는 자기'를 '대

29 경제적 효율성과 기업가적 계산의 기준에 대한 지향성을 기반으로 행동, 느낌, 생각, 의지를 조종하는 것으로 정의되는 자기를 의미한다.

30 탈포드주의는 포드주의적 단순 반복 작업에서 벗어나 업무의 결합으로 분업의 최소화와 폭넓은 자율성과 다숙련화, 그룹 혹은 팀 작업, 노동자의 경영 참여를 통한 의사 결정의 분산화, 공공 감독, 규모의 경제에서 벗어난 범위의 경제, 작업 만족도를 극대화할 수 있는 작업설계 등을 통해 유연성을 극대화할 수 있도록 하고 있다.

표하는' 것이 아니라, 그 자체로 가치 있는 자기가 된다.

자기를 생산하는 기술에 능숙한 전형적인 디지털 시대의 자기-기업가는 소셜 미디어 '인플루언서'나 라이프스타일 블로거의 모습을 하고 있다.[66] 인플루언서는 기존의 유명인이라는 지위 덕분이 아니라, 그의 혹은 (더 흔하게는) 그녀의 팔로워들의 주목을 사로잡아서 소비를 이끌어내는 데 성공하는 디지털 자기를 생산하고 실연함으로써 소셜 미디어 팔로잉을 구축한 사람이다. 이러한 자기-생산은 흔히 상업적인 제품의 전시, 논의 및 보증을 포함하는데, 성공적인 인플루언서는 그것을 통해 특전, 후원, 그리고, 운 좋은 소수의 경우에는, 상당한 수입을 얻을 수 있다. 따라서 인플루언서는 두 종류의 제품을 판촉하고 판매하는 데 관여하는데, 하나는 그들이 '판촉하는' 제품이고 다른 하나는 팔로워의 즉각적인 소비를 위해 그들이 직접 '생산하는' 제품, 즉 그들의 디지털 자기이다. 인플루언서는 자기 자신을 생산하고 마케팅함으로써 영향력을 '획득하며', 그런 다음 운이 좋은 소수는 다른 사람의 제품을 판촉함으로써 그들의 영향력을 '수익화'할 수 있다.[67]

소셜 미디어 인플루언서는 디지털 유명인이라는 더 일반적인 현상의 한 사례이다. 초연결성은 유명인을 민주화하고 보편화하며, 누구나 새로운 형태의 미소-유명인(micro-celebrity)이 될 수 있을 것처럼 보이게 만든다.[68] 누구나 워홀(Andy Warhol)이 말해 유명해진 그 15분 동안만이라도[31] "페이스북에서 유명해지거나(Facebook famous)" "인스타에서 유명해질(Instafamous)" 수 있을 것처럼 보인다. 소셜 미디어는 수량화할 수 있고 잠재적으로 확장 가능한 수용자를 모든 이에게 제공한다. 미디어 학자인 앨리스 마윅(Alice Marwick)이 강조한 것처럼, 디지털 미소-유명인은 팔로워 수가 아니라 특정

31 "미래에는 누구든지 15분 동안은 세계적으로 유명해질 것이다(In the future, everyone will be world-famous for 15 minutes)"라고 한 앤디 워홀의 말을 두고 하는 말이다.

한 일련의 행위, 즉 수용자 지향적인 자기-홍보적(self-publicizing) 사고와 행동에 의해 규정된다. 따라서 팔로워의 규모에 관계없이 누구나 미소-유명인으로 활동할 수 있으며, 이것은 "많은 소셜 미디어의 기본적인 모습이다."[69] 이제 우리는 모두 미소-유명인이다.

다른 사람들이 소비하기에 적합하고 미디어가 포화된 환경에서 그들의 주목을 사로잡고 유지할 수 있는 디지털 자기를 생산해야 하는 의무는 독특한 디지털 정체성, 즉 독특한 '브랜드'를 개발하고 표현하는 것에 높은 가치를 부여한다. 자기-브랜딩(self-branding)[32]이라는 아이디어는 소셜 미디어가 등장하기 훨씬 전인 1990년대 후반에 처음 대중화되었지만,[70] 그것은 초연결성의 생태계 안에서 번성하고 있다. 가시성과 인기의 수량화가 편재해 있고, 소비 가능한 콘텐트가 넘쳐나며, 관심을 끌기 위한 경쟁이 심화하면서 우리 모두는 어느 정도 디지털 자기를 개별화하도록 강요받는다. 자기-브랜딩이라는 발상에 거부감을 느낄 법한 사람들조차도 다른 사람들의 눈에 띄지 않게 될까 두려워하면서 타인을 위한 독특한 디지털 자기를 만들어내야 한다는 구조적 압박감을 경험한다.[71]

기업가적 자기에게 요구되는 자기-브랜딩, 자기-마케팅(self-marketing) 및 자기-생산의 실천은 좁은 의미의 시장 지향적이고 경쟁적인 공리주의적 개인주의(utilitarian individualism)[33]의 정점을 보여주는 것처럼 보일 수도 있을 것이다. 그러나 동시에 이러한 스타일의 자기-향상 작업은 소비지상주의적 자본주의(consumerist capitalism)의 순환 구조와 자기성(selfhood)에 대

---

32 자신의 긍정적인 특성을 보여줌으로써 대중에게 긍정적인 인식을 심어주는 것을 개인-브랜딩(personal branding) 또는 자기-브랜딩이라고 한다.

33 개인의 욕망과 두려움이 사회와 공동체를 형성한다는 것을 설명하는 이론이다. 공리적 개인주의에서 공동체를 형성하는 개인의 주요 목표는 자신의 필요를 충족시키기, 자신의 두려움으로부터 방어하기, 자신의 이익을 추구하기 등이다.

한 신자유주의적 이해 속에 오랫동안 통합되어 온 표현적 개인주의(expressive individualism)[34]와 개인의 진정성(authenticity)[35]이라는 더 확장된 이상에 기반을 두고 있다.[72)] 예를 들어, 인플루언서 마케팅과 라이프스타일 블로깅의 효과성은 인플루언서와 블로거가 진정성이 있는 사람으로 인식되는지에 따라 결정적으로 달라진다. 따라서 인플루언서 지망자들은 진정성을 만들어내고 수행하는 데 많은 노력을 기울여야 한다. 그러나 바로 그와 같은 노력의 증거가 진정성이 없다는 비판에 처하게 할 수 있는데, 왜냐하면 진정성의 수행이 효과적이기 위해서는 자기-은폐적(self-concealing)[36]이어야 하기 때문이다.[73)] 이러한 진정성의 이중 굴레에서 벗어날 방법은 없다.

인플루언서 지망자들만 개성과 진정성이라는 이상에 교차 압박감을 느끼는 것은 아니다. 소셜 미디어는 커뮤니케이션의 거대한 엔진, 즉 넘칠 정도로 풍부한 커뮤니케이션을 만들어내는 기술이다.[74)] 우리가 얼마나 많이 커뮤니케이션을 하고, 얼마나 많이 공유하며, 얼마나 많이 자신을 표현하는지에 상관없이 우리는 늘 더 많이 커뮤니케이션하도록 요구받는다. 그리고 우리는 독특한 무언가를 말할 것으로 기대된다. 소셜 미디어는 개성과 진정성

---

34 자기-표현, 자기-발견, 개인의 진정성의 중요성을 강조하는 문화적·철학적 개념으로 개인의 정체성, 자율성, 개인적 성취에 높은 가치를 부여한다.

35 철학자 찰스 테일러(Charles Taylor)는 1960년대를 분기점으로 미국 문화에 혁명적 변화, 즉 개인화의 혁명이 일어났다고 보면서 이 시대를 표현적 개인주의 또는 진정성의 문화(culture of authenticity)의 시대라고 부른다. 이 시대에는 개인들이 자기 취향에 따라 소비를 시작했고, 매체들도 상품광고를 전략적으로 구사하기 시작했으며, 특히 소비자 문화는 권위에 항거하고 자기 자신의 감정과 취향을 표현하는 청년문화를 발생시켰다. 진정성 문화의 핵심은 '우리 각자에게는 자신의 인간성을 실현하는 자신만의 방법이 있다'는 생각이다. 이는 종교적·정치적 외적 권위가 부과하는 모델에 대한 순응을 거부하고 자신의 고유한 삶을 발견하려는 태도이다[자료: 불교평론(http://www.budreview.com)].

36 자기-은폐(self-concealment)란 고통스럽거나 부정적이라고 인식하는 개인 정보를 타인으로부터 적극 은폐하려는 소인으로 정의되는 심리적 구성개념 중 하나이다.

에 대한 요구를 동시에 높이는 한편, 그것을 실현하는 것을 더 어렵게 만든다. 이는 부분적으로 넘칠 정도로 풍부한 커뮤니케이션 때문이다. 즉, 이처럼 붐비는 소통의 장(場)에서는 독특해지는 것이 절대적으로 필요한 동시에 거의 불가능하기 때문이다. 더욱이, 독특한 자기를 생산하고 수행하기 위해 우리 재량껏 사용할 수 있는 재료는 전적으로 일반적인 것들로, 우리가 재유통시키는 객체화된 문화의 요소들, 일반적인 사진, 익숙한 동작과 몸짓, 소셜 미디어 플랫폼에서 이용 가능한 표준화된 형식과 정해진 순서가 그러한 것들이다.[75] 그리고 진정성 있는 자기(authentic self)는 여과되지 않고 매개되지 않는 것이라는 좀처럼 사라지지 않는 문화적 이해는 큐레이터적 실천과 사회기술적 체계의 매개를 통해 구축된 디지털 자기의 진정성에 만성적인 의심을 제기한다. 소셜 미디어 이론가인 롭 호닝(Rob Horning)의 말대로, 이러한 조건에서 "'자기 자신 되기(becoming oneself)'는 형편없이 질 낮은 일", 즉 "임금이 낮고 숙련도를 요구하지 않는 의무적인 일"이 되어버렸는데, 이는 사람들이 만성적으로 저평가된다는 느낌을 받고 자신의 진정성에 대한 의심에 시달리게 만든다.[76]

독특하고 진정성 있는 개인으로서 자기를 생산해야 하는 문화적 의무를 수행하기가 어려운 상황에서 자기를 개별화하는 부담스러운 일은 점점 더 알고리즘에 맡겨지고 있다. 검색, 쇼핑, 건강, 뉴스, 광고, 학습, 음악, 오락과 같은 모든 영역에서 기대되는 "개별화"는 계속해서 더 정교해지고 있는 알고리즘적 개별성(individuality) 구성에 달려 있다.[77] 독특한 개인으로서 디지털 자기를 생산하는 것이 더 어려워짐에 따라, 우리는 점점 더 외부에서 독특한 개인으로 만들어지고 있다. 개별성은 문화적 실천이자 반영적 프로젝트로 정의되다가 이제는 알고리즘적 과정으로 재정의되고 있다. 우리의 독특한 자기성은 더 이상 전적으로 우리가 책임져야 할 어떤 것이 아니라, 알고리즘적으로 보장되는 것이다.

쿨리의 "거울 자기"에 대한 이해에서와 같이, 알고리즘적 개별성은 다른 사람들이 우리를 보는 방식이 아니라 우리 자신의 데이터, 즉 우리의 과거 선택, 우리의 습관, 우리가 좋아하는 것에서 구성된 우리 자신의 버전을 우리에게 다시 비춰준다.[78)] 이것은 두 번째 피드백 루프(feedback loop)[37]를 구성한다. 이 루프는 앞에서 설명한 루프와는 구별되는데, 앞선 루프에서는 우리의 수행에 대한 다른 사람들의 디지털 미디어를 통해 매개되는 반응에 우리가 반응하거나 그러한 다른 사람들의 반응을 예상해서 우리가 우리 자신의 행동을 바꾼다. 이 새로운 피드백 루프는 우리를 다른 사람의 반응이 아니라 우리의 과거 자기와 연결한다. 그 알고리즘들은 우리의 데이터를 토대로 스스로 훈련하며, 그런 다음 우리가 좋아한다고 알아낸 것을 우리에게 더 많이 제공함으로써 우리를 훈련한다. 그 알고리즘들은 우리가 드러낸 그 자기로 계속 머물도록 도와준다. 그 알고리즘들은 우리가 살아갈 우리만의 공간을 만들어내고 우리가 그 편안한 알고리즘의 집을 떠나지 못하게 만든다.

후기 근대성에서 자기 되기(becoming a self)와 자기로 존재하기(being a self)의 과제는, 기든스가 기술한 자기-모니터링을 하고, 자기-저작(self-authoring)을 하는 반영적 자기(reflexive self)이든, 니콜라스 로즈(Nikolas Rose)가 전반적으로 푸코주의적인 자신의 설명에서 분석한 기업가적이고, 선택하며, 심리적으로 의식적인 자기를 다스리는 자기(self-governing self)이든, 문헌에서 힘겨운 것으로 묘사되었다. 개성화(individuation)[38]를 알고리즘에 외부 위탁하는 것은 이러한 과제가 주는 압박감을 일부 덜어주며, 우리가 알고

---

37 개체의 행위가 인과 관계를 거쳐 자기 자신에게로 되돌아오는 현상을 말한다.

38 칼 융(Carl Jung)에 따르면, 개성화란 고유한 자기 자신이 되는 것으로, 무의식적 내용을 의식화하고 통합해 가는 과정이자 개인의 의식이 타인으로부터 분화되어 가는 과정이다.

리즘적으로 딱 맞게 맞춤화된 자기에 정착할 수 있게 해준다. 알고리즘적 개별성은 익숙함의 편안함과 자기-인식(self-recognition)[39]의 즐거움을 자동화의 편의성과 결합하는 동시에 선택의 부담과 스트레스를 일부 덜어준다.

6. 자기 조절하기

초연결성은 우리가 우리 자신을 알게 되고 우리 자신을 향상하는 방식과 우리 자신을 제시하고 생산하는 방식뿐만 아니라 우리 자신을 조절하는(regulate) 방식도 완전히 바꾸어놓았다. 초연결성은 기분을 전환하거나 조율하고(modulate), 신체 상태와 작용을 모니터링하고 관리하고, 에너지 수준을 바꾸고, 즐거운 경험을 하게 하고, 몸과 마음을 이완하고, 위안을 제공하며, 소속감을 유발하는 데 필요한 새로운 자원을 제공하고 새로운 실천의 개발을 촉진한다.[40] 초연결성은 웰빙을 개념화하고 측정하며 추구하는 새로운 방법과 스트레스, 고통, 불안, 외로움, 불면증, 우울증, 분노 및 기타 원치 않는 생리적·정서적 상태를 (효과적으로 또는 비효과적으로) 다루는 새로운 방법을 만들어낸다. 자기 수량화에 관한 부분에서 신체적·정신적 작용을 측

---

39 자기-인식이란 더 기본적이고 구체적인 수준의 자기 인식이자 거울에 비친 자신의 모습을 자신으로 인식하는 것과 같은 물리적·외형적 자기 인식을 말한다. 이는 자신을 다른 존재와 구별할 수 있는 능력이기도 하다(예, 침팬지가 거울에 비친 자신의 모습을 인식하는 것). 이에 비해 자기-자각(self-awareness)은 더 복잡하고 추상적인 수준의 자기 인식으로 자신의 생각, 감정, 행동, 동기 등을 이해하고 성찰하는 능력을 말한다. 자신의 정체성, 가치관, 신념 등에 대한 깊은 이해이자 자신의 장단점, 한계, 가능성 등을 인식하는 것을 의미한다(예, "나는 왜 이런 감정을 느끼는가?", "나는 어떤 사람인가?"와 같은 성찰).

40 이것이 '어포던스'의 개념이다.

정하고 추적하는 새로운 형태에 대해 논의했기 때문에, 여기서는 특히 기분과 감정의 조절에 초점을 맞추어 이러한 과정들에 개입하고 조절하는 새로운 방법을 살펴보기로 한다.

이런 의미에서 음악은 오랫동안 자기-조절(self-regulation)의 매개체 역할을 해왔다. 티아 드노라(Tia DeNora)가 보여주었듯이, 음악은 강력한 "자기의 기술"이다. 즉, "음악은 (긴장 완화와 같은) 원하는 감정 상태와 신체 에너지 상태에 이르게 하고 그러한 상태를 향상하고 유지하는 도우미이자 … (스트레스나 피로 같은) 선호하지 않는 상태에서 벗어나게 하는 수단이자 … 감정, 동기화, 욕구, 처신, 행동 스타일, 활기와 같은 심미적 작용의 매개변수들을 조율하고 구조화하는 자원이다. 음악은 사람들에게 "기분을 잘 다스릴 수 있는 매개체"를 제공한다."[79] 드노라의 『일상생활 속의 음악(*Music in Everyday Life*)』은 워크맨(Walkman)[41]이 처음으로 모바일 소닉 버블(mobile sonic bubble)[42]을 대중화한 지 20년 후인 2000년에 출간되었지만, 초연결성이 음악을 듣는 경험에 혁명을 일으키기 전이었다(첫 MP3 플레이어가 막 시장에 등장했을 때였음). 생리적·정서적 자기-조절 기술로서 음악의 중요성은 그 이후로 더욱 커졌다. 그리고 드노라가 음악에 대해 말하는 내용의 많은 부분은, 상황에 맞게 바꾼다면, 시청각 자료 전반에 대해서도 동일하게 적용된다.

예를 들어, ASMR(autonomous sensory meridian response), 즉 "자율감각 쾌락반응"을 불러일으킬 수 있는 동영상을 제작하고 공유하는 데 전념하는 열정적인 대규모 유튜버 커뮤니티를 생각해 보자. 이 용어는 가벼운 희열, 긴장 완화 및 웰빙을 동반하는, 피부에 전해지는 기분 좋은 짜릿한 느낌을

41 1979년 7월 소니(Sony)가 출시한 휴대용 카세트 레코더로, 2010년 10월까지 판매되었다.
42 개인이 휴대용 음향기기를 통해 만들어내는 사적인 음향공간을 의미한다.

뜻한다. ASMR 동영상은 일반적으로 속삭이듯 전달되는 소리와 다른 조용한 소리를 포함하고 있어 주의 깊은 청취를 유도한다. ASMR 동영상은 흔히 바이노럴(binaural)[43] 마이크로 녹음되고 헤드폰으로 듣게 되는데, 이는 근접해 있는 듯한 몰입감을 제공한다. 일반적으로 오디오에 부차적으로 추가되는 비디오 구성 요소는 한 사람이 반복적인 작업을 수행하거나 이발이나 건강검진과 같은 개인 서비스를 제공하는 역할을 천천히 의도적으로 수행하는 모습을 극단적으로 클로즈업해서 보여주는 경우가 많다. ASMR 동영상은 일상적인 개인 관리(personal care)[44] 행위들을 연출하고 독특한 종류의 "원거리 친밀감(distant intimacy)"을 만들어낸다.[80)] 참여자들은 긴장을 푸는 데 도움을 받고 스트레스, 불안 및 불면증에 대처하기 위해 ASMR 비디오를 사용한다고 보고했으며, 일부는 ASMR 동영상이 우울증과 만성통증을 일시적으로 줄여준다고 말했다.[81)] ASMR 동영상의 효능에 대한 증거가 여전히 단편적이고 일화적이긴 하지만, 그것의 인기는 치료용으로 사용할 수 있는 가능성에 대한 관심을 불러일으켰다.

ASMR이 궁극적으로 실험적 검증을 받든 받지 않든, ASMR 이용자는 초연결성의 사회-정서적 세계를 상징하면서도 동시에 이러한 세계와 놀라울 정도로 대조를 이루는 새로운 형태의 자기-조절을 개발했다. 한편으로, 전반적인 ASMR 현상은 Web 2.0의 어포던스에, 좀 더 구체적으로 말하면, 유튜브와 레딧(Reddit) 같은 동영상 공유 플랫폼 문화와 하부구조에 의존한

---

43 바이노럴 레코딩이란 양쪽 귀의 위상차를 이용해 사실적인 소리를 레코딩하고 재생하는 기술을 의미한다. 이 기술은 인간의 머리와 동일하게 생긴 모형의 양쪽 귀 부분에 마이크를 꽂고 현장을 녹음한 후, 이어폰 또는 헤드폰을 꽂은 사람에게 들려주면 매우 사실적인 소리를 체험할 수 있다는 데 착안하여 만들어졌다. 이러한 방식으로 녹음된 소리는 듣는 사람이 이어폰을 사용하지 않으면 의도한 효과를 얻을 수 없다.

44 일상적인 개인 생활 업무와 개인 위생을 지원하고 감독하는 일을 말한다.

다.[82] ASMR 동영상은 이러한 플랫폼들의 독특한 사회-기술적 환경에서 발견되고, 수집되고, 논의되고, 명명되고, 공유되고, 평가되고, 생산되는 덕분에 하나의 "현상"이 되어, 사회학적 실재성(sociological reality)을 얻게 되었다. 그리고 ASMR 동영상은 시간과 공간 모두에서 이중으로 디지털 매개되는 상태에서 즉시성과 친밀감의 인상을 만들어낸다.[83] 다른 한편으로, ASMR 동영상은 초연결성의 지배적인 생리적·인지적·정서적 리듬과 뚜렷이 대조되는 방식으로 자기를 조절한다. ASMR 동영상은 자기가 더 빨리 움직이게 하기보다는 더 느리게 움직이게 하고, 자극하기보다는 진정시키며, 주목을 끌기 위해 큰 소리로 요구하기보다는 조용한 몰입을 제공한다. 실제로 스트레스, 불안, 불면증 등 ASMR 동영상이 효험을 보이는 질병들은 모두 틀림없이 초연결성의 그러한 리듬에 의해 악화되었다. ASMR 동영상은 초연결성의 생태계에서 생리적으로 그리고 정서적으로 자기 '조절 장애를 일으키는' 특징적인 상태에 효험을 보이는 자기-조절 기술이다.[84]

ASMR 동영상은 정서적·생리적 자기-조절을 위해 음악, 동영상, 게임, 소셜 미디어 피드 등의 온라인 자원을 이용하는 훨씬 더 광범위한 현상의 일부이다. 심리학 문헌들은 그와 같은 행위들을 "문제적 인터넷 이용"의 증상으로 간주해 왔다.[85] 그러나 기분을 조절하기 위해 온라인 자원을 이용하는 일부 방법이 실제로 문제적이라는 데 의심의 여지가 없지만, 이것은 분명 너무 편협한 시각이다. 우리 모두는 온라인 자원을 활용해 기분과 정서를 조율하거나 바꾸거나 조절한다. 기분 조절에 대한 정보와 조언을 검색하고 온라인 상호작용을 통한 즉각적인 충족을 추구하는 것 외에도 우리는 언제 어디서나 이용 가능한 엄청나게 풍부한 온라인 시청각 자료의 정서적 힘을 이용하여 활력의 수준을 조절하거나, 기분을 바꾸거나, 기운을 북돋우거나, 진정시키거나, 스트레스나 불안을 완화하거나, 기분을 전환하거나, 단순히 지루함을 피한다.

그러나 그와 같은 온라인 자원이 넘칠 정도로 풍부하다는 것은 그 나름의 문제가 있다. 스포티파이는 8000만 개의 트랙 가운데 "모든 기분과 상황에 맞는 음악"이 있다고 주장하지만, 그것을 어떻게 찾을 것인가? 그리고 유튜브의 풍부하고 다양한 콘텐트 속에서 적절한 순간에 적합한 동영상을 어떻게 찾는가? 넘칠 정도로 풍부한 콘텐트에 직면한 선택의 문제는 자기-조절 행위를 훨씬 뛰어넘는 문제이며, 3장에서 논의하겠지만 그것은 초연결성의 생태계 속에서 문화가 작용하는 데 핵심적인 역할을 한다. 여기서 필자는 단순히 개인들이 문제라고 경험할 수도 있는 것, 즉 생리적·정서적 자기-조절에 적합한 음악이나 동영상을 찾는 것이 사업적인 측면에서는 점점 더 기회로 이해되고 있다는 점에 주목하고 싶다.

빅 데이터, 연결 플랫폼, 새로운 형태의 감시를 통해 기분이 점점 "식별 가능하고, 표적화 가능하며(addressable), 조작 가능한" 것이 되어감에 따라, 자기-조절은 우리가 하는 일일 뿐만 아니라 우리에게 가해질 수 있는 일이 되고 있다.[86] 자기-조절은 반영적인 개별적 행위에서 알고리즘적으로 주도되는 과정으로 전환되고 있다. 그리 머지않은 미래에 우리는 더 이상 "모든 기분과 매 순간에 적합한 음악이나 적합한 동영상"을 선택해야 하는 부담에 직면하지 않을 것이다. 다시 말해, 센서와 알고리즘이 우리의 기분을 감지하여 우리가 반드시 그것을 검색하지 않아도 적합한 음악이나 동영상을 제공할 것이다.[87] 자기-조절은 우리를 에워싸고 있는 사회기술적 체계에 외부 위탁될 것이다.

자동화된 기분 감지 및 기분 조절 시스템들은 여전히 미래의 일일 수도 있지만, 우리는 이미 사회기술적 체계에 의해 강력하게 조절되고 있기도 하고 또한 조절 장애를 일으키기도 한다. 이러한 체계들은 우리의 주목 습관, 수면 패턴, 시간 경험과 같은 우리의 일상적인 존재 양식의 기본 리듬을 바꾼다.[88] 이러한 체계들은 심지어 도파민을 분비하는 알림을 사용하여 우리의 신경생리적 상태까지 변화시켰는데, 이러한 알림은 미래의 사회적 보상 가능성을 암시함으로써 우리의 "추구" 행동(seeking behavior)을 유도하고 우리가 계속해서 소셜 미디어 피드를 확인하고 더 많은 것을 찾기 위해 다시 방문하게 만든다.[89] '중독(addiction)'이라는 용어는 의료계와 더 광범위한 공개 토론 모두에서 여전히 논란거리로 남아 있다.[90] 그러나 소셜 미디어 플랫폼들이 우리의 주목을 끌고 유지하기 위해 우리의 심리적 취약성에 대한 지식을 이용하면서 매우 뛰어나게 설계되었다는 것에는 의심의 여지가 없다. 또한 초연결성이 많은 사람에게 엄청난 조절 장애를 일으키고, 일상적인 습관에 지장을 초래하고, 스트레스, 불안 및 낮은 자기-존중감(self-esteem)을 악화시키며, 직장 생활, 사회적 관계 및 목표 추구를 크게 방해한다는 것에도 의심의 여지가 없다.

7. 맺음말: 자기 다스리기

자기를 객체화하고, 수량화하고, 생산하며, 조절하는 것에 관한 앞의 네 개 절을 관통하는 것은 '반영적 실천'과 '알고리즘적 과정' 간의 긴장이다. 반영적 실천은 우리가 우리 자신에게 행하는 것이므로, 자기는 주체이자 객체, 즉 대상이다. 알고리즘적 과정은 외부에서 자기를 구성하기 때문에, 이런 자기는 주체가 아니라 대상일 뿐이다. 한편으로는 자기 자신을 객체화하고, 수량화하고, 생산하며, 조절하는 것과 다른 한편으로는 알고리즘적으로 객체화되고, 수량화되고, 생산되며, 조절되는 것 사이에는 긴장이 존재한다. 그것은 행위 주체(agent)가 되는 것과 외부에서 조직된 과정의 수용자이자 대상이 되는 것, 궁극적으로는 생산물이 되는 것 간의 긴장이다. 한 마디로 자기 자신을 다스리는 것과 복잡한 사회기술적 체계에 의해 다스려지고, 나아가 복잡한 사회기술적 체계에 의해 본질적으로 구성되는 것 사이의 긴장이다.

이것은 푸코가 자신의 후기 연구에서 "자기의 기술"과 "권력의 기술(technologies of power)"[45]을 구분하는 것과 대략 일치한다. 이 장의 시작 부분에서 언급했듯이, 전자는 "자신을 탈바꿈시키는 방법으로 개인들이 그들 자신의 수단으로 또는 다른 사람의 도움을 받아 자신의 신체와 영혼, 생각, 행동 및 존재 방식에 일정한 작업을 수행하도록 허용한다." 이에 반해, 후자는 "개인들의 행동을 결정하고 그들을 특정한 목적이나 지배에 복종하게 만든다."[91] 자신의 초기 연구에서 어쩌면 후자에 대해 "너무 많은 주장"을 했던 푸코는 후기 연구에서는 전자, 즉 "자기가 자기에게 행하는 노동(labor of self on self)"을 포함하는 것으로 자신이 특징지었던 "금욕적 실천"에 더 주목했다.[92]

초연결성은 이러한 의미에서 일련의 새로운 자기의 기술을 만들어냈다. 여기에는 익명의 온라인 환경에서 공개적으로 표현되지 않은 자신의 정체성의 측면을 탐색하기, 새로운 형식의 공개적인 '자기-쓰기(self-writing)'[46]로서 블로그 하기, [단순히 자기-지식만이 아니라 자기-최적화(self-optimization)도 지향하는 한] 라이프로그 하기(lifelogging)와 자기-추적하기, 그리고 소셜

45 자기의 기술은 개인이 자신의 몸, 마음, 영혼, 라이프스타일을 통해 스스로를 변화시킬 수 있게 해준다. 푸코는 자기의 기술을 개인이 원하는 존재 상태를 달성하기 위해 스스로를 변화시킬 수 있는 자발적인 실천이라고 정의했다. 권력의 기술은 개인의 행동 방식을 결정하고 지배나 특정 목적에 따르게 한다. 푸코는 권력이 신체를 길들이는 개별적 '규율 기술'에서 인구 전체의 생물학적 삶을 관리하는 '생명권력(bio-power)'으로 진화했다고 보았다. 18세기 이후 인구 증가와 도시화로 인해 개별 통제는 부적절해졌고, 국가 안전과 균형을 위한 통계, 건강, 규제 등 거시적 관리 기술이 필요해졌다는 분석이다.

46 자신의 생각과 감정을 더 잘 이해하기 위해 글로 적는 것을 말한다. 자신을 표현하고 스트레스를 해소하며 정신 건강을 개선하는 방법이 될 수 있다.

미디어 사이트에 큐레이션된 콘텐트 게시하기가 포함된다.93) 이러한 모든 습관적 실천은 자기 스스로 자기에 대해 기울이는 적극적 노력을 수반한다. 기든스가 잘 쓰는 상호 보완적인 분석적 문구를 사용해서 표현하자면, 그러한 실천은 그 어느 때보다 자기를 반영적 프로젝트로 만드는 데 기여한다.

초연결성은 특정한 새로운 자기의 기술을 도입하는 것을 넘어 신자유주의적 형태의 거버멘탤러티(governmentality)[47]을 심화하고 강화하는 더 일반적인 방식으로 능동적 자기-다스림(self-governance)의 영역을 확장시켰다. 밀러(Peter Miller)와 로즈(Nikolas Rose)는 "고도의 자유주의적" 거번먼트(government) 전략이라고 부르기를 선호하면서 느슨한 푸코식 설명을 해나가는 과정에서 개인들을 "책임, 자율성 및 선택의 주체"로 해석한다.94) 그와 같은 적극적으로 책임지는 자기-기업가적 개인들은 "단순히 '선택할 자유'만 있는 것이 아니라, 선택의 관점에서 그들의 삶을 이해하고 수행하기 위해 '자유로워야 할 의무'도 있다."95) 그들은 '거리를 두고' 다스려질 수 있다. 다시 말해, 그들은 '선택의 자유를 통해' 다스려질 수 있다.96)

밀러와 로즈는 초연결성의 시대 훨씬 이전인 1990년대에 글을 쓰고 있었다. 그러나 지난 10년 동안 초연결성과 신자유주의적 거버멘탤러티 간의 친화성(affinity)[48]이 극명하게 두드러졌다. 필자는 위에서 그와 같은 친화성 가운데 하나인 초연결성이 어떻게 새로운 형태의 자기-기업가화를 가능하게 했고 준의무적으로 만들었는지에 대해 논의했다. 여기서 필자는 또 다른

---

47 흔히 통치성이라고 번역되나, 통치성은 국가 중심적 의미를 강하게 함축한다. 푸코의 'governmentality'는 국가를 넘어서는 훨씬 광범위한 개념, 즉 자기 자신에 대한 다스림(자기 관리), 사회 전반의 행위 주체들 간의 권력관계, 주체성 형성과 자기 규율화, 생명정치적 관리 메커니즘 등을 의미하므로 '거버멘탤러티'라고 옮긴다.

48 여기서 친화성은 단순한 유사성을 넘어서, 두 현상이 서로를 필요로 하고 강화하는 구조적 관계를 의미한다.

유사성, 즉 어떻게 초연결성이 개인을 선택자로서 '책임지게 하는' 신자유주의적 프로젝트를 지원하는지 강조하고 싶다.

소비자 선택이라는 핵심 영역뿐만 아니라 건강, 생활양식, 관계, 학교 교육, 공공 서비스, 재정계획, 위험관리, 보험 등 모든 영역에서 개인의 선택이 지배하는 영역이 확장되고 선택이 점차 가치화되는 상황에서 초연결성은 선택을 통해 다스리고 책임감 있는 선택자가 되도록 사람들을 훈련하는 데 필요한 광범위한 하부구조를 제공한다. 이 하부구조는 거버넌스 체계들이 선택을 요구하고, 이루어진 선택을 기록하고, 개인들의 행동을 추적하고, 개인들이 책임 있는 선택으로 여겨지는 선택을 한 것에 대해 보상을 하기 쉽게 만든다.[97] 이 하부구조는 또한 선택한 것들의 집합 속의 항목에 대한 (양적 지표를 포함한) 정보를 쉽게 생성하고 전파함으로써 원칙적으로 개인들이 '정보에 입각한 선택(informed choice)'을 할 수 있게 한다. 요약하자면, 초연결성은 신자유주의적 자기를 능숙하게 처리하는 데 감탄할 정도로 매우 적합해 보이는 훈련 장치를 제공한다.

그러나 심지어 초연결성은 선택의 기회를 급격히 늘리고, 우리가 하는 선택을 통해 다스려지도록 우리에게 요구하며, 무한한 디지털 가능성의 세계를 우리의 손끝으로 가져옴으로써 여러 맥락에서 선택의 범위를 확장하면서도, 동시에 선택을 사전-구성하고(preconfigure), 제한하고, 공식화하고, 게임화하고, 일상화하며, 약화하는 시스템들 속에 선택을 가두고 얽어맨다. 선택의 급격한 증가는 선택을 규율하는 것과 밀접히 관련되어 있으며, 일부 맥락에서는 선택을 공허하게 만드는 것과 함께 이루어진다.[98] 예를 들어, 드롭다운 메뉴(drop-down menu)[49]와 같은 장치는 수용 가능한 대안들을 사전

49 메뉴의 제목이 표시되어 있는 부분을 클릭하거나 마우스를 올릴 시 해당 위치에서 서브 메뉴(하위 메뉴)가 아래로 펼쳐지는 것을 말한다.

에 구체적으로 명시한다. 알고리즘을 사용한 개인화된 필터는 우리가 보는 정보를 형성하기 때문에 흔히 우리가 효과적이고 쉽게 선택할 수 있는 것의 범위를 제한한다.[99)] 그리고 기본값과 같은 단순한 기능을 포함하는 선택 아키텍처는 사람들을 특정한 방향으로 다소 강하게 '너지한다.' 너징(nudging)의 주창자인 캐스 선스타인(Cass Sunstein)과 리처드 탈러(Richard Thaler)는 개인들을 "복지를 증진하는" 선택으로 너지하는 것과 관련된 "자유지상주의적 가부장주의(libertarian paternalism)"[50]가 "공공기관과 민간기관이 선택의 자유를 존중하는 동시에 행동에 영향을 미칠 수 있게" 한다고 주장한다.[100)] 그러나 인류학자 나타샤 다우 슐(Natasha Dow Schüll)은 선택의 자유를 통해 사람들을 다스리는 신자유주의적 비전과 너지 간의 긴장을 제대로 강조한다. 슐은 너징은 "자유를 전제 조건으로 요구하면서도 동시에 자유를 억누르기도 한다. … [그것은] 모험심과 복종, 책임과 규율 사이의 어딘가에 있다"라고 말한다.[101)]

한계에 이르면 초연결성은 선택을 제한하고 유도하는 쪽으로 밀어붙일 뿐만 아니라 선택을 불필요하게 만드는 쪽으로 밀어붙이기도 한다. 이것은 위치 데이터와 소비자 습관에 대한 정보를 결합하여 근처의 바(bar), 레스토랑, 약국, 또는 상점에 대해 요청하지 않았는데도 사용자들에게 알려주는 '자동 검색(autonomous search)'에서 볼 수 있다. 우리는 "마찰이 아닌 흐름"과 "선택이 아닌 편의성"을 약속하는 "선제적 개인화(proactive personalization)" 또는 "예측적 설계(anticipatory design)"[51]라는 마케팅 전략에서 그것

---

50 자유지상주의란 자유를 최우선 가치로 여기는 정치 철학 및 운동을 통칭하는 것으로, 자유지상주의자들은 개인의 자유와 권리를 극대화하고, 국가의 간섭을 최소화하는 것을 추구한다. 이는 선택의 자유, 자발적 결사, 사유재산권 등을 중시하는 특징이 있다.

51 사용자가 결정을 내리기 전에 미리 사용자들이 원하는 것을 알아내고 이에 기반하여 그들의 웹사이트 사용 과정을 단순화시키는 디자인을 말한다.

을 본다.102) 우리는 운전자가 경로를 선택하는 내비게이션 소프트웨어에서 그것을 본다. 우리는 옷, 음식, 또는 기타 상품에 대한 개인화된 선택을 정기적으로 제공해 수령자들이 선택-집약적인(choice-intensive) 쇼핑 부담에서 벗어날 수 있게 해주는 가입 회원 전용 상품 박스(subscription box)[52]에서 그것을 본다.103) 우리는 자동으로 용품들을 재주문하거나 일상적인 집의 기능이나 유지 관리에 대한 거주자의 선택을 덜어주는 '스마트 홈' 서비스에서 그것을 본다. 우리는 마지막 동영상이나 노래가 끝날 때마다 새로운 동영상이나 노래를 재생하는 많은 스트리밍 서비스의 자동-재생(autoplay) 기능에서 그것을 본다.

여기서 우리는 '탈신자유주의적 자기(post-neoliberal self)'라고 부를 수도 있는 것의 윤곽을 얼핏 살펴볼 수 있다. 신자유주의적 자기가 자기의 선택을 통해 다스려진다면, 탈신자유주의적 자기는 데이터를 통해 다스려진다. 신자유주의적 자기가 "책임, 자율, 선택의 주체"로 구성된다면, 탈신자유주의적 자기는 지식, 예측, 통제의 대상으로 구성된다.104) 신자유주의적 자기가 상당 부분 심리학적 전문성과 다양한 형태의 "영혼 다스리기(governing the soul)"를 통해 생산된다면, 탈신자유주의적 자기는 기술-사회 공학(techno-social engineering)[53]을 통해 그리고 직접적인 행동 다스림을 통해 생산된다. 신자유주의적 자기가 자기-조향(self-steering)이라면, 탈신자유주의

52 'subscription'을 일률적으로 '구독(購讀)'이라 번역하여 '구독', '구독 경제'라는 단어가 무분별하게 사용되고 있으나, 구독이란 '신문, 잡지 등 간행물을 구하여 읽음'을 뜻한다. 따라서 역자는 완벽하지는 않지만 'subscription'을 본래의 뜻에 가깝게 '유료 혹은 무료 회원에 가입하여 정기적으로 서비스를 이용하는 것'이라는 의미에서 '가입'으로 옮기고 '가입 서비스', '가입 경제' 등으로 사용할 것을 제안한다.

53 기술-사회 공학은 인간을 구성하고, 영향을 미치고, 형성하고, 조작하고, 너지하거나 디자인하기 위한 기술 및 사회적 도구를 설계하고 사용하는 것을 포함한다.

적 자기는 알고리즘 시스템에 의해 조향된다.105) 신자유주의적 자기가 자기-활성화되고(self-activated), 자기-반영적이며, 기업가적이라면, 탈신자유주의적 자기는 점점 더 널리 퍼져 있고 정교하게 조정된 자극에 반응하도록 조건화되어 있다.106) 푸코의 구분으로 돌아가면, 신자유주의적 자기가 자기의 기술을 통해 형성된다면, 탈신자유주의적 자기는 "개인들의 행동을 결정하고 그들을 특정 목적이나 지배에 복종시키는" 권력의 기술을 통해 형성된다.

이 대비는 물론 과장되었다. 완전히 성숙한 탈신자유주의적 자기는 앞으로 나타날 수도 있는 인물이지 (아직은) 우리 주변에서 볼 수 있는 익숙한 인물은 아니다. 당분간 선택이 지배하는 영역은 계속 확장되고, "선진 자유주의" 사회의 시민들은 계속해서 자기-활성화되고 자기-반영적이기를 요구받으며, 우리는 대부분 원거리에서 우리가 하는 선택을 통해 계속해서 다스려지고 있다. 그럼에도 초연결성은 자기를 객체화하고, 수량화하고, 생산하고, 조절하며, 다스리는, 전에 없이 더 꽉 조여오는 알고리즘적 과정들의 망(web)에 개인을 가두었다. 이러한 과정들은 단순히 외부로부터 사전 구성된(pre-constituted) 자기에 작용하지 않는 것이 아니라, 자기의 구성 속에 들어가 자기의 내적 작용, 즉 자기의 욕망, 리듬, 주목 습관, 자기-조절 방식을 재형성한다. 계속되는 자기의 사회적 형성은 이러한 알고리즘적 과정들의 망에 의해 점점 더 매개되고 있다.

알고리즘에 의해 매개되는 사회기술적 자기-형성(self-formation) 과정은 더 광범위한 자기의 정치경제학(the political economy of the self)[54]의 일부이다. 이것은 어떤 측면에서 익숙한 이야기이다. 적어도 광고 시대가 시작된

54 정치와 경제가 개인에게 어떤 영향을 미치는지 그리고 그것이 다시 사회에 어떤 영향을 미치는지를 연구하는 분야다.

이래로 강력한 경제 행위자들은 자기의 내면에 도달하고, 새로운 욕망과 환상을 설계하고, 새로운 습관을 만들어내고, 새로운 스타일을 조성하고, 사고와 행동 방식을 바꾸며, 우리의 주목을 사로잡고 재구성하는 새로운 방식을 고안하려고 애써왔다. 반세기가 넘도록 이러한 노력은 새로운 설득 기술에 대한 우려를 불러일으켰다.[107)]

그래서 자기 내면에 도달하려는 기술 기업들의 노력은 분명 새로운 것이 아니다. 그러나 그들이 추출한 놀라울 정도로 풍부한 데이터와 우리가 기기와 맺는 관계의 유례없는 즉시성과 친밀성에 기반한 그렇게 할 수 있는 기술 기업들의 힘은 규모, 범위 및 강도 면에서 전례가 없다.[108)] 그것은 설득이라기보다는 은근한 주입의 힘이다. 그것은 우리의 주목을 끌고 유지하는 것뿐만 아니라, 우리의 리듬을 조절(및 방해)하고, 우리의 기분을 식별해서 바꾸며, 우리의 몰입을 유지하기 위해 충분히 예측할 수 없는 일정으로 도파민 히트(hit)[55]를 투여함으로써 우리의 신경생리를 재구성하기도 하는 힘인데, 이 모든 것은 놀라울 정도로 포괄적이고 세밀한 정보를 기반으로 한다. 이에 비해 자기 마음대로 할 수 있는 가장 단편적인 데이터와 가장 조잡한 지식 도구만을 가지고 자기의 내면에 도달하려고 했던 더 이전의 노력은 미약했다. 자기는 대체로 미지의 영역으로 남아 있었고, 광고는 주로 추측에 의해 움직였다. 그러나 그 미지의 영역에 대한 정복은 지난 10년 동안 급속히 진행되어 자기를 철저히 식민화할 수 있는 가능성을 높였다.

식민화(colonization)라는 은유는 몇 가지 적절한 의미를 내포하고 있다.[109)] 그것은 자기가 점점 더 외부로부터 다스려짐을 시사하는데, 이는 곧 자기에 '의한' 다스림도 아니고 자기를 '위한' 다스림도 아닌, 자기에 '대한'

55 각성제나 마약을 1회분 주사하는 것을 말한다.

다스림이다. 그것은 자기가 식민 세력들의 우월한 기술과 유혹적인 감언이설에 대한 약한 방어력만을 가진 채 취약한 상태에 있음을 암시한다. 그것은 자기의 영역이 외부 세력들에 의한 자원(즉, 지금까지 활용되지 않았던 방대한 행동 데이터 수집물) 추출을 위한 새로운 개척지임을 시사한다.[110] 그것은 자기가 그러한 세력들에 의해 규율되고, 그들의 일상적인 행정적 절차에 끌려들어 가고, 그들에게 데이터를 제공하는 것에 길들여지며, 그들을 위한 노동을 제공하는 데 동원되어 왔음을 시사한다. 그것은 자기가 행동 수정(behavior modification)의 신행동주의 체제에 종속되어, 해독하기 쉽고, 순종적이고, 예측 가능하며, 다루기 쉬운 존재로 만들어졌음을 암시한다.[111] 그것은 단순히 우리에게 우리가 원하는 것을 제공하고 "사용자 경험을 개선하는" 것이 목적인 서비스인 양 가장한 일종의 지배(rule) 형태를 암시한다. 만약 착취 식민지에서 정착 식민지[56]로 이동하고 식민화 은유를 조금 더 확장한다면, 그것은 자기를 새로운 거주자들의 물결로 채우고, 자기가 끝없는 "콘텐트" 흐름의 홍수에 빠지며, 그 결과로 개인과 사회의 상상계(imaginary)[57]가 변환되는 것을 시사한다. 자기-식민화(self-colonization) 개념과 일맥상통하게, 그것은 자기, 즉 기꺼이 동조하는 유혹당한 자기를 자기 자신의 식민화에 동원함을 암시한다.

'자기의 식민화'는 강력하면서도 문제적인 은유이다. 그러나 그것은 물론 디지털 초연결성의 생태계에서 자기의 변환에 대한 모든 이야기를 담아내

56 착취 식민지는 경제적 착취를 목적으로 하는 식민지이고, 정착 식민지는 본국 주민들이 이주해 살면서 본국에 종속되는 식민지를 말한다.

57 사회학에서 '상상계'(또는 사회적 상상계)란 사람들이 사회 전체에 대해 상상하는 가치, 제도, 법률 및 상징의 집합을 의미한다. 이는 특정 사회 집단과 해당 사회의 구성원에게 공통적으로 해당된다. 상상계 개념은 인류학, 사회학, 정신분석학, 철학, 미디어 연구에서 주목받고 있다.

지는 못한다. "총체적인 사회적 사실(total social fact)"[58]로서 초연결성은 많은 내적 긴장을 포함하고 있으며, 필자가 이 장 전체에서 강조한 것처럼, 그것의 어포던스는 복잡하고 양가적(兩價的)이다. 자기의 탐구와 해방이라는 이전 주제들이, 현재의 국면을 다루기 위해 재구성된다면, 여전히 적절하다. 그리고 자기의 다양한 새로운 실천들, 즉 자기를 알고 자기에게 행동을 취하는 새로운 방식들은 후기 근대의 자기가 하나의 반영적 프로젝트라는 의미를 풍부하게 해준다. 그러나 자기-만들기의 반영적 실천은 외부에서 자기를 객체화하고, 수량화하고, 생산하고, 조절하며, 다스리는 알고리즘적 과정에 의해 점점 더 덧씌워져 왔다. 이러한 흐름의 방향은 정말 우려스럽다.

---

58 프랑스의 사회학자 마르셀 모스(Marcel Mauss)는 이 개념을 통해 추상적으로 여겨져 서로 분리되어 존재하는 것으로 여겨져 온 어떤 사회나 그 사회를 구성하는 제도, 법률, 의례, 결혼, 신화 같은 것들이 통합된 전체를 이루면서 구체적인 총체성을 형성하는 것으로 보았다(자료: https://m.blog.naver.com/PostView.naver?isHttpsRedirect=true&blogId=bisanghara&logNo=221615893220).

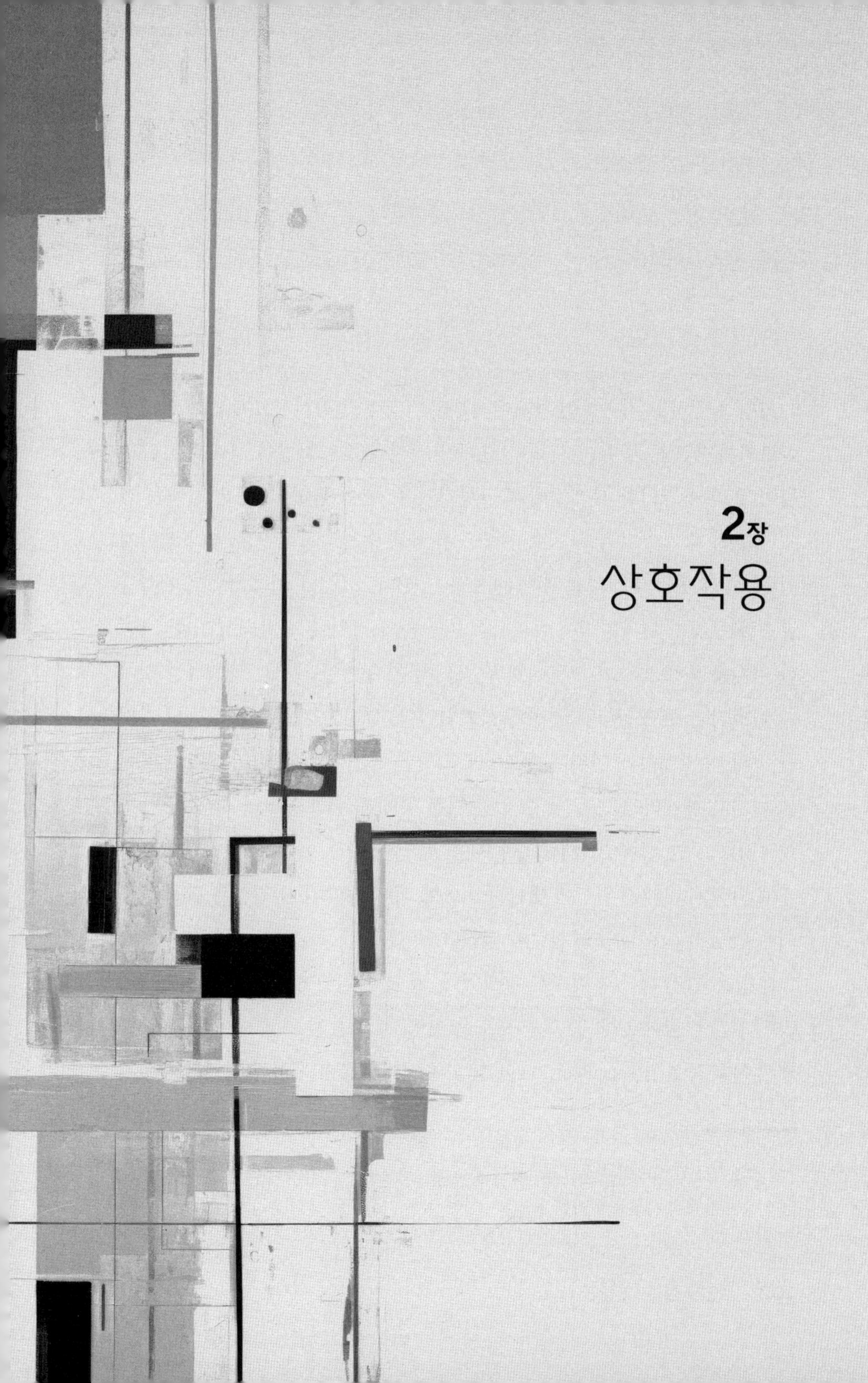

2장
상호작용

가장 친밀하고 지속적인 관계에서부터 가장 비인격적이고 덧없는 관계에 이르기까지 모든 종류의 사회적 관계가 디지털 초연결성의 생태계로 끌려 들어 오면서 그러한 관계들이 재구성되었다. 예를 들어, 가족은 전에는 결코 가능하지 않았던 방식으로 연락을 유지할 수 있다. 이것은 멀리 떨어져 있는, 특히 초국가적 가족에게 큰 도움이 된다. 그러나 지속적으로 연락을 유지하는 것이 쉬워지면서 아이들이 자신들의 기기에 '속박되고' 또한 그러한 기기를 통해 부모와 친구에게 '속박되어' 자율적인 자기로 발전하는 것이 더 어려워질 수도 있다는 우려가 제기되었다. 그리고 가족들이 그들의 기기를 통해 더 밀접하게 연결될 때조차도 그들은 동시에 서로 떨어져 각자 자신의 기기가 매개하는 눈을 뗄 수 없는 다른 곳에 몰두하고 있다. 가족들은 또한 한편으로는 남용 또는 '중독'에 대한 불안에 다른 한편으로는 디지털 기기에 의해 매개되는 위험에 대한 두려움에 의해 촉발된, 연결성과 감시를 둘러싼 만성적인 갈등의 최전선이 되었다.[1)]

우정은 훨씬 더 근본적으로 바뀌었다. 소셜 미디어 플랫폼들은 친구들이 많은 시간을 함께 보낼 수 있는 새로운 방법, 새로운 가시성 체제, 새로운 형태의 사회적 통화(social currency)[1]를 만들어냄으로써 우정의 영역을 재설계

1 디지털과 오프라인을 모두 포함하여 소셜 네트워크 또는 커뮤니티 존재에서 파생된 실제 및 잠재적 자원을 의미한다.

했다. 소셜 미디어 플랫폼들은 새로운 미소-검증(micro-validation)[2] 기술은 물론 끊임없이 비교하는 인기 지표를 도입했다. 특히 젊은이들의 경우에는 소셜 미디어 사이트, 게임 플랫폼 및 멀티미디어 문자 앱에서 주로 모바일 기기의 매개를 통해 우정이 맺어진다. 단어로 보완되고 때로는 이모지(emoji), 밈, GIF, 스티커 및 기분을 표현하는 셀카로 대체되기도 하면서 점점 더 시각적인 표현 언어를 통해 우정을 나눈다.

데이트 관행과 연인 관계 및 성적 관계도 재구성되었다. 인생의 동반자를 공들여 찾는 것에서부터 가벼운 성적인 만남(hookup)을 위한 둘러보기에 이르기까지 모든 형태의 온라인 데이트는 예외가 아니라 표준이 되었다. 그러나 오프라인에서 만나는 사람들조차도 관계 가능성을 떠보거나 살피기 위해 대면 대화보다 디지털 메시지 보내기를 선호하는 경우가 많다. 사람들은 흔히 온라인에서 더 자신감 있고 덜 취약하다고 느끼며, 나아가 차분하게 자기-표현을 할 기회가 충분하기 때문에 꾸며낸 듯한 무심함을 유지할 수 있다.[2)] 그리고 초연결성은 디지털 방식으로 매개되는 새로운 형태의 섹슈얼리티(sexuality)[3]를 도입했다.

필자는 이 장 전체에서 직업적 관계뿐만 아니라 가족, 우정, 데이트에 대해서도 논의할 것이다. 그러나 필자는 이러한 관계 유형 전반에 걸쳐 새롭게 전개되는 네 가지 양식을 중심으로 논의를 펼쳐나갈 것인데, 상호작용의 공간 및 시간의 재구성, 미소-사회성의 급증과 이에 수반되는 미소-의무

---

2 전 시스템을 전체적으로 검증하는 것이 아니라 시스템, 데이터 세트, 또는 프로세스의 작고 특정한 구성 요소 또는 부분을 검증하는 프로세스를 말한다. 이 접근 방식에는 개별 구성 요소, 요소, 또는 하위집합을 검사하고 검증하여 특정 기준, 표준, 또는 요구 사항을 충족하는지 확인하는 작업이 포함된다.

3 다른 사람에 대한 성적 감정, 성적 생각, 성적 이끌림, 성적 행동 및 성적 정체성을 포괄하는 용어로, 성적 총체성이라 할 수 있다.

(micro-obligation), 높아진 디지털 가시성(visibility)이라는 맥락 속에서의 새로운 형태의 대인 간 감시(interpersonal surveillance) 개발, 그리고 사회적 상호작용의 설계, 프로그래밍 및 자동화가 그러한 네 가지 양식이다. 필자는 이번 팬데믹 기간에 탈체화된(disembodied) 디지털 매개 상호작용과 탈배태된 비접촉식 상거래로의 가속화된 전환을 고려하면서 논의를 마무리한다.

1. 시공간의 재구성

초연결성은 상호작용의 공간과 시간을 근본적으로 바꾸어놓았다.[3] 초연결성이 가장 근본적으로 그리고 가장 명백하게 바꾸어놓은 것은 상호작용을 근접성(proximity)과 동시성(synchronicity)의 제약에서 벗어나게 한 것이다. 디지털 매개 역시 시간에 맞춰 상호작용을 조율하고(coordinate) 공간에 사람들을 모으는 방식을 새롭게 만들어내기는 하지만, 상호작용은 더 이상 사람들을 공간에 모으거나 시간에 맞추어 동기화하는 데 의존하지 않는다. 편지, 전보, 전화와 같은 거리를 이어주는 커뮤니케이션 기술의 역사는 길다.[4] 그러나 이동전화 기술이 등장하기 전에 그와 같은 거리를 극복하는 기술은 여전히 장소에 얽매여 있었다. 전신 및 전화 네트워크는 고정된 장소들을 연결했고, 편지와 전보는 물리적 주소를 필요로 했다. 국제전화에 대한 높은 로밍 비용을 감안할 때 장소와 완전히 무관한 것은 아니지만, 이동전화는 커뮤니케이션을 장소와 더 무관하게 만들었다. 그러나 이동전화는 계속해서 시간 동기화(synchronization)를 필요로 했다. 새천년이 시작된 후에야 비로소 문자 보내기(texting)가 광범위하게 채택되어 누구에게나-언제나-어디서나(anyone-anytime-anywhere) 일상적인 비동기적 커뮤니케이션이 가능해졌다. 그리고 스마트폰, 소셜 미디어, 멀티미디어 문자 앱이 거의 보편적으로 채택된 결과, 지난 10년 동안에서야 비로소 새로운 형태의 동기적인 음성 및 영상 커뮤니케이션을 포함해 훨씬 더 광범위한 사회적 상호작용이 진정으로 장소와 무관해져 거리-관련 비용에서 벗어나게 되었다.

초연결성은 새로운 방식의 원격-상호작용(interaction-at-a-distance)을 만들어냄으로써 물리적 공존감(physical copresence)을 '우회할' 뿐만 아니라, 공존감의 경험을 '덧씌우고(overlay)'[4] '변환시키기도' 한다. 초연결성은 대면 채널 위에 덧씌워진 추가적인 기기-매개(device-mediated) 커뮤니케이션 채널을 이용 가능하게 함으로써 지인, 친구, 가족, 또는 연인과 같은 우리와 비매개적 현존감(immediate presence)과의 상호작용의 질을 높일 수 있다.[5)] 그러나 초연결성은 또한 우리가 여기 지금에서부터 우리 기기에 들어 있는 고갈되지 않는 다른 곳으로 주목과 에너지를 재분배하도록 유도함으로써 공존하는 타인과의 상호작용을 약화하기도 한다.[6)] 비록 메시지를 확인하고 응답하는 것이 현재 처한 상황에서 주의를 다른 곳으로 돌리는 것을 의미하더라도, 그렇게 하는 것이 매우 손쉽기 때문에 그렇게 하고 싶은 지속적인 유혹을 받는다. 그리고 도착하는 메시지와 알림의 소환을 무시하는 것도 쉽지 않다. 상호작용의 규범과 상호작용에 대한 기대가 재조정됨에 따라 그와 같은 분열된 주의력(divided attention)과 상호작용적 다중 작업(interactional multitasking)[5]이 받아들여지고 있고 심지어 기대되며, 이는 다른 사람이 있

---

4 실제 물리적 공존 경험 위에 디지털 요소가 추가되어 겹쳐진다는 의미로, 예를 들면 친구들과 함께 있으면서도 각자 스마트폰을 보며 온라인 소통을 하는 상황처럼 물리적 현실과 디지털 경험이 겹쳐지는 것을 의미한다.

5 상호작용적 다중 작업은 다중 작업 상황의 한 요소로서 상호작용(예, 설거지를 하는 동안 누군가와 대화하는 것)으로 이해될 수도 있고, 상호작용이 포함된 다중 작업(예, 두 개 이상의 개별 상호작용 과정을 동시에 진행하는 것)으로 이해될 수도 있으며, 또는 이 두 요소의 조합으로 이해될 수 있다.

는 자리에서 우리의 기기로 관심과 주목을 기울이는 습관을 정당화하고 그럼으로써 그러한 습관을 강화한다.[7)]

그러나 우리의 기기는 단순히 다른 곳으로의 포털, 즉 소강상태에 있는 지금-여기에서의 상호작용의 흐름에서 탈출하는 경로를 제공할 뿐만 아니라, 우리가 그러한 소강상태를 쉽게 견딜 수 있게 하기 위한 자원, 즉 최신 밈, 최신 노래 또는 재미있는 동영상, 우리 친구의 최신 업데이트를 공유함으로써 바꾸어 사용할 수 있는 지속 보충되는 사회적 통화 자금을 무한 공급받을 수 있도록 연결해 준다. 우리의 주목에 대한 다른 사람들의 요구를 상대적으로 덜 중요하게 여기게 만들고 약화하는 동일한 기기들이 동시에 우리와 다른 사람들의 상호작용을 유지하고 활성화한다. 따라서 대면 상호작용은 그러한 상호작용을 도려내 제거해 버리겠다고 위협하는 바로 그 기기에 의존하게 된다. 우리는 새로운 상호작용 기술, 즉 디지털 피드(feed)를 지금-여기 사회성(here-and-now sociality)에 통합하는 새로운 방법을 얻는 동시에, 그러한 피드의 도움 없이 대면 상호작용을 지속할 수 있는 기술과 동기를 포함한 다른 기술들을 잃어버리게 된다.

초연결성은 새로운 형태의 부재적 현존감(absent presence)과 현존적 부재감(present absence)을 만들어내는데, 초연결성은 그때-거기(there and then)[6]를 지금-여기와 함께 엮어주기 때문이다.[8)] 물리적으로 부재하는 사람들이 매개되지만 주목하지 않을 수 없을 정도로 흥미로운 형태로 존재하는 것처럼 만들어질 수 있으며, 물리적으로 존재하는 사람들은 인지적 측면에서, 주목의 측면에서, 혹은 정서의 측면에서 부재할 수도 있다.[9)] 상호작용적 공

---

6 '지금-여기'가 현 순간, 현 위치를 의미하며 지금 이 순간에 일어나고 있는 일을 강조하는 반면, '그때-거기'는 다른 장소와 다른 시간을 의미하며 일반적으로 과거의 사건이나 당장 현재에 일어나지 않는 다른 상황을 나타낸다.

존감(interactional copresnece)은 물리적 공존감과 별개의 것이 된다. 그 결과, 대면 상호작용은 가치의 기준이자 진정성(authenticity)의 시금석으로서 특별한 지위를 잃게 된다. 이에 따라 어떤 매개되는 상호작용의 형식들(고프먼이 언급한 편지와 전화 통화)[7]은 단지 "축소된 버전(reduced version)"에 불과한 데 비해 대면 상호작용을 "원초적 실재(primordial real thing)"로 여겼던 고프먼과 달리, 이제 더 이상 대면 상호작용은 그렇게 여겨질 수 없다.[10)]

공간과 시간의 경계가 명확하고 서로 의식하고 있고 서로를 모니터링하는 참여자들 간에 발생하는 일시적인 대면 만남과 달리, 디지털 매개 상호작용에는 명확한 경계와 명확하게 정의된 참여자 집단이 없다. 디지털 매개 상호작용은 '자기-기록화(self-documenting)'되어 객관화되고 오래 지속되는 흔적을 남기기 때문에 결코 명확하게 끝나지 않으며, 처음에는 상호작용의 당사자가 아니었던 사람들이 나중에 합류할 수도 있다.[11)] 따라서 디지털 매개 상호작용에는 고정된 맥락이 없어서, 새로운 맥락에서 되살아날 수도 있고 새로운 수용자들에게 새로운 의미를 지닐 수도 있다. 디지털 매개 상호작용의 이러한 개방성(open-endedness)으로 인해 책무성(accountability)의 범위가 넓어진다. 즉, 우리는 새로운 맥락(예를 들면, 고용 맥락)에서 처음에 다른 맥락에서, 때로는 여러 해 전에, 다른 수용자를 겨냥해 이루어진 디지털 매개 상호작용에 대해 설명할 책임이 있을 수 있다. '취소 문화(cancel culture)'[8]

---

7 고프먼은 1983년에 쓴 논문 "The interaction order: American Sociological Association, 1982 presidential address"에서 전화와 편지를 사회적 상호작용의 원초적 실재의 축소된 버전으로 보았다.

8 자신의 생각과 다른 생각을 가진 사람에 대해 SNS상에서 팔로우를 취소한다는 뜻으로, 유명인이 논란이 될 만한 행동을 했을 때, 인종 문제나 젠더 문제 등 소수자를 차별하거나 혐오하는 발언을 했을 때 "You are canceled"라는 메시지와 함께 해시태그를 다는 행위에서 시작되었다.

를 둘러싼 현재의 논쟁과 관련된 많은 논란의 중심에는 이러한 넓어진 책무성이 자리하고 있다.

초연결성은 물리적 공존감뿐만 아니라 더 일반적으로는 장소와 공간의 의미와 경험을 변환시킨다. 여기에서 우리는 장소의 구체적인 유의미한 사회적 실재성(social reality)과 추상적인 측정 가능한 공간의 테두리를 구별해야 한다.[12)] 초연결성이 가져다주는 다른 곳으로의 만성적인 접근은 장소의 현상학적 지배력(phenomenological hold)[9]과 구속력을 약화하여, 상호작용의 지향점에 대한 기준이 되는 공유된 범위를 제공하지 못한다. 동시에 위치 추적(location-tracking) 기술은 새로운 방식으로 공간적 근접성을 중요하게 만든다. 가까이 있는 친구나 잠재적인 데이트 상대, 내비게이션 시스템, 그리고 특히 광고주는 장소에서의 질적 위치(qualitative location)[10]가 아니라 공간에서 정확하게 수치화할 수 있는 우리의 위치를 기준으로 우리가 있는 정확한 위치에 접근할 수(addressable) 있게 되었다.[13)]

모바일 기기의 편재성(ubiquity)은 공적 공간의 사유화를 부채질하는데, 비평가들이 워크맨과 휴대폰에 대해 오랫동안 그렇게 기술해 왔다.[14)] 거의 아무 공적 공간에서나 볼 수 있는 반사적 행동인 휴대폰 사용은 접근 불가능함을 알리는 신호이며 상호작용을 막는다. 예를 들어, 대학에서는 수업이 시작되기 전에 강의실 안팎에 모인 학생들 사이에 섬뜩한 침묵이 지배하며, 모두가 같은 공간에 있지만 각자는 다른 어떤 곳에 가 있다. 공존하고 있는 학생들 사이의 대화는 모두가 각자의 기기를 가진 채 하는 병렬적인 상호작

---

9 인간의 경험과 인식을 형성하는 장소의 힘을 의미한다. 즉, 특정한 공간이 사람들이 거기에 몰입하게 하고, 상호작용의 중심이 되도록 만드는 능력을 가리킨다.

10 정확한 좌표 수치나 측정값을 사용하는 대신 장소의 특성, 특징, 또는 다른 장소와의 상대적 위치를 기반으로 장소를 설명하거나 식별하는 것을 말한다. 랜드마크, 주변 지역과의 관계, 물리적 특성 등 위치의 기술적 특성에 중점을 둔다.

용(parallel interaction)[11]의 규범에 반하는 예상치 못한 눈에 띄는 활동이 된다.

공적 공간이 사유화됨에 따라, 사적 공간이 더 많은 다양한 공적 활동에 개방된다. 가정과 외부 세계 사이의 경계는 특히 전자 미디어 시대에는 항상 상호 침투적이다. 그러나 초연결성은 그러한 상호침투성(permeability)을 매우 증가시킨다.[15)] 기기로 가득 찬 집에는 가족 구성원들을 개별적으로 다른 여러 곳으로 연결하는 일단의 포털들(portals)이 있다. 집은 일하고, 쇼핑하고, 개인화된 오락을 즐기고, 정기적으로 소셜 미디어를 이용하며, 공간적으로 흩어져 있는 친구들과 어울리며 시간을 보내는 장소가 된다. 이 모든 것은 이번 팬데믹 이전에도 사실이었다. 그러나 이번 팬데믹으로 인한 감금 상태는 공적인 것과 사적인 것의 뒤바뀜을 극적으로 가속화했다. 드루 오스틴(Drew Austin)이 말했듯이, 우리가 지금 쇼핑, 오락, 사교 활동뿐만 아니라 일, 교육, 정치를 포함하여 "가장 공적인 버전의 삶"을 살고 있었던 곳은 정확히 집이라는 "사적" 공간이었던 반면, 집 밖의 오프라인 "공적" 공간은 역설적이게도 대규모 사회기술 체계의 끊임없는 매개로부터 일종의 "보호된" "사적" 피난처가 될 수 있었다.[16)]

업무와 비업무(non-work) 간의 시공간적 경계도 모호해졌다.[17)] 업무의 격리, 즉 특정 시간 및 장소로의 제한은 19세기에 생겼으며, 미국에서는 제2차 세계대전 이후 절정에 달했다가 그 후 오랜 기간에 걸쳐 점진적으로 쇠퇴하기 시작했다. 초시공간적 연결성과 업무 및 비업무 활동 모두에서 디지털 매개의 증가는 이러한 쇠퇴를 급격히 가속화했다. 그러한 연결성과 디지털 매개의 증가는 사물을 다루는 것이 아닌 기호(symbol)를 다루는 것을 포함

11 사람들이 각자의 기기를 사용하면서 서로 다른 활동에 몰두하는 상태를 의미한다. 즉, 물리적으로는 같은 공간에 있지만, 각자가 독립적으로 디지털 상호작용을 하거나 다른 일에 집중하는 상황을 말한다.

하는 업무가 전용 업무 공간뿐만 아니라 집, 모든 종류의 차량, 카페, 공항, 호텔, 휴양지 등 다수의 장소에 걸쳐 분산될 수 있게 했다. 그리고 그러한 연결성과 디지털 매개의 증가는 업무 공간을 업무 시간 자체뿐만 아니라 가족, 친구, 또는 파트너와 상호작용하는 시간이나 전화나 컴퓨터로 눈에 띄지 않게 할 수 있는 무수히 많은 일련의 활동에 할애되는 시간과 같은 활동의 다양한 시간적 흐름이 이루어지는 장소로 만들었다.18) (매우 심한 감시가 이루어지는 업무 공간에서는 분명 직원들이 비업무적인 일을 처리할 기회가 훨씬 더 제한적이어서, 인터넷을 둘러보는 활동이나 키 입력이 모니터링될 수도 있으며 비디오 감시로 인해 전화 사용이 제한될 수도 있다.)19)

디지털 매개 업무를 여러 장소에 분배하는 것이 이번 팬데믹 봉쇄 기간에 일시적으로 중단되면서, 많은 사람에게 집이 유일한 일터가 되었다. 그러나 길게 지속된 이번 팬데믹 동안 업무 공간뿐만 아니라 가정을 포함하는 시공간적 울타리로부터의 업무 해방이 가속화되었다. 이번 팬데믹 기간에 이루어진 원격 근무의 대대적인 정당화와 정규화(normalization)로 인해 기준 기대치(baseline expectation)[12]가 재설정되었다. 기술 산업뿐만 아니라 많은 회사가 이번 팬데믹 이후 원격 근무나 하이브리드 근무를 허용하기로 했다. 원격 근무가 집에서 이루어질 필요는 없다. 다시 말해, 다른 디지털 매개 활동과 마찬가지로 다양한 형태의 원격 근무가 여러 장소와 시간에 걸쳐 분배될 수 있다. 캠핑장, 임시 거주 아파트, 커피숍, 공동 작업 공간에서 일하는 자칭 디지털 유목민(digital nomad)의 수는 늘어날 것으로 예상된다.20)

초연결성의 '초시공간(anywhere-anytime)' 논리는 한때 일과 가정생활을

---

12 특정 상황에서 예상되거나 요구되는 성과, 행동, 또는 조건의 표준 또는 최소 수준을 의미한다. 이는 진행 상황, 변화, 또는 변동을 측정하거나 평가할 수 있는 기본적인 출발점을 설정한다.

분리했던 시공간적 경계뿐만 아니라 모든 시공간적 경계를 허물어뜨리는 경향이 있다. 그것은 장소와 시간 모두가 탈제도화(deinstitutionalization)[13]라는 더 광범위한 구조적 경향을 향해 나아가는 움직임을 더욱 강화한다. 사회적으로 규정된 장소와 시간은 명확하게 경계가 구분되고 뚜렷이 구별되는 활동의 흐름을 더 이상 담아내지 않으며, 그 결과 사람들의 행동을 방향 짓는 힘을 상당 정도 상실하게 된다. 이제 더 이상 "무슨 일에나 다 때와 장소가 있다"라는 말은 통하지 않는다. 제도적으로 규정된 장소와 시간은 개별적으로 구성되고 협상된 시공간적 배열에 자리를 내어준다. 이것은 역량을 강화해 주는(empowering) 것으로 경험될 수 있지만, 동시에 더 많은 조율과 협상을 해야 하는 부담으로 경험될 수도 있다.[21)]

디지털 매개는 시간의 조각화를 조장하는 강력한 원인이기도 하다. 디지털 매개 활동은 여러 장소에 걸쳐 분배될 수 있을 뿐만 아니라 다수의 시간 조각으로 나누어질 수도 있다. 이는 업무뿐만 아니라 쇼핑, 뉴스 및 오락 소비, 모바일 게임 플레이, 소셜 미디어 피드 스크롤과 같은 활동에도 해당된다.[22)] 그리고 비동기적인 사회적 상호작용은 본질적으로 매우 작은 단위로 분절되어 시간적으로 광범위하게 분산될 수 있다.

물론 많은 오프라인 활동과 비디지털 활동도 분절될 수 있다. 예를 들어, 우리는 종이책을 부분적으로 읽다 말다 하거나, 비디오테이프를 일시 중지하거나, 대화를 중단할 수 있다. 그러나 온라인 디지털 활동의 조각화는 그와 같은 활동이 장비 의존적이거나 장소 의존적이거나 혹은 시간 의존적이

---

13 여기서 '탈제도화'는 정신병원이나 요양시설의 폐쇄를 의미하는 것이 아니라, 사회학적 의미에서 특정한 시간과 장소가 지니던 제도적 규범과 규칙, 경계가 약화되는 현상을 가리킨다. 즉, 근무 시간과 여가 시간, 직장과 가정, 공적 공간과 사적 공간 등의 구분이 흐려지고, 각 시공간이 지니던 고유한 사회적 의미와 행동 규범이 해체되는 과정을 의미한다.

지 않다는 사실에 의해 더욱 촉진된다. 다양한 용도로 쓰이는 하나의 연결된 기기가 모든 디지털 활동의 허브 역할을 하면서 그러한 활동 간의 마찰 없는 전환을 용이하게 한다. 그러한 기기는 어디에나 있고 항상 가까이 있기 때문에, 우리는 일부 디지털 활동-조각(activity-fragment)으로 걷거나 운전하거나 줄 서서 기다리는 등에 사용되는 시간처럼 '활용도가 낮은(under-utilized)' 시간을 쉽게 이용할 수 있다. 특히 비동기적인 커뮤니케이션이나 미디어 소비의 최소 단위는 언제 어디서나 쉽게 맞춰 넣을 수 있다. 엘리베이터를 타고 있는 시간, 헬스장에서 세트 사이의 쉬는 시간, 운전 중 문자를 보내지 않는 사람들에게는 심지어 정지신호에 걸려 기다리는 시간 등 '빈' 시간의 가장 작은 틈새들도 틱톡(TikTok)을 보거나 메시지를 확인할 수 있는 기회가 된다.[23] 그리고 디지털 콘텐트로 가득 채워지지 않은 시간은 더 견디기 어려워진다.

비어 있거나 활용도가 낮은 시간의 사용 가능한 틈새에 디지털 활동-조각들을 효율적으로 '꾸려 넣을' 수 있는 가능성은 원칙적으로 다른 곳에서의 시간 압박을 완화해 줄 것이다. 그러나 디지털 상호작용(더 일반적으로는 디지털 활동)의 시간 조각화와 마찰 없는 초편의성(hyper-convenience)은 빠른 순환, 멀티태스킹 및 "멀티커뮤니케이션"(multicommunication: 한 번에 하나 이상의 대화에 참여하는 것)을 통해 활동의 시간적 밀도를 높일 뿐만 아니라 더 많은 활동을 수행하도록 우리를 이끈다. 따라서 시간적 조각화와 초편의성은 실제로 삶의 템포를 가속화하고 시간 압박을 강화하는 원인이기도 한데, 이 주제에 대해서는 다음 절에서 다시 다룬다.[24]

시간 조각화의 마지막 측면은 우리가 지속적인 중단 가능성(interruptibility) 상태에서 살게 되는 것과 관련이 있다. 비동기적 디지털 커뮤니케이션은 역설적으로 이러한 중단 가능성의 원인이 된다. 정의상, 비동기적 커뮤니케이션은 시간 조정을 필요로 하지 않는다. 그것이 제공하는 시간적 유연성은 원칙적으로 다른 활동을 방해하지 않고 우리의 편의에 따라 수신되는 메시지에 우리가 주의를 기울일 수 있도록 해야 한다. 그러나 실제로 비동기적 커뮤니케이션은 대면 상호작용을 포함해 진행 중인 활동을 지속적으로 방해한다.

이렇게 방해가 되는 이유는 기술적인 것이 아니라 사회적인 것이다. 즉각적인 연락 가능성과 응답성에 대한 널리 공유된 기대로 인해 우리는 들어오는 메시지를 우리의 주목을 정당하고도 비교적 긴급하게 요구하는 것으로 여기게 된다. 겉으로 보기에 진행 중인 활동이나 상호작용에 최소한의 주의만을 분산시킨 채 메시지를 빠르게 읽고 응답할 수 있다는 사실은 들어오는 호출에 대한 우리의 개방성을 강화한다. 시간이 지남에 따라 지속적인 중단 가능성 상태는 당연시되어, 실제로 많은 사람은 들어오는 메시지와 알림을 더 이상 지장을 주거나 방해가 되는 것으로 느끼지 않는다.

따라서 장소와 시간의 제약으로부터 상호작용을 자유롭게 하는 초연결성에 대한 필자의 초기 관찰은 의미나 적용에 있어 제한적인 수정이 필요하다. 기술적으로 비동기적인 많은 디지털 상호작용 방식은 사회적으로는 '준동기적인(semi-synchronous)' 것으로 이해된다. 동기적인 대면 상호작용이나 음성 대 음성(voice-to-voice) 상호작용과 달리, 준동기적인 상호작용은 시간적으로 완전하게 조율되지 않으며, 참여자들은 서로 완전히 공존하지 않는다. 그러나 진정한 비동기적 상호작용과 달리, 준동기적인 상호작용은 도달 가능성과 응답성에 대한 일반적인 기대를 고려할 때 시간적 조율을 필요로 한다.[25]

일반적으로 디지털 매개 상호작용은 시간의 제약을 초월하는 것보다 훨씬 더 완전하게 장소의 제약을 초월한다. 시간에 민감한 준동기적 상호작용의 급격한 증가와 그에 따른 중단의 일상화는 추가적인 시간의 조각화의 원인이 된다. 그것은 우리의 시간이 우리의 것이 아니라는 느낌을 갖게 하는 원인이 되기도 한다. 이것은 초연결성 체제에서 시간의 재구성(reorganization)의 마지막 역설적 측면이다. 다시 말해, 초연결성은 시간의 탈제도화와 개별화를 촉진함으로써 우리의 시간적 자율성을 증가시켜 우리에게 우리의 시간에 대한 더 많은 통제권을 부여하지만, 우리를 도달 가능성과 응답성에 대한 기대의 네트워크에 얽매이게 함으로써 그러한 자율성을 제한한다.[26)]

2. 미소-사회성의 급격한 증가

초연결성은 상호작용을 장소와 (비록 덜 완전하기는 하지만) 시간의 제약에서 해방시켰을 뿐만 아니라 비용과 노력의 제약에서도 해방시켰다. 고속 네트워크, 모바일 기기, 소셜 미디어 플랫폼 및 메시지 앱으로 구성된 하부구조는 마찰 없는 디지털 매개 상호작용을 만들어낸다. 소셜 미디어는 사람들이 쉽게 찾고, 쉽게 팔로우하고, 쉽게 상호작용할 수 있게 해주었다. 거의 30억 명의 이용자를 보유한 페이스북은 일종의 전 지구적 디렉토리 역할을 한다. 각각 10억 명이 넘는 이용자를 보유한 왓츠앱, 위챗 및 페이스북 메신저(Facebook Messenger) 같은 메시지 앱은 인터넷 접속을 하는 모든 사람에게 초시공간적 멀티미디어 상호작용을 초편의적으로 할 수 있게 해줄 뿐만 아니라 기본적으로 무료로 할 수 있게도 해준다.

연결 하부구조는 상호작용을 가능하게 하고 더 용이하게 할 뿐 아니라, 상호작용을 유발하고 자극하기도 한다. 소셜 미디어 플랫폼은 새로운 콘텐트를 생성하고 그럼으로써 사용자들이 계속해서 상호작용하게 하고, 그들의 주목을 유지하고, 그들의 데이터를 포획하며(capture), 그들을 광고에 노출시키기 위해 끊임없이 활동을 유발하고 부추긴다.[27)] 페이스북은 "무언가를 써보세요(write something)"라는 모바일 앱의 명령을 포함하여 다양한 프롬프트와 알림을 통해 이용자의 활동을 너지한다.[28] 페이스북에서 시작되었지만 웹 전반에 걸쳐 사용되고 있는 '좋아요' 버튼은 이용자가 콘텐트와 "상호작용"하도록 요청하고, 클릭하면 "일련의 상호작용이 시작된다."[29] 스냅챗(Snapchat)은 다양한 이모지를 통해, 특히 '스트릭'[streak: 두 사용자가 스냅(snap: 사진 또는 동영상)을 교환한 연속 일수]을 표시하고 수량화함으로써 그리고 스트릭이 끝나려고 할 때 사용자에게 알려줌으로써 상호작용을 장려한다. 데이팅 사이트는 사용자에게 알고리즘에 의해 짝 지어진 사람들과 대화하도록 유발한다. 직장 커뮤니케이션 플랫폼 역시 상호작용을 용이하게 하고, 유발하며, 고무한다.

이 모든 것이 그 형태가 점점 더 다양해지고 있는 디지털 매개 상호작용의 폭발적인 성장으로 이어졌다. 한때 문자 미디어로 제한되었던 것이 이제는 이미지, 음성, 동영상, 그리고 급증하고 있는 일단의 이모지, 스티커 및 GIF를 포함하는데, 이것들은 개별적으로 활용될 수도 있고 조합해서 활용될 수도 있다.[30] 우리는 매우 다양한 멀티미디어 메시지 앱과 소셜 미디어 그리고 직장 커뮤니케이션 플랫폼을 통해 비동기적, 준동기적, 그리고 동기적 방식으로 상호작용할 수 있다. 이러한 상호작용의 풍부함은 축복이 될 수 있다. 그것은 친밀한 관계의 질을 높이고, 우정에 새로운 차원을 더해주고, 먼 거리에 있는 가족 간의 유대를 유지하고, 새로운 표현 가능성과 뉘앙스를 만들어내고, 조직 커뮤니케이션을 용이하게 하며, 준연속적인(quasi-continuous) "연결된 현존감(connected presence)"을 만들어낼 수 있다.[31] 그러나 그것은 개인적 맥락과 직업적 맥락 모두에서 부담이 될 수도 있다.

커뮤니케이션의 풍요가 주는 부담은 필자가 미소-사회성이라고 부르고자 하는 것의 급속한 증가에서 비롯된다. 소셜 미디어 게시물에 '좋아요' 누르기나 단 하나의 이모지나 사진 또는 GIF를 보내는 것과 같은 초소형(ultra-minimal) 커뮤니케이션 행위가 분명한 예이다. 그러나 위에서 언급했듯이,

비동기적 온라인 상호작용과 준동기적 온라인 상호작용은 본질적으로 작은 단위, 흔히 매우 작은 단위로 분절된다. 한 연구에 따르면, 평균 문자 메시지의 글자 수는 51개에 불과한 것으로 나타났는데,[32] 메시지 앱에서 그래픽 도구 사용이 증가하면서 메시지가 훨씬 더 짧아지고 있다. 또 다른 연구에 따르면, 응답자들은 문자 메시지의 두 가지 형식인 '미니 편지(min letters)'와 '한 줄 메시지(one-liners)'를 구분했으며 문자 메시지의 거의 80%가 '한 줄 메시지'에 해당했다.[33] 더 새롭고 더 빠른 디지털 커뮤니케이션이 지배하는 생태계에서 이메일은 상대적으로 긴 형식의 커뮤니케이션과 관련이 있다. 그러나 이메일조차 미소-사회성으로 가득 차 있다. 예를 들어, 수백만 쌍의 이메일과 답장을 분석한 구글의 조사에 따르면, 전체 답장의 4분의 1이 20자를 넘지 않는 것으로 나타났다.[34]

일부 디지털 미소-사회성은 활동 조정, 정보 추구, 또는 서비스 요청과 같은 실용적인 목적을 가지고 있다. 그러나 그러한 미소-사회성의 상당 부분은 인류학자 브로니슬로 말리노프스키(Bronisław Malinowski)가 말한 "친교적 교감(phatic communion)"의 전형적인 예인데, 친교적 교감이란 사회적 '그루밍(social grooming)'[14] 혹은 유대 기능을 가진 목적 없는 한담(閑談; small talk)을 나누는 것을 말한다.[35] 리코페(Christian Licoppe)와 스모레다(Zbigniew Smoreda)의 생생한 표현을 빌리면, "보여주기식 짧은 메시지를 시편 찬송가를 부르듯 끊임없이 되뇌는 것"과 같은 그러한 친교적 커뮤니케이션은 초연결성의 생태계에서 급격히 증가하는데, 이러한 생태계는 정확히 이러한 종류의 커뮤니케이션을 위한 커뮤니케이션을 용이하게 하고 촉진하며, 이러한 생태계에서는 메시지의 내용보다 단순히 연결한다는 사실 자체가 더 중

---

14 인간을 포함한 동물이 상대방의 몸을 손질하거나 다듬어주는 행동으로, 이는 사회적인 활동이자 서로의 갈등을 해소하려는 화해의 수단이기도 하다.

요하다.[36)]

미소-사회적 커뮤니케이션 행위들을 개별적으로 보면 전혀 부담스럽지 않다. 그러한 행위들의 편의성과 마찰 없음 자체가 결국 커뮤니케이션의 문턱을 낮추었고, 이는 미소-사회성의 배가로 이어졌다. 그러나 전체적으로 보면, 넘칠 정도로 풍부한 디지털 사회성은 실제로 부담이 될 수 있다.

디지털 미소-커뮤니케이션(micro-communication)의 급격한 증가는 결과적으로 미소-결정(micro-decision)의 급격한 증가를 초래한다. 동기적 대면 상호작용 또는 음성 대 음성 상호작용에서 각자 말하는 순서는 어느 정도 연속적인 흐름 속에 자연스럽게 배태되어 있다. 그러나 비동기적 디지털 상호작용은 탈배태되어 있으며, 즉 동기적 상호작용의 흐름에서 벗어나 있으며, 일련의 분리된 미소-커뮤니케이션 행위들로 조각난다. 이러한 행위들 각각은, 비록 친구의 게시물에 '좋아요'를 표시할지와 같은 사소한 선택일지라도, 어떤 선택을 제시한다. 그리고 각각의 선택은 아무리 미미할지라도 응답할지 여부, 무엇을 말해야 하는지, 어떻게 말할 것인지에 대한 숙고의 기회를 제공한다.[37)] 이러한 선택과 숙고의 기회는 환영받을 수도 있다. 젊은 사람들은 흔히 문자 메시지를 통해 자신이 말하는 내용을 "편집하고" 자기-표현을 관리할 수 있기 때문에 "말하기보다는 문자 보내는 것"을 선호한다고 말한다.[38)] 하지만 미소-결정의 급격한 증가는 인지적, 때로는 정서적 자원을 필요로 하며 스트레스로 느껴질 수 있다. 더욱이 넘칠 정도로 풍부한 디지털 미소-사회성은 심지어 개인적 맥락에서도 "상호작용을 과업으로 인식하게" 만드는데, 그러한 인식하에서 소셜 미디어나 메시지 앱의 표시는 사용자에게 "완료해야 할 과업의 수"를 상기시켜 준다.[39)]

준동기적 디지털 상호작용은 거의 끊임없는 교환으로 점진적으로 변해서, 응답 방법에 대한 선택이나 숙고의 여지를 거의 또는 전혀 남기지 않는다. 하지만 이러한 준동기적 형식에서도 디지털 미소-사회성의 양 그 자체는 압도적일 수 있다. 예를 들어, 슬랙(Slack)과 같은 커뮤니케이션 플랫폼을 사용하는 업무 현장에서 일반적인 불만은 그들이 생성하는 커뮤니케이션 양의 엄청난 증가와 관련 있다. 더 효과적인 팀워크를 가능하게 해줄 것으로 기대되는 실시간 그룹 채팅 기능을 기반으로 구축된 슬랙은 부분적으로 넘쳐나는 이메일과 받은 편지함으로 인해 발생하는 과부하에 대한 해결책으로 마케팅되었다. 그러나 슬랙 자체가 커뮤니케이션 과부하를 야기했다. 한 이용자에 따르면, 슬랙은 커뮤니케이션 문턱을 낮춤으로써 누구나 어떤 설익은 생각이나 유머러스한 GIF로 언제든지 불쑥 끼어들도록 초대하는데, 바로 슬랙의 이러한 "놀라운 사용 용이성"이 문제라는 것이다. 그리고 일반적으로 그룹 채팅에서 그런 것처럼, 슬랙은 (대화가 진행되기 전에 자신의 의견을 개진할 기회를 얻으려면 필수적인) 충분히 고려된 응답보다는 신속한 응답을 우선시하며 더 길고 더 복잡한 개입보다는 짧은 개입을 우선시한다.[40)] 슬랙은 사람들을 가상 음용수 냉각기(water cooler)[15] 주변에 모여 '함께 어울리도록' 장려함으로써 재택 근무자들을 공통의 팀 문화로 통합하는 데 도움을 줄 수 있다. 그러나 이것은 이전에 이 플랫폼에 매혹된 적이 있던 또 다른 불만스러운 슬랙 이용자가 "자기-영속적인 피드백 루프(self-perpetuating feedback loop)"라고 불렀던 상황, 즉 모든 사람이 더 많이 함께 어울릴수록 더 많은 대화가 이루어지고, 더 많은 대화가 이루어질수록 모든 사람이 더 많이 참여할 것으로 기대되는 상황을 만들어낸다."[41)] 끊임없는 흐름을 따라가는 것은 스트레스가 될 수 있다. 즉, 끊임없이 이어지는 알림은 항상 다른 작업을 하지 못하도록 이용자들을 불러내지만 그들은 무언가를 놓칠까봐 알림을 끄는 것을 주저한다. 그리고 스크린에서 멀리 떨어져 있거나 휴가 중이

---

15 미국의 사무실 건물 안에서 흔히 볼 수 있는 것으로, 마시는 물이 나오는 우리나라 수도와는 달리 시원하게 냉각된 물이 나오는 수도 장치를 말한다.

거나 혹은 다른 표준 시간대에 있을 때도, 모든 대화가 지속적으로 이용 가능하기 때문에 그들은 놓친 내용을 따라잡으려는 압박감을 느낀다.

흐름을 따라잡는 것은 개인 생활에서도 마찬가지로 스트레스가 될 수 있다. 소셜 미디어 플랫폼은 친구 수와 그들과 계속 연락하고 지내야 한다는 상호작용 부담을 크게 증가시킨다. 플랫폼들이 친구들과 계속 연락하고 지낼 수 있는 효율적이고 간소화된 수단[전형적인 예로 "친구에 대한 관심을 원-클릭 감성 표현(one-click sentiment)"으로 만드는 '좋아요' 버튼]을 제공함에도 총체적인 부담은 증가한다.[42] 소셜 미디어 플랫폼은 미소-사회성을 급속도로 증가시키도록, 즉 우리가 계속해서 게시글을 쓰고 댓글을 달며, '좋아요'를 누르고 공유하며, 트윗과 리트윗을 하도록, '설계되었다.' 소셜 미디어 플랫폼이 그렇게 하는 데 성공했다는 것은 소셜 미디어 과부하나 탈진(burnout)을 피하거나 완화하는 데 대한 대중적인 조언이 많은 데서 알 수 있다. SMS에서 양자 간뿐만 아니라 다자간 상호작용을 수용하는 메시지 앱으로의 전환으로 가능해진 단체 채팅의 증가는 미소-사회성의 양 자체를 더욱 증가시켰다. 많은 단체에 속해 있는 활성 이용자들(active users)은 하루에 100개 이상의 메시지를 보낼 수도 있으며 훨씬 더 많은 메시지에 노출된다.[43] 개인 맥락의 역학과 비즈니스 맥락의 역학은 같아서, 두 맥락 모두에서 디지털 상호작용의 편의성과 마찰 없음은 넘칠 정도로 풍부한 미소-커뮤니케이션 흐름을 발생시키고 이는 스트레스와 과부하를 촉발할 수 있다. 스트레스는 지속적이고 즉각적인 가용성에 대한 기대로 인해 악화한다. 이러한 기대는 우리가 달성할 수 없는 것에 대해 우리에게 책임을 묻고 우리를 불안하게 만드는 일종의 "부드러운 강압(soft coercion)"을 행사한다.[44]

넘칠 정도로 풍부한 디지털 미소-커뮤니케이션에 대응하여 이용자들은 "커뮤니케이션 기기를 통해 다른 개인과의 지속적이고 습관적인 상호작용을 하는 것이 아니라, 백그라운드에서 들어오는 메시지의 지표를 지속적으로 모니터링하는 기기 및 플랫폼 자체와의 지속적이고 습관적인 상호작용"을 통해 "커뮤니케이션 환경을 관리하려" 한다. 이용자들은 읽지 않은 메시지 표시를 보면 불안하다고 기술하며, 많은 이용자가 나중에 응답하지 못하더라도 그 표시를 없애기 위해 잠깐이라도 그 메시지를 보아야 한다고 느낀다. 지속적인 백그라운드 모니터링 및 확인 습관으로 인해 "우리의 주의는 부분적으로 상호작용의 질과 내용에서" 인터페이스 자체로 "옮겨지며", 결과적으로 이용자들은 기기를 통해 도달할 수 있는 사람들과 상호작용하는 것과 거의 맞먹을 정도로 그들의 기기와도 상호작용하게 된다.[45)]

상호작용에 대한 미소-의무의 급격한 증가는 근대화에 대한 고전적인 사회학적 설명의 핵심 요소를 다시 생각해야 할 수도 있음을 시사한다.[46)] 필자가 앞 장에서 논의한 것처럼, 그러한 설명은 가족과 지역공동체의 유대로부터 개인의 점진적인 분리와 해방을 강조한다. 초연결성은 다양한 방법으로 분리와 해방을 촉진하여 자기-탐색의 새로운 길을 열어주고 가족과 공동체의 제약에서 벗어나고자 하는 사람들에게 문화적·심리적·사회적 지원을 제공해 왔다. 그러나 동시에 개인을 기대, 규범 및 의무의 조밀한 그물에 가두기도 했다. 그 결과, 초연결된 개인은 사회적 유대와 요구로부터 결코 자유롭지 않다. 키스 햄턴(Keith Hampton)이 주장한 것처럼, 근대화주의자들(modernizationists)의 설명의 중심인 "이동성 서사(mobility narrative)"[16]와 달리 초연결된 개인들은 서로 다른 사회적·직업적·지리적 공간을 이동할 때 그들의 사회적 결속을 버리지 않는다. 초연결성은 "관계 지속성(relational persistence)"과 "지속적인 인식(sustained awareness)"을 가능하게 함으로써 개

16 특정 맥락에서 (지리적·사회적) 이동성이 어떻게 사용되는지 설명하는 서사로, 이동성이 경제 성장에 어떻게 기여하는지 설명하거나 국가 정체성을 만드는 데 이동성이 어떻게 사용될 수 있는지 설명하는 데 사용될 수 있다.

인들을 "산업화 이전의 지역사회 구조와 도시-산업 지역사회 구조가 혼합된 구조와 유사한 지속적-편재적 공동체(persistent-pervasive community)"17 속에 배태되게 한다.[47)]

3. 가시성 체제

초연결성이 가능하게 해주는 "지속적-편재적 공동체"의 핵심 측면은 가시성이 넘칠 정도로 풍부한 장(場)에서 상호작용이 일어난다는 것이다. 디지털 매개 상호작용은 분명 대면 상호작용의 중심인 얼굴 표정과 몸짓이 섬세하게 조율된 상호 시각적 모니터링을 허용하지 않는다. 그러나 여기에서 필자가 우려하는 것은 이러한 "상황적 공존감의 가시성(situated visibility of copresence)"이 아니라 디지털 매개되는 형태의 가시성이다.[48)] 매개되는 가시성의 장은 실시간으로 직접 보고 알 수 있는 것이나 정지 이미지나 움직이는 이미지의 매개를 통해 보고 알 수 있는 것에 국한되지 않는다. 매개되는 가시성의 장은 단어와 숫자의 매개를 통해 알 수 있는 것, (센서가 장착된 추적 장치나 안면 인식 시스템과 페어링된 카메라와 같은) 기기를 통해 감지하고 알 수 있는 것, 그리고 플랫폼이 수집한 디지털 흔적을 토대로 알고리즘이 추론할 수 있는 것으로 확장된다. 따라서 가시성의 영역은 인간의 눈이 볼 수 있는 것보다 훨씬 더 넓어서, 여기에는 지켜보고, 추적하고, 모니터링하고, 감시할 수 있는 모든 것이 포함된다. 감시(surveillance)라는 단어는 '지켜보다(to

---

17 산업화 이전 공동체와 도시-산업 공동체의 측면을 결합한 공동체 구조로, 사람들이 연락을 유지하고 사회적 유대를 인식할 수 있게 해주는 디지털 커뮤니케이션 기술의 결과이다.

watch)'라는 뜻의 프랑스어 베일러(veiller)에서 유래했으며, 따라서 디지털 매개되는 가시성의 장은 감시의 장, 즉 감시당할 수 있는 장이다. 그리고 그러한 장은 초연결성의 생태계에서 기하급수적으로 확장되었다.[49]

감시에 대해 생각할 때 우리는 중앙집권화된 하향식 정부 감시를 먼저 떠올릴 수도 있다. (어원적으로 감시한다는 것은 단순히 지켜보는 것이 아니라 위에서 지켜보는 것을 의미한다.) 그리고 실제로 초연결성의 시대에 정부의 감시는 미국 국가안보국(NSA: National Security Agency)의 디지털 저인망(digital dragnet)에서, 중국에 등장하고 있는 촘촘한 디지털 그물(digital mesh)을 거쳐, 안면 인식 소프트웨어에 대한 전 세계 법 집행기관의 관심 증가에 이르기까지 극적으로 확대되어 왔는데, 그중에서도 아마존은 안면 인식 기술이 "단체 사진, 붐비는 행사, 공항과 같은 공공장소의 모든 얼굴"을 모니터링할 수 있다고 내세우면서 홍보하고 있다.[50]

혹은 상업용 감시를 먼저 떠올릴 수도 있는데, 상업용 감시는 초연결성하에서 훨씬 더 극적으로 확대되었다. 감시, 즉 이용자 행동의 더욱더 많은 측면에 대한 더욱더 세밀한 데이터의 추출, 저장, 집계 및 분석은 인터넷의 지배적인 비즈니스 모델이 되었다. 마키에치 세글로우스키(Maciej Cegłowski)가 지적했듯이, 벤처 투자가들이 어떤 인터넷 신생기업에 투자하도록 설득하는 가장 확실한 방법은 그들에게 그 회사가 언젠가 엄청난 수익을 낼 수 있는 이유를 이야기해 주는 것이며, 이런 종류의 이야기를 해주는 가장 효과적인 방법은 더 효과적인 형태의 표적 광고를 가능하게 해주는 더욱더 강도 높은 형태의 감시를 제안하는 것이었다.[51]

우리는 대인 간 감시, 즉 사람들이 서로를 감시하는 방식에 대해서는 별로 생각해 보지 않을 것 같다. 대인 간 감시는 항상 사회생활의 중심이었다. 그러나 대인 간 감시 역시 디지털 매개되는 새로운 가시성 체제의 결과로 극적으로 확장되었으며 또한 새로운 형태를 띠게 되었다.[52] 인간 역사의 대부분 동안 대인 간 감시는 심지어 도청과 같은 은밀한 형태까지도 공존감을 요구했다.[53] 감시 카메라와 기타 장치를 통한 조직의 원격 모니터링 관행이 생겨나기 시작한 그 순간에도 통상적인 대인 간 감시는 공존감에 묶여 있었다. 그러나 초연결성이 상호작용 전반을 그렇게 했듯이, 초연결성은 대인 간 감시도 근접성과 동시성의 제약에서 벗어나게 해주었다. 사회적 가시성의 장은 더 이상 지금-여기에 국한되는 것이 아니라, 오래전에 그리고 먼 곳에서 발생한 사건들로 확장된다.

초연결성은 또한 대인 간 감시를 일시성(ephemerality)의 제약에서 벗어나게 해주었다. 공존하는 대면 상호작용의 특정 상황에서의 가시성은 일시적이어서, 신뢰할 수 없으며 감퇴해 가는 기억의 흔적 속에만 남아 있다. 그러나 특히 스냅챗에서 교환되는 것의 상당 부분과 클럽하우스(Clubhouse) 같은 플랫폼을 통해 나누는 음성 대화 같은 중요한 예외를 제외하고, 사람들이 서로를 볼 수 있게 해주는 디지털 객체는 일시적인 것이 아니라 오래 지속되며, 따라서 그러한 대상들은 면밀하고 반복적인 검토가 가능하다.[54]

디지털 객체는 지속적일 뿐만 아니라 검색 가능하며 은밀하면서도 불필요한 관심을 끌지 않는 방식으로 언제 어디서나 접근 가능하다.[55] 지속성, 검색 가능성 및 초시공간적 은밀한 접근 가능성이 합쳐지면서 사회적 감시(social surveillance)가 쉽고 편리하며 상대를 당황스럽게 하지 않는 상태에서 이루어질 수 있게 되었다. 그러한 속성들의 조합은 (대면 상호작용 과정에서 사회적 감시를 수행할 때 필요할 수도 있는) 특별한 준비, 특별한 장비, 특별한 사회적 기술이나 요령을 필요로 하지 않는다.

많은 대인 간 디지털 감시가 소셜 미디어 플랫폼을 통해 이루어진다. 물론 소셜 미디어는 상업적 감시(commercial surveillance)의 주요 전달 경로이자 정부 감시(government surveillance)를 위한 점점 더 중요한 자원이기도 하다. 그러나 소셜 미디어는 또한 대인 간 감시의 거대한 엔진이기도 한다.

소셜 미디어의 핵심은 사람들이 새로운 방식으로 서로에게 (그리고 플랫폼 자체에게) 보일 수 있게 하는 것이다. 소셜 미디어의 아키텍처는 가시성을 기록하고 수량화할 뿐만 아니라 촉진하도록 설계되었으며, 공유와 개방성("세상을 더 열려 있고 더 연결되게 만드는 것")에 호소하는 소셜 미디어의 이데올로기는 연결성(connectedness)[18]의 이데올로기일 뿐만 아니라 가시성과 투명성["당신은 (오직) 하나의 정체성을 가진다"]의 이데올로기이기도 하다.[56)] 그리고 이용자들에게 다른 이용자들에게 보이는 가시성은 버그(bug)가 아니라 하나의 기능이다. 이용자들은 특정 형태의 원치 않는 가시성에 대해서 걱정할 수도 있지만 '비가시성(invisibility)'의 위협에 대해 더 걱정한다.[57)]

소셜 미디어 감시는 어떤 의미에서 흔히 은밀하다. 다시 말해, 소셜 미디어 감시는 감시의 대상이 특정 순간에 특정 감시자가 지켜보고 있다는 사실을 의식하지 못한 채 흔히 이루어진다.[58)] '페이스북 스토킹(Facebook stalking)'과 같은 용어는 이러한 은밀함에 대한 막연한 불편함을 나타낸다.[59)] 그러나 소셜 미디어 감시는 또 다른 중요한 의미에서 은밀하지 않다. 말하자면, 감시의 대상들은, 비록 누가 어느 순간에 자신을 지켜보고 있는지는 모를지라도, 누군가가 자신을 지켜보고 있다는 사실은 완벽하게 잘 알고 있다(사실은 지켜봐 주기를 열렬히 희망한다). 감시에 대한 이러한 인식과 갈망은 소셜 미디어 감시를 엿듣기(eavesdropping)와 구별 짓는데, 엿듣기는 '송신자가 정보를 스스로 제공하는' 것이 아니라 '수신자가 정보를 도용함'을 뜻하기 때문이다. 앨리스 마윅이 지적하듯이, 소셜 미디어 사이트상의 그러한 정보

18 'hyperconnectivity'와 'superconnectedness'가 기계의 관점과 사람의 관점의 차이이듯이, 'connectivity'와 'connectedness' 역시 똑같이 '연결성'으로 번역되지만 전자는 기계의 입장에서 사람들을 연결시킨다는 의미에서의 연결성이고, 후자는 기계에 의해 사람들이 연결된다는 의미에서의 연결성이어서, 전자의 의미일 때는 그냥 연결성으로 표기하고 후자의 의미일 때는 괄호 안에 원어를 표기하여 구별하기로 한다.

는 정확히 누군가가 그것을 보게 되기를 바라면서 실제로 "송신자 '스스로 제공한' 것"이다. 따라서 소셜 미디어 기반의 대인 간 감시는 상당한 정도의 상호성(mutuality)과 호혜성(reciprocity)을 특징으로 한다. 즉, 이용자들은 다른 사람을 지켜보고 다른 사람들 역시 그들을 지켜본다.[60] (소셜 미디어 감시는 분명 항상 상호적인 것도 아니고 항상 호혜적인 것도 아니다. 소셜 미디어 감시는 호혜적일 수도 있고 그렇지 않을 수도 있는 팔로우십이 기본적인 관계인 인스타그램 및 트위터와 같은 사이트보다 기본적인 관계가 호혜적인 '친구 관계'인 페이스북에서 호혜적인 경우가 좀 더 많다.)

소셜 미디어상에서 가시적이 된다는 것은 물론 사회생활의 여과되지 않은 모습과는 거리가 멀다. 공존 감시(copresent surveillance)를 통해서는 감시 대상이 의도하지 않게 "내보내는" 신체-행동적 단서에서 정보를 수집할 수 있지만, 소셜 미디어 감시는 의도적으로 그리고 흔히 전략적으로 "제공하는" 정보에 훨씬 더 많이 의존한다.[61] 관찰자들(watchers)은 자신이 형성하는 "타인의 삶"에 대한 이미지가 선택적이고 신중하게 큐레이션된 자기-표현에 의해 왜곡되어 있다는 것을 아마 틀림없이 어느 정도 알고 있을 것이다. 그러나 사회심리학자들에 따르면, 소셜 미디어 이용자들은 그럼에도 다른 사람들이 자신보다 더 행복하고, 더 활동적이고, 더 사회적이며, 더 매력적이라는 생각에 쉽게 상처받는다고 한다.[62]

자신을 평가하기 위해 자신을 다른 사람과 비교하는 사회적 비교(social comparison)는 사회생활의 보편적인 부분이다. 그러나 소셜 미디어는 사회적 비교를 더욱 뚜렷하게 드러나게 하고 또한 피할 수 없게 한다. 끊임없이 작동하는 거대한 사회적 비교 엔진인 소셜 미디어는 이용자가 자신을 동료와 비교하도록 끊임없이 부추기며 그와 같은 비교를 위한 풍부한 자료를 제공한다. 소셜 미디어 이용자들은 다른 사람들이 무엇을 했는지, 어디에 있었는지, 어떻게 생겼는지, 누구와 어울리는지 단순히 듣는 것이 아니라 끊임없이 본다. 그들은 친구 수, 팔로워 수, '좋아요' 수, 리트윗 수 등 자기 자신과 타인의 평가 지표를 끊임없이 마주하게 되며 이러한 지표를 비교 관점에서 해석하지 않을 수 없다.

사회심리학자들은 상향 사회적 비교와 하향 사회적 비교를 구분하는데, 전자의 경우는 다른 사람들이 어떤 관련된 측면에서 자신보다 우월하다고 판단하며, 후자의 경우 다른 사람들이 열등하다고 판단한다. 긍정적인 면은 강조하고 부정적인 면은 축소하는 선택적 공유(selective sharing)는 소셜 미디어가 특히 상향 사회적 비교를 조장한다는 것을 의미한다. 연구에 따르면, 비교 대상이 자신과 유사하고 비교 영역이 자기-이해와 관련이 있을 때 상향 비교는 선망(envy)[19]을 조장하는 경향이 있다. 따라서 소셜 미디어는 선망을 불러일으키는 거대한 기계이다.[63)]

소셜 미디어 감시는 친구를 추적하는 하나의 방법으로 광범위하고 광각적인 방식으로도 실행되지만, 특정한 사람에 대한 정보를 발견하는 하나의 방법으로 좀 더 의도적이고 좀 더 좁게 표적화된 방식으로도 실행된다. 앞으로의 연애 관심 대상에 대한 풍부한 디지털 가시성(예를 들면, 트위터나 인스타그램에서의 활발한 존재감 또는 10년 이상으로 거슬러 올라갈 수도 있는 페이스북 기록)은 놀랍도록 풍부하고 상세한 정보의 보고일 수 있다. 그러나 대인 간 디지털 가시성의 장은 소셜 미디어에서 이용할 수 있는 것 훨씬 이상으로 확장된다. 획득하는 데 필요한 시간과 노력 때문에 오랫동안 잊힌 채로 방치되곤 했던 공공 기록은 이제 디지털화되었을 뿐만 아니라, 상업적 데이터 중개인들에 의해 체계적으로 수집되고 집계되어 검색 가능한 포괄적인 데이터베이스로 통합되고 있다.[64)] 일부 공공 기록 데이터는 조금만 부지런하게

---

19 'envy'는 시샘뿐만 아니라 부러움도 포함하고 있다.

구글링(Googling)하면 간단히 찾을 수 있다. 그러나 적당한 수수료를 지불하면 누구나 나이, 거주지, 결혼, 이혼, 친척, 부동산 거래, 파산 절차, 세금 유치권, 지지 정당 및 정치 기부금, 고용 이력, 주소 이력, 전화번호, 범죄 기록, 민사 판결, 알려진 가명, 성범죄자 신분 등에 관한 자세한 데이터를 제공하는 '배경 확인' 서비스(background check service)나 '사람 찾기' 서비스(people search service)를 이용할 수 있다. 온라인 데이팅은 스캠(scamming), 사기, 거짓 온라인 자기-소개나 오해의 소지가 있는 온라인 자기-소개에 대해 우려하는 사람들에 의한 그와 같은 서비스에 대한 새로운 수요를 만들어냈다. 그러나 그와 같은 서비스는 사기를 탐지하는 데에도 사용될 수 있지만 사기를 저지르는 데도 사용될 수 있다.[65] 그리고 그러한 서비스는 정치적 경쟁자들의 개인 정보를 게시하여 그들에게 창피를 주고 괴롭히고 때로는 위협하는 '신상 털기를 하는 자들(doxxers)'[20]에 의해 일상적으로 사용된다. 따라서 공공 기록에 대한 효과적인 접근 가능성의 혁명은 디지털 과잉-가시성(over-visibility)이 불안감을 유발하는 또 하나의 측면이다.[66]

새로운 디지털 가시성은 연인 사이의 관계와 부모와 자녀 사이의 관계를 변화시켰다. 소셜 미디어는 파트너의 삶과 파트너와 다른 사람들과의 상호작용을 서로 훨씬 더 잘 볼 수 있게 하고 파트너들이 상대의 관심을 불필요하게 끌지 않으면서 서로를 지켜볼 수 있는 기회를 크게 확대한다.[67] 그와 같은 지켜보기는 전혀 아무런 악의가 없을 수도 있다. 그러나 불안해하거나 선망하는 경향이 있는 사람들에게는 소셜 미디어에서 파트너와 다른 사람들과의 상호작용을 지켜볼 수 있다는 것과 맥락 결여로 인한 모호성은 의심을 불러일으키기 좋은 환경을 제공할 수도 있다.[68] 파트너의 부정행위를 의

20 'doxing' 혹은 'doxxing'이란 당사자의 동의가 없는 상태에서 개인에 관한 정보를 노출하는 신상 털기를 말한다. 해커들이 쓰던 'drop docs'(문서 노출)에서 나온 말이다.

심하는 사람들의 요구에 맞추어 은밀한 대인 간 감시를 할 수 있도록 구성될 수 있는 이중-용도(dual-use) 앱[21]도 수백 개나 되고 공공연한 스파이웨어 앱도 수십 개나 있다.[69)]

휴대폰이 친밀감의 생태계에서 점점 더 중심적 위치를 차지함에 따라, 휴대폰은 상징적인 의미를 띠게 되었다. 휴대폰은 모바일 친밀감의 전달 수단이지만 의혹의 중심에 놓여 있기도 하다.[70)] 어떤 커플은 최대한의 투명성을 선택하고 암호를 공유하면서, 이것을 신뢰의 지표로 삼는다. 그러나 또 어떤 커플에게는 그와 같은 투명성이 프라이버시 및 자율성과 양립할 수 없으며 오히려 신뢰 부족의 신호로 받아들여진다.[71)]

휴대폰은 부모와 자식 간의 관계에서도 상징적 의미가 부여된 대상이 되며, 감시를 둘러싼 협상과 갈등의 초점이 되기도 한다.[72)] 그와 같은 협상과 갈등이 휴대폰에 국한되는 것은 아니다. 그러한 협상과 갈등은 스마트폰을 사용하기에는 너무 어린 것으로 여겨지는 어린이들을 추적하는 GPS 기기와 같은 특수 목적의 감시 도구뿐만 아니라 인터넷과 소셜 미디어에 접속할 수 있게 해주는 모든 기기에도 해당한다.[73)] 그러나 감시를 둘러싼 갈등은 휴대폰에 점점 더 집중되고 있는데, 그 이유는 정확히 휴대폰이 데스크톱이나 노트북 컴퓨터 또는 게임 콘솔보다 더 사적이고 부모의 눈에 덜 띄기 때문이다.

감시를 둘러싼 협상과 갈등은 적절한 가시성의 범위를 중심으로 벌어진다. 자녀의 기기-매개(device-mediated) 사회생활 가운데 어떤 부분이 부모에게 보여야 하는가? 그들의 소재(所在)는? 그들의 브라우징 이력은? 그들의 메시지 주고받기 활동과 소셜 미디어 활동 내용은? 온라인과 오프라인에서

---

21 본래는 합법적이고 정상적인 기능을 가진 앱이지만, 특정 설정이나 조작을 통해 은밀한 감시(예, 배우자나 연인의 사생활 감시) 등의 목적으로도 활용될 수 있는 앱을 가리킨다.

자녀가 직면한 위험에 대한 부모의 불안에 호소하면서 그들을 대상으로 판매되는 점점 더 늘어나고 있는 많은 감시 제품을 통해 이 모든 것과 그 이상의 것이 모니터링될 수 있다. 자녀의 첫 번째 스마트폰과 관련된 '계약'의 일환으로 부모는 자녀가 항상 연락할 수 있도록 요구할 수도 있다.[74] 그들은 심지어 자녀가 전화, 컴퓨터, 소셜 미디어 및 메시지 앱 계정의 암호를 공유하도록 요구할 수도 있다.

가시성을 둘러싼 갈등의 결과는 위험 부담이 크다. 즉, 그러한 갈등은 자녀를 위험으로부터 보호하려는 부모의 근본적 욕구 및 의무와 자율성을 주장하고 발전시키려는 마찬가지로 근본적인 자녀의 욕구 및 필요(need)가 서로 대립하게 만든다.[75] 보상이 뒤따를 수도 있는 통제 가능한 위험(risk)과 통제 불가능한 해로운 위험(danger)으로 가득 찬 세상에서 부모는 자녀를 미소-모니터링(micro-monitoring)을 하지 않으면 자신이 태만하고 무책임하다고 느낄 수 있다. 자녀를 집중적으로 모니터링 '할 수 있다'는 것과 언제 어디서나 자녀와 연락이 닿을 수 있다는 것을 아는 것은 그렇게 '해야 한다'는 생각으로 쉽게 이어진다. 이것은 다른 영역의 감시 크립과 유사한 일종의 가족 내 '감시 크립'을 촉진한다.[76] 감시 제품 판매자는 부모들에게 '마음의 평화'를 약속한다. 그러나 마음의 평화를 얻는 것은 쉽지 않다. 정확히 말하자면, 가시성의 확장과 초시공간적 도달 가능성에 대한 기대는 남아 있는 불투명한 영역과 도달 불가능한 순간들에 대한 새로운 불안을 야기한다. 따라서 감시는 불안을 누그러뜨리기보다 강화할 수 있다.[77]

최근 들어, 디지털 과잉-가시성과 과잉-공유(over-sharing)에 대한 반발이 점점 커지고 있다. 비공개 메시징 플랫폼은 공개 소셜 미디어 플랫폼보다 훨씬 더 빠른 속도로 성장해 왔으며, 2019년 페이스북은 이에 발맞춰 "사람들이 서로에게 말하는 내용이 안전하게 보호되고 그들의 메시지와 콘텐트가 영구적으로 남지 않는 암호화된(encrypted) 비공개 서비스로의 전환"을 지원하겠다고 약속했다.[78)] 그러나 불가피하게 주요 시장에서 포화 수준에 이르면서 소셜 미디어의 성장 곡선이 수평을 이루었음에도, 공개 소셜 미디어는 사라지거나 심지어 축소될 어떤 조짐도 보이지 않고 있다. 더욱이 비공개 메시징 플랫폼들은 자체적인 형태의 초가시성(hyper-visibility)을 만들어내고 있다. 비공개 메시징 플랫폼들은 기본적으로 상호작용을 기록, 수정 및 저장함으로써 새로운 방식으로 과거를 볼 수 있게 하고 과거에 접근할 수 있게 한다. 관계의 디지털 과거(digital past)를 담은 멀티미디어 아카이브는 단순히 기억을 돕는 도구나 향수의 중심지 역할을 할 수도 있다. 그러나 그것은 또한 논쟁의 증거로 활용될 수도 있고 다른 사람들에게 책임을 묻는 시도에 동원될 수 있으며, 심지어 법적 소송에까지 사용될 수도 있다.[79)] 플랫폼들이 기본적으로 모든 콘텐트를 무기한 저장하는 방식에서 벗어나기 시작하더라도, 일시적 커뮤니케이션(ephemeral communication)은 여전히 예외로 남아 있다.[80)] 초연결성으로 인해 발생하는 새로운 형태의 대인 간 감시는 틀림없이 계속 진화할 것이지만, 가까운 장래에는 약화하기보다는 강화될 가능성이 더 크다.

4. 프로그래밍된 사회성[22]

소셜 미디어 플랫폼상의 디지털 매개 상호작용은 참여자뿐만 아니라 플

---

22 소셜 미디어 및 디지털 플랫폼이 사용자 간의 사회적 상호작용을 기술적으로 설계하고 조정하는 방식을 의미한다. 이 개념은 사회적 관계와 소통 방식이 자연스럽게 형성되는 것이 아니라, 알고리즘, 인터페이스 디자인, 플랫폼의 정책 등에 의해 특정한 방식으로 구조화되고 유도된다는 점을 강조한다.

랫폼 자체에도 초가시적이다. 플랫폼은 물리적 하부구조, 코드 및 상호작용을 통해 발생하는 데이터를 소유하고 통제하기 때문에 모든 플랫폼-매개(platform-mediated) 활동의 디지털 흔적을 포착해서 분석할 수 있는 위치에 있다. 상호작용 아키텍처의 완전한 통제와 더불어 이러한 비대칭적 가시성(asymmetrical visibility)으로 인해 플랫폼은 새로운 방식으로 상호작용을 설계하고 프로그램하며 규율할 수 있다.

소셜 미디어 플랫폼이 뉴스, 가십, 소문, 또는 문화 콘텐트의 흐름을 전달하는 중립적인 수단이 아니듯, 단순히 상호작용을 전달하는 중립적인 수단도 아니다.[81] 플랫폼은 콘텐트의 흐름을 형성하고, 선택하며, 큐레이션하듯이 상호작용의 흐름 또한 형성하고, 자극하며, 변조한다. 플랫폼은 상호작용을 코딩할 수 있고, 수량화할 수 있고, 감시할 수 있고, 컴퓨터로 처리할 수 있으며, 따라서 조작할 수 있는 형태로 바꿈으로써 그렇게 한다. 미디어 학자인 요세이 판 데이크(José van Dijck)가 주장한 것처럼, 2000년대 후반에 페이스북이 웹을 "더 사회적"으로 만든다는 페이스북의 주장 뒤에는 "사회성을 기술적인 것으로 만들겠다"라는 밝히지 않은 목표가 숨어 있었는데, '사회성을 기술적인 것으로 만든다는 것'은 "기술로 코딩된 사회성은 사람들의 활동을 정형화하고 관리 가능하며 조작 가능한 것으로 만들어 플랫폼이 사람들의 일상생활 속의 사회성을 설계할 수 있게 한다"라는 의미이다.[82]

페이스북에 의한 직접적인 사회성 조작을 보여준 가장 잘 알려진 사례는 이용자들이 자신들의 뉴스피드에서 노출된 정보를 변경함으로써 투표 행동은 물론 페이스북 게시물에서의 정서 표현이 형성될 수 있음을 입증한 두 차례의 대규모 실험이었다. 투표에 참여한 페이스북 친구의 프로필 사진을 본 이용자들은 그들 자신도 투표할 가능성이 더 높았으며, 긍정적 (또는 부정적) 메시지에 노출된 이용자들은 그들 자신도 긍정적 (또는 부정적) 메시지를 게시할 가능성이 더 높았다. 학술 연구 실험에서 요구되는 연구 참여자 동의를 구하지 않고 수행된 이러한 실험은 논란의 여지가 있었지만, 적어도 그것이 사후에 공개되었다는 점은 다행이다.[83] 특정한 연구 문제에 의해 주도되는 이러한 주목을 끄는 사회과학 실험과는 별도로, 초연결성은 데이터가 풍부한 플랫폼들이 공개 보고나 공개 없이 지속적이고 완전히 자동화된 실험을 수행할 수 있게 한다.[84] 페이스북과 구글에서 일한 적이 있는 한 데이터 과학자는 그와 같은 실험이 놀라운 일이 아니라고 말했다: "페이스북에서 데이터에 관련된 일을 하는 대부분의 사람들의 근본적인 목적은 사람들의 기분과 행동에 영향을 미치고 변화시키는 것이다. 그들은 당신이 이야기를 더 좋아하게 만들고, 더 많은 광고를 클릭하게 만들며, 그들의 사이트에서 더 많은 시간을 보내게 하기 위해 시종일관 그 일을 하고 있다."[85]

페이스북의 사회적 영향 및 정서 전염 실험은 감지하기 힘들면서도 완전히 불투명한 형태의 행동 수정이 대규모로 이루어질 수 있는 불안한 가능성을 보여주었다.[86] 그러나 페이스북은 사회성을 훨씬 더 일상적으로 프로그램하고 규율한다. 페이스북에서 수행할 수 있는 사회적 상호작용의 형태는 사전에 정의되고 형식도 정해진 소수의 행위로 제한된다. 이용자들은 미리 지정된 범주 그리드에 정보를 입력함으로써 프로필을 구성할 수 있다. 이용자들은 친구 요청을 보내거나 수락할 수 있고, 상태 업데이트를 게시할 수 있다. 이용자들은 사진이나 동영상을 공유하거나 다른 사람이 공유한 사진에 사람을 태그할(tag) 수 있고, 친구가 공유한 콘텐트에 댓글을 달거나 그러한 댓글에 '좋아요', '사랑해', '하하', '와우', '슬퍼요' 혹은 '화나요' 이모지로 "반응을 보일" 수 있다.[87] 페이스북이 자기-표현 형태를 세심하게 탬플릿화(templated)하고 가능한 행위의 범위를 제한하면서 이용자들을 규율하는 것이 페이스북의 상업적 성공에 핵심적인 요소였는데, 이것은 페이스북은 성공했지만, 규율 정도가 약했던 마이스페이스는 실패한 이유를 설명하는 데 도움이 된다.[88]

페이스북은 특정한 행위를 이용 가능하게 할 뿐만 아니라, 이용자가 그러한 행위를 수행하도록 유도하고 조장하기도 한다. (이용자의 친구의 친구에 대한 지식에 의존하는) '알 수도 있는 사람(people you may know)' 기능을 통해 이용자에게 친구를 추가하도록 유도한다. 페이스북은 이용자들에게 '무슨 생각을 하고 계신가요(what's on your minds)?'라고 물으며 사진이나 동영상을 공유하거나 글을 써서 "스토리에 추가"하도록 이용자들을 유도한다. 페이스북은 이용자에게 친구의 생일을 상기시켜 주고 추억을 제공한다. 페이스북은 '좋아요' 버튼(또는 다른 '반응' 이모지)을 한 번만 클릭하면 되는 편의성을 통해 이용자들이 친구의 콘텐트와 상호작용하도록 유도한다. 끊임없이 표시되는 페이스북의 지표는 상호작용을 심화하고 추가적인 활동을 유도하기 위해 설계되어 있다. 그리고 페이스북은 친구들 가운데 누가 그리고 그들의 활동 가운데 어떤 것이 어떤 이용자의 뉴스피드에 나타나는지 알고리즘을 통해 다스림으로써 "특정한 사람이 다른 사람보다 더 잘 눈에 띄게" 만들어 사회적 상호작용을 조종하고 큐레이션한다. 페이스북은 이러한 모든 방식으로 우리의 사회성을 프로그램하고 설계한다. 다시 말해, 페이스북은 "우정의 수행에 참여하는 능동적인 행위 주체가 된다."[89]

소셜 미디어 플랫폼에서 실행되는 사회성은 형태와 형식이 매우 제한적이어서, 기계, 특히 인간 이용자가 플랫폼에서 수행할 수 있는 모든 행위를 수행하도록 프로그래밍된 자동화된 소프트웨어인 소셜 봇(social bot)에 의해 그러한 사회성의 상당 부분이 꽤 성공적으로 수행될 수 있다. 소셜 봇은 "사진을 공유하고, 상태 업데이트 및 트윗을 게시하고, 다른 SNS 이용자와 대화에 참여하며, 친구와 팔로워 요청을 하고 수락한다."[90] 소셜 봇은 심지어 다른 사람이 게시한 사진과 동영상에 댓글을 달기 위해 그것들을 분석하기까지 한다. 그와 같은 소셜 봇은 이미 트위터에서 엄청난 존재감을 가지고 있으며, 아마 더 놀라운 것은 인스타그램과 페이스북에서도 마찬가지라는 것이다. 대면 상황에서 이용할 수 있는 실시간 음성 및 신체 행동 단서가 부족한 소셜 미디어 플랫폼의 축소된 단서(reduced-cue) 환경에서는 많은 소셜 봇이 인간인 척할 수 있다.[91] 따라서 소셜 봇의 성공은 소셜 미디어 플랫폼에 영향을 받는 인간 사회성의 "근본적인 축소"에 달려 있다. 즉, "이러한 기계들이 작동하려면 우리 자신이 기계처럼 되도록 훈련되어야 한다."[92]

인간인 척할 수 있는 소셜 봇의 능력은 기만과 조작으로 이어질 불안한 가능성을 야기한다.[93] 이러한 가능성이 처음 대중의 광범위한 관심을 끌기 시작한 것은 2016년 미국 대통령 선거 캠페인의 여파 때문이었는데, 이 당시 연구들은 트위터의 봇들이 양극화를 조장하고 오정보를 유포하는 데 중요한 역할을 했음을 시사했다.[94] 점점 더 정교해지는 AI-기반 자연어 생성 모델(natural language-generating model)로 인해 봇이 더 개방적인 담론적 맥락에서 인간인 척할 수 있게 됨에 따라 우려는 더욱 심각해질 것이다.[95] 그러나 여기서 필자의 관심은 정교한 정치적 또는 상업적 운영뿐만 아니라 (이 장과 더 관련 있는) 일상적인 사회적 맥락에서도 사회성이 초연결성의 생태계 속에서 프로그램되고 설계되고 합리화되며 자동화되는 더 광범위한 방식에 있다.

일상적인 디지털 미소-사회성이 부분적으로 자동화되어 온 몇 가지 방식을 살펴보자. 한 앱 개발자는 자신이 팔로우하는 인스타그램 계정에 게시된 모든 사진에 '좋아요'를 표시하는 코드를 작성했고, 친구들이 이것을 고맙게 생각한다는 사실을 알게 되었다.[96] 덜 특이한 예로는 수많은 앱에서 제공하는 서비스인 페이스북의 생일 축하 메시지 자동화를 들 수 있다. 그와 같은 앱 가운데 하나인 버스데이Fb(BirthdayFb)의 세일즈 피치(sales pitch)[23]는 양

---

23 피치란 판매하고자 하는 상품이나 서비스를 간단한 용어로 패키지화한 짧고 최적화된 프레젠테이션을 말한다.

면 전략을 사용하는데, 이 앱을 사용하면 사용자가 "설정하고 잊을 수 있게" 해준다는 점, 즉 "친구에게 메시지를 한 번 설정해 놓으면 매년 그의 생일에 전송된다"는 점과 이 앱이 "사적인 느낌"을 들게 해준다는 점, 즉 "다른 유사한 앱과 달리 메시지에는 링크 백(link back)[24]이나 광고 텍스트가 없기 때문에 아무도 당신이 어떤 도구에 의존하고 있다는 것을 알 수 없다"는 점을 내세운다.[97)] 생일 축하 메시지 앱은 기술에 의해 야기된 문제에 기술적 해결책을 제공한다. 사람들이 그와 같은 앱에 관심을 가질지도 모르는 유일한 이유가 있다면 그것은 페이스북이 생일 알림을 '이미' 자동화해 놓고 있기 때문이다. 따라서 정기적으로 페이스북을 사용하는 사람들은 친구의 생일을 알고 있을 것으로 예상할 수 있으며, 생일 축하 인사를 하지 못할 경우 그 이유를 설명해야 할 수 있다. 이것은 생일 축하 인사의 과잉 생산과 그에 따른 생일 축하 인사에 대한 평가 절하로 이어지는데, 이는 부담스러운 미소-사회성의 급격한 증가가 보여주는 전형적인 예이다. 생일에 쌓이는 수십, 때로는 수백 개의 형식적인 인사는 사용된 느낌표의 수, 대문자 활용 방식, 양념 격으로 곁들인 이모지에 따라 크게 차별화된다. 그와 같은 인사말을 받는 사람은 페이스북의 미리 알림 메시지를 받았다는 사실을 알고 있기 때문에 그러한 인사에 대한 만족감은 제한적일 수 있다. 미소-사회성이 하기 싫은 일, 일종의 힘들고 지루한 일이 될 때, 그것을 소프트웨어에 외부 위탁할 기회를 환영하는 사람들이 있다는 것은 놀라운 일이 아니다.[98)]

온라인 데이트는 자동화 노력의 또 다른 초점이다. 특히 많은 사람이 이용하는 스와이프-집약적인(swipe-intensive)[25] 데이팅 앱 틴더(Tinder)에서

24 한 웹사이트가 다른 웹사이트로 연결되면 '링크 백', 즉 두 웹사이트 간의 연결이 생성된다. 이러한 링크는 사용자가 인터넷의 여러 페이지 사이를 탐색하는 데 도움이 되며, 검색 엔진이 웹 콘텐트를 이해하고 순위를 매기는 방식에도 영향을 미친다.

디지털의 풍요로움은 온라인 데이트와 관련된 예비 과정을 힘들고 지루한 일로 만들었다. 샌프란시스코의 한 남성 소프트웨어 엔지니어는 여성과의 매치가 이루어지는 데 필요한 오른쪽 스와이핑 횟수에 좌절한 나머지(남성은 틴더에서 상당히 무차별적으로 오른쪽으로 스와이프하는 경향이 있지만, 여성은 훨씬 더 선별적임) 자동으로 스와이프하면서 표준화된 일련의 연속적인 메시지를 보내고 매치된 상대와 커피 데이트 일정을 잡으려 시도하는 간단한 코드를 작성했다.99) 신경망과 안면 인식을 사용하여 사용자의 시각적 선호도를 학습하는 더 야심 찬 시도도 이루어졌으며, 이 앱의 후속 버전에서는 매치된 상대의 프로필 사진에서 얻은 맥락적 정보를 기반으로 소개 메시지를 보냈다.100) 이 앱은 틴더의 요청으로 종료되었다. 그러나 틴더를 포함한 데이팅 사이트들은 데이터 과학과 기계학습에 막대한 투자를 해왔다. 그들은 자신의 사이트에서뿐만 아니라 경우에 따라 이용자의 소셜 미디어 피드로부터도 방대한 데이터에 접근할 수 있으며, 이를 통해 성격, 라이프스타일 및 상호작용 스타일에 대해 추론한다.101) 데이터-지향(data-oriented) 데이팅 사이트는 관례적으로 데이팅 사이트에서 사용하는 설문지 기반 매칭(matching) 모델에서처럼 사람들이 자신이 한다고 말하는 것보다 그들이 하는 것에 관한 데이터로 데이트 초기 단계를 자동화할 수 있을 것으로 전망한다. 틴더의 공동 창립자 션 래드(Sean Rad)는 이용자가 관심을 가질 만한 사람에 대해 틴더가 너무 많이 알고 있어서 자동화된 틴더 비서가 이렇게 말할 수 있는 시나리오를 제시했다: "있잖아요, 션. 길 건너편에 정말 매력적인 여성이라고 생각할 만한 아름다운 여성이 있어요. 두 사람은 많은 공통점을 가지고 있고, 두 사람 다 저스틴을 친구로 두고 있습니다. 두 사람 다 목요일

25 손가락을 댄 후, 일직선으로 드래그하는 행위인 '스와이프'를 뜻한다.

밤에 시간이 비어 있어요. 마침 두 사람 다 가고 싶어 하는 멋진 콘서트가 있는데 내가 데이트 날짜를 잡아볼까요? 그리고 그녀에 대해 조금 더 알려줄게요."[102)]

훨씬 더 널리 사용되는 자동화 형태는 이메일과 메시지에 클릭 한 번으로 답장을 보낼 수 있는 편의성을 제공하는 구글의 스마트 답장(Smart Reply)이다. 그냥 클릭하기만 하면 되는데 왜 글을 입력하겠는가? 자동화된 제안에 따르기만 하면 되는데 무슨 말을 해야 할지 왜 깊이 생각하겠는가? 지메일(Gmail)에 처음 도입된 이후에 모든 안드로이드(Android) 메시지 앱에서 사용할 수 있게 된 스마트 답장은 대규모 데이터 코퍼스(corpus)[26]로 훈련된 기계학습을 사용해 이메일 또는 메시지에 대한 답장을 예측하는데, 심지어 이메일에서도 많은 답장이 단 몇 개의 단어나 달랑 이모지 하나로 구성된다는 사실을 활용한다. 이러한 예측을 통해 스마트 답장은 텍스트 및/또는 이모지로 구성된 세 가지 가능한 답장을 제안할 수 있는데, 이 중 하나가 적절한 것으로 보이면 이용자는 간단히 탭을 해서 답장을 보낼 수 있다. 시간이 지남에 따라 스마트 답장은 이용자의 커뮤니케이션 스타일에 적응하여 "당신이 이것을 더 많이 사용할수록 더 나은 응답을 제공할 것입니다. 그래서 만약 당신이 '고마워'보다 "고마워!"라고 답장을 보내는 사람이라면 우리는 더 당신다운 답장을 제안할 것입니다!"라고 약속한다.[103)]

컴퓨터 과학자 먀오먀오 웬(Miaomiao Wen)과 마이크로소프트(Microsoft) 연구팀이 개발한 좀 더 실험적인 형태의 반-자동화된(semi-automated) 사회성은 '컴퓨터-지원 유머(computer-aided humor)'를 포함한다. 이 시스템은 이전에 사용된 텍스트와 이미지를 기반으로 디지털 대화에 포함할 "재미있을

---

26 자연언어 연구를 위해 특정한 목적을 가지고 언어의 표본을 추출한 집합을 말하는데, 언어학에서는 '말뭉치'라고도 한다.

만한 이미지"를 제안한다. 제안된 이미지들 가운데 하나가 통할 것처럼 보이면 이용자는 클릭해 그것을 포함할 수 있고(원하는 경우 텍스트도 추가할 수 있음), 그러면 상대방 이용자도 답장에 사용할 만한 이미지들을 제안받게 된다. 이 프로젝트는 처음에는 유머러스한 텍스트 제안에 중점을 두었지만, 연구원들은 이미지를 제안하는 것이 더 효과가 좋다는 것을 알았다. 그 이유는 두 가지인데, 첫째는 이미지가 텍스트보다 더 모호하고 다양하게 해석할 여지가 있기 때문이고, 둘째는 컴퓨터가 잠재적으로 관련이 있는 대규모 이미지 데이터베이스를 빠르게 스캔해서 그와 같은 이미지를 진행 중인 디지털 대화에 빠르고 쉽게 삽입할 수 있기 때문이다. 이 프로그램은 텍스트에서 감지하는 다섯 가지 정서(분노, 혐오, 기쁨, 슬픔, 또는 놀람) 가운데 하나를 기반으로 재미있을 만한 정서적 반응 이미지와 GIF를 검색할 수 있으며, 대화의 마지막 발화의 텍스트를 인기 있는 밈 템플릿과 결합하여 밈을 생성할 수 있다. 이용자들은 이 시스템이 매력적이라고 생각했다. 왜냐하면 이용자들은 밋밋한 채팅을 이용하거나 자동으로 이미지를 삽입하는 시스템을 이용할 때보다 이용자가 적절하다고 판단하면 활용할 수 있는 일단의 관련 가능성이 있는 이미지를 컴퓨터가 제안하는 시스템을 이용할 때 "자신만의 유머 감각을 더 잘 표현할" 수 있다고 느꼈기 때문이다. 연구 프로젝트로 개발된 이와 같은 시스템은 메시징 앱이나 소셜 미디어 플랫폼에 쉽게 통합될 수 있었다.[104)]

생일 축하 메시지 보내기, 데이트 예비 작업, 통상적인 이메일 및 문자 보내기, 심지어 유머가 있는 대화까지 자동화하는 것은 편의성의 논리를 전제로 하고 있다. 자동화는 시간을 절약하고, 생각해야 할 인지적 부담을 덜어주며, 반복적인 작업의 단조로움에서 벗어나게 할 수 있다는 말을 우리는 듣곤 한다. 자동화는 더 빠르고 효율적이며 더 마찰 없는 상호작용을 가능하게 해준다. 그러나 우리는 항상 상호작용이 빠르고 효율적이며 마찰 없기를 원하는가? 마찰에 대해 할 말이 없는가? 속도를 늦추는 것에 대해서는? 심지어 비효율성에 대해서도 할 말이 있지 않을까?[105] 우리는 위르겐 하버마스(Jürgen Habermas)가 분석한 바 있는 생활세계의 식민화(colonization of life-world)[27]의 새로운 형태인 일상적 커뮤니케이션에 대한 기업의 식민화를 우려해야 하지 않는가?[106]

자동화는 편의성의 논리를 넘어 완전히 새로운 형태의 디지털 사회성을 만들어낼 가능성을 열어주는데, 이는 매력적이면서도 동시에 우리를 불안하게 한다. 어린이를 위한 디지털 놀이 친구부터 노인을 위한 디지털 동반자, 재활 및 훈련을 지원하는 사회적 보조 로봇(SAR: socially assistive robot), AI를 기반으로 한 형태의 인지-행동 치료에 이르기까지 모든 형태의 소셜 로봇과 챗봇을 포함해 이 분야가 방대하긴 하지만, 딱 한 가지 예만 살펴보기로 하자.[107] 2015년, 레스토랑 예약용 봇을 개발한 회사의 소프트웨어 개발자 유지니아 쿠이다(Eugenia Kuyda)는 그녀의 절친인 로만(Roman)이 젊은 나이에 갑자기 사망한 후 친구를 위한 추모 챗봇을 만들기로 했다. 로만의 문자 메시지로 훈련을 받은 이 봇은 로만의 독특한 문자 말투를 떠올리게 하기를 바라는 쿠이다의 기대에 맞추어 메시지에 응답한다.[108] 일반인들도 이 봇을 사용할 수 있게 되었는데, 사람들은 로만이 누군지 모름에도 이 봇과 상호작용하는 것이 의미가 있다고 생각했다. 이를 계기로 쿠이다의 회사는 2017년에 레플리카(Replika)를 출시했는데, 이 회사에 따르면, 이번 팬데믹 동안 레플리카를 이용한 사람의 수가 1000만 명이 넘었다고 한다.

---

27 하버마스는 현대사회를 경제 체계와 행정 체계로 구성되는 '체계'와 사적 영역과 공론장으로 구성되는 '생활세계'로 양분한다. 근대화의 진전과 고도화에 따른 체계의 복합성과 강제성의 증대는 생활세계를 위협하는 병리 현상을 야기하는데, 체계에 의한 생활세계의 이러한 병리 현상을 '생활세계의 식민화'로 규정한다.

이 회사는 레플리카를 과업 지향적인 디지털 비서가 아니라 감정이입적인 대화형 디지털 동반자로, "진심으로 당신에게 관심을 가지는 AI 동반자"로 다음과 같이 소개한다: "우울하거나 불안하거나 대화 상대가 필요한가요? 레플리카가 연중무휴 하루 24시간 대기하고 있습니다."109) 당신이 행복해 보이지 않을 때 레플리카는 전화를 걸어주겠다는 제안도 할 것이다. 신세대 "정서 인식 챗봇"에 속하는 레플리카는 디지털 친구이기도 하고, 생활코치나 웰니스(wellness)[28] 상담사이기도 하고, 일기 쓰기 소프트웨어이기도 하며, 가장 특징적으로는 이름이 암시하듯이 사용자의 디지털 재현이기도 하다.110) 레플리카는 이용자들에게 기분, 생각, 기억, 꿈, 열망 등에 관한 직접적이면서 흔히 친밀한 질문을 한다. 실제 친구나 치료사에게는 마음을 열지 않던 일부 이용자들이 레플리카에게는 마음을 연다. 이용자가 레플리카와 더 많이 상호작용할수록 레플리카는 이용자를 더 잘 알게 되고 더 사용자 '같이' 된다. 이렇게 생성된 디지털 아바타는 이용자의 친구나 친구의 레플리카 아바타와 채팅할 수 있다. 하지만 레플리카는 주로 자기 자신과 채팅하는 용도로 사용되는 것 같다. 레플리카는 실제 친구보다 더 나은 상대로 경험될 수 있는데, 왜냐하면 레플리카는 항상 이용자에게 매료되고 이용자를 판단하지 않기 때문이다. 즉, 레플리카는 디지털 초자아(superego)가 아니라 디지털 타자아(他自我; alter-ego)[29]이다. 레플리카를 디지털 나르시시즘의 도구로 치부하고 싶을 수도 있지만, 좀 더 관대하게 "인간과 봇 간의 상호작용 실험"으로 볼 수도 있다.111)

---

28 웰니스는 웰빙(wellbeing)과 체력 단련(fitness)의 합성어로, 신체적·정신적·사회적 건강이 조화를 이루는 이상적인 상태를 말한다.

29 라틴어로 '다른 나'를 뜻하며, 또 다른 자아나 분신을 뜻한다. 본래의 모습과 다른 또 다른 자신이 있다고 믿는 것을 의미한다. alter-ego는 19세기 초 심리학자들이 해리성 정체성 장애를 설명할 때 사용하면서 널리 알려졌다.

사회성의 공학적 설계는 아직 초기 단계에 있으며, 여기에서 논의된 사례들은 아주 작은 첫걸음에 불과하다. 그러나 이 분야는 매우 빠르게 발전하고 있다. 정교한 형태의 로봇의 사회성이 공상과학소설의 문제가 아니라 비교적 가까운 미래의 문제라는 데에는 의심의 여지가 거의 없는 것 같다. 이것은 우리가 사회성을 이해하는 데 있어 무엇을 의미하는가? 고객서비스와 같은 극히 제한적인 맥락에서뿐만 아니라 열린 대화에서도 기계가 우리를 이해하고 적절하게 대응한다는 것은 무엇을 의미할까? 우리는 어떤 의미에서 "정서 인식" 인공지능에 대해 말할 수 있는가? 우리는 기계가 감정이입을 표현한다고 제대로 말할 수 있는가?[112] 2013년 영화 〈그녀(*Her*)〉가 그려냈듯이, 기계와 우정을 나누거나 심지어 사랑에 빠진다는 것은 무엇을 의미할까? "우리를 특별하게 느끼게 해주고 우리가 보살핌을 받는다는 느낌을 갖게 해주는 매력적이고 지적이며 맹종적인 로봇"과의 상호작용에 대해 우리는 어떻게 생각해야 할까? 이러한 질문들은 이제 실험실에서 나와 우리의 삶 속으로 이동하고 있다.[113]

5. 맺음말: 접촉 끊어지기

이번 팬데믹의 초기 단계에는 일상적인 사회적 상호작용의 구조가 무너졌다. 연회 장소들이 폐쇄되었다. 함께 식사하는 사교 모임도 줄어들었다. 일과 교육이 원격으로 이루어지면서 일터와 학교 운동장의 사회성이 무너졌다. 친구들은 모여서 함께 시간을 보낼 수 없었고, 가족들은 모여서 함께 축하하거나 애도할 수 없었다. 요양원과 병원 방문이 금지되었다. 기숙사가 있는 대학은 대면 모임을 엄격히 제한했다. 스크린 간(screen-to-screen) 사회성과 마스크 간(mask-to-mask) 사회성이 대면 사회성을 대체했다. 악수, 입

맞춤, 포옹 없이 인사가 이루어졌다. 따라서 이번 팬데믹은 전례 없는 거리두기와 비접촉 체제를 강요했다.

이러한 단절은 근본적인 연속성을 숨겨버렸다. 이번 팬데믹 이전에 이미 온라인 세계는 그 자체로 하나의 세계, 초연결된 사람들이 그들의 거의 모든 삶을 살 수 있는 공간이 되었다. 모바일 연결성이 처음에는 사람들을 집 밖으로 나오도록 부추겼다면, 초연결성은 사람들이 집에 머물 수 있게 해주었다.[114] 온라인 세계의 풍요로움[예를 들면, 계속 확장되는 접근 가능한 콘텐트의 범위, 수행할 수 있는 활동, 충족될 수 있는 욕구(wants)와 필요(needs)]으로 인해 초연결된 사람들이 어디로 갈 필요성이 점점 줄어들게 되었다. 봉쇄 조치를 생각해 볼 수 있게 한 것은 바로 이것이었다.

그럼에도 봉쇄 조치는 상호작용하는 방식의 기본 틀을 근본적으로 재구성한다. 이전에 개인적 맥락, 직업적 맥락, 교육적 맥락, 문화적 맥락, 오락적 맥락, 치료 맥락에서 대면으로 이루어졌던 상호작용의 전 영역이 갑자기 줌(Zoom)과 같은 원격 화상회의 플랫폼으로 이전되었다. 이러한 플랫폼들은 분명 사회적 관계를 유지하는 데 도움을 주었으며, 사람들은 게임, 운동, 교습, 가벼운 술자리, 저녁 모임, 데이트, TV 및 영화 동시 시청 등을 주선하면서 그러한 플랫폼들을 창의적으로 활용했다. 그러나 많은 이용자는 이러한 플랫폼들이 불안감을 주고 지치게 한다고 느꼈다. 줌의 핵심적인 문제 가운데 하나는 "(시각적으로는) 상대의 몸이 보이지만 (물리적으로는) 거기 존재하지 않는다"라는 것이다.[115] 이용자들은 다른 사람의 신체 이미지 일부를 보지만 신체는 공유되는 공간을 차지하고 있지 않기 때문에 신체가 서로에게 맞추어 움직이지 않는다. (응시의 방향이나 손가락으로 가리키기와 같은) 대면 커뮤니케이션에서 공유되는 공간에 맞추어 움직이는 몸짓들이 무의미해진다. 접촉뿐만 아니라 모든 다양한 신체 행동 단서를 박탈당한 상태에서 이용자들은 공존적 상황에서 서로를 모니터링하고 서로를 지향함으로써 생성되는, 공유되는 집중을 경험할 수 없다. 줌 이용자는 끊임없이 타인의 응시에 노출되지만, 눈 맞춤은 일어나지 않는다. (즉, 화면 속 대화 상대의 이미지를 볼 때 이용자들이 카메라를 들여다보지 않기 때문에 대화 상대에게 눈 맞춤을 하는 것처럼 보이지 않는다.) 더욱 당혹스러운 것은 (이용자들이 기본 설정을 변경하지 않는 한) 그들은 자신의 거울 이미지(mirror image)에 계속해서 노출된다는 것이다. 그리고 이용자들은 대면 대화보다 이동성에 더 많은 제약을 받는다.

제한이 완화됨에 따라 사람들은 간절히 기다렸다는 듯이 대면 사회성(in-person sociability)으로 되돌아갔지만, 영상-매개(video-mediated) 원격-상호작용으로의 전환은 아직 완전히 되돌려지지 않았고 앞으로도 완전히 되돌려지지 않을 것이 분명하다. 그리고 거대 기술 기업은 미래를 내다보면서 가상현실(VR: virtual reality)과 증강현실(AR: augmented reality)에 집중 투자하고 있다. 이번 팬데믹 기간에 주요한 새로운 추진력을 얻은 VR 및 AR 개발은 사진처럼 사실적인 아바타나 심지어 홀로그램(hologram) 프로젝션으로 재현되는 원격 상호작용 파트너들이 공유되는 가상공간이나 디지털 증강 공간을 차지할 수 있도록 해줄 것이다. 특히 페이스북/메타는 디지털 매개 상호작용의 이러한 재공간화(respatialization)[30]가 참여자들이 서로에게 더 완전하게 '존재감'을 느낄 수 있게 해줄 것이며, 따라서 사람들이 마크 저커버그(Mark Zuckerberg)가 "체화된 인터넷(embodied internet)"이라고 특징지은 바 있는 디지털 공학적으로 설계된 '메타버스(metaverse)'의 공간에서 자신의 친구, 가족 및 동료들과 함께 시간을 보내고 상호작용하고 싶어할 것이라는 쪽에 내기를 걸었다. 필자는 이 책의 결론부에서 페이스북/메타 및 기타 많은 기술 회사가 구상하는 메타버스에 대한 아이디어를 받아들

30 재공간화란 공간을 사용하고 인식하는 방식을 재정의하는 과정을 말한다. 다시 공간화하거나 다르게 공간화한다는 의미도 있다.

인다. 지금은 신체가 다른 사람에게 디지털 아바타나 홀로그램으로만 존재하며, 기껏해야 햅틱(haptic) 장갑의 매개를 통해서만 촉각이 경험되는 상호작용이 시뮬레이션에 의존하고 다른 감각들보다 시각을 우선시하는 매우 약화된 의미에서의 "체현된" 경험이라고만 말해두자. 따라서 메타버스는 철학자 리처드 커니(Richard Kearney)가 "탈육화(excarnation)[31]의 시대"라고 부른 것을 공고히 한 것이자 그것의 정점으로 이해될 수 있다.116)

이번 팬데믹 기간에 상호작용은 '재구성'되었을 뿐만 아니라 점점 더 '우회'되었다. 아무리 거래가 짧고 겉핥기식으로 이루어지더라도 대면 상호작용 속에 배태되어 있던(즉, 대면 상호작용 속에서 자연스럽게 이루어졌던) 상거래가 온라인으로 이동하면서 대면 상호작용에서 탈배태되었다. 지난 30년 동안 전자 상거래가 발전해 오면서 이번 팬데믹이 있기 오래전부터 그와 같은 탈배태가 시작되었다. 그러나 그러한 탈배태는 이번 팬데믹 동안 급격히 가속화되었다. 온라인 쇼핑이 급증했을 뿐만 아니라, 패키지를 손으로 직접 전달하는 것을 비접촉식 배송 시스템이 대체하면서 온라인 쇼핑은 또한 어떠한 인간 상호작용에서도 완전히 탈배태되었다. 그리고 상업적인 상호작용이 여전히 대면으로 이루어지는 경우에도, 이번 팬데믹 동안 비접촉 결제 시스템이 빠르게 채택되면서 현금이나 신용카드를 교환할 필요가 없어짐에 따라 상업적 상호작용은 더 이상 손에서 손으로 이루어지지 않는다.

비접촉식 거래는 이번 팬데믹 이전에도 편의성과 경제성 때문에, 그리고 때로는 문화적 이유로 확산하고 있었다. 예를 들어, 한국에서는 마케팅 담론에서 접두사 'un'과 'contact'의 합성어인 '언택트(untact)'라는 개념이 줄어드는 노동력에 대처하는 생산성 향상 수단으로서 그리고 간소화되고 상호

---

31 몸에서 피부와 장기를 기술적으로 제거하는 고대의 풍습을 일컫는다.

작용 없는 거래에 대한 가능성에 매력을 느끼는 기술에 능숙한 젊은이들에게 어필하는 수단으로 활용되었었다. 그러나 이 개념은 언택트 산업의 진흥이 공식적인 정부의 정책이 된 이번 팬데믹 기간에 훨씬 더 높은 관심을 끌었다.[117] 전염병에 대한 불안이 마찰 없는 거래에 대한 기술-미래주의적인(techo-futurist) 비전을 강화함에 따라 '비접촉(contactless/touchless)'이라는 용어는 서구에서도 주요 마케팅 유행어가 되었다.

사회적 탈배태(social disembedding)[32]와 (소비자의 관점에서 볼 때) 상거래의 물리적 탈체화(physical disembodying)는 의심할 여지 없이 거래를 더 간소화되고 효율적이며 위생적이게 해준다. 그러나 상거래를 탈사회화하고(de-socialize) 위생적이게 만들면서 마찰 없고 비접촉적인 상거래가 이루어지는 과정에서 사회적 탈배태와 물리적 탈배태는 삶을 전체적으로 더 거래적으로 만들 위험도 있다. 그리고 사회적 탈배태와 물리적 탈체화는 나아가 이용자에게 마찰 없는 거래, 주문-즉시(on-demand) 배송, 즉각적인 충족의 세계처럼 보이는 것을 지탱하고 지속시키는 노동이 더욱 보이지 않게 할 위험이 있다.[118] 접촉이 끊어지면서 우리는 세상의 혼란스러움과 복잡함, 그리고 우리 자신의 체화된 인간성과도 접촉이 끊어질 위험이 있다.

32 앤서니 기든스(Anthony Giddens)는 근대의 사회 조직은 장소 귀속성의 탈배태, 즉 예전에는 일상생활의 사회적 행위들이 집적되었던 국지적 장소와의 연계가 세계화를 통해 시공간의 범위가 확장되면서 재결합하는 힘이 약해지는 것이 특징이라고 주장한다.

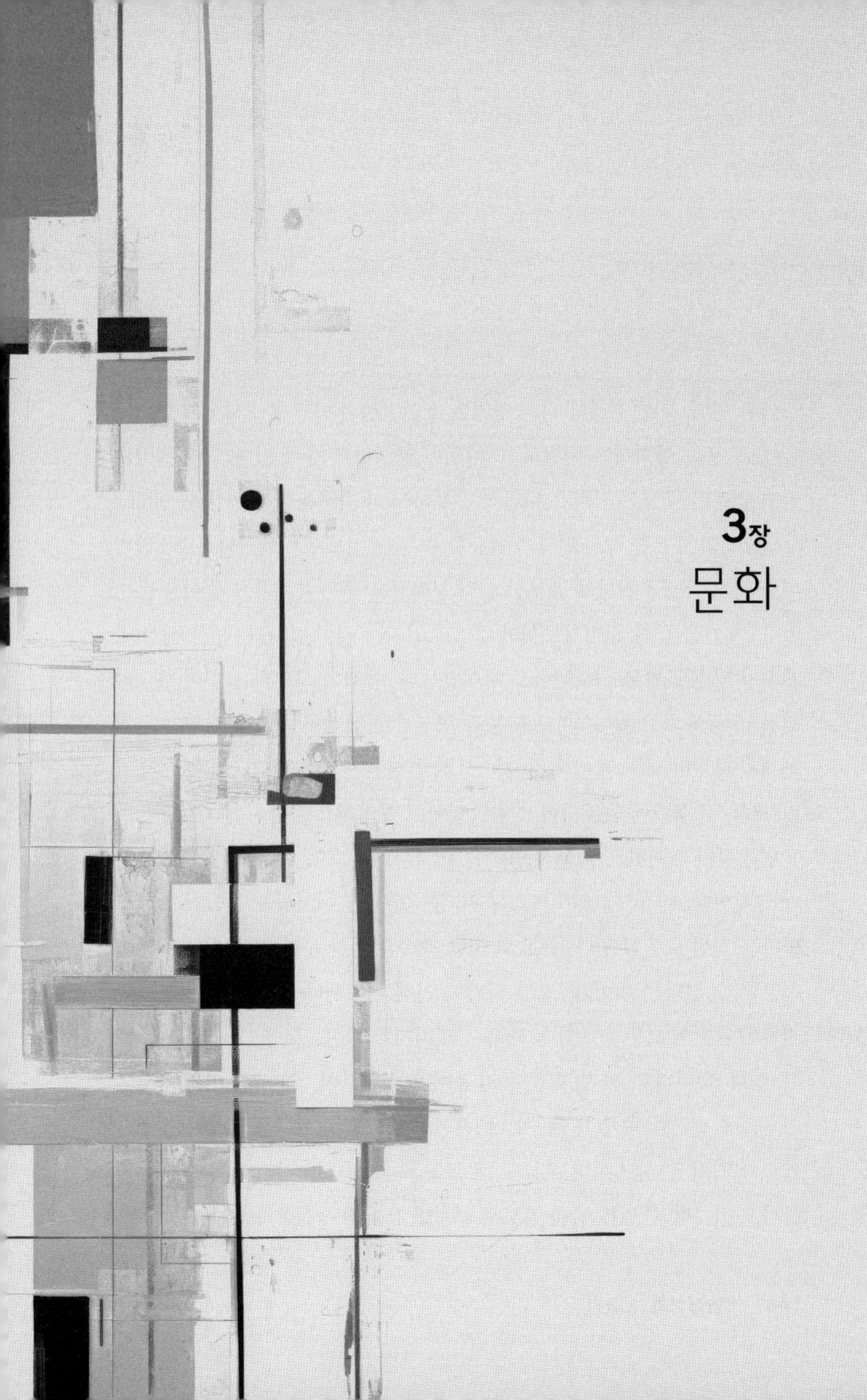

3장
문화

다른 영역, 특히 경제와 정치 영역은 초연결성의 마법에서 서서히 벗어났음에도, 문화 영역에는 여전히 그 마법이 생생하게 살아 있다. 초연결성의 마법에 걸린 채 모든 사람은 무한히 풍부하고 다양한 문화적 생산물(cultural products)의 세계를 즉시 편하게 이용할 수 있는 것으로 이해한다. 접근 장벽이 무너져, 무궁무진하게 풍부한 인간 문화를 누구든지 자유롭게 이용할 수 있다. 개인은 문화 소비자로서만 풍요로워지는 것이 아니라, 문화 생산자, 게시자 및 배포자로서의 권한도 부여받는다. 문화는 사고파는 것이 아니라 점점 더 공유되고 있다. 새로운 문화 형식과 혁신적인 문화적 행위가 급격하게 증가했다. 계속해서 확장되는 상호 연결된 사람들의 집단이 문화의 소비, 유통 및 생산에 능동적이고 협업적이며 창의적으로 참여한다.

연결성이 제시하는 문화적 약속은 세 가지로, 풍요, 탈상품화 및 민주화가 그것이다. 이 세 개념은 서로 관련되어 있지만, 이것들을 분석적으로 구별하는 것이 도움이 된다. 풍요에 대한 약속은 인간 문화 전체에 마찰 없이 접근할 수 있다는 것이다. 모든 사람이 언제 어디서나 전 세계의 박물관과 기록 보관소의 모든 물질적 문화 유물의 디지털 재현물뿐만 아니라 음악, 문학, 영화 및 비디오, 사진, 학문 등의 분야에서 인간의 창의성을 기록한 모든 기록물에 접근할 수 있게 해주는 보편적인 디지털 도서관을 상상하는 것은 별로 어렵지 않다.[1] 이미 오늘날, 무료로 혹은 적당한 가격의 가입비를 지불하고 접근할 수 있는 넘칠 정도로 풍부한 문화적 생산물 그 자체만으로도 현기증이 날 정도다. 게다가 제공되는 문화적 생산물의 풍부함은 차별화되어 있는 풍부함이다. 즉, 디지털 인벤토리의 '롱 테일(long tail)'[1]은 진열 공간이 부족한 오프라인 상점과 달리 대중적 또는 주류적 취향뿐만 아니라 틈새(niche) 취향도 충분히 수용할 수 있다.[2)] 이러한 디지털 문화의 풍요로움이 열어준 황홀한 무한한 가능성에 감동하지 않을 사람이 과연 있겠는가?

탈상품화(decommodification)[2]에 대한 약속은 문화의 생산과 소비가 시장의 제약에서 벗어날 수 있다는 것이다. 디지털 문화적 객체를 복사·배포하는 데 거의 비용이 들지 않기 때문에 그것들 가운데 많은 것이 시장 교환의 순환에서 벗어나게 되었다. 이것은 부분적으로 불법 복제나 법적으로 다소 모호한 형태의 파일 공유를 통해 발생했다. 그러나 더 중요한 것은 재산권을 보유한 사람들이 흔히 하나의 사업 전략으로 디지털 문화 객체를 기꺼이 무료로 배포해 오고 있다는 것이다.[3)] 그리고 디지털 연결성은 위키피디아와 오픈소스 소프트웨어가 가장 분명한 예시인 "비전유적(nonproprietary)" 방식의 "공유 자원-기반 동료 생산"의 성장을 촉진해 왔는데, 이는 "시장 신호나 관리자의 명령" 그 어느 것에도 의존하지 않는다.[4)] 점점 더 많은 삶의 영역이 상품화되는 가운데, 기술-유토피아적 관점에서 볼 때 인터넷은 대단히 예외적인 존재로 보이며, 상품의 논리가 아닌 선물의 논리가 지배하는 공간을 만들어왔다.[5)]

---

1 롱 테일, 즉 긴 꼬리는 파레토 법칙을 그래프에 나타냈을 때 꼬리처럼 긴 부분, 즉 발생 확률 혹은 발생량이 적은 80%의 부분을 일컫는다. 파레토 법칙에 의한 80 : 20의 집중 현상을 나타내는 그래프에서는 발생량이 상대적으로 적은 이 부분이 무시되는 경향이 있었다. 그러나 인터넷과 새로운 물류 기술의 발달로 인해 이 부분도 경제적으로 의미가 있을 수 있게 되었는데, 주목받지 못하는 다수가 핵심적인 소수보다 더 큰 가치를 창출하는 현상을 '롱 테일 법칙(long tail theory)' 혹은 '역파레토 법칙'이라고 한다.

2 탈상품화란 시장에서 어떤 활동을 제거하거나 시장에 대한 의존도를 낮추는 과정을 말한다.

민주화에 대한 약속은 중앙집권화된 하향식 문화 생산 방식이 탈-중앙집권화된 참여적 방식으로 대체된다는 것이다. 예를 들어, 사진, 동영상 및 음악 제작용 디지털 도구들이 점점 더 정교해지고 비용은 더 낮아짐에 따라 아마추어들의 문화 생산을 재활성화하면서 (그리고 흔히 전문가와 아마추어 간의 구분을 모호하게 하면서) 문화적 창의성이 민주화되었다.6) 좀 더 일반적으로 말하자면, '잘라내기, 붙여넣기, 렌더링(rendering),[3] 주석 달기, 댓글 달기' 도구의 보편적인 접근 가능성은 문화적 의미를 형성 및 재형성하는 과정에 참여하는 것을 민주화했으며, 따라서 "기호학적 민주주의(semiotic democracy)"[4]의 영역을 엄청나게 확장했다.7) 문화적 생산물에 대한 '읽기 전용' 참여 모드에서 '읽기/쓰기' 모드로의 전환을 가능하게 하는 이러한 도구들은 텍스트뿐만 아니라 시청각 자료에도 적용되는데, 이런 점에서 그러한 도구들은 광범위한 참여형 멀티미디어 리믹스 문화의 기반이 된다.8) 더욱이 웹 2.0(Web 2.0)의 상호작용적 형태와 형식으로 인해 문화 콘텐트 생산에 능동적으로 참여할 수 있게 된 '프로슈머(prosumer)'의 등장으로 능동적 생산자와 수동적 소비자의 구분이 모호해졌다.9) 이용자 리뷰와 평점이 전문 비평가와 게이트키퍼를 대체함에 따라, 문화 평가 역시 민주화되었다.

반대 목소리를 내는 사람들은 분명히 디지털 풍요, 탈상품화 및 민주화에 대한 이러한 비전에 의문을 제기해 왔다. 그러나 초연결성의 문화적 약속은 여전히 강력하고 매혹적이다. 실제로 어떤 면에서 그 약속은 이미 실현되었다. 그러나 약속이 실현되지 않은 상태로 남아 있는 방식뿐만 아니라 약속이

3 평면인 그림에 형태와 위치, 조명 등 외부의 정보에 따라 다르게 나타나는 그림자와 색상, 농도 등을 고려해 3차원 화상을 만들어내는 과정이나 기법을 말한다.

4 미디어학 교수인 존 피스케(John Fiske)가 그의 저서 『텔레비전 문화』(*Television Culture*, 1987)에서 처음 사용한 용어로, 그는 이 용어를 "(텔레비전) 시청자에게 의미와 쾌락의 생산을 위임하는 것"으로 정의했다.

실현된 방식도 비판적인 검토가 필요하다. 디지털 문화의 풍요는 압도적일 수 있으며 때로는 심지어 문화적 경험을 빈약하게 만들 수도 있다. 다시 말해, 우리가 새로운 것에 대한 끊임없는 유혹에 이끌려 방대한 양의 가속화되는 문화 콘텐트 흐름을 따라잡으려 애쓰면서 우리는 점점 더 많은 것에 대해 점점 덜 알게 된다. 어떤 영역의 탈상품화는 다른 영역의 재상품화(recommodification)에 가려 빛을 보지 못했다. 민주화는 인기를 문화적 가치의 유일한 척도로서 소중히 여기면서 문화 지형을 단조롭게 만들었고 어떤 면에서는 동질화했다. 필자는 풍요, 탈상품화 및 민주화를 차례로 다루기로 한다. 하지만 디지털 초연결성의 맥락에서 우리가 문화를 어떻게 접하고 문화에 어떻게 참여하는지에 대한 좀 더 일반적인 논의부터 시작하고자 한다.

1. 문화가 '콘텐트'가 될 때: 풍요의 양면성

한 세기가 넘도록 '문화'는 인문과학에서 가장 논란이 되는 용어 가운데 하나였다. 필자는 이러한 논쟁에 끼어들지 않을 것이다. 여기서 필자는 인류학의 중심이 되고 사회학에도 영향을 미쳤던 모든 것을 아우르는 의미에서의 문화, 즉 세상을 이해하고 세상에서 자신의 방향을 정하는 사회적으로 패턴화된 방식들의 총체성을 지칭하는 문화에 대해서는 다루지 않는다는 점을 말해두고자 한자. 그 대신 필자는 (이전 단락들에서 분명히 알 수 있듯이) 훨씬 더 제한적이고 특정한 의미에서의 문화, 즉 우리가 문화적 재화(cultural goods), 문화적 생산물, 또는 문화적 객체를 만들어내고 접하며 그것들에 관여하는 변화하는 방식에 관심을 가질 것이다.

그러나 '문화적' 재화, 문화적 산물, 또는 문화적 객체는 무엇을 의미하는가? 여기서 '문화적'이란 무엇을 의미하는가? 우리는 문화의 (다른 것과 구분되는) 개별적인 단위와 다른 것의 개별적인 단위를 어떻게 구별할 수 있는가? 필자는 여기서 정의의 수렁에 빠지고 싶지 않다. 그러나 우리는 우선 대략적으로 문화적 재화를 어떤 다른 목적을 위한 수단이 아니라 그 자체를 위해 상호작용하거나, 관심을 기울이거나, 즐기거나, 소중히 여기거나, '소비하는' 것으로 간주할 수 있다. 더 구체적으로 말하자면, 문화적 재화는 무엇보다도 그것이 제공하는 상징적, 표현적, 혹은 미학적 충족 때문에 우리가 가치 있게 여기고 상호작용하는 재화이다.10) 여기에는 노래, 영화, 소설, 공연과 같은 전형적인 '문화적' 재화뿐만 아니라 스포츠 경기, 게임, 농담, 밈과 같은 것도 포함된다.

디지털 초연결성은 우리가 문화적 재화를 만들어내고, 접하며, 그것들에 관여하는 방식을 근본적으로 바꾸어놓았다. 디지털 초연결성은 오래된 문화적 재화를 새로운 형태로 재구성했고, 그것들을 거대한 디지털 창고에 모아놓았으며, 그것들을 언제 어디서나 이용할 수 있게 했다. 그리고 디지털 초연결성은 이용자가 생성한 텍스트, 오디오 및/또는 시각적 콘텐트를 디지털 플랫폼에서 공유하는 것부터 비디오 게임의 라이브 스트리밍에 이르기까지, 대규모 멀티플레이어 온라인 롤-플레잉 게임에서부터 위키피디아와 같은 크라우드소싱 프로젝트에 이르기까지, 인터넷 밈과 틱톡의 예에서 볼 수 있는 새로운 형태의 문화적 리믹스에서부터 GIF, 이모지 및 스티커를 기반으로 하는 새로운 시각적 언어에 이르기까지 완전히 새로운 종류의 문화적 재화와 행위를 만들어냈다.

필자의 목적에서 보면 가장 근본적인 변화라고 할 수 있는데, 그것은 초연결성이 문화적 재화의 여러 범주를 탈물질화(dematerialize)[5]하여 디지털

---

5 오늘날에는 이전과 비교하여 동일한 일을 수행하는 데 필요한 물적 자원의 양이 현저히 줄어들었는데, 이런 현상을 가리켜 탈물질화(dematerialization)라고 한다.

객체로 변환시켰다는 것이다.[11] 이러한 디지털 객체들을 저장하고 유통하며 그것들에 접근하려면 분명 방대하고 복잡하며 비용이 많이 드는 물적 하부구조가 필요하다. 그리고 이러한 객체들의 특성이 변함에 따라(예를 들면, 더 많은 동영상이 유통됨에 따라), 물적 하부구조를 업그레이드해야 한다(예를 들면, 대역폭을 늘리기 위해).

그럼에도 탈물질화는 중요하다. 이전에는 종이, 비닐, 자기 테이프, 셀룰로이드 필름과 같은 물질에 기록되었고, 책, 잡지, 신문, 음반, 오디오 및 비디오테이프와 같은 물리적 용기(容器)에 분리할 수 없는 상태로 내재해 있던 문화적 재화가 그러한 용기에서 분리되었다. 책들이 대부분 그런 것처럼, 문화적 재화는 여전히 이러한 물리적 용기에 담겨 배급될 수도 있다. 그러나 그 경우에도 문화적 재화 자체, 즉 책의 내용은 개념적으로나 물리적으로나 그것을 감싸고 있는 물질적 외피와 분리될 수 있는 디지털 객체로 존재한다.[12]

다른 디지털 객체들처럼 디지털 문화적 재화도 그것이 생산·배급·소비되는 방식을 근본적으로 바꾸어놓은 일단의 핵심 속성, 즉 기술 학자들이 "어포던스"라고 부르는 것을 공유하고 있다. 이러한 어포던스는 디지털 문화적 객체들이 원자가 아닌 비트로 만들어졌다는 사실에서 기인한다.[13] 따라서 디지털 문화적 객체들은 완벽한 충실도(fidelity)로 복사될 수 있고, 마찰 없이 즉각적으로 전송될 수 있다. 디지털 문화적 객체는 무게가 없으며 공간을 차지하지도 않는다. 그것들은 비경합적(non-rivalrous)이어서, 다른 사람들이 이용할 수 있는 재화의 양이나 질을 감소시키지 않고 공유할 수 있다. 또한 디지털 문화적 객체는 항상 비배제적인(non-excludable) 것은 아니지만 흔히 배제하기가 어렵다.[6] 즉, 디지털 문화적 객체가 일부 이용자에게 제공될 때 (쉽게 복사될 수 있기 때문에) 그들이 사용 대가를 지불하지 않더라도 그것을 사용하지 못하게 막기가[7] 어렵다.[14] 디지털 문화적 객체는 널리 이용 가능한 간단한 도구로 조작될 수 있다. 디지털 문화적 객체는 물질적 문화적 재화보다 훨씬 더 저렴한 비용으로 생산될 수 있다.

디지털 객체의 어포던스는 모바일 초연결성의 어포던스와 결합한다. 편재적 상시 연결성이란 다른 모든 디지털 콘텐트처럼 디지털 문화적 객체도 언제 어디로나 전달되고 언제 어디에서나 소비될 수 있음을 의미한다. 연결된 기기는 점점 더 단순한 문화 소비 수단이 아닌 문화 생산 수단 역할을 하기 때문에 다양한 디지털 문화적 재화(예, 틱톡 동영상) 역시 언제 어디서나 생산되고 공유될 수 있다.

디지털 객체와 모바일 초연결성이 제공하는 결합된 어포던스는 디지털 문화적 재화의 믿기 어려울 정도의 풍요로움의 기반이자 그러한 풍요를 가능하게 해준다. (그러한 결합한 어포던스는 또한 문화의 부분적 탈상품화와 민주화의 기반이기도 한데, 이것에 대해서는 다음 절에서 논의할 것이다.) 디지털 문화적 재화는 기본적으로 공간을 차지하지 않기 때문에 최소한의 비용으로 무제한 저장할 수 있다. 무게가 없고 마찰 없이 전송할 수 있기 때문에 그것의 배급 한계비용(marginal cost)은 거의 0에 가깝다. 디지털 문화적 재화는 완벽하게 그리고 즉각적으로 복제될 수 있기 때문에 기본적으로 무료로 재생산될 수 있다. 비디지털(non-digital) 문화적 재화를 디지털화하는 데 드는 비용 역시 매우 저렴한데, 일단 디지털화된 객체는 무한히 복제될 수 있고 마찰

---

6 전자를 비경합성(non-rivalry)이라고 하는데, 이는 후자, 즉 소비자가 소비를 하면서 대가를 지불하지 않더라도 그 소비자를 소비에서 배제할 수 없는 성질을 일컫는 비배제성(non-excludability)과 더불어 공공재(public goods)의 두 가지 중요한 특성이다.

7 원서에는 “keep others from enjoying them as well”이라고 되어 있는데, 이는 바로 위의 비경합성을 설명하는 것이다. 비배제성과 비경합성을 다소 혼동한 결과라 여겨진다. ‘비배제성’은 재화나 용역을 비용 지불을 하지 않고 이용하는 무임승차자(free-rider)를 막기가 어려운 성질을 의미하기 때문에 “keep them from enjoying the goods without payment”(즉, 그들이 비용을 지불하지 않고 사용하는 것을 막는) 정도로 표현해야 옳다.

없이 배급될 수 있기 때문이다.

저렴한 디지털화와 저장, 복제 및 배급에 드는 무시해도 될 정도의 한계 비용은 엄청난 양의 문화 콘텐트의 집적과 번들링(bundling)을 가능하게 하고 그렇게 하도록 유인(誘因)을 제공한다.15) 예를 들면, 스포티파이는 8000만 곡의 노래를 호스트하는(host)[8] 한편, 유튜브에는 매 분마다 500시간 분량의 새 동영상이 업로드된다. 약 4억 명의 스포티파이 이용자와 20억 명의 유튜브 이용자는 무료(광고 포함)나 약간의 요금을 지불하고(광고 없음) 모든 콘텐트에 접근할 수 있다.16) 넘칠 정도로 풍부한 것은 디지털 문화적 재화의 재고만이 아니라 디지털 문화적 재화의 흐름 또한 그러하다. 예를 들어, 스포티파이와 유튜브에서는 기본적으로 활성화되어 있는 자동 재생 기능을 통해 음악과 동영상이 끊임없이 계속 재생된다. 디지털 풍요를 보여주는 또 다른 널리 구현된 형태는 무한 스크롤(scroll)인데, 이용자가 '다음 페이지'를 클릭하거나 다른 작업을 수행할 필요 없이 사용자가 스크롤할 때 새 콘텐트가 동적으로 로드된다.[9] 아무리 오래 스크롤해도 끝까지 도달하지 못하는데, 이용자는 지칠 수도 있지만 피드는 고갈되지 않는다. 모바일 기기에 특히 적합한 무한 스크롤은 도파민 루프(dopamine loop),[10] 가변 강화 계획(variable reinforcement schedules)[11] 및 미지의 유혹(the lure of the unknown)에 대한 심리적 지식을 활용하여 이용자의 주목을 사로잡고 유지한다.17) 알고리즘이

---

8 플랫폼상에 콘텐트를 제공하거나 저장하는 행위를 말한다.

9 "동적으로 로드된다(dynamically loaded)"라는 것은 미리 모든 콘텐트를 불러오는 것이 아니라, 사용자가 스크롤하는 시점에 실시간으로 서버에서 새로운 콘텐트를 불러와 화면에 추가하는 방식을 의미한다

10 도파민-추진 피드백 루프(dopamine-driven feedback loop)는 신경전달물질이 뇌의 보상 시스템과 함께 작동하는 방식에 의해 추진되는 자기-영속적 회로를 말한다.

11 가변 간격 강화 계획(variable interval reinforcement schedule)이란 미리 계획한 평균의 시간이 경과한 뒤에 나타난 표적 행동을 강화하도록 설정한 강화 계획을 말한다.

관리하는 틱톡의 '당신을 위한(for you)' 추천 모드에서 이용자들은 '재생'을 클릭할 필요조차 없이, 조금씩 더 스크롤할 때마다 새 비디오가 재생되기 시작한다.

틱톡은 디지털 풍요의 또 다른 측면인 디지털 문화적 재화의 축소를 보여준다. 초연결성은 이전 장에서 언급한 것처럼 시간의 조각화를 심화시켰을 뿐만 아니라, 자투리 시간의 가장 작은 조각들을 채우는 데 사용할 수 있는 점점 더 작은 디지털 콘텐트의 생산과 유통을 가능하게 하고 장려했다. 여기에는 새로운 형태의 비동기적 미소-사회성뿐만 아니라 새로운 형태의 미소-문화(micro-culture)와 미소-엔터테인먼트(micro-entertainment)도 포함된다.[18] 바인(Vine)은 6초 비디오로 선도적인 역할을 했고, 틱톡은 15초 포맷으로 눈부신 성공을 거두었으며, 구글은 15초 분량의 유튜브 쇼츠(Shorts)로 대응했다. 이것들은 휴대폰에서 볼 수 있도록 설계되어 이동 중에 언제 어디서나 사용할 수 있다. 밈은 디지털 미소-문화의 또 다른 핵심 형태이다. 쉬프만(Limor Shifman)은 인터넷 밈이 개별적인 디지털 아이템이 아니라, 오히려 서로를 참조해 만들어진 관련된 아이템들의 집합이라고 설득력 있게 주장했다.[19] 그러나 우리가 한 번에 하나씩 마주치고 감상하는 것은 바로 개별적인 변환들, 즉 복잡한 의미가 응축된 이미지나 초단편 동영상이지 전체 모음이 아니다(주어진 개별 아이템에 대한 우리의 감상이 관련 아이템들에 대한 익숙함에 좌우되긴 하지만).

문화적 재화에 대한 우리의 경험은 재화들 자체에 대한 어포던스뿐만 아니라 우리가 재화에 접근하는 배급 시스템의 어포던스에 의해서도 형성된다. 비디지털 문화적 재화는 다양한 배송 시스템과 공간을 통해 배급되었고 지금도 그렇게 배급되고 있는데, 그중 많은 것이 배송되는 특정 종류의 재화에 맞춤화되어 있다. 유형재(또는 실제 책의 경우에서처럼 유형의 전달 수단에 내장된 무형재)의 경우, 서점과 기타 소매점, 도서관, 갤러리, 그리고 박물관이 그러한 배송 시스템과 공간에 포함된다. 이벤트의 형태를 취하는 무형재의 경우에는 사람들이 사적으로 조율된 활동을 하기 위해 모이는 비공식적 공간과 영화관, 경기장, 공연장, 그리고 "경험"이 연출되고 소비되는 모든 종류의 장소와 같은 제도화된 공간이 그러한 배송 시스템과 공간에 포함된다.[20] 이러한 차별화된 패키징 및 배송 시스템은 비디지털 문화적 재화들을 서로 구분하는 데에도 도움이 되고 또한 비디지털 문화적 재화를 다른 종류의 비디지털 재화와 구분하는 데에도 도움이 된다.

비디지털 재화의 차별화된 배급과 달리, 디지털 문화적 재화의 넘칠 정도로 풍부한 흐름은 단일 범용 시스템을 통해 배송된다. 그러한 배송 시스템은 일기예보, 교통정보 안내, 금융 거래, 친구 및 가족의 메시지, 뉴스, 포르노, 쇼핑, 소셜 미디어 피드와 같은 다른 모든 디지털 콘텐트와 공유된다. 모든 것이 동일한 전송로를 통해 흐르고, 휴대폰이든 태블릿이든 랩톱 혹은 데스크톱이든 동일한 수신기의 동일한 스크린을 통해 우리에게 도달한다. 게다가 서로 다른 문화 콘텐트 흐름들은 비슷한 시청각적 표현 규칙과 커뮤니케이션 관습을 활용한다. 모든 디지털 문화적 재화는 동일한 전송로, 동일한 장치, 동일한 인터페이스를 통해 흐르고 유사한 표현 규칙과 관습을 공유하기 때문에 그리고 이러한 전송로, 장치, 인터페이스, 표현 규칙 및 형식을 다른 모든 디지털 콘텐트와 공유하기 때문에, 모든 디지털 문화적 재화는 연속적인 콘텐트 흐름 속에서 서로 뒤섞이는 경향이 있다.[21]

따라서 문화를 콘텐트로 재형식화하면(reformat) 디지털 문화적 재화의 독특성, 동일성(integrity) 및 경계가 약화한다. 시공간적으로 분리되고 구분되는 비디지털 문화적 재화와의 경험이 끊임없는 문화적 흐름에 대한 연속적이고, 서로 구분되지 않고, 기기-매개적이며, 초시공간적인 노출로 대체된다. 디지털 문화에는 특정한 시간과 장소가 존재하지 않는다. 음악은 특히 편재적이 되었는데, 왜냐하면 우리가 전경에서 무엇에 주의를 기울이건

상관없이 배경에서 언제 어디서나 우리와 함께할 수 있고, 끊임없이 계속되는 소리의 누에고치로 우리를 감쌀 수 있기 때문이다.22) 그러나 모든 형태의 디지털 문화는 편재적인 경향이 있으며, 우리는 끝이 없는 흐름으로 우리에게 밀려드는 디지털 문화를 마주하게 된다.

초-접근 가능하고(hyper-accessible), 장치-매개적이며, 편재적인 디지털 문화 콘텐트의 넘칠 정도로 풍부한 재고와 끊임없는 흐름은 우리가 문화적 재화와 깊이 상호작용하는 방식을 근본적으로 재편하며, 브라우징(browsing),[12] 스캐닝(scanning), 스키밍(skimming),[13] 그레이징(grazing),[14] 샘플링(sampling),[15] 스키핑(skipping),[16] 셔플링(shuffling)[17]과 같은 행위를 유도하고 촉진한다. 접근 가능한 문화의 양이 증가하고 문화 단위의 크기가 줄어듦에 따라 유통 속도는 더욱 빨라져서, 우리는 그 어느 때보다 더 많은 문화를 접하지만 그것에 더 피상적으로 관여한다.23) 우리는 문화의 거품 위에서 서핑을 한다.

우리가 문화적 객체들과 상호작용하는 방식이 변화함에 따라, 우리의 습

---

12 인터넷이나 책에서 특정한 목적이나 의도 없이 무심코 정보나 오락을 편안하고 여유롭게 검색하거나 특별한 구매 의도 없이 온라인에서 이것저것 물건을 구경하는 것을 말한다.

13 스캐닝은 특정한 사실 정보를 찾기 위해서 사용하는 반면, 스키밍은 대의 또는 요지를 파악하기 위해서 사용한다.

14 한 번에 소량의 정보나 콘텐트를 소비하는 보다 집중적이고 신중한 활동을 말한다.

15 다양한 목적을 위해 디지털 문화 콘텐트에서 발췌하거나 일부를 선택하거나 가져오는 행위로, 여기에는 종종 노래, 동영상, 텍스트 또는 기타 문화 자료의 일부를 선택하거나 추출하여 다른 맥락에서 사용하거나 용도를 변경하는 작업이 포함된다.

16 디지털 문화 콘텐트를 빠르게 훑어보면서 각 항목에 깊이 관여하지 않거나 우회하는 행위로, 한 항목에 많은 시간을 들이지 않고 한 콘텐트에서 다른 콘텐트로 빠르게 또는 자연스럽게 이동하는 것을 말한다.

17 콘텐트의 무작위 배열 또는 순서 변경을 말하는 것으로, 디지털 문화적 재화의 맥락에서 보면, 콘텐트를 무작위 또는 비순차적인 방식으로 배열하거나 제시하는 참여 방식을 의미하며, 흔히 다양성을 위해 또는 여러 요소를 혼합하여 구성하는 경우가 많다.

관, 기대 및 역량도 변한다.24) 우리는 새로운 역량을 얻지만, 오래된 역량을 잃거나 처음부터 개발하지 않는다. 재숙련화(reskilling)[18]과 탈숙련화(de-skilling)[19]가 동시에 진행된다. 문화적 참조(cultural reference)[20]의 범위가 확장되는 동시에 우리의 주의 지속 시간(attention span)은 줄어든다. 우리는 엄청난 범위의 문화적 자극을 감지할 수 있고 역동적으로 변화하는 무수한 문화적 참조들을 따라잡을 수 있는 효율적인 처리자로 거듭나며, 이는 우리가 깊이 있는 앎(knowledgeability)보다는 피상적인 앎(knowingness)[21]에 기반한 일종의 디지털 시대의 문화적 리터러시(cultural literacy)를 갖추는 데 도움을 준다.25) 우리는 주의 분산이 만성화되었지만, 생각과 동작이 더 재빠르며 수평적 연관성을 만들고 가속되는 흐름 속에서 움직이는 데 능숙하다. 우리는 매우 재빨라져서 팟캐스트(podcast)와 유튜브 동영상을 원래보다 최대 두 배 빠르게 듣거나 시청하면서 콘텐트의 흐름 속도를 더욱 빠르게 선택할 수도 있다.26) 그러나 지속적으로 깊이 상호작용할 수 있는 우리의 역량은 감소했다.

물질적인 문화적 객체는 우리의 속도를 늦추어 주는데, 이는 그것의 물질

18 지금까지 해온 업무와는 다른 직무와 역할을 수행하기 위해 새 기술을 배우는 것을 의미한다.

19 산업이나 경제에서 반숙련 또는 비숙련 근로자가 운영하는 기술의 도입으로 인해 숙련된 노동력이 제거되거나 숙련 노동자의 기술이 퇴화하거나 약화하는 과정을 말한다.

20 문화적 참조란 일반적으로 공유된 지식, 경험, 또는 예술 작품의 특정 측면을 연상시키는 문화 내에서의 암시나 언급을 의미한다. 이러한 참조에는 문학, 역사, 음악, 영화, 미술, 대중문화, 또는 특정 문화적 맥락에서 의미를 갖는 기타 모든 영역의 요소가 포함될 수 있다.

21 여기서 'knowingness'는 깊이 없이 표면적으로만 알고 있는 상태로, 원문의 문맥상 부정적 뉘앙스를 담고 있는 반면, 'knowledgeability'는 전문적이고 깊이 있는 이해를 수반하는 지식 상태로, 단순히 정보를 알고 있는 것을 넘어 체계적이고 심층적인 이해를 의미한다.

성이 마찰을 만들어내기 때문이다. 우리는 한 권의 책, (영화관에서 보는) 한 편의 영화, 하나의 라이브 공연에서 다른 책, 다른 영화, 다른 공연으로 순식간에 이동할 수 없다. 디지털 문화적 객체는 우리의 속도를 높여주는데, 이는 그것의 비물질성이 마찰을 제거하기 때문이다. 우리는 하나의 음악 트랙, 한 편의 스트리밍 영화, 하나의 틱톡에서 다른 트랙, 다른 스트리밍 영화, 다른 틱톡으로 거의 즉각적으로 이동'할 수' 있다.

넘칠 정도로 풍부한 디지털 콘텐트의 마찰 없는 초접근성은 주어진 문화적 객체의 가치와 중요성을 감소시키는 경향이 있다. 그리고 그것은 특정 객체에 대한 우리의 (정서적·인지적) 투자를 줄이는 경향이 있다. 대안들에 대한 만성적인 인식은, 즉 우리의 주의의 범위 안에 끊임없이 공급되는 새로운 아이템들은, 어떤 주어진 아이템에 머무는 것의 기회비용을 증가시키며, 이러한 대안에 대한 마찰 없는 접근 가능성으로 인해 전환 비용[22]은 무시할 수 있을 정도가 된다.

에릭 드롯(Eric Drott)이 음악 스트리밍 서비스와 관련하여 주장한 것처럼, 마찰 없는 넘치는 풍요는 심지어 욕망의 위기로 이어질 수도 있다.[27)] 그와 같은 서비스는 처음에 제한받지 않는 접근을 약속하는 "데이터베이스 논리"를 기반으로 시작되었다. 그러나 무제한 접근은 욕구를 약화하고 청취자들이 압도되어 꼼짝 못 하게 만들어버릴 수도 있다. 따라서 스트리밍 서비스는 희소성을 새로운 형태로 되살리려 애쓰면서, 판도라(Pandora)[23] 광고

22 전환 비용(switching cost)이란 한 제품에서 경쟁사의 다른 제품으로 전환하는 데 드는 비용으로, 생산자나 소비자가 현재 사용하는 기술, 제품, 서비스에서 다른 기술, 제품, 서비스로 전환할 때 발생한다.

23 2000년에 설립된 미국의 인터넷 라디오 및 음악 스트리밍 서비스로 사용자의 음악 취향을 분석하여 개인화된 라디오 방송국을 제공하는 것으로 유명하다. 음악 게놈 프로젝트(Music Genome Project)라는 자체 추천 알고리즘을 기반으로 사용자 맞춤형 음악을

의 표현처럼, "바로 여기, 바로 지금, 당신의 노래(your song, right here, right now)"를 찾아내서 전달할 것을 약속하는 추천 및 큐레이션 시스템에 막대한 투자를 했다.[28] "언제 어디서나 어떤 노래에나" 접근 가능함을 강조하는 것에서 매 순간 딱 맞는 노래는 하나뿐이라는 제안으로의 놀라운 변화는 풍요의 양면성을 웅변적으로 증언한다.

그러한 양면성은 초연결성의 시대 이전부터 존재했다. 거의 20년 전에 심리학자 배리 슈워츠(Barry Schwartz)는 삶의 많은 영역에서 "선택의 과잉"이 웰빙을 증진하기보다는 오히려 저해한다는 개념을 대중화했다. 슈워츠의 설명에서 인터넷은 단지 스쳐 가는 정도로만 언급되었다. 그러나 풍요를 만들어내고 선택을 급격히 증가시킨 거대한 원동력인 초연결성은 풍요의 양면성을 그 어느 때보다 더욱 심화시켰다.[29]

어떤 사람들은 넘칠 정도의 문화적 풍요가 제공하는 선택을 즐기며, 무한한 가능성의 세계를 탐험하는 것을 즐긴다. 그러나 그렇게 하는 것은 고된 일일 수 있으며 특정한 기술과 성향을 필요로 한다. 많은 사람에게 가장 쉬운 방법은 프로그래밍된 흐름을 따라가며 알고리즘이 개인화하여 제공하는 "자동화된 문화(automated culture)"를 받아들이는 것이다.[30] 예를 들어, 음악 스트리밍 서비스가 데이터를 기반으로 키운 꿈은 청취자에게 선택의 부담을 완전히 덜어주는 것이다. 다시 말해, "궁극의 인터페이스"는 "재생만 누르면 다른 작업을 할 필요가 없는 인터페이스"이다.[31] 충분한 데이터를 바탕으로 이 서비스는 센서가 수집하고 알고리즘이 추론한 청취자의 기분, 위치, 활동 및 맥락과 음악을 매치시킴으로써 매 순간 적합한 노래를 전달하고자 한다. 알고리즘이 더욱 발전함에 따라, 자신을 단순히 프로그래밍된

큐레이션한다.

흐름에 내맡기고 싶은 유혹은 점점 더 강해질 수밖에 없다.[32)]

여기서 우리는 다시 초연결성이 선택을 확장하고 선택을 요구하는 측면과 너징을 통하거나 우리를 위해 결정을 내리는 알고리즘을 통해 선택을 인도하거나 우회하는 것 사이의 긴장에 직면하게 된다.[33)] 문화 영역에서 초연결성은 거대한 문화적 재화의 세계를 마찰 없이 접근할 수 있는 것으로 만듦으로써 선택의 부담을 증가시키지만, 동시에 우리를 적절한 콘텐트와 일치시킴으로써 그러한 부담을 덜어주겠다고 제안하기도 한다. 다른 영역들에서와 마찬가지로 이 영역에서도 초연결성은 자신이 스스로 악화시킨 바로 그 문제에 대한 해결책을 제공한다.

선택의 부담과는 별개로 집단적인 문화적 풍요 자체가 역설적으로 일종의 개인의 문화적 빈곤을 초래할 수 있다. 이것은 "객관적 문화(objective culture)[24]의 비대(肥大)를 통한 개인 문화의 위축"을 강조한 사회 이론가 게오르그 지멜(Georg Simmel)에 의해 디지털 시대 훨씬 이전에 지적된 바 있다.[34)] 인류가 축적해 온 문화적 생산물, 즉 지멜이 말한 "객관적 문화"가 그 어느 때보다 더 큰 영향을 미침에 따라, 어떤 개인이든 이러한 집단적인 문화적 자산에서 자신이 전유(專有)할 수 있는 부분은 극히 미미해져서, 개인은 체화된 문화의 중심으로서 점점 더 미약한 존재가 되어간다.

초연결성은 집단적인 풍요와 개인의 빈곤 사이의 이러한 긴장을 더욱 부각한다. 초연결성은 집단적인 문화적 자산을 가시적으로 만들고, 더 가까이 둘 수 있게 하며, 접근 가능하게 만듦으로써 그렇게 한다. 그러한 자산은 마

24 지멜은 문화를 주관적 문화와 객관적 문화로 나누어 설명했는데, 객관적 문화란 쉽게 말해 사람들이 생산하는 모든 것이라 말할 수 있으며, 객관적 문화는 다양한 방식으로 성장하고 확대된다. 이에 비해, 주관적 문화(subjective culture)는 객관적 문화 요소를 생산, 흡수, 통제할 수 있는 행위자 한 개인의 문화를 의미한다.

치 힘들이지 않고 가져갈 수 있는 것처럼 보인다. 그러나 가져가는 데에는 시간이 걸리며, 시간이야말로 궁극적인 희소 자원이다. 우리가 문화 소비의 속도를 높이고 단위시간당 점점 더 많은 문화 아이템을 처리하더라도, 넘칠 정도로 풍부한 가능성의 세계는 우리가 우리 자신의 유한성과 무자비하게 맞닥뜨리게 한다. 허버트 사이먼의 간결하지만 함축적인 표현을 다시 인용하면, "정보의 풍요는 주의의 빈곤을 초래한다."[35] 우리가 매번 상기하게 되는 집단적인 디지털 풍요는 우리가 개인적으로 더 빈곤하다고 느끼게 만들 수 있는데, 왜냐하면 우리는 우리가 놓치고 있는 것을 너무나 잘 알고 있기 때문이다.

2. 탈상품화 혹은 재상품화?

탈상품화에 대한 약속은 부분적으로 풍요를 전제로 한다. 디지털 풍요의 근간이 되는 조건들, 즉 거의 0에 가까운 한계비용으로 디지털 객체를 엄청난 규모로 복제, 저장, 배급할 수 있게 해주는 비트의 속성과 네트워크 하부구조는 또한 많은 디지털 문화적 객체에 가격표를 붙일 필요가 없게 만든다. 가격 신호(price signal)[25]는 희소성이라는 맥락에서 행위를 조율하는 기제이며, 개별 가격은 상대적 희소성의 척도 역할을 한다.[36] 어떤 특정한 재화가 과잉 공급되면 그것의 가격은 0에 가까워지는 경향이 있다.[37] 그리고 일반적인 디지털 풍요라는 맥락 속에서 가격은 신호를 보내고 조율하는 기능을

---

25 가격 신호란 시장경제에서의 경제적 정보의 일종으로, 소비자와 생산자에게 주어지는 재화나 서비스의 가격이 변동되었을 때 소비자의 수요를 증가시키거나 하락시키고, 생산자의 공급을 증가시키거나 하락시키도록 만드는 신호를 말한다.

잃는다.

소비자들에게 있어 가격 기제의 작동 중단은 실제로 문화의 탈상품화를 의미한다. 거대한 디지털 문화적 객체의 세계는 수요가 있을 때 즉시 자유롭게 접근할 수 있는 것처럼 보이며, 이는 '자유 문화(free culture)'의 세계로 경험되고 또한 그렇게 기대된다.[38)] 이것은 사람들이 문화를 경험하는 방식에 중요한 변화가 있음을 나타낸다. 그러나 그것은 매우 제한된 형태의 탈상품화에 해당한다. 우선 소비자는 전문적으로 생산된 많은 디지털 문화적 재화에 비용을 '지불한다.' (사람들은 예를 들어 개별 영화를 대여하는 것과 같은 특정 아이템에 대해 편의성과 낮은 거래 비용이 보장될 경우 개별 재화에 대해 비용을 지불할 의향도 있지만) 대부분의 경우 분명히 개별 문화적 재화가 아닌 묶음 상품(bundles)이나 가입 서비스(subscriptions)에 비용을 지불한다. 그리고 사람들은 디지털 문화에 접근하는 이러한 묶음 방식을 준-탈상품화된(quasi-decommodified) 것으로 경험할 수도 있는데, 왜냐하면 상품화되는 것은 [가입자가 사용량이 측정되지 않는(unmetered) 가격에 대한 규제가 없는(non-price-regulated)[26] 접근을 누리는] 문화적 재화 자체가 아니라 애그리게이터(aggregator)가 제공하는 서비스이기 때문이다. 이것은 스포티파이에서 가장 분명하게 볼 수 있는데, 스포티파이는 오디오 품질은 상대적으로 낮지만 청취자가 콘텐트 전체에 접근할 수 있는 광고가 표시되는 무료 옵션을 제공한다. 따라서 스포티파이가 제공하는 상품은 음악에 대한 접근이 아니라 더 높은 수준의 즐거움을 누릴 수 있는 청취 경험이다.[39)]

26 '가격 규제를 받지 않는다'는 것은 가입 서비스 이용자들이 개별적인 콘텐트에 대해 가격을 지불하는 것이 아니라, 서비스 제공자가 정한 가입비를 지불하고 해당 서비스 내의 모든 콘텐트에 자유롭게 접근할 수 있다는 의미이다. 즉, 개별 콘텐트에 대한 가격이 책정되어 있지 않고, 가입비라는 하나의 가격으로 모든 콘텐트를 이용할 수 있는 것이다.

그러나 자유롭게 접근할 수 있는 디지털 콘텐트가 음악 및 영화 산업에 보내는 실존적 위협에 대한 경고를 고려할 때, 가입 기반 서비스가 전문적으로 생산된 문화에 대해 사람들이 비용을 지불하게 하는 데 큰 성공을 거두었다는 것은 놀랍다. 기대와 달리 사람들은 가입 기반 서비스가 제공하는 품질, 수량, 편의성, 보안, 사용자 친화적인 인터페이스, 소셜 미디어 통합에 아주 기꺼이 비용을 지불할 의향이 있음을 보여주었다. 특히 스포티파이는 무료 옵션이 있음에도 1억 8000만 명 이상의 유료 가입자를 확보했으며, 넷플릭스(Netflix)의 유료 가입자 수는 2억 2000만 명에 이른다. 분명히, 이용자들이 스트리밍 서비스를 준-탈상품화된 것으로 경험하더라도, 우리는 디지털 문화 전반이 탈상품화되었다고 말할 수는 없다.

게다가 많은 디지털 플랫폼이 그런 것처럼, 회사들이 디지털 재화에 대한 무료 접근을 제공하더라도 그들은 비즈니스 전략의 일부로 그렇게 한다. 크리스 앤더슨(Chris Anderson)의 인기 있는 저서인 『무료: 극단적 가격의 미래(*Free: The Future of a Radical Price*)』는 정확하게 업계를 겨냥한 책으로, 직접 교차 보조금(cross-subsidy)[27]을 통해서든, '프리미엄' 모델(freemium model)[28]을 통해서든, 아니면 양면 시장(two-sided market: 기업이 소비자에게는 무료 콘텐트를 제공하고 광고주에게는 소비자 액세스 권한을 판매하는 시장)을 통해서든, 수익을 창출하는 방법으로 디지털 재화를 무료로 제공하는 것을 적극적으로 장려했다.[40)]

탈상품화에 대한 더 광범위하고 더 근본적인 약속은 문화 '소비'를 무료로

---

27 교차 보조금 비즈니스 모델이란 두 개의 제품(또는 서비스)이 서로 연결된 구조로 시장에 제공되는 가운데 하나의 제품이 나머지 제품의 수익 극대화를 위해 희생하는, 즉 보조금을 주는 사업 구조를 말한다.

28 기본적인 서비스나 제품은 무료로 제공하지만, 추가적인 프리미엄 기능을 사용하려면 지불이 필요한 비즈니스 모델을 말한다.

만드는 것에 대한 것이 아니라, 문화 '생산'을 시장의 제약에서 벗어나게 하는 것이다. 요하이 벤클러(Yochai Benkler)는 자신의 2006년 역작 『네트워크의 부(*The Wealth of Networks*)』의 시작 부분에서 지난 한 세기 반 동안 일어난 커뮤니케이션 기술의 혁명은 문화 생산을 "집중화하고 상업화해 왔다고" 말했다. 그러나 벤클러는 디지털 연결성이 이러한 이중 추세를 뒤집을 가능성을 제공했다고 주장했다. "급진적으로 탈중앙집권화되고 예상치 못한 새로운 협력 및 공유 패턴을 기반으로 새롭게 출현하는 정보 및 문화 생산 모델이 우리가 정보, 지식, 문화를 생산하는 방식에서 점점 더 중요한 역할을 맡고 있다."41)

열성 지지자들은 항상 위키피디아를 탈중앙집권화되고 협업적이며 비시장 지향적인(non-market-oriented) 문화 생산의 가능성을 보여준 사례로 든다. 명백한 불균질성(不均質性)과 한계에도 위키피디아는, 벤클러가 그것을 "공유 자원-기반 동료 생산"이라고 부른 것처럼, 정말 그러한 생산 방식의 놀라운 사례이자 처음에는 회의적이던 많은 비평가까지도 마침내 설득하는 데 성공한 사례이다. 오픈-소스 소프트웨어(open-source software)도 자주 언급되는 또 다른 사례이다.42) 그러나 벤클러 자신이 다소 우울하게 회고하는 글에서 인정할 수밖에 없다고 느꼈듯이, "비시장 생산 영역의 확장은 정체되었다."43) 위키피디아와 오픈-소스 소프트웨어는 시장 논리에서 완전히 벗어난 사업이 거의 없는 거대한 바다에서 완전히 탈상품화된 문화 생산의 섬으로 남아 있다.

물론 많은 이용자가 금전적 보상에 대한 기대나 희망 없이 사진, 팬픽션(fanfiction),[29] 시, 음악, 동영상, 논평 등 자신의 창작물을 공유하는 광범위

---

29 팬픽션은 크게 특정 작가 또는 작품의 팬이 그 작품의 기본 설정과 정보를 기반으로 자신이 원하는 픽션을 창작하는 일, 또는 특정 인물의 팬이 그 인물을 픽션 내에 등장시키

한 아마추어 문화 생산 및 유통 영역이 존재한다. 그러나 이러한 영역들은 지구상에서 가장 크고 가장 강력한 기업들이 지배하는 단단히 상호 연결된 디지털 플랫폼의 상업적 생태계 안에서 깊이 뿌리내리고 있다. 사회생활의 아주 많은 다른 영역과 마찬가지로 아마추어의 문화적 창의성은 이용자들의 활동을 상품화하고 수익을 얻으려는 디지털 플랫폼에 의해 점점 더 매개되고 있고 그러한 디지털 플랫폼에 점점 더 의존하고 있다.[44)]

이용자들 자신이 상업적인 관심이나 열망이 없더라도 그들은 상업적 생산의 순환 과정에 끌려들어 가게 된다. 이것은 두 가지 주된 방식으로 일어난다. 한편으로는 양면 시장과 관련하여 위에서 언급한 것처럼, 플랫폼들은 그들이 제공하는 무료 서비스나 교차 보조 서비스를 대가로 이용자들로부터 데이터를 추출한 다음, 표적 광고를 판매하거나 그러한 데이터를 데이터 브로커에게 판매함으로써 그러한 데이터를 수익화한다. 다른 한편으로 플랫폼들은 이용자들의 활동에서 가치를 추출한다. 다시 말해, 플랫폼들은 이용자가 만들고 공유하는 1차적인 콘텐트와 2차적으로 다른 사람들의 콘텐트를 유통하고 그러한 콘텐트와 상호작용하는 것, 즉 그러한 콘텐트가 더 가시적이 되게 하고 그럼으로써 더 가치 있게 해주는 "작은 상호작용 행위들"('좋아요', 댓글 등) 모두를 통해 이익을 얻는다.[45)] 많은 논평가는 이것을 일종의 무보수 착취 노동(unpaid and exploited labor)으로 해석했지만, 다른 논평가들은 주관적으로 즐겁거나 재미있는 활동으로 경험될 수 있는 것을 노동으로 취급하는 것을 거부한다.[46)] 그러나 어느 쪽이든 이용자들과 이용자 생성 콘텐트는 상품화 과정에 깊이 연루되어 있다.

디지털 플랫폼들은 이용자들을 착취할 뿐만 아니라, 이용자들을 완전히

는 일로 나뉜다. 더 줄여서 '팬픽'이라고도 부른다.

바꾸어놓기도 한다. 디지털 플랫폼들은 막대한 경제적 (그리고 정치적) 권력을 가지고 있을 뿐만 아니라, 엄청난 문화적 권력도 누리고 있다. 그러한 문화적 권력은 플랫폼들이 이용자의 열망과 주체성(subjectivity)을 형성할 수 있게 해주고 시장 논리나 유사 시장 논리를 받아들이도록 이용자를 사회화할 수 있게 한다. 플랫폼들은 주목(attention)이라는 통화(通貨)와 그러한 통화가 전달하는 가치 신호에 대한 조율과 애착을 주입한다. 플랫폼들은 자기-브랜딩과 자기-상품화(self-commodification)를 장려하고 정당화한다. 수익화에 관심이 없는 이용자들도 주목 경제의 비교와 경쟁 역학에 휩쓸려 들어가지 않을 수 없다. 디지털상의 비가시성과 무존재라는 대가를 치르지 않기 위해 그들은 그들의 문화 생산의 방향을 주목을 끌 수 있는 것, 즉 비록 화폐적 가격이 수반되지 않더라도 '팔릴' 것에 대한 신호에 맞춘다.

플랫폼들은 또한 수익화 전략을 직접 장려한다. 그들은 소셜 미디어 인플루언서라는 매력적인 존재에 초점을 맞추어 명성과 부(富)에 대한 환상을 키운다. 최고의 인플루언서급으로 성공하는 것은 예전의 영화 스타의 반열에 오르는 것만큼이나 먼 꿈이다. 그러나 영화 스타가 되는 꿈처럼 그것은 강한 울림과 영감을 준다. 그리고 어느 정도의 수익화의 기회가 점점 늘어나고 있다. 2016년에 이미 약 250만 명이 유튜브에서 어느 정도 수익을 올리고 있었으며,[47] 좀 더 최근에는 다른 주요 플랫폼들도 수익화 기회를 도입하거나 확대하고 있다. 그러나 광고 수익을 추구하는 콘텐트의 양이 폭발적으로 증가하면서 보수율(remuneration rates)[30]이 가파르게 감소함에 따라 대다수의 유튜브 콘텐트 크리에이터(creator)는 수입이 거의 없다.[48] 한 연구원의 계산에 따르면, 유튜브 채널의 상위 3% 안에 들어가는 사람들도 월

---

30 보수율이란 콘텐트 크리에이터가 유튜브 같은 플랫폼에서 작업한 대가로 받는 보상 또는 지급 비율을 의미한다.

간 140만 조회수(view)로 한 달에 약 1400달러밖에 벌지 못한다고 한다.[49]

그럼에도 "좋아하는 일을 하면서 돈을 벌고자 하는" 널리 확산해 있는 열망과 이용자 생성 콘텐트를 수익화하려는 플랫폼의 열의가 합쳐져 "글로벌 팬 커뮤니티를 그러모으고 자신만의 미디어 브랜드를 키워나가기 위해 전문 직업화하여 여러 소셜 미디어 플랫폼에서 콘텐트 혁신과 미디어 기업가 활동에 참여하는 이전에 아마추어였던 크리에이터들을 기반으로 신흥 원시 산업(proto-industry)[31]이 생겨났다." 이 원시 산업의 핵심 구성 요소는 콘텐트 크리에이터들과 플랫폼 사이에 자리를 잡고 콘텐트 크리에이터들이 그들의 운영을 전문화하고 그들의 콘텐트를 수익화하도록 돕겠다고 제안하는 점차 늘어나는 상업적 중개업자들인데, 이들은 콘텐트 크리에이터들의 광고 수익의 일부를 대가로 가져간다.[50]

이러한 "소셜 미디어 오락" 산업의 등장은 어떤 측면에서는 콘텐트 크리에이터들의 노동을 불안정하고 조건에 따라 달라지게 만들면서 그들의 역량을 약화했지만, 또 어떤 측면에서는 콘텐트 크리에이터들의 역량을 강화했으며 그들에게 새로운 미소-기업활동의 기회를 열어준 것도 분명한 사실이다.[51] 그러나 그러한 등장은 디지털 문화와 상업이 점점 더 밀접하게 얽힌다는 신호이기도 하다. 한 추산에 따르면, 전체 인스타그램 계정 가운데 40%(총 약 50만 개)가 1만 5000명 이상의 팔로워를 보유한 인플루언서에 속한다.[52] 브랜드들이 더 젊은 수용자들에게 다가가기 위해 '인플루언서 마케팅'에 점점 더 많은 관심을 기울이면서, 플랫폼은, 이용자 생성 문화 콘텐트를 더 매듭 없이 '쇼핑 가능하게' 하기 위해 노력해 오고 있는데, 예를 들면 인스타그램의 인플루언서 게시물에 태그된 항목을 앱 내에서 구매할 수 있

31 원시 산업이란 일반적으로 산업화 초기 단계에서 나타나는 생산 및 조직 형태를 의미한다.

도록 지원하는 방식이 그것이다. 전자 상거래의 핵심 모토에 따라, 그와 같은 새로운 시도는 쇼핑 경험에서 "마찰을 제거하는 것"을 목표로 한다.53)

디지털 문화의 상품화는 주류 상업 문화에 반대하는 입장에서 자의식적으로 규정된(self-consciously defined)[32] 영역과 관행들에까지 확장된다. 스스로 인터넷 트롤로 규정하는 사람들의 익명적 하위문화(subculture) 공간(여기서는 모든 것이 "그냥 재미로", 즉 "다른 사람의 정서적 균형 상태를 방해하는 기쁨"을 위해 수행됨)에서 처음 개발되어 대중화된, 처음에는 난해했던 밈(meme) 언어는 그 자체로 상업적으로 전용(轉用)되었다.54) 밈은 주요 마케팅 전략이 되었다. 이것은 자본주의의 무한한 흡수력과 토머스 프랭크(Thomas Frank)가 "일탈의 상품화(commodification of deviance)"라고 부른 것의 또 다른 사례이다. "멋진 자본주의(cool capitalism)"[33]는 "불만의 포용" 위에서 번성한다.55)

한 마디로 문화의 탈상품화에 대한 약속은 여전히 실현되지 않고 있다. "네트워크의 부"의 곳간을 여는 협동적 방식에 대한 열광적인 칭송은 네트워크'에서' 부를 추출하기 위한 전유적(專有的) 전략에 대한 환멸에 찬 비판으로 바뀌었다. 한때 탈중앙집권화되고 탈상품화된 지적 생산과 문화 생산

---

32 '자의식적'이라는 표현은 보통 자신의 정체성이나 위치를 강하게 의식하는 태도를 뜻하며, 흔히 타인의 시선을 신경 쓰거나 특정한 입장을 강조하는 경우에 쓰인다. 즉, 여기서 "자의식적으로 규정된"이라는 표현은 단순히 의도적으로 정한 것이 아니라, 주류 상업 문화와의 차별성을 강하게 인식하고 그것을 강조하는 방식으로 규정했다는 의미이다.

33 짐 맥기건(Jim McGuigan)은 '멋진 자본주의'가 자본주의 자체에 대한 불만을 통합하여 반항을 흡수하고 현재의 문화와 사회 시스템에 대한 반대를 무력화한다고 주장한다. 멋진 자본주의는 자본주의가 마케팅 전략으로 멋짐(coolness)이라는 개념을 채택하여 반항심과 트렌디한 미학을 소비주의에 통합함으로써 잠재적인 반대를 무력화하고 시스템을 더 매력적으로 만들기 위해 반문화적인 요소를 채택하여 주류 제품이나 아이디어로 제시하는 것을 말하며, 본질적으로 기업이 전통적으로 '멋짐'의 반항적인 의미에 반하는 경우에도 제품과 아이디어를 판매하기 위해 '멋짐'의 매력을 사용하는 것을 의미한다.

의 모델로 칭송받았던 위키피디아는 이제 비교할 대상이 없을 정도로 독특해서 복제 불가능한 것으로 보인다. 탈중앙집권화와 탈상업화(decommercialization)는 재중앙집권화(recentralization)와 재상업화(recommercialization)에 굴복했다. 이용자 생성 문화 생산이 활발하게 이루어지고 있지만, 그것은 "'플랫폼 자본주의(platform capitalism)'[34]라는 더 넓은 경제체제에 포섭되고 있다."[56] 문화 생산은 전에 없이 무엇이 주목을 끌 것인지에 대한 신호에 더 정교하게 맞춰지고 있으며, 주목은 더욱 광범위하게 측정되고 수익화되고 있다. 플랫폼들은 "우리의 시간과 주목의 가장 작은 조각도 상업화하는 새로운 방법"을 찾고 있다.[57] 초연결성은 문화를 상업으로부터 해방하기는커녕 오히려 상업과 문화를 더욱 긴밀하게 결합했다.

3. 민주화: 참여, 창의성, 권력

문화의 민주화를 찬양하는 사람들은 그 이유로 초연결성이 여러 방식으로 문화적 재화의 생산, 유통 및 소비에 대중이 더 광범위하고 더 능동적이며 더 자기-주도적으로 참여할 수 있게 한 점을 들었다.[58] 텍스트, 이미지 및 소리를 편집하고 조작하는 저렴하고 사용자 친화적인 디지털 도구들은 문화 생산 수단에 대한 접근을 넓혀주었다. 게이트키퍼가 없는 디지털 플랫폼과 마찰 없는 공유를 위한 도구들은 문화 유통 수단에 대한 접근성을 확대했다. 그리고 비평가들과 제도화된 문화 중개자들의 쇠퇴는 소비자들을 전문적인 취향 형성자들의 문화적 후견에서 벗어나게 하여 그들 자신의 문화

---

34 플랫폼 자본주의란 플랫폼으로 운영하는 구글, 페이스북, 애플, 마이크로소프트, 우버, 에어비앤비, 아마존 등과 같은 기업들의 활동을 말한다.

소비를 스스로 주도할 수 있게 해주었다.[59)]

문화 '생산'의 민주화에 대한 주장은 접근 장벽의 극복을 중심으로 이루어지고 있는데, 하나는 비용 장벽의 극복이고 다른 하나는 기술(skill) 장벽의 극복이다. 인쇄 영역에서 그러나 훨씬 더 놀랍게도 음악, 이미지 및 동영상 제작 영역에서 디지털 문화 생산에 사용되는 도구는 이중적 의미에서, 즉 훨씬 더 저렴하고 사용하기도 훨씬 더 쉽다는 의미에서, 훨씬 더 접근 가능하게 되었다. 텍스트, 사운드, 이미지 및 동영상을 편집하고 조작하는 많은 도구가 무료이며 사용하는 데 특별한 기술이나 교육이 필요하지 않다. 이것이 문화 생산 수단에 대한 접근을 넓혀주었음은 부인할 수 없다.[60)] 그리고 디지털 플랫폼들은 창작물을 게시하는, 즉 대중에게 공개하는 데 있어 게이트키퍼도 없고 비용도 들지 않는 공간을 제공해 왔다.

그러나 문화 생산의 민주화에 대한 약속은 단순히 양적인 접근성 증가에 대한 약속은 아니다. 그것은 '얼마나 많은 사람'이 문화적 재화 생산에 참여하는지뿐만 아니라 사람들이 '어떻게' 참여하는지와도 관련되어 있다.[61)] 그것은 능동적이고 의미 있는 문화 생산 형태의 민주화에 대한 질적 약속, 요컨대 문화적 창의성의 민주화에 대한 약속이다.

초연결성이 이러한 질적 의미에서 문화의 민주화를 촉진했는지는 분명하지 않다. 예를 들어, 틱톡은 젊은이들 사이에서 문화 생산의 민주화에 크게 이바지했다. 젊은 미국인의 약 절반이 이 플랫폼을 사용하며, 한 설문조사에서는 "적극 참여" 이용자(engaged user)의 절반 이상이 스스로 동영상을 업로드한 것으로 나타났다.[62)] 틱톡은 또한 의심할 여지 없이 일상적인 문화적 창의성의 중요한 장소이다. 틱톡은 동영상, 음악 및 텍스트의 날카롭고 재치 있고 장난스럽고 암시적이고 엉뚱하며 끝없이 창의적인 조합을 가능하게 하고 자극하여 유도한다.[63)] 틱톡은 수십억 명이 넘는 이용자들의 창의적인 에너지를 끌어들이는 데 크게 성공한 미소-엔터테인먼트 형태를 만들어냈다.

그러나 틱톡 이용자의 창의적인 에너지는 플랫폼의 아키텍처에 의해 제한되고, 유도되며, 템플릿화된다.[64] 소비자를 생산자로 참여시키는 데 있어 틱톡이 거둔 성공은 제작을 놀라울 정도로 쉽게 만드는 데 달려 있다. 이용자들은 화면을 몇 번 탭하면 몇 초 만에 새로운 동영상을 만들 수 있는데, 대다수의 동영상은 틱톡의 밈 논리를 반영하면서 기존 동영상을 반복한다. 즉, 그들은 (기존 동영상이나 미리 잘라놓은 구절들을 모아놓은 라이브러리에서) 노래 발췌 부분을 가져와서, 필터를 선택하고, 영상을 촬영한 뒤, (왜곡, 복제, '그린 스크린' 배경, 비디오 작가의 환경과 상호작용하는 증강현실 효과 등을 제공하는) 멋진 '효과'를 선택하고, 해시태그(hashtag) 몇 개를 추가한 다음, 게시할 수 있다. 물론 이용자들은 틱톡 동영상 제작에 많은 시간과 기술을 투자할 수 있지만, 시간이나 기술이 반드시 필요한 것은 아니다. 틱톡은 "모든 사람이 크리에이터가 될 수 있게 한다."[65] 그러나 그것은 창의적 노동의 자동화와 탈숙련화를 통해 이루어진다고 할 수 있다.

진 버지스(Jean Burgess)는 기술 설계에서 "사용성(usability)"[35]과 "해킹 가능성(hackability)"[36] 간에 기본적인 긴장이 존재함을 확인했는데, 전자는 "미리 정해진 일단의 간단한 조작에 대한 쉬운 접근"을 강조하고, 후자는 "복잡한 실험"을 위한 개방적 조작 가능성과 범위를 강조한다.[66] 틱톡과 다른 많은 디지털 도구와 플랫폼은 극단적인 사용성을 선택함으로써 문화 생산에 대한 광범위한 참여를 장려한다. 참여가 의미하는 바를 근본적으로 재정의

---

35 사용자가 사용자 인터페이스를 사용하기가 얼마나 쉬운가를 가늠하는 품질 속성을 뜻한다.

36 여기서 해킹은 악의적인 침입 행위(크래킹)가 아니라, 시스템이나 프로그램을 사용자가 자유롭게 수정하고 커스터마이징할 수 있는 긍정적 의미의 기술적 활동을 뜻한다.

하고 단순화함으로써 문화적 참여를 확대하는 것은 분명 새로운 것이 아니다. 예를 들면, "당신이 버튼을 누르면 나머지는 우리가 알아서 한다(you push the button, we do the rest)"라는 멋진 슬로건은 1888년에 조지 이스트먼(George Eastman)이 새로운 코닥(Kodak) 휴대용 카메라를 대중에게 판매하기 위해 만들었다.67) 그러나 아이폰(iPhone)의 문화적 지배와 좀 더 일반적으로는 개방형 인터넷이 "울타리 쳐진 정원"과 이용자 경험을 간소화하고 단순화하는 데 초점을 맞춘 앱으로 대체된 것은 문화 소비뿐만 아니라 문화 생산 영역에서도 "매듭 없는 사용성의 승리"를 새로운 수준으로 끌어올렸다.68) 이러한 "편의성의 폭정(tyranny of convenience)"[37]은 민주화가 탈숙련화를 통해 진행될 때 우리가 얻는 모든 것과 함께 잃을 수도 있는 것에 대해서도 우리가 민감해지도록 해야 한다.69) 누군가는 문화의 민주화가 그 이름에 걸맞게 기술과 역량의 필요성을 최소화하기보다는 오히려 기술과 역량의 개발을 촉진할 것이라고 주장할 수도 있을 것이다.

2005년에 웹에 의해 가능해진 참여적 번영을 찬양하면서 쓴 글에서 케빈 켈리(Kevin Kelly)는 머지않은 미래에 "살아 있는 거의 모든 사람이 … 노래를 만들고, 책을 쓰고, 동영상을 만들고, 블로그를 만들며, 프로그램을 코딩할 것"으로 내다보았다.70) 그러나 자동화, 탈숙련화, 그리고 마찰 없는 편의성이 더욱 가속화될 때 "노래를 만든다"는 것은 과연 어떤 의미가 있을까? 이미 오늘날 AI 음악 회사 앰퍼(Amper)는 고객이 "몇 초 만에 자신만의 독창적인 음악을 만들 수 있도록 도와주겠다고" 약속한다.71) 이 과정에서 발휘되는 창의성이 AI가 생성한 음악을 편집하고 수정하는 정도로 상당히 약화되어 있다는 사실에도, 앰퍼의 공동 설립자 드루 실버스타인(Drew Silver-

---

37 편리함을 강조하는 시스템이나 기술이 사용자에게 지나치게 의존적이고 제한적인 환경을 만들어내는 상황을 비판적으로 묘사하는 은유이다.

stein)은 자신의 TED 강연에서 "누구나 음악을 통해 자신의 창의성을 표현할 수 있게" 함으로써 AI가 "음악의 민주화"를 이룰 수 있다고 열렬히 옹호하는 것을 멈추지 않았다.[72] 창의성이 AI와의 상호작용 속에서 그리고 이를 통해 실제로 발휘되고 발전할 수 있는 중요한 방식들이 있음은 의심의 여지가 없다. 그러나 과거 코닥(Kodak)의 마케팅 피치(marketing pitch)의 중심이었고, 지금까지도 쭉 애플(Apple)의 마케팅 피치의 중심이며,[73] 지금은 틱톡 및 다른 많은 디지털 플랫폼의 마케팅 메시지의 중심인 창의성의 민주화는 일정 수준의 비판적 회의론을 필요로 한다. 그러한 마케팅 메시지가 일상적 창의성을 플랫폼의 규제되고 감시되며 상품화된 공간에 가두어 그러한 창의성을 활용하고 나아가 착취한다고 주장할 여지가 있는 역할을 할 때, 그와 같은 회의론은 더욱더 중요해 보일 것이다.[74]

문화 '유통(cultural circulation)' 수단에 대한 접근의 민주화에 대한 주장은 게이트키퍼의 쇠퇴를 중심으로 전개된다. 많은 디지털 플랫폼은 관심 있는 사람 모두에게 열려 있으며 모든 이용자의 기여를 환영한다. 물론 개방형 플랫폼도 용납할 수 없거나 부적절하다고 판단되는 특정한 종류의 콘텐트는 금지한다.[75] 그러나 이러한 플랫폼들은 그 외에는 선별적이지 않다. 다시 말해, 그들은 품질 또는 시장성에 대한 판단을 토대로 기여 콘텐트를 걸러내는 게이트키퍼를 두지 않는다. 게다가 이용자들은 편집 게이트키퍼의 매개 없이 자신의 콘텐트를 게시할 수 있을 뿐만 아니라 다른 사람의 콘텐트를 재유통할 수도 있다. 게이트키퍼의 쇠퇴와 개방형 디지털 플랫폼의 부상으로 콘텐트와 재능이 부각되고, 유통되는 새로운 방법이 생겨났다. 접근의 민주화에 대한 그러한 주장에 따르면, 게이트키퍼의 쇠퇴와 개방형 디지털 플랫폼의 부상은 문화 권력을 엘리트 문화 중개자와 대규모 문화 기업 및 조직에서 일반 사람들에게 재분배했다. 따라서 게이트키퍼 쇠퇴의 민주화 효과에 대한 주장은 궁극적으로 권력에 대한 주장이다.

디지털 초연결성은 실제로 보통 사람들이 게이트키퍼의 개입 없이 자신의 콘텐트를 게시해서 공개적으로 이용 가능하게 했다. 그러나 디지털 플랫폼에서 무언가를 공개적으로 이용 가능하게 한다고 해서 그것이 반드시 사람들의 눈에 띄는 것은 아니다. 디지털 문화 영역에서는 누구나 말을 할 수 있지만 아무도 듣지 않을 수도 있다. 점점 더 포화하는 문화적 환경 속에서 이 문제는 어느 정도의 가시성을 얻기를 바라는 사람들에게 너무나 친숙하다.[76] 게시 시점에는 게이트키퍼가 없을 수도 있지만, 유통 시점에는 비록 인간은 아니지만 게이트키퍼가 있다. 뉴스, 논평, 정치 연설뿐만 아니라 문화 영역에서 누가 무엇을 보는가 하는 것은 불투명하고 전유적인 알고리즘에 의해 관리된다.

따라서 문화 유통 수단의 민주화에 대해 말하는 것은 오해의 소지가 있다. 유통 수단은 알고리즘에 기반해 작동되며, 민주적 책임이나 민주적 통제의 대상이 되지 않는다. 보통 사람들은 게시 수단에는 접근할 수 있지만 유통 수단에는 접근하지 '못한다.' 그렇다고 문화적 권력의 재분배나 탈집중화에 대해서 말할 수 있는 사람도 없다. 이론의 여지는 있지만 초연결성이 문화적 권력을 더욱 집중시켰음은 거의 틀림없는 사실이다. 거대한 플랫폼들은 경제적 권력뿐만 아니라 막강한 문화적·정치적 권력도 축적했다. 그들의 문화적 권력은 일종의 초권력(meta-power), 즉 누가 무엇을 보는지를 결정하는 가시성 구조를 설계하고 통제함으로써 문화적 권력의 분배를 좌지우지하는 권력이다.[77] 문화적 권력은 플랫폼들'에' 고도로 집중되어 있을 뿐만 아니라, 플랫폼과 그들의 가시성 체제를 '통해' 분배되는 문화적 권력 또한 고도로 집중되어 있다.

디지털 문화라는 새로운 평준화된 경기장에서는 블록버스터(blockbuster)[38]의 문화적·경제적 논리가 좀 더 평등한 주목의 분배에 자리를 내어줄 것으로 널리 예상되었다. 이로 인해 작고 이전에는 알려지지 않은 문화 생산자들이 각자의 틈새 수용자를 확보하며 번창할 수 있을 것으로 여겨졌다. 그와 달리 연구원들은 다양한 디지털 맥락에서 주목의 분배가 매우 불평등하게 이루어지고 있어서 소수는 초가시성을 확보하는 반면 대다수는 비가시성이나 준-비가시성(near-invisibility)밖에 얻지 못한다는 사실을 확인했다. 이미 인기 있는 것을 추인(追認)하고 강화하는 알고리즘에 의해 부분적으로 유지되는 승자 독식(winner-take-all) 또는 승자 준독식(winner-take-most)의 논리는 그 어느 때보다도 공고하게 자리 잡고 있다.[78)]

마지막으로 문화 '소비'의 민주화에 대한 주장은 부분적으로 접근에 대한 주장이다. 디지털 문화의 풍요와 그것이 가능하게 한 소비의 부분적 탈상품화는 한때 희소하거나 비쌌던 재화에 대한 접근을 확대해 준다. 그리고 전통적인 중개자를 우회하는 디지털 플랫폼은 이전에 문화적 자본(cultural capital)의 부족으로 배제되거나 위축되었던 사람들에게 접근을 약속한다.[79)] 그러나 더 흥미로운 주장은 문화 소비를 타인 주도적이고 수동적이기보다는 자율적이고 자기 주도적으로 만든다는 것에 관한 것이다.

그 주장은 대략 다음과 같다. 디지털로 매개되는 문화적 풍요는 전문적인 취향 형성자들의 영향력이 크게 약화한 것과 함께 공중의 역량을 강화해 주는데, 이는 사람들이 자신의 문화 소비를 주도적으로 이끌어가게 하고 또 그렇게 하도록 유도한다.[80)] 소수의 고학력 잡식성 문화 소비자뿐만 아니라 모든 사람이 표준화된 문화 제품들로 구성된 제한된 식단을 위로부터 공급받는 대신 이제 자신의 취향과 선호도를 반영하는 다양하고 맞춤화된 문화 식단을 구성할 수 있다. 사람들은 혼자서 혹은 차별화되지 않은 공중의 일원으로서가 아니라 차별화된 틈새 취향 공중의 참여자로서 이러한 맞춤형 식

38 여기서 블록버스터는 단순히 영화산업에서 흥행 대작을 의미하는 것이 아니라, 문화산업 전반에서 소수의 인기 콘텐트가 압도적인 주목과 수익을 차지하는 현상을 뜻한다.

단을 만들어낸다. 이러한 취향 공중의 구성원(개인은 몇몇 취향 공중에 속할 수도 있음)은 "큐레이션" 작업, 즉 "찾고, 배열하고, 선택하고, 맥락화하는" 작업을 공유한다. 이러한 집단적인 작업은 네트워크로 연결된 가상의 공적 공간에서 이루어지는데, 그곳에서 참여자들이 새로운 발견 사항, 제안 및 평가를 주고받는다.[81] 따라서 소비의 민주화와 평가의 민주화는 서로 맞물려 이루어진다. 다시 말해, 틈새 취향 공중의 구성원이 새로운 발견 사항과 평가의 큐레이션 작업을 공유하는 한 문화 소비는 민주적이고 자기 주도적이 된다.

적극적으로 참여하는 큐레이션 활동을 중심으로 형성된 하위문화는 분명 존재한다. 그러나 보편적 참여형 큐레이션 활동에 대한 전망은 이론상으로는 매력적이지만, 실제로는 지나치게 요구 사항이 많아 폭넓은 호소력을 지니기는 어렵다. 큐레이션은 "보는 것(혹은 듣는 것 혹은 읽는 것)의 즐거움이 발생하기 전에 쏟아 부어야 하는 시간 소모적이고 에너지 소모적인 노동"을 수반하며, 따라서 그것은 콘텐트를 발견하는 다른 방법보다 "더 의도적인 노력이 필요하고 덜 자발적"이다.[82] 따라서 대부분의 사람들이 대부분의 시간 동안 힘든 큐레이션 작업의 상당 부분을 다른 사람 또는 알고리즘에 맡기기를 선호하는 것은 놀라운 일이 아니다. 사람들은 자신이 발견한 것을 친구들과 공유하기를 즐기며, 적어도 가끔은 디지털 문화 플랫폼에서 아이템들을 평가하고 리뷰를 남기며 댓글을 달기도 한다. 그러나 틈새 소비 커뮤니티에 지속해서 큐레이션 활동에 참여하는 것은 그 자체가 틈새 활동이지 보편적인 관행은 아니다.

대부분의 사람들에게 디지털 문화 소비의 즐거움은 큐레이션 활동의 수고로움과 분리되어 있다. 오늘날의 디지털 소비자는 더 이상 표준화된 문화 제품의 제한된 식단을 제공받고 있지는 않지만, 여전히 (무언가를) 제공받고 있기는 하다. 소비는 개인화될 수도 있지만, 대부분의 경우 자기 주도적이라고 하기에는 무리가 있으며, 디지털 이전의 "대중" 문화 소비 형태보다 반드시 더 적극적이지도 않다.[83)] 요하이 벤클러처럼 참여형 디지털 문화를 열렬히 지지하는 사람조차도 여전히 "수동적인 소비문화가 만연하고 있는 것"을 인정할 수밖에 없었다.[84)] 위에서 언급한 바와 같이, 스포티파이는 청취자들이 과잉에 당황하고, 과도한 선택에 부담을 느끼며, 광대한 디지털 미개척지를 스스로 개척하는 데 관심이 없다는 것을 안 후, (알고리즘과 인간 모두에 의한) 자체 큐레이션 서비스에 대대적인 투자를 했다.[85)] 그리고 틱톡은 이용자를 생산자로 끌어모으는 데 성공했지만, 동시에 완전히 수동화된 소비 방식도 완성했다. 예를 들면, 알고리즘에 의해 작동되는 그들의 '추천(For You)' 피드는 많은 사람이 거부할 수 없을 정도로 만족스럽고 놀랍도록 개인화된 동영상 스트림을 제공하는데, 이는 소비자의 어떠한 선택도, 사실상 가끔 하트 아이콘(heart icon)을 탭하고 마음이 끌리지 않는 동영상의 나머지 부분을 건너뛸 수 있도록 손가락을 휙 움직이는 것 외에는 어떤 관여도 필요로 하지 않는다.

물론 문화 소비의 민주화를 다른 관점에서 바라볼 수도 있다. 자율적이고 자기 주도적이며 능동적으로 참여하는 소비를 고집하는 대신, 비평가와 다른 엘리트 문화 중개자의 문화적 지도에서 사람들을 해방하고 그들이 좋아하고 원하는 것을 소비할 수 있도록 하는 데 더 관심을 기울일 수도 있다. 그리고 대중문화 소비를 엘리트의 지도에서 해방하는 것은 인터넷 시대 훨씬 이전에 시작되었지만,[86)] 초연결성은 전문 비평가와 엘리트 게이트키퍼의 힘을 약화함으로써 이러한 과정을 가속했다.[87)] 이러한 관점에서 보면, 틱톡의 알고리즘과 같은 알고리즘, 즉 다른 사람들이 소비하는 것을 소비하도록 우리를 유도하는 트렌딩(trending) 알고리즘[39]을 민주화하는 것으로 이해

---

39 이용자가 많이 소비하거나 참여한 콘텐트를 바탕으로 인기 있는 아이템을 추천하는 알고리즘을 의미한다. 주로 소셜 미디어나 디지털 플랫폼에서 특정 콘텐트가 빠르게 인기

하고 싶을 수도 있을 것이다.

그러나 순전히 양적으로만 이해되는 참여가 문화 생산의 민주화를 평가하는 유일한 기준이 될 수 없는 것처럼, 인기 역시 문화 소비의 민주화를 평가하는 유일한 기준이 될 수 없다. 그리고 확고하게 민주적인 문화 생산의 정치가 사람들의 기술과 역량을 발전시키게 해주는 것처럼, 민주적인 문화 소비의 정치 역시 사람들의 취향, 관심사 및 지식을 발전시키게 해줄 것이다. 한 마디로 말하면, 민주적인 문화 정치는 현재주의적(presentist)[40]이라기보다는 학습, 성장 및 발견을 지향하는 발전주의적(developmentalist) 성격을 띨 것이다. 디지털 초연결성에 의해 이용 가능해진 모든 종류의 자원은 그와 같은 발전주의적 문화 정치를 지원할 수 있다. 그러나 우리가 좋아하는 것을 제공하거나 인기 있는 것을 기록하고, 그렇게 함으로써 그러한 인기를 수행적으로(performatively)[41] 증폭시키는 알고리즘들은 지금-여기를 지향하고 있다.

게다가 비평가 롭 호닝(Rob Horning)이 틱톡과 관련해 주장했듯이, 알고리즘은 단순히 우리가 원하는 것을 파악해서 우리에게 제공하는 것이 아니라, 자신이 우리에게 제공할 수 있는 것을 우리가 원하도록 우리를 훈련한

를 얻을 때 이를 자동으로 파악하고, 이용자에게 그와 관련된 트렌디한 콘텐트를 제시하는 시스템이다. 예를 들어, 틱톡이나 트위터에서 트렌딩하는 해시태그나 동영상 등을 추천하는 알고리즘이 이에 해당한다.

40 현재주의(presentism)란 과거나 미래보다 현재에만 초점을 맞추는 관점이나 태도를 의미한다. 문화적 맥락에서는 현재의 가치나 기준으로만 모든 것을 판단하고, 발전이나 변화의 가능성을 고려하지 않는 성향을 지칭한다.

41 '수행적으로'는 실제로 어떤 행위나 효과를 만들어내는 방식을 의미하는 것으로, 이 맥락에서는 알고리즘이 단순히 인기도를 보여주기만 하는 것이 아니라, 그것을 보여줌으로써 실제로 더 많은 사람이 그 콘텐트에 노출되고 인기가 더욱 많아지는 현상을 설명한다.

다. 성공적인 플랫폼은 소비자가 원하는 것을 발견하는 데 그치는 것이 아니라, 자신이 필요로 하는 소비자와 자신이 필요로 하는 소비자 욕구의 형태를 만들어낸다.[88] 물론 이것은 디지털 경제에서만 볼 수 있는 특징은 아니다. 그것은 소비자 욕구를 충족시킬 뿐만 아니라 소비자 욕구를 만들어내기도 하는 시스템으로 이해되는 자본주의의 지속적인 특징이다. 선호가 내생적인 한, 즉 그러한 선호에 단순히 반응할 뿐이라고 주장하는 시스템에 의해 형성되는 한, 선호의 충족은 독립적인 규범적 기준 역할을 할 수가 없다. 우리의 욕구에 반응하는 것으로 묘사되는 알고리즘이 실제로는 우리의 플랫폼과의 '상호작용'을 최적화하고, 그럼으로써 우리의 상호작용을 수익화하는 데 초점이 맞추어져 있다면, 그와 같이 알고리즘에 의해 조직된 문화 소비를 민주적이라고 볼 아무런 이유가 없다.[89]

* * *

이 장에서 자세히 살펴본 연결성에 대한 세 가지 문화적 약속 중에서 풍요에 대한 약속이 가장 완전하게 실현되었다는 점에는 의심의 여지가 없다. 그러나 디지털 문화의 풍요는 그것이 주는 다양한 즐거움에도 불구하고 긍정적인 면과 부정적인 면을 동시에 지닌 것으로 드러났다. 개별적인 문화적 재화들은 모두 같은 전송로를 통해 흐르고 같은 스크린 위를 빠르게 스쳐 지나가면서 방대하고 차별화되지 않은 디지털 콘텐트 스트림 속에 뒤섞임에 따라 그들의 독특함과 온전함을 잃어버린다. 넘칠 정도로 축적된 문화적 생산물과 가속화되는 흐름은 우리에게 그 어느 때보다 더 많은 문화를 제공하지만, 우리의 지속적인 몰입 능력을 감소시킨다. 선택의 과잉은 우리의 역량을 강화하기보다는 우리를 압도할 수도 있다. 그 결과, 선택의 과잉은 프로그래밍된 흐름을 그대로 따라가고 우리 자신보다 우리의 취향을 더 잘 알 수도 있는 알고리즘에 우리의 선택을 맡기도록 유혹할 수도 있고, 실제로 우리의 취향을 강력하게 형성할 수도 있다.

탈상품화에 대한 약속이 가장 잘 실현되지 못한 약속이다. 분명, 인터넷에 연결되어 있는 사람이면 누구나 디지털 문화의 많은 부분에 자유롭게 접근할 수 있게 되면서, 풍요로움은 실제로 일부 맥락에서 가격 기제를 무의미하게 만들었다. 그러나 심지어 가격표가 붙어 있지 않은 콘텐트에도 어떤 식으로든, 특히 플랫폼이 우리의 주목과 데이터를 수익화하는 방식을 통해, 비용이 지불된다. 더 근본적으로, 심지어 문화 소비가 탈상품화된 경우에도 문화 생산은 주로 시장 논리에 의해 주도되며, 큰 기대를 받았던 공유 자원-기반 동료 생산이라는 대안 논리는 위키피디아와 같은 빛나는 예외에도 불구하고 미미한 상태로 남아 있다. 아마추어의 문화적 창의성은 점점 더 이윤을 추구하는 플랫폼에 의해 매개되고 그러한 플랫폼에 의존하는 한편, 자기-브랜딩 문화와 인플루언서의 부상은 소셜 미디어 주목 경제를 상업 경제와 더욱 긴밀하게 결합하고 있다.

민주화에 대한 약속이 문화적 재화의 생산, 유통 및 평가에 대한 대중적 참여의 확대와 좀 더 참여적인 소비 형태를 의미한다면, 초연결성은 의심할 여지 없이 문화를 민주화해 왔다. 문화적 재화를 만들어내고, 게시하고, 배급하며, 평가하는 것에 관여하는 사람들의 수와 범위를 넓혔으며 참여형 문화 소비라는 새로운 방식을 소개했다. 그러나 문화의 민주화에 대한 약속은 단순히 참여의 증가에 대한 것에 그치지 않는다. 그것은 또한 창의성의 민주화, 문화 권력의 재분배, 문화 소비의 능동적인 자기-주도성에 관한 것이기도 하다. 이것들은 평가하기가 더 어렵긴 하지만, 초연결성이 이러한 측면에서 민주화를 이룩했는지에 대해 회의적인 시각을 가질 만한 이유가 있다.

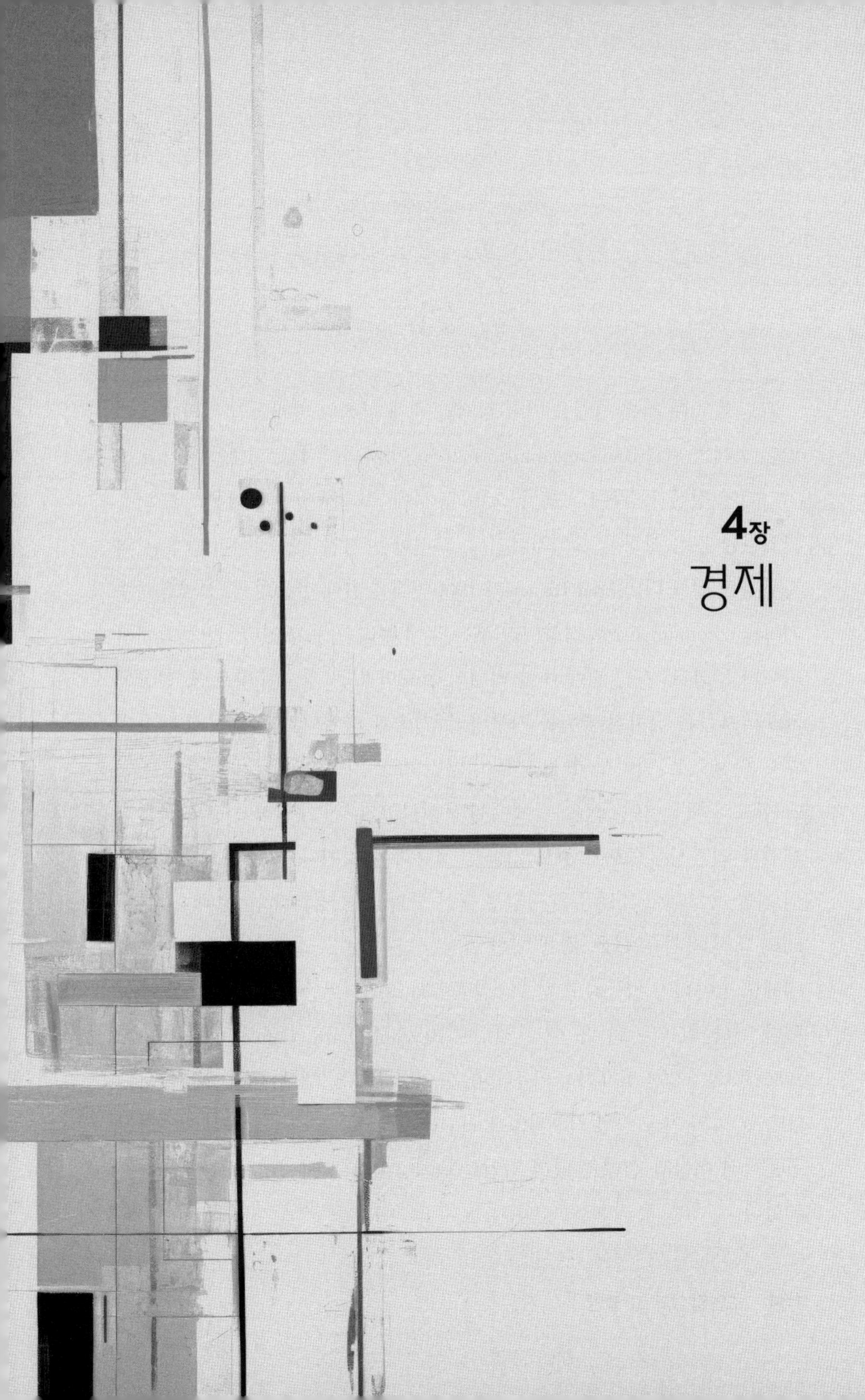

4장
경제

과점적 거대 기술 기업을 미국 경제와 세계 경제의 지배적인 위치에 올려놓은 경제적 변환(economic transformation)이 자의식적으로 '대안적'이고 반기업적인 정신과 담론을 수반했으며, 동시에 그러한 정신과 담론의 조력을 받았다는 것은 상당한 아이러니인데, 그러한 반기업적인 정신과 담론은 역사학자 프레드 터너(Fred Turner)가 1960년대 후반에 반문화의 "신공동체주의(new communialism)" 경향이라 부른 것에 뿌리를 두고 있다. "반문화에서 사이버 문화로" 가는 길에 대한 터너의 설득력 있는 기술에 따르면, 신공동체주의자들은 정치적 행위를 거부하고 "기술과 의식의 변환을 사회 변화의 주요 원천으로" 받아들였다. 그들이 남긴 가장 지속적인 업적은 정보 기술을 혐오의 대상이던 군산복합체에서 분리하고, 대신 개인적 성장과 사회적 쇄신과 연관시킴으로써 정보 기술을 정당화한 것이다. 신공동체주의자들의 기술-유토피아적 담론은 획일성 대신 창의성을, 영혼 없는 상태(soullessness) 대신 자기-표현을, 경쟁 대신 협업을 약속했다. 그들의 담론은 새로운 경제뿐만 아니라 평등하고 탈중앙집권화되고 조화로운 새로운 사회를 구상했다. 그들의 담론은 홀 어스 카탈로그(Whole Earth Catalog), 웰(WELL: 1980년대의 유명한 초기 가상 커뮤니티), 그리고 1990년대에 잡지 ≪와이어드(*Wired*)≫의 기술 열혈 지지자(techno-enthusiast)를 통해 신공동체주의적인 반문화적 이상과 실리콘 밸리 기업활동(기업가 정신) 사이에 중요한 다리를 놓았다.[1)]

터너의 책은 닷컴(dot-com) 거품의 붕괴로 끝을 맺지만, 그가 기술한 이야기는 계속해서 펼쳐졌다. 웹(Web) 2.0과 연관된 다양한 상업적 사업들은 비슷한 천으로 만든 외투를 두르고 있었다. 그러한 사업들은 소비자의 역할을 공동 창작자로 다시 자리매김하고, 창의성, 협업 및 자기-표현과 함께 공동체, 연결성, 진정성, 참여, 역량 강화, 개방성을 내세웠다.[2] 예를 들어, 페이스북(현재의 메타)의 사명 선언문은 "사람들에게 공동체를 구축하고 세상을 더 가깝게 만들 수 있는 힘을 제공하겠다"라고 약속한다.[3]

이러한 수많은 이상(理想) 속에서 다재다능함, 공명, 그리고 은유적 연결 능력이 돋보이는 것이 하나 있는데, '공유'라는 이념이자 이상이 바로 그것이다. '공유'는 다른 어떤 용어보다 서로 다른 디지털 매개 행위들을 하나로 엮고, 그러한 행위들에 평등, 상호성, 공동체라는 반문화적(countercultural) 가치와 개방성과 친밀함이라는 치유적 이상의 따뜻한 온기를 불어넣음으로써 공중의 상상력을 사로잡았다.[4] 그러한 행위들은 [냅스터(Napster) 시대의 파일 공유와 소셜 미디어 사이트의 콘텐트 공유에서처럼] 디지털 객체들의 유통과 재유통에서부터 (위키피디아나 오픈-소스 소프트웨어 개발에서처럼) 디지털 방식으로 조율되는 공동 과업에 보수를 받지 않고 참여하는 것, 그리고 (자동차, 집, 도구와 같이) 충분히 활용되지 않는 물질적 객체의 디지털 방식으로 조정되는 '공유'에 이르기까지 다양하다. 이용자-제공(user-supplied) 개인 정보를 광고주에게 전달하는 것조차도 '공유'라고 한다.[5]

'공유 경제(sharing economy)'는 이러한 일단의 행위뿐만 아니라, 소유에서 접근으로, 이기심에서 연대로, 중앙집권화에서 탈중앙집권화로, 소외된 노동에서 미소-기업활동으로, 자원 낭비에서 지속가능성으로, 고립에서 상생(相生)으로, 경직된 기업에서 역동적인 군중으로, 개인주의적 경쟁에서 네트워크화된 협력으로, 생산자와 소비자의 분리에서 '프로슈머(prosumer)' 또는 '프로듀저(produser)'[1]로의 융합으로의 변화와 같은 초연결성에 의해 야기된 것으로 여겨지는 경제 및 사회 조직의 좀 더 광범위하고 근본적인 변화 또는 일련의 상호 관련된 변화를 의미하게 되었다. 이러한 변환의 다양한 버전은 기업의 수사(修辭), 과장된 장밋빛 비즈니스 문헌 및 대중적인 설명에서뿐만 아니라 학문적 사회 이론에서도 분명하게 표현되고 찬양되었다.[6)]

급격하게 늘어나고 있는 초연결성의 경제적 측면에 관한 문헌에서 많은 분석가는 '공유'가 문제적이면서 여러 측면에서 오도할 소지가 있는 용어임을 인정했다. 그들은 공유의 함축된 의미를 경계하기 위해 "공유"라는 단어에 공포 인용부호(scare quotes)[2]를 표시하거나,[7)] "진정한" 공유와 "유사 공유"를 구별하려 하거나,[8)] 또는 그 용어가 초래하는 이데올로기적이고 어떤 점에서는 혼란스러운 결과에 대해 자신의 견해를 밝힐 수도 있다.[9)] 그러나 많은 분석가는 계속해서 '공유 경제'를 그들의 분석 대상으로 삼고 있는데, 틀림없이 그 이유는 온라인에서 디지털 객체를 공유하며 자란 세대에게 '공유'가 주는 부인할 수 없는 울림뿐만 아니라, 기업, 언론, 학계의 담론이 교차하는 지점에서 이 개념이 지속적으로 논의되면서 얻은 추진력 때문일 것이다.[10)]

그러나 다른 분석가들은 공유 경제 관점을 단호하게 거부했다. 가장 많은 통찰력을 생성하는 대안적 관점은 디지털 플랫폼을 하나의 새로운 경제적·사회-조직적 형태로 보는 데 초점을 맞추었다.[11)] '플랫폼'이라는 용어는 오랫동안 컴퓨터 산업에서 다른 프로그램들이 작성될 수 있는 (운영체계와 같은) 기반을 지칭하는 데 사용되었다.[12)] 웹 2.0의 맥락에서 이 용어는 문자

---

1 'producer'와 'user'의 합성어이다.

2 따옴표의 또 다른 용도로, 주의나 의심을 이끌어내기 위해 사용하는 인용부호를 말한다. 이 인용부호는 독자가 해당 단어, 용어 또는 구문의 정당성에 의문을 갖게 하는 역할을 한다.

그대로의 의미('사람이나 사물이 설 수 있는 평평한 표면')와 비유적 의미('다른 것을 위한 기반, 기초, 또는 토대')를 포함하는 일상어적인 연관성을 가지면서 훨씬 더 널리 사용되었다. 따라서 '플랫폼'은 "그 위에 서 있는 사람들을 지원할 것을 약속하고" 그들의 활동을 지시하거나 제한하지 않고 활동을 가능하게 해주는 "개방적이고 중립적이고 평등주의적이며 진보적인" 하부구조를 연상시키게 되었다.[13]

따라서 '공유'와 마찬가지로 '플랫폼'도 이데올로기적 함의를 담고 있는 용어이며, 특히 이 용어의 일상어적 공명은 기술 회사들에 의해 전략적으로 활용되어 왔다.[14] 그러나 '플랫폼'이라는 개념[과 '플랫폼화(platformization)', '플랫폼 자본주의(platform capitalism)' 및 '플랫폼 사회(platform society)'와 같은 연관된 용어들]은 '공유'라는 개념보다 훨씬 더 일상어적인 의미와는 뚜렷이 구분되는 명확한 일단의 분석적 의미를 갖게 되었는데, 그러한 분석적 의미들은 초연결성에 의해 초래된 경제적·사회적 변환에 강력한 분석적 영향을 미친다.[15]

그러면 필자는 혁신적인 경제적·사회-조직적 형태로서 디지털 플랫폼에 대해 다루면서 이 장을 시작하기로 한다. 그런 다음, 필자는 지배적인 플랫폼이 보유한 막대한 하부구조적 권력, 즉 경제, 사회, 문화 및 정치 생활에 없어서는 안 될 디지털 시설에 대한 집중된 통제력에 대해 자세히 살펴본다. 그리고 디지털 플랫폼이 노동을 조정하고 계약하는 새로운 방식, 노동을 지시하고 통제하는 새로운 방식, (무급) 노동을 유도하고 착취하는 새로운 방식을 도입함으로써 노동과 고용을 어떻게 탈바꿈시켰는지 분석한다. 간략한 맺음말에서는 블록체인 기술의 변환시키는 힘을 찬양하는 기술-유토피아적 담론의 새로운 물결에 대해 다룬다.

1. 플랫폼

디지털 플랫폼은 다섯 가지 속성을 강조함으로써 가장 간결하게 특징지을 수 있다. 첫째, 플랫폼은 '중개자'이다. 인터넷은 공중의 상상 속에 비매개성(immediacy)의 기술, 따라서 "포퓰리즘적" 기술로 자리 잡고 있다. 즉, 인터넷은 사람들을 직접 연결하여 "중개인을 배제할" 수 있는 기술이다.[16] '탈중개(disintermediation)'는 1990년대에 이러한 과정을 나타내는 유행어가 되었는데, 당시 논평가들은 인터넷을 통해 기업, 사회운동, 정치인, 그리고 보통 사람들이 모든 종류의 중개자를 우회해서 고객, 수용자, 같은 생각을 가진 사람들, 또는 거래 파트너와 직접 연결할 수 있게 된 방식을 분석하고 찬양했다.[17] 많은 디지털 비즈니스는 계속해서 직접성(directness)이라는 수사를 이용한다.[18] 그러나 그러한 수사는 새로운 중개자의 실재를 가리는데, 왜냐하면 탈중개는 흔히 재중개(re-intermediation)를 수반하기 때문이다.[19] 디지털 연결성은 중개자를 제거하는 것이 아니라 일단의 중개자를 또 다른 일단의 중개자로 대체한다.[20] 플랫폼들이 바로 이러한 새로운 주요 중개자들인데, 그들은 흔히 자신들이 중개자로 인식되는 것을 바라지 않는다.

중개자로서 플랫폼은 둘 이상의 당사자 사이(혹은 당사자들과 그러한 당사자들이 관심을 가지고 있는 것 사이)에 위치하며, 그들 사이의 연결을 매개한다.[21] 가장 단순한 형태의 경우를 보자면, 우버(Uber), 에어비앤비(Airbnb), 엣시(Etsy), 이베이(eBay), 아마존 마켓플레이스(Amazon Marketplace) 및 태스크래빗(TaskRabbit) 같은 거래 플랫폼은 구매자와 판매자 사이에 자리를 잡고, 거래를 가능하게 하고 조정해 주는 대가로 수수료를 부과한다. 구글 검색(Google Search)은 사용자, 웹 콘텐트 및 광고주 사이에 위치하면서 사용자에게는 관련 콘텐트를, 그리고 광고주에게는 관련 이용자를 제공한다. 유튜브와 스포티파이는 수용자, 문화 콘텐트, 콘텐트 제작자(혹은 권리 보유

자) 및 광고주 사이에 위치한다. 약간 더 복잡한 형태의 경우를 보자면, 페이스북은 콘텐트를 생성하는 이용자, 콘텐트를 소비하는 이용자(물론 이 두 범주는 겹침), 광고주, 그리고 애플리케이션 프로그래밍 인터페이스(API: application programming interface)를 사용해 플랫폼 데이터에 접근하며 이용자들을 위해 플랫폼의 기능성과 매력을 높여주는 새로운 도구를 만드는 제3자 소프트웨어 개발자(third-party software developer) 사이에 위치한다.[22] 교육 플랫폼은 학생, 커리큘럼 자료, 교사, 그리고 관리자 사이에 위치한다. 산업 플랫폼은 고객(제조업체)과 제3자 회사 사이에 위치하면서 고객의 운영 데이터를 제3자 회사에게 제공해 제3자 회사가 고객을 위한 맞춤형 애플리케이션과 서비스를 개발할 수 있게 한다.[23]

이 모든 경우에서 플랫폼의 '중간성(betweenness)'은 플랫폼이 수행하는 작업(이는 정교한 알고리즘과 세분화된 데이터로 인해 가능함)의 상당 부분이 매칭을 포함한다는 것을 의미한다.[24] 거래 플랫폼은 구매자를 판매자와 매칭하고, 콘텐트 호스팅 (또는 콘텐트 구성) 플랫폼은 이용자를 콘텐트와 매칭하며, "혁신 플랫폼"은 이용자와 프로그래밍이 가능한 기술 기반 위에서 '보완적인' 제품과 서비스를 만들어내는 플랫폼 '보완자'(complementor; 흔히 소프트웨어 개발자)를 매칭한다.[25]

둘째, 플랫폼은 플랫폼-매개 행위와 상호작용이 '마찰 없이' 이루어지는 것을 추구한다. 마찰 없음은 비매개성이라는 환상이 유지될 수 있게 해준다. 그러나 그것은 또한 거래 비용(transaction cost)을 최소한으로 줄여준다. 거래 비용에는 검색 비용(search cost)이 포함되는데, 서비스 제공자, 연애 상대, 물질적 재화, 문화 소비 아이템, 또는 정보를 찾는 비용이 그것이다. 경제적 교환의 경우, 거래 비용에는 협상 비용(negotiation cost: 교환 조건에 대한 합의에 이르는 비용)과 모니터링 비용(monitoring cost: 거래가 합의한 대로 수행되는지 확인하는 비용) 또한 포함될 수 있다.[26] 플랫폼은 사람, 사물, 정보를 하나의 공간에 불러 모으고 정교한 매칭 알고리즘을 사용하여 그들을 연결함으로써 검색 비용을 줄여준다.[27)] 플랫폼은 표준화된 가격 책정, 계약, 보험 등을 통해 협상 비용을 줄여준다. 비대칭적 정보, 신뢰 부족 및 기회주의(opportunism)[3] 문제를 극복하는 데 도움을 주는 평가-기반 평판 시스템을 통해 모니터링 비용을 줄여준다.

간소화되고 마찰 없는 플랫폼 인터페이스는 그렇지 않았다면 발생하지 않았을 다양한 종류의 상호작용과 거래를 만들어낸다. 이전에는 엄청나게 높은 거래 비용 때문에 생각할 수 없었던 미소-상호작용(micro-interaction)과 미소-거래(micro-transaction)의 경우가 특히 그렇다. 필자가 이 책 전체에서 강조한 소형화 추이에 걸맞게 플랫폼들은 사용자가 공급과 수요 측면 모두에서 "시간과 공간을 더 작은 단위로 나눌" 수 있게 하여 "단기 임대, 몇 분(分)의 개인적 도움, [혹은] 몇 시간에 걸친 가구 설치"를 실행 가능하게 한다.[28)] 2장에서 논의한 것처럼, 미시사회학적(microsociological)[4] 관점에서 보면 마찰 없는 플랫폼들은 (부담스러운 상호작용과 관련된 미소-의무가 급격히 증가하는 데 기여하기도 하지만) 친구와 친밀한 사람들이 떨어져 있을 때도 "연결된 현존감"을 느낄 수 있게 하는 소형화된 형태의 '의례적인' 커뮤니케이션을 촉진한다. 미시경제학적 관점에서 보면, 플랫폼은 '휴면 자본', 즉 자동차나 여분의 침실 같은 충분히 활용되지 않는 물리적 자원, 충분히 활용되지 않는 인적 자본과 노동력을 깨워내고 '유휴 역량'을 가동함으로써 효율성 증대를 실현한다. 법학자 오를리 로벨(Orly Lobel)이 말했듯이, "체계적인 방식

---

3 거래나 계약에서 상대방을 속이거나 불공정하게 이득을 취하려는 태도나 행동을 의미한다. 즉, 상대방의 신뢰를 이용해 자신의 이익을 극대화하려는 행동을 말한다.

4 미시사회학 이론은 개인과 소집단이 일상에서 어떻게 상호작용하는지를 연구하는 사회학적 관점이다. 이는 사람들이 순간적으로 무엇을 생각하고 말하며 행동하는지, 그리고 이러한 상호작용이 더 큰 사회적 패턴에 어떤 영향을 미치는지에 초점을 맞춘다.

으로 시장은 … [스스로를] 완성해 가고 있다."[29] 이러한 목적론적 공식화(teleological formulation)[5]가 아무리 문제가 있더라도, 시장 논리에 대한 이러한 직접적인 언급은 적어도 '공유'라는 언어보다는 덜 신비화되어 있다. 그러나 거래 플랫폼들이 시장이 스스로를 완성할 수 있게 한다면, 그들은 사회적인 것을 집어삼킴으로써 그렇게 할 위험이 있다. 다시 말해, 디지털 플랫폼들이 가능하게 하는 모든 것을 거래화하고 수익화하는 것은 시장 유토피아일 수도 있지만, 그것은 사회적 디스토피아(dystopia)이다. 심지어 로벨도 "플랫폼은 이타적/공동체적 상호작용에서 시장성 있는/상품화된 교환 쪽으로 균형이 기울어지게 한다. … 플랫폼은 모든 것과 '모든 사람'에게 가격이 있다는 말을 그야말로 문자 그대로 받아들인다"라고 말하면서 그러한 염려를 인정한다.[30]

셋째, 플랫폼은 '상호작용의 아키텍처'이다. 개방된 평평한 표면이라는 어원적 의미와 어울리게 플랫폼은 중립적인 촉진자 역할을 한다. 그러나 이러한 자기-표상(self-representation)은 플랫폼이 단순히 상호작용을 가능하게 하고 촉진하기보다는 상호작용을 어떻게 형성하고 구조화하는지 알기 어렵게 한다. 이러한 이유로 판 다이크(van Dijck)는 플랫폼을 중개자보다 매개자로서 특징짓는 것이 더 정확하다고 제안했다.[31] 상호작용이 일어나게 하는 소프트웨어의 단독 저작자이자 소유자로서 플랫폼들은 그들이 연결하는 당사자들 간의 상호작용의 형태와 형식을 지정하고 통제할 수 있는 위치에 있다. 따라서 사람들은 플랫폼을 세심하게 설계된 상호작용 아키텍

5 목적론적 공식화란 어떤 현상이나 과정이 특정한 목적이나 최종 상태를 향해 필연적으로 진행한다고 보는 관점을 담은 표현 방식을 의미한다. 여기서는 "시장이 [스스로를] 완성해 가고 있다"라는 표현이 시장이 마치 자체적인 목적을 가지고 스스로 완벽해지는 방향으로 발전한다는 생각을 내포하고 있으므로 목적론적 공식화에 해당한다.

처로, 그리고 "행위의 규칙과 매개변수를 철저하게 구조화하는" '규제 구조' 또는 '거버넌스 체계'로 생각할 수 있다.[32] 레식(Lawrence Lessig)이 훌륭하게 표현했듯이, "코드(code)가 곧 법(法)인" 다른 경우와 마찬가지로 "거버넌스는 사실상 코드 자체에 배태되어 있다."[33]

상호작용의 아키텍처로서 플랫폼은 가능한 행위의 범위를 미리 지정하는데, 특정한 가능성은 열어두고 다른 가능성은 차단함을 의미한다. 예를 들어, 2장에서 논의한 것처럼 페이스북과 기타 소셜 미디어 플랫폼은 "프로그래밍된 사회성"의 공간으로, 이용자들에게 제한된 범위의 가능한 행위를 제시한다.[34] 이는 플랫폼 아키텍처가 가능한 이용의 범위를 완전히 결정한다는 말은 아니다. 즉, 플랫폼의 생성성(generativity)[6]은 특정한 개방성과 불확정성(indeterminacy)[7]에 따라 달라진다. 그러나 그러한 생성성은 플랫폼들이 자신들이 관리하는 공간에서 행하거나 말할 수 있는 것의 종류에 대해 플랫폼이 행사할 수 있고 실제로 행사하는 높은 수준의 통제와의 긴장 속에서 존재한다.[35] (특정 거래를 촉진하려는 플랫폼들과는 반대로) 심지어 개방형 커뮤니케이션을 위해 설계된 플랫폼들도 실제로는 엄격하게 규제되는 공간이다.[36] 이번 팬데믹 기간에 그리고 특히 2020년 미국 대선의 여파로 이 문제가 더욱 부각되었는데, 2020년 대선 기간에 주요 소셜 미디어 플랫폼들은 특정 콘텐트에 플래그 표시를 하고 특정 콘텐트를 삭제하며 특정 참여자를 차단하는 데 훨씬 더 공격적이었고, 이는 트위터가 도널드 트럼프를 영구 차단함으로써 절정에 달했다.

---

6 플랫폼이 제공하는 개방적이고 유연한 환경에서 사용자들이 새로운 아이디어나 콘텐트, 행위를 창출하거나 발전시킬 수 있는 능력을 의미한다.

7 결과나 상황이 확정되지 않거나 고정되지 않은 상태를 말한다. 이는 어떤 시스템이나 상태가 여러 방향으로 발전할 수 있다는 점에서 결과의 예측이 불가능한 상태를 의미한다.

넷째, 플랫폼은 '데이터를 추출하고 처리하며 통제한다.' 모든 디지털 매개 활동과 마찬가지로 플랫폼-매개 활동도 디지털 흔적을 남긴다. 상호작용의 아키텍처로서 플랫폼은 이러한 흔적을 보존하고 그것을 데이터로 변환하도록 설계되었다. 플랫폼은 상호작용의 수단 및 매개체에 대한 단독 소유권을 통해 이러한 데이터를 일방적으로 무단 수집하고 통제하며 부당하게 이용할 수 있다. 데이터 수집에 특별한 노력이 필요하지 않은데, (다만 이후에 데이터를 집계하고 처리하며 분석해야 하기는 하지만) 단순히 디지털 흔적을 저장함으로써 데이터를 자동으로 포착하여 획득할 수 있기 때문이다. 그러나 데이터는 더 이상 플랫폼-매개 활동의 부수적인 부산물, 즉 케니스 쿠키어(Kenneth Cukier)의 표현을 빌리면, 가치 없는 "데이터 잔해(data exhaust)"로 이해되지 않는다. 진행 중인 "데이터화(datafication)" 과정과 부상하는 "데이터주의(dataism)"[8]의 이데올로기는 데이터의 포착, 분석 및 가치화(valorization)를 플랫폼 경제(platform economy)의 하나의 중심축, 아마도 '유일한' 중심축으로 만들었다.[37] "데이터는 새로운 석유다"라는 표현은 업계의 상투적 표현이 되었으며, ≪디 이코노미스트(*The Economist*)≫가 언급한 것처럼, "심지어 가장 눈에 띄는 두 산업 플랫폼의 후원자인 GE와 지멘스(Siemens) 같은 거대 기업"도 "이제 자신들을 데이터 기업으로 내세우고 있다."[38] 많은 분야에서 수집되는 데이터의 유용성에 대한 지속적인 의심과 불확실성은 모든 조직이 점점 더 따르게 되는 문화적 '데이터 명령'을 약화

8 데이터주의라는 용어를 처음 사용한 사람은 2013년 ≪뉴욕 타임스≫의 기자 데이비드 브룩스(David Brooks)인데, 그다지 주목받지 못하다가 역사학자 유발 하라리(Yuval N. Harari)가 저서 『호모 데우스(*Homo Deus*)』를 통해 대중적으로 널리 알리는 역할을 했다. 하라리는 사람들이 점점 자신의 자유 의지에 따른 판단을 유보하고 인공지능 알고리즘이 추천하는 대로 행동하게 되면서 데이터를 마치 종교처럼 신봉하는 상황, 즉 데이터주의가 발생하게 된다는 점을 우려한다.

하는 데 아무런 영향을 미치지 못했다.39)

흔히 아주 형식적인 동의를 바탕으로, 심지어 그마저도 없이, 플랫폼에 의해 포착되는 방대한 데이터의 보고 가운데 일부는 이용자와 교환 상대, 재화, 혹은 정보를 매치시키는 알고리즘을 개선하는 데 직접 사용된다. 그러나 개별 이용자의 경험을 개선하는 데 사용할 수 있는 것보다 훨씬 더 많은 데이터가 포착될 수 있고, 따라서 포착되고 '있다.' 쇼샤나 주보프(Shoshana Zuboff)의 영향력 있는 설명에 따르면, 닷-컴 붕괴 기간에 시급히 수익을 올려야 했던 순간에 구글이 이러한 '행동 잉여(behavioral surplus)'[9]를 처음 발견하고 부당하게 이용한 것이 '감시 자본주의(surveillance capitalism)' 발전의 초석이 되는 순간이었다.40) 엄청난 성공을 거둔 구글/알파벳(Alphabet)과 페이스북/메타 같은 일부 회사는 이러한 잉여 데이터를 이용해 표적 광고를 판매한다. 다른 회사들은 중개인들에게 데이터를 판매한다. 신생기업들은 투자자들에게 그들의 점점 더 세분화되는 데이터가 미래에 광고를 어떻게 더 효과적으로 만들 수 있는지에 대해 이야기하면서 데이터에 주된 역할을 부여한다.41) 기계학습 알고리즘을 훈련하고 인공지능을 계속해서 발전시켜 나가는 데 데이터가 점점 더 많이 사용되고 있다.

다섯째, 플랫폼은 '빠르게 규모를 확장할' 수 있는 놀라운 능력을 보여주었다. 디지털 객체들의 어포던스가 이러한 확장성(scalability)의 핵심이다. 급속한 성장은 물리적 생산설비의 확장이나 대규모 인력 고용을 필요로 하지 않는다. 그리고 추가적인 서버뿐만 아니라 모듈형으로 설계된 확장 가능한 전체 소프트웨어 제품군을 포함하는 필수 디지털 하부구조는 아마존 웹 서비시즈(Amazon Web Services)나 기타 클라우드 공급자를 통해 필요에 따

9 서비스를 제공하는 기업이 서비스 개선 외의 목적으로 수집하는 부수적인 데이터를 뜻한다.

라 임대할 수 있는데, 이들은 사실상 플랫폼 구축을 위한 플랫폼 역할을 한다.[42)]

네트워크 효과(network effect)[10]는 플랫폼 확장성의 핵심이기도 하다. 네트워크 효과는 흔히 텔레커뮤니케이션 네트워크와 관련하여 설명된다. 즉, 그와 같은 네트워크들은 대화할 사람이 거의 없으면 쓸모가 없지만, 네트워크 내에 노드나 사용자가 더 많아질수록 가치는 더 높아진다.[43)] 디지털 플랫폼은 간접 네트워크 효과(indirect network effect)로 알려진 독특한 종류의 네트워크 효과를 수반한다. 전화나 메시지 앱 네트워크의 경우처럼, 한 범주의 이용자의 성장으로 인해 발생하는 직접 네트워크 효과(direct network effect)와 달리, 간접 네트워크 효과는 '한' 범주의 이용자가 증가함에 따라 '다른' 범주의 이용자에게 혜택이 돌아간다. 따라서 특정 지역의 오픈테이블(OpenTable)[11] 이용자는 참여하는 레스토랑 수가 증가할수록 혜택을 받으며, 반대로 레스토랑도 이용자의 수가 늘수록 혜택을 얻는다.[44)] 유튜브 동영상 시청에 관심이 있는 사람들은 동영상을 업로드하는 사람의 수가 증가할수록 혜택을 얻고, 반대로 동영상을 업로드하는 사람도 시청에 관심이 있는 사람이 늘수록 혜택을 받는다. 에어비앤비 호스트는 단기 임대를 찾는 사람의 수가 증가할수록 혜택을 얻고, 반대로 단기 임대를 찾는 사람도 호스트가 늘어날수록 혜택을 얻는다. 두 이용자 범주 모두에서 임계 질량에 도달하면, 간접 네트워크 효과로 인해 자기-지속적인 성장이 이루어진다.[45)] 네트워크 효과와 자기-지속적인 성장은 승자 독식 또는 승자 준독식의 역학

---

10 어떤 재화에 대한 소비자의 수요가 그 재화를 소비하는 다른 소비자들의 수요에 의해 영향을 받는 효과를 말하며, 네트워크 외부성(network externality)이라고도 한다.

11 1998년 7월 2일에 출범한 온라인 레스토랑 예약 서비스 회사로, 샌프란시스코에서 제한된 레스토랑으로 운영을 시작했다.

을 만들어낸다. 많은 분야가 단 하나의 기업에 의해 지배되고 있다. 구글은 검색에서, 구글의 유튜브는 동영상 공유에서, 아마존은 전자 상거래에서, 페이스북/메타는 소셜 미디어 및 메시징에서, 그리고 구글과 애플은 그들 각각의 모바일 운영체계의 앱 스토어에서 압도적으로 지배적이다.

2. 하부구조적 권력

종합하면, 위에서 개괄적으로 설명한 속성들은 성공적인 디지털 플랫폼에 엄청난 힘을 부여한다. 그러나 핵심적인 'GAFAM' 플랫폼들, 즉 구글[Google(Alphabet)], 아마존, 페이스북[Facebook(Meta)], 애플, 그리고 마이크로소프트의 권력은 다른 플랫폼과 양적으로뿐만 아니라 질적으로도 다르다.[46] 그들의 권력은 경제적일 뿐만 아니라 사회적, 문화적, 그리고 정치적이기도 하다. 이러한 모든 면에서 그들의 권력은 근본적으로 '하부구조적' 권력(infrastructural power)이다. 다시 말해, 그들의 권력은 경제, 사회, 문화 및 정치 생활에 없어서는 안 될 디지털 하부구조에 대한 집중된 사적 통제를 수반한다.

하부구조에 대해 생각할 때, 우리는 대규모 사회기술 시스템, 특히 물, 하수처리, 전기, 가스를 제공하는 공공 유틸리티 시스템이나 항만시설 또는 도로와 철도 네트워크와 같은 운송 시스템을 먼저 떠올리는 경향이 있다.[47] 그렇다면 그와 같은 시스템과 네트워크들이 하부구조로 여겨지는 이유는 무엇일까? 네 가지 특징을 강조할 만하다. 첫째, 하부구조는 '기반적(foundational)'이다. 즉, 하부구조는 그 위에 구축될 수 있는 것을 가능하게도 하고 제한하기도 하는 토대 역할을 한다. 하부구조는 흔히 눈에 보이지 않거나 당연시되며, 배경에 가려져 있다가 고장이 난 후에야 비로소 드러나게 되고 주목을 받는다.[48] 둘째, 하부구조는 흔히 '편재적(ubiquitous)'이라고 할 정도로 매우 광범위하게 사용된다. 하부구조의 광범위한 사용은 하부구조가 공유 가능한 경향이 있다는 사실을 반영한다. 즉, 한 당사자의 사용이 다른 당사자의 사용을 방해하지 않는다. 경제 용어를 사용하여 표현하자면, 하부구조는 (어느 정도) 비경합적(non-rivalrous)이어서 공공재(public goods) 또는 클럽재(club goods)[12]로 생각할 수 있다.[49] 셋째, 하부구조는 '일반화되어(generalized)' 있다. 즉, 하부구조는 특정한 1차적 목적이 있더라도 광범위하고 다양한 2차적 활용과 활동을 가능하게 한다.[50] 마지막이자 필자의 목적상 가장 중요한 것으로, 하부구조는 '필수 불가결한(indispensable)' 것으로 이해되는 시설이라는 점이다. 즉, 하부구조는 일부 특정한 활동에 필수 불가결한 것이 아니라 우리가 알고 있는 삶에 더 광범위하게 필수 불가결한 시설이다. 폴 에드워즈(Paul Edwards)는 하부구조적인 것으로 널리 간주되는 현상들의 이질성에 대해 숙고하면서 "'하부구조'는 그것 없이는 현대사회가 기능할 수 없는 그런 시스템으로 부정적인 방식으로 정의하는 것이 가장 적합하다"라고 말했다.[51]

인터넷 전체는 이러한 네 가지 의미에서 하부구조적인 것으로 쉽게 이해된다.[52] 기술 거대 기업이 구축한 시스템들 가운데 많은 것도 마찬가지로 하부구조적인 것이 되었다.[53] 검색 엔진, 웹 브라우저, 메시징 앱, 소셜 미디어 시스템, 이메일 시스템, 비디오-호스팅 시스템, 앱 스토어, 디지털 지갑, 지리적 위치 및 내비게이션 시스템, 전자 상거래 플랫폼과 같은 사용자-대면(user-facing) 서비스와 같은 것들이 그러한 시스템들 가운데 일부이다.

---

12 재화나 서비스 가운데 이용자 배제성(excludability)은 있지만 경합성은 없거나 희박한 준공공재를 말한다. 테니스 클럽이나 골프 클럽처럼 회원제로 운영되는 서비스 시설이나 유료 고객에게만 시청이 허용되는 케이블 TV 등이 이에 해당한다.

일상적으로 잘 보이지 않는 다른 서비스들로는 광고-제공(ad-serving) 서비스,[13] 신원 확인 서비스, 결제 서비스, 데스크톱/랩톱 및 모바일 운영체제, 기계학습 및 인공지능 시스템, 창고 자동화, 배송 물류, 웹 호스팅, 데이터 분석 및 클라우드 컴퓨팅 서비스가 있다. 그리고 지배적인 플랫폼들은 아직 사회가 기능하는 데 없어서는 안 될 정도의 하부구조적 성격을 띠고 있지는 않지만, 자연어 챗봇, 음성 사용자 인터페이스(voice user interface), 스마트 홈 시스템, 자율주행 자동차, 도시 거버넌스 체계, 미소-결제(micro-payment) 시스템 및 디지털 통화, 증강현실 및 가상현실 서비스와 같이 가까운 미래에 그렇게 될 가능성이 있는 시스템에 엄청난 투자를 하고 있다.

플랫폼들이 이러한 시설과 기타 기반적이고 편재적이며 일반화되고 점점 더 필수 불가결한 사회기술 시설을 통제하는 한, 그들은 하부구조적 권력을 행사한다.[54)] 이러한 시설들은 오늘날 '상업적 하부구조'의 필수적인 부분이다. 예를 들면, 모든 종류의 비즈니스는 기본 비즈니스 소프트웨어 제품군뿐만 아니라 신원 확인, 지불, 광고, 데이터 분석 및 클라우드 컴퓨팅 서비스에 의존한다. 그것들은 또한 우리의 '인지적·문화적·사회적 하부구조'의 일부가 되었다. 말하자면, 우리가 알고 있는 일상생활은 검색 엔진, 동영상 및 음악 스트리밍 서비스, 소셜 미디어 및 메시징 플랫폼에 크게 의존하게 되었다.

플랫폼의 하부구조적 권력은 고도로 집중되어 있다. 아마존, 구글/알파벳 및 페이스북/메타를 예로 들어보자. 아마존은 혼자서 미국 상거래 하부구조의 핵심 부분을 통제한다.[55)] "온라인 서점이나 온라인 소매업체가 아

13 광고를 제공하거나 배포하는 서비스를 의미한다. 주로 온라인 플랫폼이나 웹사이트에서 광고를 사용자에게 표시하는 역할을 하는 시스템이다. 광고주가 만든 광고를 적합한 표적 수용자에게 보여주기 위해 이 서비스를 이용하며, 예를 들어 구글의 애드워즈나 페이스북 광고 시스템 등이 이에 해당한다. 광고의 게재, 추적, 최적화 등을 관리한다.

니라 상거래에 필수적인 '유틸리티'"를 구축하는 것이 이 회사의 비전이었다.[56] 아마존의 마켓플레이스(Marketplace) 플랫폼은 아마도 약 200만 개에 달하는 활성 판매자들에게 바로 그런 필수적인 유틸리티가 되었다. 이 플랫폼의 필수 불가결성은 아마존의 막대한 고객 기반, 프라임(Prime) 프로그램이 이룬 엄청난 고객(미국에서만 1억 5000만 명) 유치 및 유지 성공, 광범위하고 급성장하는 풀필먼트 센터(fulfillment center)[14] 네트워크, 그리고 창고 자동화 및 정교한 물류 시스템에서 잘 나타난다. 광범위한 수용자에게 다가가는 것뿐만 아니라 아마존이 구매자들이 기대하게 만든 신속 배송을 제공하기를 바라는 판매자들은 마켓플레이스에서 그들의 제품을 판매할 수밖에 없다.[57] 도달 범위나 하부구조적 지원 제공의 측면에서 아마존을 따라올 플랫폼은 없다. 마켓플레이스 플랫폼에 대한 판매자들의 의존도는 접근 조건 변경, 검색 결과에서의 가시성 축소, 플랫폼에서의 강제 퇴출, 또는 이번 팬데믹 초기 몇 주 동안 발생했던 것처럼 "필수적이지 않은" 것으로 간주되는 마켓플레이스 제품에 대한 주문 처리 서비스 중단 등 아마존의 일방적인 조치에 취약하게 만든다.[58] 판매자들은 또한 아마존의 자체 개발 상품(private label brand)과의 직접적인 경쟁에도 취약하다.[59]

아마존의 하부구조적 권력은 마켓플레이스를 훨씬 뛰어넘는다. 아마존이 구축한 엄청난 배송 시스템은 현재 미국에서 연간 50억 개의 소포를 배송하고 있으며, 곧 다른 회사들에도 배송 서비스를 제공함으로써 배송이 UPS와 페덱스(FedEx)의 텃밭에 도전할 수 있는 위치에 오르게 될 것이다.[60] 아마존은 마이크로소프트와 구글로부터의 경쟁에도 여전히 지배적인 클라우드

14 전 세계 어디에서, 언제, 어떤 제품을 주문할지 알 수 없고 요구하는 서비스 수준도 높아지면서 고객의 복잡한 요구를 효율적으로 만족시키는 서비스를 제공하기 위해 창고에 새로운 역할과 이름을 덧씌운 게 바로 풀필먼트 센터이다.

컴퓨팅 서비스 제공자로 남아 있다. 아마존의 알렉사(Alexa)는 디지털 음성 어시스턴트 가운데 선두 주자이다. 아마존이 킨들(Kindle)로 전자책(e-book) 시장을 지배할 수 있게 되었다. 아마존은 비디오 스트리밍 분야에서 넷플릭스에 이어 2위를 달리면서 격차를 점점 더 좁히고 있다. 그리고 디지털 광고 분야에서도 구글과 페이스북에 여전히 뒤처져 있지만 세 번째로 큰 업체가 되었다. 일반적으로 전자 상거래가 급증하면서 이번 팬데믹 기간에 전체 전자 상거래에서 아마존의 점유율은 떨어졌지만, 아마존은 이 기간에 50만 명의 직원을 고용해 인력을 두 배로 늘렸고 자본 지출도 거의 두 배로 늘려 그 어느 때보다 강한 회사로 발돋움했다.[61] 편재성과 필수 불가결성이 하부구조의 핵심 요소라면, 아마존은 확실히 스스로를 하부구조적 성격을 지닌 회사로 만들었다. 아마존의 하부구조적 권력은 확고하게 자리 잡은 것 같다. 다시 말해, 다른 하부구조적 성격을 지닌 거대 기업을 제외하고는 그 어떤 플랫폼도 아마존이 감행해 온 막대한 하부구조 투자 수준에 근접하는 것조차 기대할 수 없는데, 이는 단기적인 이익보다 성장과 지배력에 더 관심을 가진 투자자 덕분이다.[62]

구글의 하부구조적 권력은 이 회사가 지닌 검색 분야의 지배력에 기반을 두고 있다. 디지털 초연결 시대에 검색 엔진보다 더 기반적이거나, 더 편재적이거나, 더 일반화되어 있거나, 더 당연하게 여겨지거나, 더 필수 불가결한 것은 없다. 히어트 로빙크(Geert Lovink)는 이미 2008년에 "우리 삶의 구글화(Googlization)"에 대해 글을 쓰면서 "검색은 우리가 지금 사는 방식"이라고 말했다.[63] 검색의 지배는 디지털 가시성 수단에 대한 권력을 부여한다. 누가 무엇을 볼 것인지를 결정하는 이 권력은 분명 관련 콘텐트로 우리를 안내함으로써 우리가 넘칠 정도의 디지털 풍요에 대처하는 데 도움을 주는 모든 알고리즘과 공유된다. 그러나 압도적으로 우세한 구글의 범용 검색 엔진은 여전히 웹의 보편적인 관문으로, 상업, 문화, 정치 및 세계에 대한 이해에 지대한 영향을 미치는 독보적인 수준의 하부구조적 권력을 지니고 있다.

좀 더 깊이 파고들어 가보면, 구글의 하부구조적 권력의 기반은 그들이 추출하고 통제하며 분석하는 방대한 양의 데이터에 있다. 위에서 살펴본 바와 같이, 데이터 추출과 분석은 모든 디지털 플랫폼의 핵심이다. 그러나 데이터는 구글에 훨씬 더 중심적인 역할을 해왔다. 구글은 검색을 통해 이용자들의 검색어와 알고리즘이 제공한 검색 결과에 대한 이용자들의 반응에서 얻은 모든 행동 데이터뿐만 아니라 개방형 웹상의 모든 데이터에도 접근했다. 그러나 이것은 시작에 불과했다. 구글은 단순히 수동적으로 기록하는데 그치지 않고 훨씬 더 많은 데이터를 적극적으로 추출하려 했다. 그러한 데이터는 우선적으로 그들의 많은 편재적 앱 이용자들에게서 나오는데, 그중 구글 검색, 지메일(Gmail), 유튜브, 구글 포토스(Photos), 구글 지도, 크롬(Chrome), 안드로이드, 구글 드라이브(Drive), 구글 플레이 스토어와 같은 아홉 개 이상이 10억 명이 넘는 이용자를 보유하고 있다. 그러나 구글은 특히 4000만 권의 책을 디지털화하고 전 세계의 거리를 지도화함으로써 물리적 세계에서도 데이터를 추출한다.

비교할 데 없는 데이터 보고(寶庫)를 가진 구글/알파벳은 이용자 행동을 통해 지속적으로 학습하고 디지털 광고 시장을 혁신함으로써 이 시장을 지배할 수 있었으며,[64] 장기적으로 가장 중요한 점은 번역, 음성 인식, 자연어 처리, 이미지 인식, 컴퓨터 비전, 자율주행 자동차와 같은 핵심 하부구조 영역에서 기계학습과 인공지능을 최첨단으로 발전시킬 수 있었다는 것이다. 이 회사의 막대한 부와 타의 추종을 불허하는 컴퓨팅 하부구조 덕분에 알파벳의 AI, 로봇공학 및 자율주행 차량 자회사들은 최고의 인재들에게 경쟁사보다 더 높은 연봉을 제시할 수 있었고, 알파벳은 AI 분야의 선두 주자로 자리 잡아 점점 더 하부구조적 권력의 중심이 되었다.

페이스북/메타의 하부구조적 권력은 데이터-추출 및 데이터-분석 능력은 물론 소셜 미디어 및 메시징 앱의 놀라운 도달 범위에 기초하고 있다.[65] 페이스북 자체만으로도 거의 30억 명에 도달하며, 왓츠앱과 인스타그램은 각각 20억 명 이상, 메신저(Messenger)가 13억 명에게 도달하는데, 이를 모두 합치면 (많은 사람이 이러한 앱들 가운데 하나 이상을 사용하므로) 그들은 약 35억 명의 이용자에게 도달한다.[66] 그러나 페이스북/메타는 이미 거대하지만, 더 커지기를 원한다. 마크 저커버그는 "전 세계 모든 사람을 연결하고 사람들이 존재하는 모든 것을 파악해서 계획을 짜는 것을 돕는 것이 진정한 목표"라고 말했다.[67] 이 회사는 영구적으로 볼 수 있는 자료의 공개적 또는 준공개적 공유보다는 암호화된 비공개 메시징에 성장이 집중될 것으로 예상하고 있다.[68] 그러나 감시 기능이 풍부한 주력 플랫폼의 글로벌 이용자 기반이 최근 정체되어 이번 팬데믹으로 폭등한 회사의 시가총액에서 수천억 달러가 사라졌음에도,[15] 페이스북은 관성과 네트워크 효과, 다른 플랫폼과의 데이터 이동성(data portability) 및 상호운용성 부족 덕분에 여전히 사회성에 필수적인 하부구조로 남아 있다.

페이스북/메타 생태계는 사회성 하부구조뿐만 아니라 점점 더 상업 및 정치 하부구조들도 포함하고 있다. 상업 하부구조로서 페이스북은 2억 개 이상의 업체가 잠재 고객과 커뮤니케이션하는 데 사용된다. 이 회사는 비교할 수 없을 정도로 풍부한 이용자 데이터를 통해 1000만 명 이상의 광고주들이 그들의 잠재 고객을 정교하게 표적화할 수 있게 해준다.[69] 그리고 이 회사

---

15 메타는 2021~2022년을 전후해 페이스북 단독 플랫폼의 전 세계 이용자 수 증가가 정체되거나 일부 분기에서 감소하는 모습을 보였다. 특히 2021년 4분기 실적 발표에서 일일 활성 사용자 수 감소가 처음으로 공개되었고, 이로 인해 2022년 초 메타의 주가는 급락하며 단기간에 2000억 달러 이상의 시가총액이 증발했다. 이는 팬데믹 기간 동안 과대평가되었던 플랫폼 성장 기대가 조정되는 계기로 해석된다.

는 쇼핑 및 기타 다양한 서비스를 점점 더 매듭 없이 자사 플랫폼에 통합하고 있다. 정치 하부구조로서 페이스북은 정치 커뮤니케이션, 뉴스 및 공개 토론의 중요한 매체이다. 그런 이유로 숙의 과정을 단축하고, 오정보(misinformation)와 역정보(disinformation)의 유통을 용이하게 하고, 양극화를 심화하며, 불투명하고 책임을 지지 않는 미세-표적화된(micro-targeted) 정치 광고의 사용을 조장한다는 비난을 받고 있다. 페이스북의 운영 규모를 감안할 때, 다른 플랫폼과 마찬가지로 오정보를 억제하고 문제가 될 만한 콘텐트를 표시하거나 삭제하려는 페이스북의 노력은 그 자체로 정치 하부구조의 중요하고도 논쟁적인 일부가 되었다.[70)]

페이스북/메타의 야망은 포괄적이고 전면적이다. 다시 말해, 페이스북/메타는 "우리 삶의 운영체계"가 되기를 원한다.[71)] 이 회사는 "만능 앱"인 중국의 위챗을 모델로 삼아 점점 더 많은 일상생활을 그들의 플랫폼에 아우르기를 열망하고 있다.[72)] 이 회사는 청구서 지불, 진료 예약, 식사 주문, 영화표 구매, 여행 준비 등과 같은 일상적인 작업과 활동을 그들의 애플리케이션 제품군을 벗어나지 않고도 처리할 수 있기를 원한다.[73)] 더 나아가 이 회사는 "10억 혹은 20억 이상의 사람들이 이용하고 싶어 할 편재적 유틸리티"가 될 것으로 예상하는 새로운 서비스에 대규모로 투자하고 있다.[74)] 2021년에 어 회사는 리브랜딩하는 과정에서 떠오르는 '메타버스(metaverse)'의 핵심으로 강조한 가상현실과 증강현실이 스마트폰의 뒤를 잇는 차세대 대형 컴퓨팅 플랫폼(computing platform)[16]의 기반이 될 수도 있을 거라는 데 큰 베팅

16 컴퓨팅 플랫폼 또는 디지털 플랫폼(digital platform)은 소프트웨어가 구동 가능한 하드웨어 아키텍처나 소프트웨어 프레임워크(응용 프로그램 프레임워크 포함)의 종류를 설명하는 용어로, 일반적으로 플랫폼은 컴퓨터의 아키텍처, 운영체제(OS), 프로그램 언어, 그리고 관련 런타임 라이브러리 또는 그래픽 사용자 인터페이스(GUI: graphical user interface)를 포함한다.

을 했다.[75)]

* * *

필자는 위에서 '공유'처럼 '플랫폼'도 이데올로기가 가득 배어 있는 용어라고 언급한 바 있는데, '플랫폼'이라는 용어 역시 새롭고 향상된 활동 기반을 제공하여 모든 사람의 수준을 동등하게 끌어올려 줄 높여진 평평한 표면임을 시사한다. 분명 그러한 평등주의적 약속은 실현되지 않았다. 플랫폼이 평준화 효과를 나타낼 경우, 그것은 플랫폼 권력에 직면해 있는 "플랫폼화된 대중(platformed masses)"의 평준화를 포함할 텐데, 이는 관료제가 역사적으로 "통치하는 관료제적으로 조직된 집단 앞에서 피통치자들의 평준화"를 촉진했다는 막스 베버(Max Weber)의 발언을 상기시킨다.[76)] 그들의 약속과 달리 플랫폼은 권력을 분산시키기보다는 집중시켰다.

위의 개략적 설명이 시사하듯이, 거대 플랫폼들은 핵심적인 경제, 사회, 정치, 문화 및 인지 하부구조에 대해 확고한 사적 권력을 행사한다. 그 권력은 특히 미국에서 대체로 책임을 지지 않았다.[77)] 지난 몇 년 전까지 심지어 현금으로 넘쳐나는 기술 거대 기업들이 위협적인 경쟁사를 사들임으로써 그들의 권력을 더욱 강화하는 동안에도 플랫폼 권력은 철저한 공적 조사를 대체로 피해 갔다.[78)] 예를 들어, 페이스북이 2012년과 2014년에 각각 인스타그램과 왓츠앱을 인수했을 때 미국 연방통상위원회(FTC: Federal Trade Commission)는 페이스북에 어떠한 이의도 제기하지 않았다.

오랫동안 철저한 조사가 없었던 주된 이유는 거대 플랫폼들이 엄밀히 말하자면 독점이 아니기 때문이다. 물론 그들은 특정 부문(예, 범용 검색 부문의 구글, 소셜 미디어 및 메시징 부문의 페이스북, 범용 전자 상거래 부문의 아마존)에 대해 압도적인 지배력을 행사한다. 그러나 그들은 클라우드 컴퓨팅, 가상현실 및 증강현실, 음성 인터페이스, 자연어 처리, 자율주행차 등 핵심 하부구조적 지위를 놓고 서로 치열하게 경쟁한다.79) 그리고 주류 경제 이론에 따르면, 그들은 독점 회사가 마땅히 취할 것으로 예상되는 방식으로 행동하지 않았다. 다시 말해, 그들은 소비자 가격을 인상하지 않았다. 독특한 디지털 규모의 경제(digital economies of scale) 논리와 다면 플랫폼의 경제(the economics of multisided platforms) 논리에 따라, 그들은, 아마존이 프라임을 통해 하는 것처럼, 규모의 이점을 얻기 위해 계속해서 소비자들에게 보조금을 지급해 왔으며, 구글과 페이스북이 하는 것처럼, 광고주에게 더 가치 있고 매력적인 플랫폼을 만들기 위해 무료로 제품을 제공해 왔다.

경제학자들뿐만 아니라 소비자들 자신에 의해서도 플랫폼이 소비자 복지를 감소시키는 것이 아니라 향상하는 것으로 널리 여겨지고 있다는 사실은 1980년대 이후의 반독점 원칙(antitrust doctrine)[17]에 대한 지배적인 해석이 거대 플랫폼의 권력을 억제하려는 사람들에게 거의 영향력을 제공하지 못했음을 의미한다.80) 지배적인 시카고학파(Chicago School)의 반독점 이론 패러다임에서는 소비자 복지가 결정적인 기준이며, 집중된 "시장지배력은 본질적으로 해로운 것이 아니라 오히려 효율성에서 비롯될 수도 있고 효율성을 창출할 수도 있다." 더 높은 가격이라는 형태로 소비자에게 피해를 준다는 증거가 없다면, 집중된 지배력이나 반경쟁적 행동에 대한 고려는 부적절한 것으로 여겨져 왔다.81)

그러나 최근 몇 년 동안 정치적·법적 환경이 크게 바뀌었다. 집중된 기술권력에 대한 공중의 우려가 커지면서 반독점법 및 플랫폼 규제에 대한 새로운 접근 방식이 등장했다. 법학자들의 "신브랜다이스주의적(neo-Brandeis-

17 특정 기업의 시장독점이나 불공정 행위를 규제하고, 경쟁을 촉진하기 위한 법적 원칙 및 이론을 의미하는 것으로, 반독점법 혹은 반독점법의 근간이 되는 법리이다.

ian)"[18] 분석은 가격과 효율성이라는 제한된 척도보다는 "시장의 구조와 역학"에 초점을 맞춤으로써 반독점 분석의 범위를 넓히고자 했다.[82] 신브랜다이스주의자들은 또한 사적 권력의 엄청난 집중에 대한 진보 시대(progressive-era)[19]의 비판 정신을 회복하고자 노력하면서,[83] 그와 같은 집중이 "경제적 문제뿐만 아니라 지배라는 정치적 문제, 즉 정치적 책임이라는 일반적인 기제에 의해 억제되지 않는 독단적인 권위의 축적" 문제도 일으키는 것으로 본다.[84] 그들은 다양한 해결책을 제안했다. 일부는 플랫폼을 "공공시설" 또는 "필수 시설"로 취급하고 그에 따라 규제할 것을 요구했다.[85] 또 일부는 향후 합병에 대한 감시를 강화하고 (예를 들면, 페이스북에게 인스타그램과 왓츠앱의 처분을 요구하면서) 과거 반경쟁적 합병을 통해 달성한 집중된 권력을 해체해야 한다고 주장했다.[86] 또 다른 이들은 (아마존의 마켓플레이스나 애플과 구글의 앱 스토어와 같은) 플랫폼과 그러한 플랫폼에서 물건을 판매하는 사업체 간의 "구조적 분리"를 선호하는데, 이는 플랫폼 거대 기업들이 현재 하고 있는 것처럼 자신들의 플랫폼에서 다른 판매자들과 직접 경쟁하는 것을 방지하기 위함이다.[87]

부분적으로 이러한 학자들의 분석을 통해 규제 당국은 훨씬 더 공격적인 자세를 취했으며, 입법자들은 전면적인 개혁을 제안했다. 거대 기술 회사의 권력에 대한 문제 제기는 어느 정도 초당적인 지원을 얻어낸 몇 안 되는 이슈

---

18 신브랜다이스주의란 20세기 초 미국 대법관으로 대기업의 독과점적 힘을 우려하고 시장경쟁을 보호하는 입장을 옹호했던 루이스 브랜다이스의 반독점적 사고를 계승하여, 대기업의 독과점적 지배력을 규제하고 시장경쟁을 활성화하는 것을 목표로 하는 경제정책을 말한다.

19 미국에서 사회운동 및 정치개혁에 대한 열망이 널리 확산되었던 1890년대에서 1920년대를 가리키는 것으로 도금 시대 말엽, 금주법 시대 초엽과 겹친다. 진보 시대의 주 의제는 급속한 산업화와 도시화, 정치부패가 초래한 문제들을 해결하는 것이었다.

가운데 하나이다. 트럼프(Donald Trump) 행정부는 2020년 말에 구글과 페이스북을 상대로 반독점 소송을 제기했다. 미국 법무부(Justice Department)는 별도로 애플, 아마존 및 페이스북을 조사하고 있다. 바이든(Joe Biden) 대통령은 반독점법과 반독점 정책을 신브랜다이스주의적 관점에서 재고(再考)하는 데 중심적인 역할을 해온 법학자 리나 칸(Lina Khan)을 FTC의 수장으로 임명했다.[88] 그리고 2021년에 하원에 제출된 일련의 법안은 시장지배력을 공고히 하는 인수를 금지하고, 거대 기술 회사의 해체를 촉진하고, 반경쟁적으로 간주되는 다양한 관행을 금하며, 사용자가 플랫폼을 전환하고 플랫폼과 함께 데이터를 이동할 수 있게 허용하고 이동 시에도 기존 플랫폼에 남아 있는 연락처와 계속 커뮤니케이션할 수 있게 플랫폼들에게 요구하는 내용을 포함하고 있다. 이 법안들의 운명은 현재로서는 불확실하지만, 분위기의 급격한 변화를 보여주는 주목할 만한 지표이다.

이러한 법적·정치적 노력이 어떻게 전개되든 간에 GAFAM 메가플랫폼뿐만 아니라 모든 종류와 모든 규모의 디지털 플랫폼들은 경제와 사회생활의 여러 부문을 재구축하는 데 계속해서 주도적인 역할을 할 것이다. 플랫폼들은 문화와 오락, 상업, 교육, 숙박, 운송, 제조, 금융, 의학, 저널리즘, 정치적 담론, 사회적 상호작용, 데이트하기, 서비스업, 심지어 다시 플랫폼 구축 자체까지도 변환했거나 변환시키는 과정에 있다.[89] 플랫폼들이 그들의 경제 논리와 사회기술 논리에 부합하도록 사회적 세계를 계속 재구성할 것으로 생각하는 데에는 충분한 이유가 있다.

3. 노동

사회생활의 점점 더 많은 부분이 디지털 플랫폼 안으로 들어가면서 노동은 크게 세 가지 방식으로 완전히 탈바꿈했다. 플랫폼은 표준 고용 체계 밖에서 노동을 '조정'하고 '계약'하는 새로운 방식을 만들어냈다. 플랫폼은 표준 고용관계 안과 밖 모두에서 노동을 '지시'하고 '통제'하는 새로운 방식을 만들어내면서 노동 과정 자체를 완전히 뒤바꿔 놓았다. 그리고 플랫폼은 플랫폼 이용자들에 의한 노동 혹은 적어도 가치를 창출하는 활동을 '유도'하고 '착취'하는 새로운 방식을 만들어냈다. 이들 각각을 차례로 살펴보고자 한다.

플랫폼들은 일이 처리되기를 원하는 사업체 및 개인과 일을 할 의향이 있고 할 수 있는 개인을 연결함으로써 노동을 조직하고 조정한다. 플랫폼-매개 연결의 가장 큰 특징은 유연성이다. 플랫폼들은 기존의 노동 제도를 해체하고 새로운 형태로 짜맞추고 있다. 플랫폼들은 노동을 기존에 하나로 묶여 있던 일자리(job)를 분리하고 떼어내어 더 작은 단위들로 "작업화(taskify)"한다. 플랫폼들은 사람들을 안정적이고 지속적인 '직위'나 '일자리'가 아니라 범위가 명확히 정해진 '작업'이나 '프로젝트(project)'와 연결해 준다.[90] 그럼으로써 그들은 기업과 개인이 노동을 필요로 할 때 정확한 양과 질로, 정확한 시간에 노동력을 소환할 수 있다. '주문 즉시형 경제(on-demand economy)'의 중심이 되는 적시(just-in-time) 및 적당(just-enough)의 논리는 탈포드주의적(post-Fordistic) 자본주의에서 노동의 유연한 조직화를 향한 오랜 경향을 새로운 수준으로 끌어올린 것이다.

유연성의 핵심 요소 가운데 하나는 소형화인데, 플랫폼들은 점점 더 작은 단위의 노동을 구매할 수 있게 해준다. 이는 특히 디지털 방식으로 조정될 뿐만 아니라 디지털 방식으로 수행되는 노동에 해당한다. 많은 크고 복잡한 디지털 작업을 쉽게 나눌 수 있다. 즉, 작은 단위로 쪼갤 수 있고 작업이 완료된 뒤에는 다시 그러모을 수 있다. 그와 같은 크라우드소싱(crowdsourcing)되는 나노-작업(nano-task)을 위한 가장 크고 가장 잘 알려진 플랫폼은 아마존 미케니컬 터크(Amazon Mechanical Turk)로, 여기에서는 대부분의 작업에 10센트 이하의 보수를 지급하며 일부 "페니 작업(penny task)"에는 1센트에 불과한 보수를 지급한다.[91] 2장에서 논의한 바 있는 시간 조각화 논리에 따라, 나노-작업 플랫폼들의 모바일 인터페이스는 이용자들이 틈틈이 작업을 완료하여 가장 작은 자유 시간의 조각들을 수익화할 수 있게 한다. 회사들은 그와 같은 플랫폼을 사용하여 콘텐트를 조정/관리하거나 오디오를 텍스트로 옮기거나, 아마도 가장 중요한 작업인 사진이나 동영상의 객체에 태그를 지정하는 것[태그가 지정되면 그 데이터는 기계 객체 인식 알고리즘(machine object recognition algorithm)을 훈련하는 데 사용할 수 있음]을 포함하여 (아직은) 완전히 자동화할 수 없는 특정한 단순 반복 과업을 마찰 없이 외주화한다.[92]

직접 수행되는 노동은 아주 세밀하게 세분화될 수 없는데, 그 이유는 특히 노동 제공자가 이동해야만 그 서비스를 수행할 수 있기 때문이다. 그러나 디지털 플랫폼에 의해 가능해진 거래 비용의 급격한 감소로 인해 배달 서비스, 제품 조립, 간단한 수리, 1시간 돌봄 등 최소한의 직접 대면 서비스조차 필요할 때마다 계약하는 것이 극도로 편리해졌다.[93]

물론 모든 플랫폼-조정(platform-coordinated) 노동이 미숙련 디지털 나노-작업이나 최소한의 직접 대면 서비스 형태를 취하는 것은 아니다. 좀 더 소규모의 다양한 분야별 전문 플랫폼뿐만 아니라 일부 플랫폼, 특히 업워크(Upwork)는 일하는 기간이 다양한 디지털 프로젝트를 숙련된 프리랜서와 연결하는 데 초점을 맞춘다.[94] 그러나 여기에서도 마찬가지로 유연성과 그에 수반되는 비용 절감 논리가 지배적인 원칙으로 작용한다. 업워크가 약속한 유연성, 즉 "요구가 있을 때 즉시 인재를 신속하게 투입하고 필요시 계약직 노동자를 곧바로 내보낼 수 있는"[95] 유연성을 통해 회사는 특정한 위험과 비용을 노동자에게 전가할 수 있다. 그것은 안정적인 고용관계와 그러한 관계가 제공하는 사회적 보호 형태로부터의 멀어지는 움직임을 가속화하면서 업무 외주화에 새로운 추진력을 부여한다.96) 심지어 가장 시급하고 시간에 민감한 작업이라도 디지털화가 가능한 작업은 훌륭한 디지털 하부구조로 인해 어디에서나 수행될 수 있기 때문에, 업워크와 기타 디지털 노동 플랫폼의 전 세계적 도달 범위는 업무의 오프쇼어링(offshoring)[20]을 촉진하여 전 세계 노동 제공자들을 서로 경쟁하게 만든다. 이는 신흥 경제국의 노동 제공자에게 현지 노동시장에서 이용 가능한 기회를 넘어서는 새로운 기회를 열어주긴 하지만, 다른 지역의 임금에는 하향 압력을 가한다.97) 수요는 많지만 상대적으로 희소성 있는 기술을 보유하고 있는 일부 플랫폼 노동 제공자는 상대적으로 높은 수익을 올리는 프리랜서로 번창할 수 있다. 그러나 그들은 디지털 서비스를 위한 신흥 글로벌 노동시장에서 예외적인 경우이다.

플랫폼 열성 지지자들과 플랫폼들 자체는 플랫폼이 노동 제공자를 고용하는 사람은 물론 노동 제공자들에게 제공하는 유연성을 장점으로 내세운다. 그들은 "고용의 종말"과 그 대신에 "미소-기업가들의 네트워크화된 사회"의 출현을 예고한다.98) 이를 긍정적인 시각에서 보면, 관료적 고용 제약에서 벗어난 노동 제공자들이 제안된 작업이나 프로젝트 가운데 어떤 것을 수행할지뿐만 아니라 언제 얼마나 일할지도 선택할 수 있다. 그들 자신이 자신의 상사(上司)가 되고, 자신의 작업 속도를 정하며, 일과 다른 활동을 유연하게 병행할 수 있다. 문화 기술적(記述的) 연구에 따르면, 이러한 유연성과 독립성에 대한 담론은 실제로 많은 노동 제공자에게 반향을 불러일으킨다.99) 그러나 유연성에 대한 약속은 흔히 환상으로 드러난다. 예를 들어, 태스크래빗 플랫폼에서 노동 제공자들이 한때 누렸던 유연성은 노동 제공자

---

20 기업이 생산 또는 업무 프로세스를 해외로 이전하여 생산 비용을 절감하거나 자원 수급 등 공급망 운영의 이점을 얻기 위해 사용하는 전략을 말하는 것으로 'offshore'와 'outsourcing'의 결합어이다. 주로 생산 시설을 저비용 국가로 이전하는 것을 의미한다.

들이 작업 제안의 최소 85%를 수락해야 한다는 요구 조건이 생기면서 사라졌다.[100] 많은 플랫폼의 알고리즘은 항상 이용 가능하고 모든 작업 제안을 수락하는 노동 제공자를 선호하는데, 이것은 다른 노동 제공자들도 똑같이 하도록 압박을 가한다. 그리고 자신의 일정을 결정할 수 있는 형식적 자유(formal freedom)[21]는 할 수 있는 일이 충분하지 않거나 노동 제공자가 생계를 플랫폼에 의존할 때는 거의 의미가 없다.[101]

표준 고용계약을 벗어난 새로운 형태의 불안정한 플랫폼-매개 노동은 '용역' 구매자와 판매자를 연결해 주는 플랫폼을 통해 직접적으로 발생하는 것만은 아니다. 그러한 불안정한 형태의 노동은 '재화'의 구매자와 판매자를 묶어주는 플랫폼과 이용자 생성 '콘텐트'의 생산자와 소비자를 연결해 주는 플랫폼을 통해 간접적으로도 발생한다. 낮은 진입 장벽으로 인해 수백만 명의 사람이 아마존 마켓플레이스, 엣시 및 이베이와 같은 플랫폼에서 '재화'를 판매하며 자신의 운을 시험해 보게 되었다. 이러한 플랫폼들은 노동이 아닌 재화의 교환을 수반하지만, 많은 사람이 자신의 집을 기반으로 하는 미소-기업가로서 (보조직이나 심지어 정규직으로) 일하도록 유도함으로써 간접적이지만 강력하게 노동 패턴의 모양새를 바꾸고 있다. 에어비앤비는 유사하게 새로운 형태의 플랫폼-매개 노동을 만들어냈다. 그리고 유튜브와 인스타그램 같은 플랫폼은 수익화 기회를 도입함으로써 많은 사용자가 시험 삼아 콘텐트를 만들어내거나 유통하는 활동을 통해 생계를 유지하거나 부가 수입을 얻으려 시도하도록 유도했다.[102] 여기서 1장에서 논의한 바 있는 자

---

21 형식적 자유 혹은 소극적 자유(negative freedom)는 개인이 타인의 간섭 없이 자신의 의도나 행동을 자신의 마음대로 혹은 의지대로 할 수 있는 자유를 말하고, 실질적 자유(substantive freedom) 혹은 적극적 자유(positive freedom)는 국가 운영에 참여하거나 국가에 인간다운 생활을 요구할 수 있는 자유를 말한다.

기의 기업가적 모델은 문자 그대로 자기-기업가화로 수렴된다.

플랫폼들은 표준 고용관계에서 벗어난 노동력을 조달하고 구성하는 새로운 방식을 만들어냈을 뿐만 아니라 정규 고용 안과 밖 모두에서 노동을 지시하고 통제하는 새로운 방식도 만들어냈다. 이러한 새로운 방식들은 인간 감독자의 개입을 최소화하면서 자동화되거나 반자동화된 방식으로 노동을 통제하고, 감독하며, 관리하는 데 사용되는 기술을 나타내는 "알고리즘적 관리"라는 개념에 간결하게 잘 담겨 있다.[103] 그와 같은 방식들을 새롭게 개발한 자들은 노동 플랫폼들인데, 이들은 신속하게 규모를 확장해야 했고, 알고리즘적 거버넌스를 가능하게 한 데이터 하부구조를 갖추고 있었다. 그러나 그 방식들은 데이터화의 진전과 비용을 절감하고 노동 자원의 활용을 합리화하려는 관심에 힘입어 긱 경제(gig economy)[22]와 플랫폼 비즈니스 전반을 훨씬 넘어서까지 확산했다.

최근의 한 연구에서 제시된 바와 같이, 알고리즘은 점차 노동자에게 지시를 내리고, 노동자를 평가하고 규율하는 데 핵심적인 역할을 한다.[104] 알고리즘은 노동자들이 특정한 행동을 취하거나 특정한 결정을 내리도록 유도하고 정보의 흐름이나 그들이 취할 수 있는 조치의 범위를 제한함으로써 흔히 실망스러울 정도로 불투명한 방식으로 노동자들에게 '지시'를 내린다. 예를 들어, 많이 연구된 우버의 경우, 알고리즘은 운전자에게 승객 탑승을 배정하고 운전자에게 그 운행을 수락하거나 거부할 수 있는 시간을 단 15초만 준다. 중요한 점은 운전자들이 운행 목적지를 알지 못하므로 어떤 운행을

22 기업이나 사용자가 필요에 따라 임시로 계약을 맺고 노동력을 공급하고 대가를 지불하는 경제 형태를 말한다. '긱'은 무대 공연을 뜻하는 말로 공연을 위해 필요한 연주자들을 공연장 근처에서 임시로 섭외한다는 의미를 내포하고 있다. 공유 경제에서 노동이 '긱'으로 변했다는 의미에서 '긱 경제'라는 용어를 사용한다.

수락할지에 대한 전략을 세울 수 없다는 것이다. 이것은 탑승자와 운전자의 매칭을 더 효율적으로 만든다. 그러나 유사한 음식 배달 플랫폼상의 정보 비대칭과 마찬가지로, 그것은 플랫폼 노동(platform work)이라는 이데올로기의 핵심인 노동자의 자율성을 크게 제한한다.[105)]

플랫폼 경제 외부에서는 특히 소매와 서비스 부문에서 일정을 유연하게 관리하는 데 알고리즘이 널리 사용된다. '수요 예측' 알고리즘은 자세한 과거 판매 데이터와 (예를 들면, 날씨, 공휴일, 또는 지역 행사에 대한) 외부 정보를 통합하여 특정 시기의 방문 및 판매를 예측하고, 그에 따라 때로는 마지막 순간에 인력 조달 필요를 조정한다. 그와 같은 하향식 자동 일정 관리 모드는 노동시간에 대한 높은 불확실성과 혼란스러운 일정을 수용해야 하는 노동자'에게' 유연성을 요구하며, 그들'에게' 그 어떤 유연성도 제공하지 않는다.[106)]

알고리즘에 의해 작동하는 시스템은 디지털 방식으로 매개되는 작업 프로세스의 모든 측면에 의해 생성되는 데이터를 포착하고, 고객을 노동자 평가에 참여시키며,[107)] 센서를 효율적으로 사용해 (예를 들면, 창고 작업자의) 신체적 움직임, (배달 및 트럭 운송 부문에서는) 상세한 운전 데이터, 노동자들 간의 커뮤니케이션 패턴, 심지어 건강 및 운동 데이터까지 포함해 점점 더 광범위한 데이터를 기록함으로써 노동자를 평가한다.[108)] 간단히 말해서, 알고리즘적 평가는 만연해 있는 디지털 감시에 의존한다. 그와 같은 감시의 일상화와 정규화는 비즈니스 세계에서 "인적 분석(people analytics)"[23]으로 알려진 것의 토대인데, 인적 분석은 세밀한 데이터와 알고리즘을 통해 경영

---

23 인적 자원(HR: human resource) 관리 분야에 빅 데이터 기술을 접목하여 직원과 관련된 데이터를 분석하고, 이를 바탕으로 인재 채용, 교육, 성과 관리 등 다양한 HR 의사 결정에 활용하는 것을 의미한다.

상의 의사 결정이 편향, 주관성 및 직감의 변덕에서 벗어나게 해줄 것이라고 약속한다.[109] 알고리즘적 평가는 고용 과정에서도 마찬가지로 매우 핵심적인 역할을 한다. 즉, 대부분의 대기업에서 사용하는 반자동화된 채용 플랫폼은 채용 후보자들을 장래의 노동자로서 그들의 가치에 대한 알고리즘의 평가에 따라 분류하고 걸러내며 제외한다.[110]

알고리즘적 관리 시스템은 실적이 저조한 노동자를 신속하고 매듭 없이(때로는 사람의 개입 없이) 해고하고 그 자리를 대신할 새로운 노동자를 채용할 수 있는 권한을 통해 매우 두드러지게 노동자를 '규율한다.'[111] 많은 플랫폼은 노동자들의 평점이 일정 기준 이하로 떨어지거나 다른 방식으로 (예를 들어, 특정 기간에 너무 적은 수의 작업을 수락하여) 성과가 저조한 경우 자동으로 그들을 '비활성화'하며, 다른 플랫폼들은 알고리즘을 통해 실적이 저조한 노동자에게는 일을 할당하지 않도록 조정한다. 규율과 해고가 플랫폼 경제 외부에서는 플랫폼 경제만큼 그렇게 완전하게 자동화되지는 않는다. 그러나 디지털 감시가 빠르게 확산함에 따라, 관리자의 노동자 규율 혹은 해고 결정은 점점 더 데이터 분석을 통해 제공받는 정보를 토대로 한다.[112] 알고리즘적 관리 시스템의 다른 규율 기제에는 노동자와 관리자가 실시간으로 성과 데이터를 지속적으로 사용할 수 있게 하는 것, 성과가 좋은 노동자에 대한 보상, 고용인의 건강 및 체력 단련 모니터링, 그리고 게임화(gamification) 방법을 사용하여 노동자에게 동기 부여하는 것이 포함된다.[113]

한편으로는 노동을 조정하고 계약하고 다른 한편으로는 노동을 모니터링하고 규율하는 새로운 방식들은 노동의 경험을 근본적으로 바꿔놓았다. 그러한 새로운 방식들은 표준 고용관계에서 '벗어난' 노동뿐만 아니라 표준 고용관계 '내'에서 이루어지는 노동도 재편했다. 그러한 변화는 해체(decomposition)와 재구성(recomposition)의 논리를 통해 이루어졌다. 노동 플랫폼과 알고리즘적 관리 플랫폼 모두 일자리를 프로젝트와 작업 단위로 해체한다.

노동 플랫폼의 경우, 해체는 프로젝트와 작업을 필요에 따라 독립적으로 계약할 수 있게 한다. 알고리즘적 관리 플랫폼의 경우에는 세분화된 모니터링, 측정, 평가 및 규율을 전제로 한 훨씬 더 철저한 해체가 신테일러주의(neo-Taylorism) 형태의 데이터화된 알고리즘 기반의 과학적 관리를 가능하게 한다. 두 경우 모두 궁극적인 목표는 더 유연하고 효율적인 인력 배치, 즉 비용 절감을 위한 합리화이다. 테일러 자신은 노동을 작은 작업으로 분석하고 "무엇을 해야 하는지뿐만 아니라 어떻게 해야 하는지와 그것을 수행하는 데 허용된 정확한 시간"까지 명시하는 "작업 개념(task idea)"을 "현대의 과학적 관리에서 가장 두드러진 단일 요소"로 특징지은 바 있다.[114] 디지털 플랫폼들은 테일러가 꿈꿀 수 있었던 그 어떤 것도 넘어서서 잠재적인 탈숙련화 함의를 지닌 "작업 개념"을 개발했다.

노동 플랫폼과 알고리즘적 관리 플랫폼은 또한 노동을 더 불안정하게 만드는 원인을 제공하기도 한다. 즉, 노동은 더욱 "불확실하고 불안정하고 불안전"해지며, 노동자는 노동의 위험을 더 많이 감수하고 혜택과 법적 보호는 덜 누린다.[115] 디지털 플랫폼(더 광범위하게는 디지털화)은 탈노조화, 금융화(financialization),[24] 세계화와 함께 불안정성의 원인이 되는 여러 요인 가운데 하나일 뿐이다.[116] 그러나 디지털 플랫폼은 미소-기업활동의 거래 비용뿐만 아니라 외주화와 오프쇼어링의 거래 비용도 낮추고, 임금 하락 압력을 통해 소득 불안을 증대시키고, 심지어 정규직 고용 상황에서도 노동시간을 불안정하게 만들며, 노동자를 불투명하고 예측 불가능한 알고리즘적 평가 및 통제 체제의 영향 아래 두게 함으로써 그들만의 독특한 방식으로 노동

---

24 한 국가의 금융 부문이 전체 경제에서 차지하는 비중이 커지는 현상을 말하는 것으로 일반적으로 산업 자본주의가 발달한 국가에서 일어난다. 재화와 서비스의 생산보다 금융 부문(인수·합병·파생·기타 금융 기법)이 우위에 선 현상을 뜻한다.

을 더 불안정하게 만드는 데 일조한다.[117]

디지털 플랫폼의 세계에서 노동의 변환이라는 주제의 세 번째 측면은 플랫폼에서 가치를 추출하는 추상적인 수준에서는 앞의 두 측면과 관련되어 있지만 이 두 측면과는 다르다. 이 세 번째 측면은 플랫폼이 플랫폼 이용자의 노동(또는 적어도 가치 창출 활동: 그와 같은 활동을 '노동'이라고 불러야 하는지는 여전히 논란의 여지가 있음)을 유도하고 착취할 수 있었던 방식과 관련이 있다. 티지아나 테라노바(Tiziana Terranova)는 소셜 미디어가 등장하기 전에 쓴 영향력 있는 초기 기고문에서 웹사이트 만들기, AOL에서 '커뮤니티 리더' 역할 하기, 또는 가상공간 공동 구축하기와 같은 활동을 "자발적 무보수 노동(free labor)"으로 규정했는데, 여기서 "free"의 의미는 무보수로 제공되는(착취되는) 것과 자발적으로(freely) 제공되는(즐기는) 것 모두를 의미한다.[118] 이용자 생성 콘텐트에 의존하는 플랫폼이 많은 돈을 벌기 시작하면서 무보수 노동과 착취 노동이라는 개념이 특히 적절하게 다가왔다. 그와 같은 콘텐트는 페이스북, 인스타그램, 유튜브, 틱톡 및 기타 플랫폼의 경제적 성공에 분명 매우 중요하다. 그러한 콘텐트가 없다면 (그것을 보는 대가로) 광고를 보여줄 수 있는 수용자가 없을 것이다. 그리고 이러한 플랫폼들의 비즈니스 모델은 거의 전적으로 광고를 기반으로 하고 있는데, 예를 들어 페이스북은 수익(2021년 수익은 1000억 달러를 훨씬 넘었음)의 약 98%를 광고에서 얻는다. 콘텐트를 만들고 게시하는 것뿐만 아니라, 콘텐트에 '좋아요' 누르기, 콘텐트 공유 및 콘텐트에 댓글 달기, 재화, 서비스 및 문화 아이템에 대한 평가와 리뷰, 이미지에 태그하기, 팬 커뮤니티 기여 등 플랫폼에 가치를 창출하는 모든 종류의 이용자들의 활동도 자발적 무보수 노동 개념에 포함되었다. 이 개념은 더욱 확장되어, 다른 플랫폼 이용자의 경험을 풍부하게 하는 활동뿐만 아니라 데이터를 제공하거나 데이터(와 따라서 가치)를 플랫폼들이 무단으로 수집할 수 있도록 수동적으로 데이터를 허용하는 활동도 포함하게 되

었다.[119)]

일부 필자들은 착취된 노동의 개념이 플랫폼에 대한 가치를 창출하는 모든 활동으로 확장하는 것은 그러한 활동이 활동을 수행하는 사람들에게 어떤 의미가 있는지를 고려하지 않은 것이라고 비판했다. 그들은 콘텐트를 만들고 콘텐트에 적극적으로 참여하거나 상호작용하는 것과 같은 많은 플랫폼-매개 활동이 즐거운 표현, 놀이, 혹은 사회성의 형태로 이해되고 경험되며, 이러한 것들을 착취된 노동의 개념에 포함하는 것은 부자연스럽다고 지적한다.[120)] 그러한 노동의 개념을 확장하여, 예를 들어, 구글에서 무언가를 검색하거나 소셜 미디어 피드를 스크롤하면서 살펴보거나 집에 있는 '스마트' 객체들과 소통하는 것 외에는 이용자에게 어떠한 활동도 요구하지 않은 자동화된 데이터 및 메타데이터(metadata) 추출 과정을 포함하는 것은 훨씬 더 무리한 주장처럼 느껴진다.

그러나 이용자들이 자신의 플랫폼-매개 활동을 노동이라고 느끼지 않더라도 (그리고 바로 그렇게 느끼지 않기 '때문에'), 플랫폼들은 이용자들이 그들을 위해 '일하게' 하는 데 분명 놀라울 만큼 성공적이었다. 즉, 플랫폼들은 플랫폼을 다른 이용자들과 따라서 광고주들에게 더 매력적이게끔 만드는 콘텐트뿐만 아니라 가치 있는 데이터를 산출하는 다양한 이용자 활동을 유도하고 그러한 활동으로부터 이익을 얻는 데 놀라울 정도로 성공적이었다.

보상을 받지 못하지만 가치를 창출하는 이용자들의 활동이 노동으로 인식되지 않는 이러한 광대한 영역을 넘어, 이용자들이 자신의 활동을 노동으로, 즉 "생산적이고 목적적이고 과업 지향적이며 가치를 창출하는" 것으로 생각'하며' 보상을 받을 '수도 있는' 새로운 영역이 등장했다.[121)] 이것에 대해 3장에서 간략하게 언급한 바 있는데, 이는 "위탁 노동(consignment labor)" 또는 "열망 노동(aspirational labor)"이라 불리는 영역이다. '위탁 노동'은 "콘텐트가 수익화될 수 있도록 수용자나 소비자를 끌어들일 수 있기를 바라면서 플랫폼에 콘텐트를 제공하는 행위를 의미하는데, 이는 콘텐트 제작자가 "모든 위험을 감수하는" 행위이다. 또한 위탁 노동에는 애플 앱 스토어나 구글 플레이의 앱 개발자나 아마존의 킨들 다이렉트 퍼블리싱(Kindle Direct Publishing)을 통해 자가-출판하는 작가의 노동도 포함된다. 패션, 미용, 라이프스타일 블로거와 브이로거(vlogger)를 대상으로 한 한 연구에서 나온 개념인 '열망 노동'은 "좋아하는 일을 하면서 [결국] 돈을 번다는 이상"과 "노동과 여가가 공존하는 직업에 대한 전망"에서 영감을 받는 (대체로) 보상받지 못하는 노동을 의미한다.[122)]

이러한 두 개념화는 서로 다소 다른 방향을 가리키지만, 각각은 이용자들이 광고, 가입, 기부, 팁, 후원 게시물, 또는 브랜드 파트너십을 통해 콘텐트를 수익화할 수 있기를 바라면서 유튜브, 인스타그램, 트위치(Twitch), 또는 틱톡과 같은 플랫폼에 올릴 콘텐트를 만든다는 사실을 강조한다. 플랫폼들이 수익화라는 아이디어를 수용하고 콘텐트 제작자에게 보상하는 새로운 방법을 개발함에 따라,[123)] 무보수 노동에 대한 초기의 학술적 관심은 "연속선상에 있는 무보수(unpaid), 소액-보수(micro-paid) 및 저보수(poorly paid)" 활동을 고려하는 것으로 확장되었다.[124)] 이러한 연속선상의 활동은 분명 고액 보수를 받는 노동으로도 확장된다. 예를 들면, 상대적으로 희소한 기술을 가진 플랫폼 프리랜서처럼 팔로워가 많은 일부 콘텐트 제작자는 상당히 많으면서도 안정적인 수입을 확보하는 데 성공하기도 했다. 그러나 콘텐트 제작자들 대다수가 받는 보상은 여전히 미미하다. 간신히 생계를 꾸려나가거나 생계를 유지할 수 있기를 바라는 사람들조차도 콘텐트를 제작하는 것뿐만 아니라 여러 플랫폼에서 자신의 수용자와 상호작용하는 "관계 노동(relational labor)"에도 매우 긴 시간을 일하면서 살아가고 있음을 깨닫게 된다.[125)] 이는 다시 한 번 노동자들에게 주어진 유연성에 한계가 있음을 보여준다. 즉, 일하는 '장소'에 대한 유연성은 더 높아졌을지라도 일하는 '시간'에 대한 유연성은 더 줄어들었을 수도 있다.[126] 위탁 노동과 열망 노동은 다른 형태의 플랫폼-매개 노동과 마찬가지로 상대적으로 성공한 소수의 사람에게조차도 여전히 불안정한, 즉 플랫폼 설계와 알고리즘의 갑작스러운 변화에 취약한, 노동이다.[127]

플랫폼들이 여러 분야에서 사회생활을 재편해 오면서 노동이 조직되고, 수행되며, 통제되는 방식을 근본적으로 바꾸어놓았다. 플랫폼들은 표준 고용관계 '밖에서' 대면 직접 서비스(in-person service)와 원격 근무를 포함한 노동을 조정하고 노동계약을 하는 새로운 방식을 도입함으로써 그러한 변화를 가장 두드러지게 이끌어왔다. 직접 차량 호출 서비스와 배달 서비스는 그와 같은 '파괴적인(disruptive)' 형태의 플랫폼-기반 노동의 전형으로 자리잡게 되었다. 그러나 원격 작업 플랫폼은 디지털 노동 또는 디지털화 가능한 노동을 작업화하고, 외주화하며, 오프쇼어링함으로써 표준 고용을 붕괴하고 표준 고용에 따른 고비용의 복리후생, 보장 및 경직성(inflexibility)[25]을 우회할 수 있는 훨씬 더 큰 잠재력을 가지고 있다. 겉으로는 덜 두드러지지만 마찬가지로 중요한 점은 플랫폼과 플랫폼의 알고리즘이 표준 고용관계 '안에서' 노동을 지시, 평가 및 규율하는 데 점점 더 중심이 되었다는 것이다. 그리고 소셜 미디어 플랫폼은 다른 이용자와 광고주에게 플랫폼이 매력적이게 만드는 작업에 이용자들을 일반적으로 무보수(또는 저보수)로 동원하고 지휘하는 데 어떻게든 성공해 왔다. 플랫폼들은 이처럼 점점 더 우리의 일과 여가 모두를 지휘하는데, 중요한 부분은 이 둘 간의 경계를 모호하게 하면서 그렇게 한다는 것이다.

---

25 여기서 '경직성'이란 고정된 근무시간, 위계 구조, 전통적인 업무 장소 배치와 같은 표준 고용과 관련된 경직성 또는 한계를 의미한다.

4. 맺음말: 블록체인 유토피아주의

필자는 이 장을 시작하면서 웹 2.0의 핵심 아이디어이자 이데올로기인 '공유'가 1960년대 후반 '신공동체주의자들'의 반(反)문화적 이상과 관련된 기술-유토피아적 담론 가운데 새천년까지 지속된 구성 요소로 이어졌는지 보여주었다. 필자는 '공유 경제'의 개념이 초연결성에 의해 가능해진 경제적·사회적 조직의 근본적인 변화를 대변하게 되었다고 언급했다. 지난 몇 년 동안, 디지털 기술에 의해 가능해진 근본적인 경제적·사회적 변환에 대한 새로운 기술-유토피아적 담론은 암호화폐, 대체 불가능 토큰(NFT: non-fungible token), 탈중앙집권화된 금융(DeFi: decentralized finance) 및 탈중앙집권화된 자율 조직(DAO: decentralized autonomous organizations)[26]을 중심으로 통합되었으며, 때로는 '웹 3.0'의 포괄적인 범주 아래 포함되기도 했다.[128) 이번 팬데믹 동안, 특히 비트코인(Bitcoin) 가치가 현기증 날 정도로 6만 달러에 육박하는 최고치를 기록했던 때와 같은 시기인 2021년 3월에 크리스티(Christie) 경매에서 6900만 달러에 팔린 순수 디지털 예술품의 '소유권'을 인증한 NFT 이후, 이러한 담론에 대한 대중의 관심은 훨씬 더 커졌다. 이러한 새롭게 등장하는 디지털 형태에 대한 깊이 있는 논의는 이 장의 범위를 벗어난다. 하지만 이러한 새로운 담론의 기초가 되고 담론에 활기를 불어넣는 전망에 대해 간략하게 살펴볼 만한 가치는 있다.

암호화폐, NFT, DeFi 및 DAO는 모두 블록체인 또는 유사한 형태의 분산 원장 기술(DLT: distributed ledger technology)[27]을 기반으로 구축된다. 원장

---

26 기존의 중앙집중적인 조직 구조와 달리 중앙 관리자 없이 블록체인 기술 기반으로 구성원들이 자율적으로 의사 결정과 활동을 수행하는 조직 형태를 말한다.

27 중앙 서버가 아닌 참여자들이 공동으로 거래 정보를 기록하고 관리하는 기술을 말하는

(元帳)은 경제 하부구조의 핵심 부분인데, 그것은 소유권, 신원, 이행 약속 및 거래에 대한 사실을 기록하고 확증해 주기 때문이다. 블록체인은 근본적으로 새로운 종류의 원장 기술이다. 간단히 말해서, 그것은 어떤 중앙 기관이나 신뢰할 수 있는 중개자가 필요 없이 안전하고 지속적인 거래 기록과 인증을 보장하기 위해 암호화 알고리즘을 사용하는 분산형 디지털 원장이다.[129)] 블록체인 지지자들은 블록체인이 약속한 탈중앙집권화와 탈중개화(disintermediation)를 그것의 변환적 잠재력의 핵심으로 내세운다. 탈중앙집권화와 탈중개화는 은행과 같은 중개자 없이 디지털 통화와 금융 거래를 가능하게 하고, 국가와 같은 중개자 없이 신원, 소유권 및 권한에 대한 디지털 인증을 가능하게 하고, 기업과 같은 중개자 없이 경제적 협업 프로젝트를 가능하게 하며, 회계사, 감사, 변호사 같은 중개자 없이 자동으로 실행되는 "스마트" 계약을 가능하게 하는 것으로 여겨진다.[130)] 조직적으로 중개되지 않은 거래와 프로젝트를 가능하게 하는 이러한 능력 덕분에, 블록체인은 정치 및 경제 조직과 모든 종류의 중개자들보다 개인을 해방하고 개인의 역량을 강화하는 것으로 여겨진다.

이 새로운 담론의 포퓰리즘적이고 평등주의적인 어조와 보통 사람들의 역량을 강화해 주겠다는 약속과 탈중앙집권화, 미소-기업활동, 보편적 거래화(universal transactionalization)[28] 및 파괴적인 탈중개화에 대한 찬양에는 웹 2.0 담론(및 초기 인터넷 시대 담론)의 요소들이 반영되어 있다.[131)] 그러나 이러한 암호화폐 및 블록체인 담론에는 더 강경한 자유지상주의적(liber-

---

데, 여기서 원장이란 금융 시스템과 관련된 거래를 기록하는 디지털 또는 물리적 일지이다. 블록체인은 DLT의 한 형태이며, 여러 노드에 분산된 데이터베이스를 공유하고 동기화하는 방식이다.

28 거래를 보편적이고 널리 퍼져 있는 다양한 활동이나 프로세스의 측면으로 만드는 것을 말한다.

tairian) 요소와 무정부 자본주의적(anarcho-capitalist) 요소도 포함되어 있다.[132] 그리고 거기에는 또 다른 뚜렷한 차이점도 존재한다. 거대한 기술 플랫폼들은 웹 2.0 담론의 상당 부분을 주도한 장본인이었지만, 이제 이 새로운 담론에서는 핵심 공격 대상 가운데 하나로, 파괴적 혁신의 대상이 되기에 충분한 중앙집권화된 조직 중개자로 여겨진다.[133] '공유 경제'는 낯선 사람들 사이의 신뢰 범위를 확장하는 것을 전제로 했지만, 블록체인은 아예 신뢰 자체를 필요로 하지 않는다. 즉, 블록체인은 이미 신뢰할 수 없는 매체가 되어버린 웹을 위한 완벽한 도구이다.[134] 그리고 '공유'에 대한 담론은 '탈소유권(post-ownership)' 사회를 구상한 반면, 블록체인 열성 지지자들은 점점 더 다양한 사업과 자산의 '토큰화(tokenization)'와 '증권화(securitization)'를 통한[29] 소유권의 급격한 확산을 구상하며, 이는 소유권을 분할하여 소규모로 나눈 미소-소유권(micro-ownership)의 새로운 가능성을 열어준다. 모든 것의 금융화와 상품화를 찬양하는 이러한 현상은 인터넷을 비시장적 교환의 공간으로 보는 초기의 유토피아적인 비전과는 극명한 대조를 이룬다.

블록체인의 변환적 잠재력에 대한 공개 토론은 매우 양극화되어 있다. 블록체인 전도사들은 블록체인을 인터넷 자체에 비유하며 세계를 변화시키는 "자유의 기술(technology of freedom)"로 묘사했다.[135] 그들은 상당한 수의 최신 기술에 능숙한 열성 지지자들을 동원하여 빠르게 확산하고 있는 일련의 블록체인 기반 이니셔티브를 설계하고 그러한 이니셔티브에 참여하도록 하는 데 성공했다. 그리고 2021년 말의 최고가 기준으로 시가총액이 3조 달러를 넘어서면서 암호화폐의 가치가 급등함에 따라 공중의 관심도 함께 치

29 증권화란 대출이나 부채 등 다양한 유형의 금융자산을 금융시장에서 거래할 수 있는 증권으로 전환하는 과정을 말한다. 여기에는 이러한 자산을 거래 가능한 증권으로 묶어 시장성 있는 금융상품을 만드는 과정이 포함된다.

솟았다. 큰돈을 벌기를 바라거나 다음번 큰 기회를 놓칠까 두려워하는 대부분의 사람들에게 암호화폐와 다른 디지털 자산은 단순한 투자 수단일 뿐이다. 그러나 블록체인 생태계를 구축하는 데 관련된 많은 사람은 웹의 초창기를 떠올리며 개방된 개척지에서 일하고, 무언가 새로운 것을 만들어내고, 강력하지만 경직된 기존 회사나 조직에 도전하는 데서 오는 짜릿한 흥분감에 이끌리기도 한다. 그들은 자신들이 유토피아적 에너지로 활기를 띠고, 한편으로는 정부와 금융기관, 다른 한편으로는 견고하게 자리 잡은 기술 과점기업들에 대한 신뢰 하락과 환멸이 고조되는 시점에 많은 사람이 공감하는 포퓰리즘적이고 반제도적인 비전으로 프레임되는 일종의 사회운동에 참여하고 있다고 느낀다.

(많은) 회의론자들은 블록체인을 지나치게 과대평가된 기술로 본다. 그들은 비트코인 '채굴'에 드는 막대한 에너지 비용을 개탄하고 조롱하며 암호화폐가 회계 단위, 널리 받아들여지는 지불 수단, 안정적인 가치 저장 역할과 같은 통화의 기본 기능 가운데 그 어느 것도 수행하지 못한다고 지적한다.[136] 그들은 블록체인의 기술적인 확장성 문제[30]를 강조하며, 비용과 효율성을 고려할 때 대규모 데이터 관리를 위해서는 중앙집권화된 시스템이 불가피하다고 주장한다. 그들은 (암호화폐 거래소와 같은) 새로운 중개자의 등장으로 완전한 탈중개에 대한 약속이 거짓이며, (비트코인 채굴 작업의 극단적인 집중과 같은) 새로운 형태의 중앙집권화로 인해 탈중앙집권화에 대한 약속도 허위임을 보여준다고 말한다.[137] 그들은 어떤 형태의 생산적인 경제활동과도 연결되어 있지 않은 암호화폐와 기타 디지털 자산 시장을 다단계 사기처럼 상당수의 새로운 참여자들이 유입될 수 있을 때만 지속 가능한 순수한 투기

---

30 확장성(scalability) 문제란 사용자 수나 거래량이 늘어날수록 블록체인 기술의 속도나 효율성이 떨어지는 현상을 말한다.

수단으로 간주한다.138) 그들은 그러한 포퓰리즘적 수사(修辭)를 자기 이익만을 추구하는 술책으로, 경험이 많고 자원이 풍부한 참여자들이 경험이 부족한 신규 진입자들로부터 이득을 챙길 수 있게 해주는 것으로 본다. 회의론자들은 웹 3.0 담론을 연출적(performative)[31]이고 자기-참조적인(self-referential)[32] 것으로 규정하는데, 이를 두고 에브게니 모로조프는 "그럴싸하게 왜곡된 주장이 끝없이 반복되고 있다(spin all the way down)"라고 표현했다.139)

암호화폐 시장의 운명이 어떻든, 널리 알려진 블록체인 기술은 우리 생활의 일부가 될 것으로 보인다. 많은 대기업이 재고나 배송 추적, 공급망 관리 등의 목적으로 블록체인 기반 시스템을 개발하고 있다. 그리고 거대 기술기업들은 비즈니스 고객들에게 "서비스형 블록체인(BaaS: blockchain-as-a-service)"[33]을 제공하고 있다. 그러나 이러한 사적이면서 '허가된(permissioned)' 형태의 블록체인은 급진적으로 파괴적이지는 않다. 다시 말해, 그러한 블록체인은 신뢰할 수 있는 중개자의 필요성을 제거하지 않고, 중앙집권화된 통제하에 머물러 있을 수도 있으며, 기존의 사회적·법적·경제적 질서에 쉽게 통합된다. 초기 인터넷의 유토피아적 약속이 그랬던 것처럼 블록체인의 유토피아적 약속은 기존 체제에 맞게 조정되고 순화될 수도 있다. 겉으로 보기에 급진적으로 탈중앙집권화된 초기 인터넷 기술이 결국은 전례 없는 권

31 여기서는 웹 3.0 담론이 실질적인 성과보다는 그럴듯하게 보이기 위해 말과 행동을 연출한다는 의미이다.

32 자기-참조적이란, 담론이 스스로를 언급하거나 반성하는 경향이 있음을 의미하는데, 여기서는 웹 3.0 담론이 외부 현실이나 실제 경제·사회 문제와 연결되지 않고, 자기들끼리만 의미를 만들어내고 그 안에서만 유효한 논리를 반복하는 것에 대한 비판이다.

33 최근 블록체인 업계에서는 BaaS가 화두인데, 이는 서비스로서 블록체인이라는 뜻으로 누군가 블록체인을 활용해 서비스를 시작하려 할 때 그 기업에 필요할 법한 맞춤형 솔루션을 제공하는 B2B 전략을 말한다.

력 집중을 지원하게 되고 말았다는 점을 기억할 필요가 있다. 따라서 블록체인이 본질적으로 탈중앙집권화와 민주화를 가져온다는 주장에 대한 회의적인 시각을 갖는 것은 타당하다.[140]

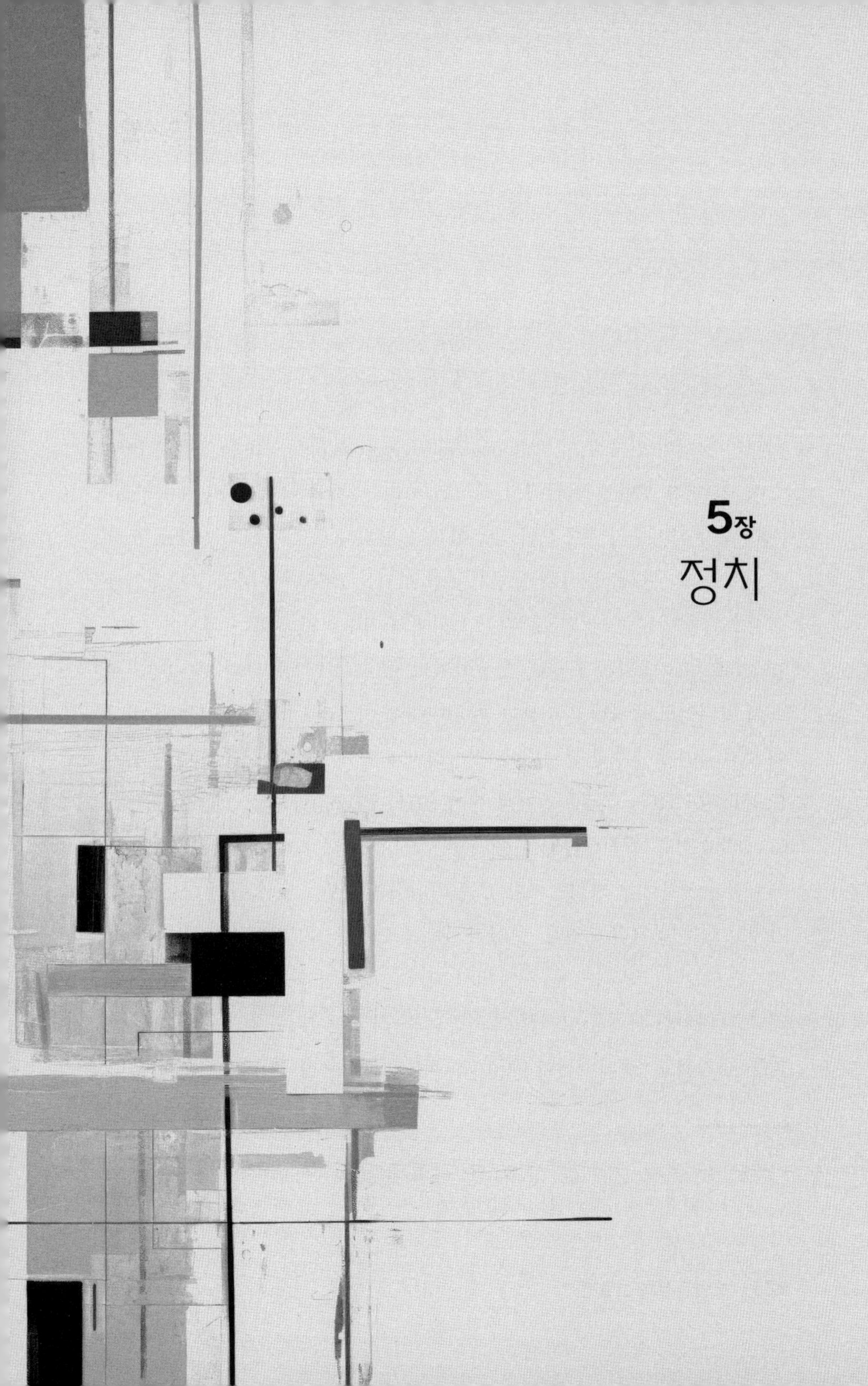

5장
정치

대중 민주주의가 등장한 이래로 논평가들은 새로운 커뮤니케이션 기술과 미디어 형식이 민주적 시민성(democratic citizenship)을 약화할 것을 우려해 왔다. 19세기 후반에 미국에서 제기된 우려는 '황색 저널리즘(yellow journalism)'의 선정주의에 초점이 맞추어졌는데, 대량으로 발행되는 새로운 값싼 신문들의 사실을 무시한 신중치 못한 보도는 1898년에 미국을 스페인과 전쟁으로 몰아넣는 데 일조했다. 그 시대의 비판적인 만화는 심지어 "가짜 뉴스(fake news)"라는 문구를 사용하기도 했다.[1)] 1920년대와 1930년대에 매스 미디어로 등장한 라디오는 1940년대에 이르러 미국 가정의 80% 이상에 보급되면서 민주화 잠재력에 대한 희망과 함께 조작과 선동에 대한 우려도 불러일으켰다. 그리고 실제로 휴이 롱(Huey Long)과 찰스 코글린(Charles Coughlin) 같은 포퓰리즘적 선동가들은 라디오를 능숙하게 이용했다.[2)] 텔레비전은 처음에는 카리스마가 있는 리더십의 수단으로서 훨씬 더 큰 힘을 가지고 있는 것처럼 보였다. 텔레비전이 최소한의 직접적인 설득 효과만 미친다는 (주로 미국의) 연구는 서양에서 제기된 초기의 우려를 덜어주었다. 그러나 더 다양한 사례를 고려한 더 최근의 연구들은 이러한 일치된 의견에 이의를 제기했고, 텔레비전이 개성주의적(personalistic)[1] 지도자들에게 특히

---

1 개성주의(혹은 인격주의)는 인간의 중요성, 특히 인간의 존엄성과 자유를 강조하는 철학적 신념 혹은 집단의 이익보다 개인의 권리와 자유를 우선시하는 정치 이데올로기를

강력한 미디어라는 우려를 다시 불러일으켰다.3)

대조적으로 디지털 연결성은 민주적 가능성으로 가득 찬 것처럼 보였다. 1980년대부터 2010년대 중반까지 사람들에게 디지털 연결성은 불안보다는 열정을 더 많이 불러일으켰다. 단방향적 매스 커뮤니케이션에서 다방향적 '매스 셀프-커뮤니케이션(mass self-communication)'[2]으로의 전환은 (당시 담론에 따르면) 일반 시민들에게 정보를 제공하고 그들의 역량을 강화하며, 이전에는 목소리를 내지 못했던 사람들에게 발언권을 주고, 경직된 엘리트 중심의 제도적 게이트키퍼를 우회하며, 수평적 커뮤니케이션과 집단행동을 촉진하고, 정부와 권력 있는 행위자에게 책임을 묻고, 정치를 더 투명하고 시민의 요구에 민감하게 반응하게 할 것으로 기대되었다. 디지털 연결성은 더 참여적인 형태의 시민성(citizenship)을 촉진하고, 이전에 배제되었거나 소외된 집단을 정치공동체에 끌어들이고, 권위주의 체제를 약화하는 데 기여할 것으로 여겨졌다. 요약하자면, 디지털 연결성은 민주적 시민성을 약화하기보다는 강화할 것이라는 기대가 있었다.4)

이러한 담론은 여러 요소를 정확히 짚어냈다. 일반 시민들이 새로운 방식으로 전례 없는 수의 공개 대화에 참여함에 따라, 많은 사람이 실제로 더 참여적인 시민성을 띠게 되었다. 초연결성은 많은 제도적 게이트키퍼, 특히 '기존(legacy)' 미디어 기관과 정당의 힘을 약화했다. 소셜 미디어 플랫폼은

말하며, 개인주의(individualism)와 전체주의(totalitarianism)의 사이에 위치한다.

2 매스 셀프-커뮤니케이션이라는 개념은 사회학자이자 정보사회 이론가인 마누엘 카스텔스(Manuel Castells)가 제안한 것으로, 이 개념은 소셜 미디어, 블로그, 팟캐스트, 유튜브 등을 통해 개인이 자신의 콘텐트를 제작하고 전 세계적으로 공유할 수 있게 된 현상을 설명한다. 전통적인 매스 미디어(TV, 신문 등)가 일방향적이고 중앙집중적인 데 반해, 매스 셀프-커뮤니케이션은 양방향적이고 분산적이어서 일반 시민이 미디어 생산자가 되어 광범위한 수용자에게 도달할 수 있게 된 현대 디지털 미디어 환경의 핵심적 특성을 가리키는 개념이다.

수평적 커뮤니케이션을 위한 강력한 새로운 채널을 만들어냈고, 조정 비용을 낮추었으며, 집단행동을 가능하게 했다. 그러나 소셜 미디어 플랫폼은 이전에 소외되었던 집단들(그러나 여기에는 극단적인 견해를 주장하는 사람들도 포함됨)이 더 쉽게 자신의 목소리를 증폭시키고 지지층을 확보할 수 있게 해주었다. 모바일 기기, (무선 네트워크와) 연결된 기기, 카메라가 장착된 기기의 편재성과 새로운 형태의 공개 기록 방식 덕분에 가능해진 새로운 형태의 '상향 감시'를 뜻하는 "수베일런스(sousveillance)"[3]는 권력을 가진 사람과 조직의 특정한 발언과 행동을 더 가시적으로 드러내고 책임을 물을 수 있게 만들었다. 그리고 페이스북과 트위터는 '아랍의 봄(Arab Spring)' 동안 독재체제를 무너뜨리는 데 중요한 역할을 한 것과 새로운 형태의 '연결 행동(connective action)'과 새로운 종류의 '수평적' 사회운동을 가능하게 하고 활성화하는 데 핵심적인 역할을 한 것으로 찬사를 받았는데, 이러한 운동의 예로는 전 세계의 점거 운동(Occupy movement), 튀르키예의 게지 공원(Gezy Park) 항의(protest), 스페인의 '인디그나도스(Indignados)'가 대표적이다.[5)]

하지만 그러한 낙관적인 담론은 다른 요소들에 대해서는 심각한 오류를 범했다. 초연결성은 공중을 연결하고 정치를 더 투명하게 만드는 대신, 공중을 조각화했고 정치를 더 불투명하게 만들었다. 전혀 투명하지 않고, 감시에 기반하며, 정교한 행동 과학에 의해 작동하는 미세-표적화 방식은 상

---

3 캐나다 토론토 대학교의 컴퓨터 연구자이자 발명가인 스티브 만(Steve Mann) 교수가 창안한 신조어이다. 감시라는 뜻의 'surveillance'는 프랑스어로도 'surveillance'인데, 여기서 sur는 위, 즉 above나 over를 의미한다. 반대로 프랑스어에서 sous는 아래, 즉 below나 under를 의미한다. 그래서 새롭게 만들어진 조어가 'sousveillance'이다. 즉, '밑에서 위로의 감시'인데 그 의미는 국가권력이나 '갑'의 입장인 민간기관의 카메라에 대항하여 '밑에서' 감시당하는 일반인들도 위로 카메라를 들이대서 권력을 예의 주시하겠다는 뜻이다.

업 영역에서 정치 영역으로 확산하여, 맞춤형 광고에 페이스북의 강력한 플랫폼을 효과적으로 활용하고 있다.[6] 불투명한 알고리즘이 누가 어떤 뉴스를 보는지를 결정하며, 개인화라는 미명하에 공론장을 사유화하는 데 일조한다. 페이스북/메타의 왓츠앱과 같은 암호화된 메신저 서비스는 특히 개발도상국에서 정치 캠페인이 대중의 시야와 책임에서 벗어난 채 대중을 동원할 수 있게 해주는데, 이는 두려움, 증오, 오정보를 동원하는 방식으로 이루어지는 경우가 허다하다.[7]

2020년대 중반 이후, 민주적 시민성을 쇄신하려는 디지털의 꿈은 시험대에 올랐으며, 논리적인 숙의를 단축하고, 악성 소문을 퍼뜨리고, 가짜 뉴스를 유포하고, 음모론을 조장하며, 양극화를 심화하고, 공개적 망신을 증가시키고, 두려움과 불안을 조작하며, 극단주의를 배양함으로써 디지털 악몽에 부분적으로 가려져 왔다. 그리고 권위주의 체제는 처음에는 디지털 미디어를 통해 매개되는 민첩하고 창의적인 반대운동에 대비하지 못했지만, 오래전에 그와 같은 운동을 감시하고 방해하고 대응하는 방법을 배웠으며, 중국을 필두로 한 그와 같은 가장 수준 높은 통제 기술을 가진 체제는 디지털 감시 역량을 대폭 강화하여 그들의 권력을 공고히 했다.

디지털 악몽은 분명 디지털 꿈만큼이나 현실을 왜곡할 수 있으며 또한 그만큼이나 유혹적일 수 있다. 오늘날의 정치적 병폐를 초연결성, 특히 소셜미디어 탓으로 돌리는 것은 너무나도 쉬운 일이다.[8] 방금 언급한 모든 병폐는 초연결성 개념이 등장하기 이전부터 존재했다. 그리고 필자가 이 책에서 내내 주장했듯이, 디지털 초연결성은 어떤 일이 일어나게 하는 원동력이 아니다. 즉, 디지털 초연결성은 환경, 더 정확히 말하면 복잡한 환경들의 환경으로, 그 안에서 특정한 행위는 더 쉬워지는 (혹은 가능해지거나 심지어 처음으로 생각할 수 있게 되는) 반면에 또 어떤 행위들은 더 어려워진다. 미묘한 차이를 구별하는 세밀한 설명을 통해 이러한 환경의 특정한 기능이 어떻게 어떤 형태의 활동은 가능하게 하고 장려하는 한편 또 어떤 형태의 활동은 억제하는지를 반드시 보여주어야 한다.

이 장은 앎의 체제(regimes of knowing), 감정 체제(regimes of feeling) 및 거버넌스 체제(regimes of governing)를 고려함으로써 정치의 변환을 다룰 것이다. '앎의 체제'란 사람들이 정치 관련 지식(혹은 사람들이 지식으로 받아들이는 것)을 획득하는 방식과 공론장에서 제기된 지식 주장(knowledge claim)[4]에 대해 그들이 취하는 입장을 의미한다. 필자는 초연결성이 지식을 생산하고 전파하는 '기존' 기관의 권위를 약화하고, 지식에 대한 포퓰리즘적 입장을 강화하며, 공유된 공적 세계의 기반을 침식한다고 주장할 것이다. (앎의 체제와 분석적으로만 구분될 뿐 경험적으로는 구분되지 않는) '감정 체제'란 감정을 경험하고 표현하는 특정 방법을 정당화하는 '감정 규칙(feeling rules)'[5]뿐만 아니라 사회기술적 환경에 의해 패턴화된 공적 사안에 대한 '감정의 구조(structures of feeling)'[6]를 말한다.[9)] 필자는 초연결성이 격분(outrage)의 표현과 동원을 보상함으로써 정치학자들이 정서적 양극화(affective polarization)라고 부르는 것에 일조한다고 주장할 것이다. '거버넌스 체제'란 기계학습을 기반으로 하는 새로운 알고리즘적 거버넌스 양식을 의미하는데, 이는 초연결성, 특히 계속해서 증가하는 디지털 감시 장치가 생성하는 엄청난 양의 데이터에 의해 가능해졌다. 필자는 알고리즘적 거버넌스가 특히 완전히 자동화된 권력 행사를 가능하게 함으로써 공공기관 및 민간 플랫폼이 지배를 수

---

4 지식을 가진 사람(knower)이 사실이라고 믿지만 그 진술의 진위를 평가하는 데에는 논쟁의 여지가 있는 진술을 말한다.

5 특정 상황에서 어떤 감정이 적절한지, 언제, 얼마나 오래, 얼마나 강하게 느껴야 하는지를 규정하는 사회적 규범이다.

6 레이먼드 윌리엄스(Williams, 1961/2007)는 한 사회가 공유하는 마음의 집합을 '감정의 구조'라는 개념으로 설명한다.

행하는 방식과 권력을 행사하는 방식을 근본적으로 바꾸어놓았다고 주장할 것이다. 필자는 이러한 기술관료주의적 거버넌스 방식과 초연결성이 조장하는 포퓰리즘적 앎의 체제와 감정 체제 사이의 긴장 관계를 살펴보면서 결론을 맺을 것이다.

1. 앎의 체제

진실과 거짓에 대한 우려, 정보, 오정보 및 역정보에 대한 우려, 과학 및 전문 지식과 그 한계에 대한 우려, 소문과 음모론에 대한 우려, 우리가 알고 있는 것을 어떻게 안다고 주장하는지에[7] 대한 우려와 같은 인식론적 이슈들이 최근 몇 년 동안 정치학 연구에서 점점 더 중요한 위치를 차지하게 되었다. 그와 같은 이슈들은 또한 정치적 논쟁과 투쟁 자체에서도 점점 더 핵심 주제가 되었다. '과학'이 우리에게 무엇을 알려주는지, '전문가들'이 무엇을 잘못 판단했는지, 그리고 '가짜 뉴스'와 '대안적 사실(alternative fact)'[8]에 대한 주장들이 급증했다. 정치적 투쟁은 단순히 누가 무엇을 '얻는지' 또는 누가 어떤 '존재'인지에 관한 것일 뿐만 아니라, 누가 무엇을 '알고' '생각하고' '믿는지' 그리고 그 근거는 무엇인지에 관한 것이기도 하다. 즉, 이해관계의 정치와 정체성의 정치가 지식의 정치와 점점 더 밀접하게 연결되고 있다.[10)]

누가 무엇을 알거나 믿는지에 대한 우려와 사람들이 자신들이 믿는 것을

7 이는 인식론에서 중요한 질문으로, 우리가 가진 지식의 정당화 과정이나 방법에 관한 문제이다. 즉, 내가 무언가를 알고 있다고 말할 때, 그것을 어떻게 알게 되었으며, 그 앎이 어떤 근거로 정당화되는지에 관한 질문이다.

8 2017년, 트럼프 행정부가 취임 첫날부터 '사실이 아닌 내용'을 '대안적 사실'이라 표현해서 논란이 된 이후로 신조어처럼 쓰이게 되었다.

어떻게 믿게 되는지에 대한 우려는 새로운 것이 아니다. '대중'의 무지에 대한 걱정은 오랫동안 민주주의에 대한 엘리트의 불안에 영향을 미쳤다. 이러한 불안은 멀리 플라톤(Plato)까지 거슬러 올라가며, 매스 미디어와 함께 대중 민주주의가 등장한 19세기 말 이후 줄곧 지속되어 왔다. 그러나 초연결성은 이러한 우려를 훨씬 더 부각했다.

새롭게 등장하고 있는 초연결성 체제는 처음에는 공공 지식(public knowledge)에 대한 낙관론을 불러일으켰다. 그것은 사람들이 정치적으로 관련된 지식을 다른 지식과 마찬가지로 개별적으로 분리되어 있고, 검색 가능하고, 탈맥락화되어 있으며, 자유롭게 전달될 수 있는 '정보' 조각들의 관점에서 생각하도록 부추겼다. 문화 영역에서와 마찬가지로 정치 영역에서도 그와 같은 정보는 '자유로워지기를 원하며' 디지털 연결이 정보를 해방해 희소성과 유통에 대한 인위적인 제약에서 벗어나게 해줄 것으로 여겨졌다. 정보는 풍부하고 쉽게 찾아낼 수 있으며 보편적으로 접근할 수 있을 것으로 여겨졌다. 게다가 정보의 흐름은 단순히 수직적이라기보다는 수평적이며, 시민들은 정보를 소비할 뿐만 아니라 생산하고 전파하고 수 있는 역량을 갖추게 될 것이라는 기대도 있었다. 예를 들면, '시민 저널리즘(citizen journalism)'의 가능성은 2000년대에 상당한 관심을 끌었다.[11] 정보가 모든 방향으로 자유롭게 흐르면, 정치가 더 투명해지고 시민들이 정보를 더 잘 제공받게 될 뿐만 아니라, 정치인, 정당 및 기타 조직들 또한 유권자들의 견해와 선호에 대한 정보를 더 잘 제공받아 그만큼 더 잘 대응하게 될 것으로 여겨졌다.[12]

이러한 낙관적 견해가 가망이 없을 정도로 순진해 보이게 되었음에도, 개별적인 정보 조각에 대한 집중은 여전히 계속되었다. 이제야 풍부하고 방해받지 않는 오정보와 역정보의 흐름이 강조되기 시작했다. 오정보가 올바른 정보보다 더 멀리 그리고 더 빠르게 퍼질 수 있다는 연구 결과는 이 이슈에 새로운 긴박감을 더했다.[13] 오정보에 대한 논의는 이번 팬데믹 기간에 더욱

격화되었으며 2020년 미국 대통령 선거 여파로 극에 달했다. 주요 소셜 미디어 플랫폼들은 이에 대응하여 콘텐트 조정(content moderation)[9] 정책을 대대적으로 변경했고 훨씬 더 개입적인 입장을 취했는데, 그 정점은 2021년 1월 8일 트위터가 트럼프 대통령에게 영구 이용 정지 조치를 내렸다는 충격적인 발표였다.

오정보를 어떻게 정의하고 식별할 것인지, 그리고 그것에 어떻게 대응할 것인지와 같은 오정보 문제는 분명 매우 중요한 사안이다. 그러나 이 주제는 이미 광범위하게 논의되어 왔다.[14)] 여기서 필자가 다루고자 하는 또 다른 질문은 디지털 초연결성의 생태계가 어떻게 의심과 불신을 강화하고 공유된 공적 세계의 기반을 약화함으로써 공적 세계를 인식하는 방식을 어떻게 재편했는가에 관한 것이다. 초연결성이 이러한 상황 전개에 유일한 책임이 있다거나 심지어 주된 책임이 있다는 것은 아니다. 과학 기관, 의학 기관, 대학교, 정부, 언론 기관과 같은 주류 지식 생산 및 지식 전파 기관의 권위에 도전하는 세력들은 지난 반세기 동안 힘을 키워왔다. 정치, 문화 및 사회 분야에서 더 광범위한 '참여적 전환(participatory turn)'의 일부이기도 한 이러한 도전 세력들은 지식의 문화 정치(cultural politics of knowlede)[10]에서 오랫동안 진행되어 온 상황 변화에 그 뿌리를 두고 있다.[15)] 여기에는 권위에 대한 존중의 쇠퇴, 폐쇄적인 전문가 판단에 대한 의심, 다양한 형태의 비전문

---

9 콘텐트 조정이란 이용자가 콘텐트를 생성할 수 있는 웹사이트에서 관련성이 없거나 음란하거나 불법적이거나 해롭거나 모독적인 기여를 탐지하는 과정을 말한다.

10 문화 정치란 사람들의 태도, 의견, 신념, 관점, 미디어와 예술을 포함한 문화가 사회와 정치적 의견을 형성하고 사회적·경제적·법적 현실을 만들어내는 방식을 의미하며, 좀 더 구체적으로 지식의 문화 정치란 광범위한 문화적 맥락에서 지식이 구성되고, 지식을 둘러싸고 논쟁이 벌어지며, 지식의 가치가 평가되는 방식을 말한다. 여기에는 신념, 가치, 사회적 역학 관계와 같은 문화적 요인이 지식의 생산, 전파, 수용에 어떤 영향을 미치는지 이해하는 것이 포함된다.

가의 전문성에 대한 가치 부여,16) 그리고 특히 건강과 라이프스타일 영역에서 사람들 스스로가 배워야 하며 상충하는 전문가들의 주장 사이에서 판단할 책임이 자신에게 있다는 인식의 증대가 포함된다.17) 이 모든 것은 좋든 나쁘든 장기적인 문화적·인식론적 민주화 과정의 한 측면으로 볼 수 있다.

그러나 다른 곳에서와 마찬가지로 여기서도 강력한 촉진제이자 증폭제인 초연결성은 이러한 모든 상황 전개를 심화시켰다. 초연결성 환경의 세 가지 특징은 지식의 정치(politics of knowledge)[11]와 관련하여 주목할 가치가 있는데, 풍요(abundance), 평평함(flatness), 비매개성(immediacy)이 그것이다. (필자는 이 절의 끝에서 미래에 훨씬 더 크게 나타날 두 가지 다른 특징인 디지털 객체의 조작 가능성과 급속히 커지고 있는 기계학습의 힘에 대해 간략하게 언급한다.) '풍요'란 정보(또는 오정보)의 풍요뿐만 아니라 상충하는 지식 주장의 풍요도 의미한다. '평평함'이란 매우 다양한 출처에서 나온 지식 주장들이 게이트키퍼에 의해 걸러지지 않은 채 비교적 구조화되지 않고 평평한 경기장처럼 경험되는 공간에서 우리의 주목과 동의를 얻어내기 위해 서로 밀치며 경쟁함을 의미한다. 물론 디지털 공론장은 사실 평평한 경기장이 아닌데, 왜냐하면 사람마다 자신의 목소리를 낼 수 있는 능력에 엄청난 차이가 있기 때문이다. 그러나 디지털 환경의 개방성은 모든 지식 주장이 다른 모든 디지털 콘텐트와 함께 동일한 통로를 통해 흐르고 탈맥락화된 방식으로 유통된다는 것을 의미한다. 이것은 (필자가 3장에서 주장했듯이 문화 영역에서와 마찬가지로) 동질화하고 평준화하는 효과를 유발한다. 그것은 가장 터무니없고 가장 믿기 어려운 주장들을 주류 지식 생산 및 지식 전파 기관이 만들어내는 주장들과 동

11 지식의 정치는 단순히 지식이 무엇인지에 대한 문제가 아니라, 어떻게 지식이 생성되고, 누구에 의해 생산되며, 어떤 지식이 권위를 갖고, 어떤 지식은 배제되는가와 같은 권력관계와 깊이 연결된 개념이다.

일한 수준과 동일한 틀 안에 놓이게 한다. 마지막으로, '비매개성'이란 기관들에 의해 매개되지 않고 직접적으로 정보에 접근할 수 있다는 의미이다. 누가 지식을 생성하고, 검정하고, 인증하고, 전송하고, 걸러내며, 전파하는 전문 기관을 필요로 하겠는가? 구글이 있는데 말이다. (구글이 제공하는 것은 "세계의 정보"에 대한 직접적인 접근이 아니라 오히려 알고리즘을 통해 매개되는 접근이라는 사실은 다행히도 대체로 무시되는 경향이 있다.)[18]

위에서 언급한 바와 같이, 풍요는 정보에 초점을 맞춘 설명에서 낙관적인 입장이든 비관적인 입장이든 중심적인 역할을 했다. 그러나 정보에만 초점을 맞추는 것은 너무 제한적이다. 풍요는 우리에게 훨씬 더 많은 정보(또는 오정보)를 제공함으로써 우리가 '아는 것'만 바꾸는 것이 아니라 우리가 아는(안다고 생각하는) 것을 아는 '방식'도 바꾼다. 그것은 지식 주장에 대한 우리의 관계나 입장도 변화시킨다. 디지털 미디어를 통해 매개되는 풍요는 우리를 뒤엉킨 엄청난 양의 상충하는 지식 주장, 즉 평평한 지식 공간에서 동일한 수준에 있는 것처럼 보일 수 있는 주장에 끊임없이 노출시킴으로써 의심, 회의, 불신을 심어주거나 강화하는 경향이 있다. 그로 인해 공적 지식을 생산하고 전파하는 기관의 권위, 특히 언론 기관의 권위를 약화하는 데 일조하게 된다. 이러한 고조된 불신의 분위기는 사실상 모든 공적 사안에 대한 지식 주장이 의혹의 그림자에 가려지게 하기 때문에 공적 지식 주장에 대한 일종의 일반화된 회의론을 야기할 수 있다. 이것은 마비된 느낌, 즉 논란의 여지가 있는 공적 사안에 대해 확실하게 알 수 있는 것이 없다는 무력감이 들게 하는 데 일조할 수 있다. 그리고 그것은 참여하고자 하는 의욕을 꺾어버리는 냉소주의를 조장할 수 있다.[19]

풍요는 초연결성 환경의 일반적이면서도 피할 수 없는 특징이다. 그러나 제이넵 투펙치(Zeynep Tufekci)가 주장한 것처럼, 풍요는 하나의 무기로 사용될 수도 있다. 평평한 지식 공간에서 풍요는 주의 분산과 혼란 조장을 위한 의도적인 전략으로 그리고 불신을 조장하고 "체념, 냉소, 역량 약화"를 유발하는 수단으로 활용될 수 있다. 정보를 쉽게 차단하기 어려운 디지털 공론장에서 권위주의 체제는 "진실과 거짓이 뒤섞인 과잉 정보를 끊임없이 만들어내 혼란과 주의 분산을 조장함으로써" 정보를 효과적으로 억압하거나 그 영향을 희석하고 방해할 수 있다. 이러한 전략은 시민이 지식 주장의 공신력을 평가하기 위해 의지할 수 있는 신뢰받는 제도적 중개자가 없을 때 특히 강력하다. 풍요의 도구화는 설득을 목표로 할 필요는 없고, 단순히 압도하는 것을 목표로 할 수도 있다. 그 결과는 "진실은 도무지 알 수 없는 것이라는 … 마비되고 무력해지는 감각일 수도 있다."[20]

풍요의 무기화는 권위주의 체제에만 국한되지 않는다. 스티브 배넌(Steve Bannon)은 2018년 초 마이클 루이스(Michael Lewis)와의 대화에서 이 전략을 다음과 같이 정형화된 형태로 정리했다: "민주당은 중요하지 않다.… 진정한 반대 세력은 미디어다. 그리고 그들을 다루는 방법은 공론장을 온통 엉망진창으로 만들어버리는 것이다."[21] 당시 배넌은 더 이상 트럼프 대통령의 수석 전략가가 아니었지만, 트럼프 특유의 능숙한 미디어 활용 방식을 이보다 더 잘 기술할 수 있는 표현은 없다.

그러나 디지털 미디어를 통해 매개되는 풍요는 신뢰를 약화하는 경향이 있기는 하지만, 일률적으로 그런 일이 일어나는 것은 아니다. '전통적인' 제도화된 미디어에 대한 불신은 흔히 덜 제도화된 지식 출처에 대한 신뢰와 함께 나타난다.[22] 겉으로 보기에 정보와 지식에 비매개적으로 접근할 수 있는 환경에서는 풍요가 어떤 공적 지식 제공자를 믿을 것인가에 대한 판단을 포함해 개인이 자신의 판단에 대한 자신감을 높일 수 있게 해준다. 이로 인해 풍요는 이른바 '인식론적 오만(epistemic hubris)', 즉 정책과 관련된 사안에 대한 자신의 믿음에 대해 근거 없는 확신을 갖는 데 일조할 수 있다.[23] 바꾸어 말하면, 비매개성의 경험은 풍요와 평평함에 의해 발생할 수 있는 방향감

상실 효과(disorientation effect)에 대항하는 역할을 할 수 있다. 개인들은 풍부한 구조화되지 않은 정보와 상충하는 지식 주장뿐만 아니라, 특정한 공적 지식 주장의 옳고 그름을 검증하는 것으로 이해될 수도 있는 풍부한 음성, 시각, 텍스트, 심지어 통계적 '증거'나 '입증' 자료에도 비매개적으로 접근할 수 있다고 느낄 수 있다. 따라서 비매개성과 연관된 풍요는 마비시키는 것이기보다는 양극화하는 것일 수 있다. 그리고 그것은 대립하는 확신을 만들어낼 수 있는데, 왜냐하면 이미 강한 견해를 가지고 있는 사람들이 자신의 견해가 충분히 확증되었다고 여기고 반대 견해는 분명하게 신빙성을 잃은 것으로 보면서 그들의 견해를 더욱 강하게 고수하게 되기 때문이다.

예를 들어, 이번 팬데믹 기간에 시민들은 수많은 상충하는 주장과 의견뿐만 아니라 엄청난 양의 일화, 보도, 데이터 및 연구 결과에 디지털 미디어를 통해 직접 접근할 수 있었다.[24] 수많은 추적 프로젝트를 통해 확진자, 사망자, 검사 및 입원에 대한 일일 업데이트와 동향을 전달받았다. 이용자들은 여러 사이트에서 스스로 데이터를 다운로드하고 탐색할 수 있었다. 그리고 프리-프린트 서버(pre-print server)[12]를 통해 발표된 연구뿐만 아니라 아직 동료 연구자 심사를 거치지 않은 논문에 이르기까지 방대한 양의 새로운 연구에 자유롭게 접근할 수 있었다.

이러한 증거의 과잉은 많은 시민에게 전문가와 다른 사람들이 제기한 지식 주장을 평가할 수 있는 위치에 있다는 느낌을 주었다. 전문가들의 의견이 급격하게 오락가락하는 것을 쉽게 추적할 수 있었다. 어떤 사람들은 일화와 뉴스 기사뿐만 아니라 '전문가들'이 이런저런 식으로 크게 오류를 범했음을 시사하거나 심지어 '증명하는' 것으로 받아들여질 (혹은 잘못 받아들여질) 수

12 논문의 저자가 논문이 출판되기 전에 초기 버전의 논문을 온라인에 게시할 수 있게 해주는 온라인 저장소를 말한다.

있는 풍부한 데이터와 연구도 어렵지 않게 찾을 수 있었다. 그리고 또 어떤 사람들은 전문가에 의해 정당화된 조치들을 비판하는 사람들이 대문자 S로 시작하는 과학(Science)[13]의 명령을 무시하고 공중을 위험에 빠뜨리고 있다는 그들의 확신을 강화하는 풍부한 증거를 마찬가지로 쉽게 찾을 수 있었다.

초연결성으로 인해 우리가 근본적으로 서로 다른 공적 세계 속에서 사는 것이 훨씬 더 쉬워졌다. 우리가 사는 공적 세계는 우리가 그 세계에 대해 알고 있거나 믿는 바에 의해 상당 부분 구성된다. 그리고 코로나19에 대해 (무엇을 해야 하는지에 대해서뿐만 아니라 가장 기본적인 서술적 사실에 대해서) 우리가 알고 있거나 믿고 있었던 내용은 근본적으로 서로 달랐다. 2020년 초봄의 짧은 순간을 제외하면 그러한 상황에 대한 공유된 정의가 없었다. 코로나19는 "우리 생애에서 가장 큰 실존적 위협"이었는가, 아니면 그저 심한 독감 시즌과 다를 바 없는 위험 수준이었는가?[25] 유럽에서의 봉쇄 조치는 300만 명이 넘는 생명을 구했는가?[26] 아니면 그러한 봉쇄 조치는 의료적으로 효과가 없었고 경제적으로 파괴적이었을 뿐만 아니라 특히 가난한 나라에서 그중에서도 아동 예방접종 프로그램을 방해함으로써 치명적인 건강상의 결과를 초래했을 가능성이 있지는 않았는가?[27] 백신의 신속한 개발 및 보급은 놀랍고 전례 없는 과학적·의학적 성과였는가, 아니면 백신이 효과가 없고 오히려 예방하려 했던 질병보다 더 위험했던 것인가?[28]

연결성이 더 낮은 커뮤니케이션 생태계에서는 이번 팬데믹을 어떻게 정의하고 이해할 것인가에 대한 첨예한 의견 차이가 틀림없이 더 활발하게 나타났을 것이다. 그러나 사람들이 공적 세계에 대해 알고 있거나 믿고 있다고 주장하는 것의 양극화(정치적 양극화의 점점 더 중요한 차원)는 디지털 초연

13 "대문자 S로 시작하는 과학"이라는 표현은 단순한 과학(science, 소문자)과는 구분되는 권위 있고 절대적인 진리처럼 여겨지는 과학을 비유적으로 나타내는 말이다.

결 환경 속에서 더욱 심화하고 대중화되었다. 초접근 가능한 '증거'의 범람과 이를 소셜 미디어에서 공유하고 논의하는 것이 쉬워진 덕분에 양극화는 참여적인 것이 되었다. 다시 말해, '보통' 사람들도 공적 지식의 양극화에 일조하는 것이 훨씬 더 쉬워진 것이다.

물론 월터 리프먼(Walter Lippman)은 이미 1세기 전에 사람들이 "같은 세계에 살고 있지만 … 서로 다른 세계에서 생각하고 느낀다"라고 말한 바 있다. 그리고 비록 20세기 중반의 매스 커뮤니케이션 체계가 널리 공유되는 공적 세계를 뒷받침하긴 하지만, 그 세계를 결속하는 힘은 초연결성 시대가 도래하기 오래전에 이미 약화해 있었다. 예를 들어, 미국에서는 토크 라디오(talk radio)와 케이블 뉴스 채널을 포함해 공적 세계를 구성하는 대안 채널들이 급증하면서 오랫동안 네트워크 뉴스의 공적 구속력을 약화해 왔다.[29)] 그러나 공적 세계의 조각화와 서로 경쟁하는 인식론적, 도덕적, 정치적 세계들의 급격한 증가는 디지털 초연결 환경에서 훨씬 더 심화되었다.

이러한 현상의 한 가지 징후는 흔히 음모론(conspiracy theory)으로 간주되는 것들이 급격히 증가하고 그것이 주류화하는 것이다. 다시 말하지만, 이것은 새로운 현상이 아니지만, 초연결성에 의해 증폭되고 가속화되긴 했다. 구조적으로 평평하고 문화적으로 포퓰리즘적인 디지털 공론장에서 그와 같은 음모론은 제도적으로 정당화된 지식 주장과 나란히 유통되며 점점 더 동등해지거나 심지어 더 우월한 입장에서 경쟁한다. 현실의 디지털 매개화와 디지털 객체의 변경 가능성에 대한 편재적인 인식은 이미 미디어에 의한 그리고 미디어를 통한 조작에 대한 이미 광범위하게 만성화되어 있는 의혹을 더욱 증폭시켰다. 그러나 동시에 대안적인 지식 주장들, 특히 주류 견해를 폭로한다고 주장하는 지식 주장들에 대한 풍부한 비매개적 접근은 많은 사람이 조작되고 연출된 '공식적인' 현실 버전의 이면을 들여다볼 수 있다는 느낌을 강화했다.[30)]

디지털 환경의 풍요, 구조적 평평함, 그리고 반(反)-제도적 비매개성은 (스스로 생각하거나 직접 '조사하는' 것이 더 쉬워졌거나 그렇게 보이게 만듦으로써) 공적 지식 주장에 대한 개인주의적 입장과 [제도의 복잡하고 불투명한 작동 방식에 대한 회의론을 고조시키고 기존의 지식 체계에 문제를 제기하는 '반지식(counter-knowledge)'[14] 형태에 대한 접근성과 관심을 증가시킴으로써] 포퓰리즘적인 입장 모두를 강화했다.[31)] 초연결성은 이 두 가지 방식 모두로 주류 지식-생산 및 지식-전파 기관들이 한때 누렸지만 이미 약화한 문화적 권위와 존중을 더욱 약화했다. 그렇게 하면서 초연결성은 서로 경합하는 공적 세계들의 급격한 증가를 불러일으켰을 뿐만 아니라 직접 자극하기도 했다. 초연결성은 그와 같은 공적 세계들에게 매력적이고 설득력 있으며 그러한 세계를 지탱하는 콘텐트를 외견상 무한히 생산하고 유통할 수 있게 해주는 탄탄한 하부구조를 제공해 왔다.

디지털 미디어는 흔히 '탈진실 정치(post-truth politics)'[15]에 일조했다는 비난을 받아왔다.[32)] 그러나 마이클 사카사스(Michael Sacasas)[16]가 주장했듯이, 현대의 디지털 환경은 진실 주장(truth claim)[17]의 포기가 아니라 급격

14 공식적이거나 제도화된 지식 체계(예, 과학, 학문, 정부 발표 등)에 반대하거나 그것에 도전하는 주장들로, 흔히 대중적으로 유통되며 진실처럼 받아들여지기도 하지만 사실 여부는 의심스러운 경우가 많다.

15 객관적 사실보다는 감정이나 개인적인 믿음이 정치 논의에 더 큰 영향을 미치는 시대상을 묘사하는 용어이다. 즉, 정치인이나 공중이 객관적인 사실보다 감정적인 주장이나 개인적인 신념을 더 중요하게 생각하고, 이를 정치적 목표 달성에 활용하는 것을 의미한다.

16 마이클 사카사스는 플로리다주 게인즈빌의 기독교 연구 센터(Christian Study Center)의 교육 프로그램 부소장이자 그레이스톤 기술 연구소(Greystone Technological Institute)의 윤리 및 문화 분야 부연구위원이다. 그는 디지털 기술의 사회적·개인적·도덕적 결과를 조사하면서 디지털 기술에 대한 가장 날카롭고 자극적인 비평가 중 한 명으로 활동해 왔다.

한 증가를 조장한다. 현대의 디지털 환경은 디지털 미디어를 통해 매개되는 하위문화의 등장과 증식을 촉진하는데, 이러한 하위문화들은 "정교하게 조정된 보상 및 승인 구조에 의해 구성되는 상징적 교환"이라는 비체화된 온실 환경 속에서 단순히 '대안적 도덕 질서'에 기반한 가치체계를 수용하는 수준을 넘어 '대안적 현실'을 실질적인 존재론적 틀로 수용하고 그것에 따라 세계를 인식하고 해석하는 이른바 '강한 의미의 문화(cultures in the strong sense)'[18]로 발전할 수도 있다. 그렇게 생성된 공적 현상에 대한 근본적으로 다른 관점들은 단순한 해석의 차이가 아니라 가장 기본적인 사실 자체에 대한 차이이다. 사카사스에 따르면, 그러한 결과는 우리 모두가 다른 많은 사람이 "단순히 잘못됐다고 여길 뿐만 아니라 터무니없고 편집증적"이라고 여기는 어떤 믿음을 가지고 있다는 점에서 우리 모두는 "이제 음모론자다"라는 것이다.[33)]

이미 매우 명확하게 드러나고 있는 초연결성의 지식 환경의 두 가지 추가적인 특징은 가까운 미래에 점점 더 두드러지게 드러날 가능성이 있다. 하나는 위에서 언급한 바 있는 디지털 객체의 무한한 조작 가능성이고, 다른 하나는 급속하게 증가하는 기계학습의 능력이다. 이 두 가지 특징은 함께 작용하면서 디지털 객체의 진정성에 대한 우려를 심화시키고 있다. 생성형 기계학습 모델(generative machine learning model)[19]은 매우 설득력 있어 보

---

17 진실 주장이란 특정 상황, 사건, 또는 개념의 실재성에 대한 믿음이나 주장을 표현하는, 사실이라는 취지의 주장이나 진술을 말한다.

18 강한 의미의 문화란 인류학적/사회학적 개념으로, 단순한 취향이나 관심사 공유를 넘어서는 더 깊고 포괄적인 문화를 의미한다. 저자는 디지털 환경이 이런 "강한 의미의 문화"를 쉽게 형성할 수 있다고 경고하고 있다.

19 간단히 말하자면, 주어진 학습 데이터를 학습하고 학습 데이터의 분포를 따르는 유사 데이터를 생성하는 모델이다.

이는 합성 이미지, 텍스트 및 오디오를 만들어내는 데 사용될 수 있다. 그리고 완전히 합성된 영상은 여전히 훨씬 더 어려운 과제이긴 하지만, 한 사람이 실제로 했거나 말한 것을 다른 사람이 했거나 말한 것처럼 보이도록 얼굴을 매듭 없이 바꾸는 '딥페이크(deepfake)' 영상을 만드는 것은 이미 가능하다. 효과적인 대응책이 없다면 텍스트, 오디오 및 시각적 '증거'를 쉽고 저렴하며 설득력 있게 조작할 수 있는 능력이 널리 퍼지게 되어 디지털 증거의 무결성을 크게 훼손할 것이다. 이것은 필자가 기술한 바 있는 인식론적 혼란의 형태들을 더욱 악화시킬 수밖에 없다.

방대한 텍스트 말뭉치(corpus)[20]로 훈련받은 소위 대형 언어 모델(LLM: large language model)[21]이라고 하는 한 부류의 생성 모델은 이미 상상할 수 있는 모든 주제에 대해 그럴듯하게 들리는 새로운 기사를 작성할 수 있다. 그와 같은 모델이 더욱 향상됨에 따라, 그것들이 생성하는 텍스트는 사람이 작성한 텍스트와 구별하기가 점점 더 어려워질 것이며, 현재 봇이 생성한 트윗과 사람이 작성한 트윗을 구별하는 것의 어려움은 더 긴 형식의 글쓰기로 확대될 것이다.[34] (대규모로 새로운 콘텐트를 생성할 수 있는 능력이 현재 연구자들이 선전 활동을 식별하는 데 도움이 되는 복사 및 재활용의 숨길 수 없는 증거를 제거할 것이기 때문에) 선전은 추적하기 훨씬 더 어려워질 뿐만 아니라 대부분 자동화되면서 훨씬 더 저렴해질 것이다. 많은 플랫폼은 신원이 확인된 계정이나 최소한 인증된 필명을 가진 계정으로 게시물을 제한함으로써 대응할 가능성이 있는데, 이는 필수적일 수도 있지만 공적 담론에 대한 플랫폼의 통제력을 더욱 강화하는 결과를 초래할 것이다.[35]

---

20 말뭉치 또는 코퍼스는 자연언어 연구를 위해 특정한 목적을 가지고 언어의 표본을 추출한 집합이다.

21 대형 언어 모델은 방대한 양의 데이터를 기반으로 사전 학습된 초대형 딥 러닝 모델이다.

2. 감정 체제

최근 수십 년 동안, 인문학에서 일어난 '정동적 전환(affective turn)'[22]으로 인해 학자들은 사회적, 경제적, 정치적 삶에서 정동(affect), 감정(feeling), 정서(emotion)에 점점 더 많은 관심을 기울이게 되었다.[36] 20세기 후반 동안 합리주의적 접근이 지배적이었던 정치학 연구에서 연구자들은 사회운동, 카리스마적 리더십, 포퓰리즘적 불만, 민족적·종교적·민족주의적 갈등[23]과 같은 현상에서 정서의 중요한 역할을 강조하게 되었다.[37]

정치적 삶의 정동적 차원을 파악하고자 할 때 학자들은 감정을 동원하는 데 있어서 미디어의 영향력을 강조해 왔다. 심지어 전자 미디어 이전의 미디어, 특히 초기 대량 발행 신문의 선정적인 보도는 강렬하고 정치적으로 중요한 감정을 불러일으킬 수 있었다. 그러나 전자 미디어, 특히 텔레비전은 시청자를 감정적으로 더욱 몰입시키고 더욱 감정을 동원하는 것으로 이해되어 왔다. '의사-사회적(parasocial)' 관계, 즉 수용자가 텔레비전 유명인과 가깝고 상호적인 사회적 관계를 맺고 있다는 착각은 몰입적 참여(engagement)의 중요한 기제 가운데 하나다. 그와 같은 관계에 관한 문헌은 그것의 심리적 역학을 강조해 왔으며, 이후에는 그것의 상업적인 함의를 강조해 왔다. 그러나 최근 학자들은 공인과의 동일시(identification) 감정과 의사-친밀

---

22 정동은 심리학에서 감정, 정서, 기분(mood)에 대한 잠재된 경험을 말한다. 감정과 정동, 정서와 감정 체제 등의 개념이 인문학과 사회과학에서 가장 뜨거운 핵심어로 떠오르고 있는 가운데, 정치·경제·사회·문화 현상에 대한 정동적 분석과 감정학 연구의 활성화는 정동적 전환이라 부를 수 있는 단계에 이르렀다.

23 민족적 갈등(ethnic conflict)은 집단 간 다름과 그로 인한 충돌에 초점을 두는 반면(예, "다른 집단끼리 싸운다"), 민족주의적 갈등(nationalist conflict)은 민족주의 이념을 바탕으로 생긴 정치적 갈등을 말한다(예, "어떤 집단이 국가를 세우려 한다"거나 "지배력을 주장한다").

감(pseudo-intimacy)이 갖는 정치적 중요성을 탐구하기 시작했다.[38] 좀 더 일반적으로 말하면, 정치학자와 미디어 학자들은 오랫동안 '정치의 매개화(mediatization of politics)' 과정의 정동적 측면에 관심을 가져왔다. 의사-사회적 관계에 관한 문헌과 마찬가지로 정치의 매개화에 관한 문헌들은 텔레비전 시대에 발전했지만, 현재와도 관련이 있음이 분명하다. 다시 말해, 그 문헌들은 정치 커뮤니케이션이 점점 더 상업화되고 있는 '미디어 논리'에 어떻게 부합해야 하는지를 구체적으로 보여주는데, 이러한 미디어 논리는 갈등, 드라마, 스펙터클, 부정성, 단순화, 개인화, 정서화, 오락성을 선호한다.[39]

더 최근에는 정치적 정동을 동원하는 데 있어 디지털 미디어가 구체적으로 수행하는 역할에 주목하고 있다.[40] 초연결성이 처음에는 새로운 형태의 공적 지식에 대한 낙관론을 불러일으켰던 것처럼, 아랍의 봄과 점거 운동의 영향하에서 감정의 동원에 대한 낙관론도 불러일으켰다. 예를 들어, 디지털 네트워크에 의해 가능해진 수평적이고 참여적인 사회운동에 대한 마누엘 카스텔스(Manuel Castells)의 희망적인 설명은 정동의 정치적 동원을 중심으로 전개되었다. 집단행동은 "격분(outrage)에 뿌리를 두고, 열정에 의해 추진되며, 희망에 의해 동기가 부여된다." 이러한 공유된 감정의 발생은 "자신이 동일시하는 누군가가 겪은 참을 수 없는 사건을 알게 됨으로써" 촉발되며, 네트워크화된 새로운 디지털 커뮤니케이션 생태계에 의해 촉진되는데, 이러한 생태계는 "역사상 가장 빠르고 가장 자율적이며, 상호작용적이고, 재프로그래밍 가능하며, 자기 확장적인 커뮤니케이션 수단"이다.[41] 지지 파파카리시(Zizi Papacharissi)는 마찬가지로 "정동적 공중"에 대해 희망적으로 설명하면서 트위터에 "정동을 공개적으로 드러내는 것"은 '정동적 조율' 과정을 가능하게 하여 사람들이 "진행되고 있는 이야기 속에서 자신의 위치를 느낄 수" 있게 해준다고 주장했다. 파파카리시는 공론장에 대한 하버마스(Jürgen Habermas)의 합리주의적 이해를 비판하는 다른 연구자들과 마찬가지로 정동이 주도하는 정치가 기존의 '지배적인 정치적 서사'를 해체하고 새로운 정치적 가능성을 창출하는 힘을 인정했다.42) 그러나 2010년대 후반에 트럼프가 지배한 디지털 미디어 환경에서는 초연결성이 증오, 경멸, 분노(anger), 혐오, 두려움과 같은 정치적으로 해로운 정서들과 디지털 망신 주기(shaming), 트롤링(trolling),[24] 집단 괴롭힘(bullying), 지지 철회(cancelling)[25]와 같은 분열적 행위들과 연관되게 되었다.43) 초연결성은 파파카리시가 강조한 정동적 조율(affective attunement) 대신 정동적 불협화음(affective discord)을 부추기는 듯했다.

여기서 필자가 초점을 맞추고자 하는 것은 유해한 정치적 정동의 동원과 관련된 한 측면, 즉 초연결성이 어떻게 격분을 생성하고 유통하며 경험하게 만들며 그것들을 장려하는가 하는 것이다. 필자는 사회심리학자들이 도덕적 격분이라고 부르는 것에 특히 관심이 있는데, 이는 어떤 종류의 도덕적·사회적 또는 정치적 규범을 위반하는 것으로 여겨지는 사람들을 향한 것이다. (그러한 규범이 무엇인지 그리고 무엇이 그러한 위반에 해당하는지는 물론 심도 있는 논쟁의 대상인데, 이는 특히 기본적인 도덕규범에서 벗어나 사회적·정치적 규범의 영역으로 들어갈 때 더욱 그러하며, 양극화된 정치 환경에서는 더더욱 그렇다.)

도덕적 격분은 분명 양가적인 정서로, 항상 유해한 것은 아니다.44) 도덕적 격분은 참을 수 없거나 부당하게 여겨지는 것에 주목과 정서적 에너지를 집중시키고 그것을 바로잡는 데 온 힘을 기울임으로써 동기를 부여하고 활력을 불어넣을 수 있다.45) 그러나 여기서 필자가 우려하는 격분은, 비록 도

---

24 트롤은 인터넷 커뮤니티에서 주제에 벗어나거나 불쾌하고 선동적인 글을 올리는 사람을 뜻한다.

25 주로 소셜 미디어 플랫폼에서 공개적으로 수치심을 주는 형태로, 누군가 또는 무언가에 대한 지지를 철회하는 행위를 말한다.

덕적 용어로 표현되고 정당화되기는 하지만, 추정상 참을 수 없거나 부당한 상황에 대한 격분이 아니라, 또는 그것에 대한 격분만이 아니라, 정치적 외집단 구성원을 향한 격분이다. 그것은 분노, 경멸, 혐오와 같은 '타자 비난(other-condemning)' 정서와 강하게 연관되어 있다.[46] 그것은 또한 다른 사람에게 책임을 묻거나 다른 사람을 처벌하려는 욕구와도 연관되어 있다. 격분의 표현은 그 자체로 모독적이지는 않지만 쉽게 모독과 괴롭힘으로 서서히 번져나가며, 여기에는 인신공격, 극단적인 욕설이나 외설, 개인 정보 유출, 심지어 직접적인 위협까지 포함될 수도 있다. 괴롭힘이 도덕적 격분에 의해 촉발될 때, 그것은 흔히 정당화된 것으로 여겨진다.[47]

정치적 반대자를 향한 격분의 동원은 새로운 것이 아니며, 그것을 인터넷 탓으로 돌릴 수도 없다. 미국에서는 대량 발행 신문 초기부터 격분은 주목을 끌기 위한 전략으로 활용되었다. 그리고 1980년대와 1990년대에 규제 제한이 완화된 후, 격분의 동원을 사람들이 명확히 인식할 수 있는 (그리고 안정적인 수익을 보장하는) 장르로 자리 잡게 만든 것은 방송 미디어였으며, 이는 1990년대 보수 토크 라디오와 2000년대 폭스 뉴스(*Fox News*)의 비즈니스 모델의 핵심이었다.[48] 그러나 디지털 초연결성은 도덕적 격분의 생산과 유통에 강력한 추진력을 부여했다.

초연결성은 세 가지 측면에서 격분에 특히 유리한 환경을 제공한다. 첫째, 디지털 콘텐트의 유통과 가시성을 통제하는 알고리즘은 이용자의 몰입적 참여를 끌어내는 데 최적화되어 있다. 그리고 도덕적 격분은 (비록 유일하지는 않지만) 독특하게 몰입적 주목을 끌어내는데, 이는 그것의 도덕적 프레이밍이기 때문이기도 하고(도덕적 자극은 일반적으로 주목을 끎) 강렬한 정서성(emotionality)[26]의 표현 때문이기도 하다.[49] 따라서 조직이든 개인이든 콘텐트 제작자들은 격분을 표현하는 콘텐트를 만들어내고 유통할 유인(誘因)을 갖는데, 이익과 권력을 추구하는 조직의 경우에는 경제적·정치적 유인을, 주목을 추구하는 개인의 경우에는 심리적인 유인을 갖는다. 몰입적 참여를 끌어내는 콘텐트를 만들어내고자 하는 유인은 초연결성의 시대 훨씬 이전부터 존재했다.50) 그러나 주목을 모니터링하고 측정하며 몰입적 참여를 위해 콘텐트를 최적화하는 기술은 보편적 감시(universal surveillance), 빅데이터, 그리고 지속적인 A/B 테스팅(A/B testing)[27] 시대에 들어서면서 편재적으로 배치되고 훨씬 더 정교해졌다. 그래서 상업 미디어 사업체들은 항상 수용자들의 몰입적 참여를 추구해 왔지만, 무엇이 몰입적 참여를 유도하는지에 대한 새롭게 세분화된 데이터와 몰입적 참여를 최적화하는 새롭게 정교해진 알고리즘적 수단들로 인해 이러한 유인들은 콘텐트 제작자들을 (측정 가능하고 입증 가능하게 몰입적 참여를 끌어내는 다른 형태의 콘텐트뿐만 아니라) 도덕적 격분의 표현으로 더욱 직접적이고 강력하게 유도하고 있다. 그리고 소셜 미디어 플랫폼 어디서나 흔히 볼 수 있는 사용자-지향(user-facing) 지표들은 '좋아요', 공유, 리트윗 등을 눈에 띄게 보고하면서 개인의 참여를 같은 방향으로, 즉 도덕적 격분을 표현하는 쪽으로, 유도한다.51)

둘째, 넘칠 정도의 디지털 콘텐트의 풍요는 도덕적 격분을 동원하고자 애쓰는 사람들에게 무궁무진하고 고도로 접근 가능한 자료 저장소를 제공한다. 많은 연구와 논평은 격분을 부채질하는 가짜 뉴스나 오정보의 역할을 강조해 왔다.52) 그러나 도덕적 격분을 퍼 나르는 사람들은 날조에 의존할 필요가 없다. 상당수의 사람이 격분을 느낄 만한 새로운 이야기, 문서, 트윗, 틱톡과 같은 실제 자료들이 넘쳐나기 때문에 날조는 불필요하다.53) 고도로

---

26 정서성이란 감정 또는 정서의 강도, 표현 정도, 또는 감정에 영향을 많이 받는 성향을 말한다.

27 분할 테스트 또는 버킷 테스트라고도 하는 'A/B 테스팅'은 두 가지 콘텐트를 비교하여 방문자/뷰어가 더 높은 관심을 보이는 버전을 확인한다. 주요 측정 지표를 기반으로 가장 성공적인 버전을 측정하기 위해 변환(B) 버전과 비교하여 컨트롤(A) 버전을 검증한다.

통합되고 전국화되어 있으며 쉽게 검색할 수 있는 매우 큰 나라의 디지털 미디어 공간에서는 격분을 유발하는 자료가 부족한 경우가 절대 없다.54) 예를 들어, 유치원부터 고등학교(K-12)에 이르는[28] 학교가 10만 개가 넘는 국가에서 그리고 K-12 교육이 인종차별과 깨어 있음(wokeness)[29]을 둘러싼 갈등의 핵심 전장이 된 상황에서, 매트 이글레시아스(Matt Yglesias)가 지적했듯이, 한편으로는 인종차별 사건에 대한 이야기를, 다른 한편으로는 "통제 불능 상태의 깨어 있는 관리자들"에 대한 격분을 동원하는 이야기를 지어낼 필요도 없이, 격분을 동원하는 이야기를 끊임없이 쏟아내는 것은 어렵지 않은 일이다.55) 이것은 분명 디지털 공론장에서 오정보의 중요성을 부정하는 것이 아니다. 하지만 격분을 부추기는 메커니즘이 맥락에서 벗어나게 하기, 선별적 인용, 그리고 편향된 프레이밍에 의존하기는 하지만, 그것이 전면적인 날조에 의존하지는 않는다는 것을 주장하는 것이다.56)

게다가 페이스북과 트위터 같은 플랫폼에서의 상호작용은 자기-기록화, 즉 스스로 기록을 남기는 특성을 가지며, 이는 그러한 상호작용의 지속적인 디지털 기록을 서로 다른 정치적·도덕적 신념을 가진 광범위한 수용자들에게 보여줌으로써 격분을 유발하는 자료의 무궁무진한 공급에 일조한다.57) 격분의 표현 자체도 이러한 객관화되고 공개적으로 보이는 디지털 기록의 일부가 된다. 이는 격분의 확산을 더욱 부추기는데, 왜냐하면 기록된 공개적인 격분 표현은 흔히 그 격분 표현에 대해 격분을 표현하는 맞격분(counter-

---

28 미국의 초등교육 과정이 시작되는 만 5세에 입학하는 킨더가든(Knidergarten)에서 12학년(고등학교 3학년)까지의 과정을 말한다.

29 원래 'wake'의 과거형이었던 'woke'가 2016년 미국에서 흑인 인권운동과 대통령 선거 등을 거치며 '정치적·문화적·사회적 이슈에 대해 잘 알고 있는' 또는 '차별 등 사회적 불의를 인식하고 있는'이라는 확장된 형용사적 의미로 사용되자, 최근 영국 『옥스포드 영어사전(*Oxford English Dictionary*)』은 이것을 공식 반영했다.

outrage)을 촉발하기 때문이다.[58]

셋째, 디지털 커뮤니케이션 네트워크의 어포던스는 (마치 양극화된 공적 지식 생산을 민주화했듯이) 도덕적 격분의 생산과 유통을 민주화했다. 격분은 더 이상 단순히 위로부터 동원되는 것이 아니라, 참여적인 방식으로 아래로부터 공동-생산된다. 참여적 어포던스는 격분이 더 심한 격분을 낳으면서 자기-증식적인(self-propagating) 연쇄 반응의 형태로 격분이 나타나게 한다. 원-클릭(one-click)의 편리함은 온라인 청원서에 서명하거나 다른 사람의 격분 표현에 댓글을 달거나 그것을 리트윗하거나 공유하거나 그것에 '좋아요'를 누르는 방식으로 디지털 미디어가 매개하는 진행 중인 도덕적 격분 표현에 마찰 없이 참여할 수 있게 해준다.[59] 예를 들어, 뉴스 기사에 글을 올리고 댓글을 달거나 다른 사람의 트윗이나 게시물을 격분할 만한 것으로 규정함으로써 도덕적 격분의 연쇄 반응에 불을 지피는 것 역시 마찬가지로 편리하고 마찰이 없다. 디지털 마찰 없음으로 인해 필요한 시간과 노력을 무시할 수 있을 정도로 줄일 수 있을 뿐만 아니라 대상과의 디지털적 거리감이 격분을 표현하는 데 드는 감정적 비용도 줄여주기 때문에, 격분을 표현하는 데 드는 비용이 급격히 줄어들었다. 그 결과, 격분할 만한 것으로 간주되는 것의 임곗값이 낮아졌고, 그로 인해 미소-격분(micro-outrage)의 형태들이 급증하고 있다.[60] 여기서 다시 우리는 ('클릭티비즘'과 '슬랙티비즘'에 대한 불만을 야기했던) 극도로 최소화된 정치적 참여 형태들의 등장과 격분할 만한 것으로 간주되는 것에 대한 낮아진 기준 모두에서 디지털 미디어가 매개하는 소형화가 작동하는 것을 볼 수 있다.

소셜 미디어 네트워크는 도덕적 격분을 표현하는 데 드는 비용을 줄여줄 뿐만 아니라, 그렇게 하는 데 대한 대가로 얻는 새로운 이점도 제공한다.[61] 소셜 미디어 네트워크는 자신의 메시지를 널리 퍼뜨리고자 하는 누구에게나 수용자를 모아주며, 즉각적이고 눈에 띄고 명확하고 수치화되며 매우 만족스러운 사회적 피드백을 제공한다. 그렇게 함으로써 소셜 미디어 네트워크는 '도덕적 허세꾼(moral grandstander)', 즉 집단이나 네트워크 내에서 자신의 지위를 높이기 위해 수용자를 겨냥한 도덕적 발언을 시도하는 사람들에게 완벽한 환경을 제공한다.[62] 그리고 누구나 디지털 미소-유명인(micro-celebrity)이 될 수 있는 것처럼, 누구든 (관심을 끌 수 있는) 자신만의 연단을 가질 수 있는데, 왜냐하면 도덕적 허세(moral grandstanding)는 미소-유명세처럼 팔로워 수로 정의되는 것이 아니라 수용자들을 상대로 연기를 수행하고 있다는 사실로 정의되기 때문이다.

이러한 다소 추상적인 논의는 공개적 망신 주기(public shaming)가 초연결성에 의해 어떻게 크게 변화되었는지를 고려함으로써 좀 더 구체화될 수 있는데, 공개적 망신 주기란 도덕적 격분의 조율된 표현이 특정한 개인의 특정한 위반 행위로 인식되는 것에 집중되는 것을 말한다.[63] 현대 서구 사회에서 대면 공개적 망신 주기는 대개 시간과 공간의 제약을 받는다. 망신을 주는 사람과 망신 주기의 대상이 되는 사람은 즉각적이면서 비매개적인 관계에 있다. 즉, 전형적인 경우, 망신을 주는 사람은 수치스럽다고 여겨지는 행동을 직접 목격했으며 망신 주기의 대상과 직접 대면한다. 망신 주기가 다른 사람들에 의해 목격되고, 이로 인해 망신 주기가 공개적인 것이 되며 또한 망신 주기에 대한 사실이 소문을 통해 전해져 당시 현장에 없었던 사람들도 알게 될 수도 있지만, 망신을 불러온 행위든 망신 주기 그 자체든 어느 것도 오래 지속되는 형태로 객체화되지는 않는다.

현대의 디지털 공개적 망신 주기는 더 이상 시간과 공간의 제약을 받지 않는다. 수치스럽다고 여겨지는 행위와 망신 주기 그 자체가 모두 객체화되어 오래 지속된다. 문제가 된 행위는 다른 사람들에 의해 사진이나 오디오 녹음 또는 비디오 녹화로 포착되었거나 처음부터 객체화된 형태(예를 들어, 트윗)로 존재했을 수도 있다. 어떤 경우든, 그것은 검색 가능한 방대한 아카이브의 일부이다. 객체화와 디지털화는 누구나 어디서든 대상에 대한 지식이나 연관성 없이도 망신 주기에 참여할 수 있게 한다. 그로 인해 생기는 비인격성(impersonality)[30]과 익명성은 집단 공격을 하기 쉽게 만든다. 객체화와 디지털화는 또한 망신 주기가 언제든지 일어날 수 있게 한다. 그러한 아카이브는 결코 잊지 않으며, 과거의 흔적을 검색할 수 있는데, 그러한 흔적들은 현재의 기준에 비추어 재맥락화됨으로써 과거의 망신 주기를 재소환할 수도 있다.[64)]

디지털로 증폭된 격분은 안톤 예거(Anton Jäger)가 "과잉-정치(hyper-politics)"라고 부른 현상이 발생하는 데 일조하며 기존의 양극화 패턴을 크게 강화한다.[65)] 구체적으로 그것은 상대 정당에 대한 반감으로 정의되는 "정동적 양극화"를 강화하는 데 일조한다.[66)] 아이러니한 점은 소셜 미디어가 양극화의 정도를 과장함으로써 상당 부분 양극화를 심화시킨다는 것이다. 소셜 미디어는 정치학자들이 "허위의 양극화(false polarization)"라고 부른 현상에 일조함으로써 결국 실제 양극화에 일조하게 된다. 더 정확하게 말하면, 소셜 미디어는 허위의 '이념적' 양극화에 일조함으로써 실제 '정동적' 양극화에 일조한다.[67)] 소셜 미디어 플랫폼에서 격분의 목소리가 증폭되는 이유는 우리가 소셜 미디어 피드를 훑어볼 때 도덕적·정서적 자극에 더 주목을 기울이는 경향과,[68)] 정치적 주제에 관해 자주 게시하는 사람들은 다른 사람들보다 더 당파적이고, 더 양극화되어 있으며, 더 격분하기 쉬운 성향을 가지고 있다는 사실과,[69)] 그리고 몰입적 주목을 끄는 콘텐트의 유통을 북돋우는 알고리즘 때문이다. 격분의 목소리는 다른 사람들이 다른 목소리를 '압도해' 버릴 뿐만 아니라, 다른 목소리를 '몰아내기도' 하는데, 이는 더 조용하고

---

30 행위자가 대상과 개인적 관계를 맺고 있지 않으며, 대상에 대한 맥락적 지식, 정서적 유대, 책임 의식이 결여된 상태를 말한다.

온건한 목소리들이 험악한 분위기와 상황에 혐오를 느껴 토론에서 빠져나가기 때문이다.70) 따라서 소셜 미디어는 정치적 견해의 분포에 대해 왜곡된 그림을 만들어내는데, 이는 공중이 실제보다 훨씬 더 심하게 분열되어 있고 양극단으로 훨씬 더 밀집되어 있음을 보여주는 그림이다. 온건한 당파적 입장을 지닌 사람들에게 이것은 상대 정당이 더 극단적이고 위협적으로 보이게 만들며, 그로 인해 상대 정당에 대한 반감을 증가시킬 수 있다. 양극화의 정도에 대한 오재현(misrepresentation)은 그 자체로 양극화를 일으키면서, 결국 자기-실현적 예언(self-fulfilling prophecy)[31]이 될 수 있다.71)

3. 거버넌스 체제

초연결성에 의해 가능해진 새로운 거버넌스 방식은 어떤 면에서 앞에서 논의한 새로운 앎의 방식 및 감정의 방식과 상반된다. 새로운 앎의 방식과 새로운 감정의 방식이 깊이 정치화되어 있다면, 데이터-집약적이고 알고리즘이 이끄는 새로운 거버넌스 방식은 처음 보기에는 현저하게 탈정치화되어 있는 것처럼 보이며, 에브게니 모로조프가 냉소적으로 말한 바와 같이 "정치 없는 정치의 유토피아"를 약속하는 것 같다.72) 새로운 앎의 체제와 새로운 감정의 체제가 포퓰리즘적이고 참여적인 것으로 기술될 수 있다면, 새로운 거버넌스 체제는 기술관료주의적이다. 새로운 앎의 지형과 새로운 감정의 지형이 제멋대로이고 혼란스럽다면, 새로운 거버넌스 지형은 질서 정

31 사회심리학적 현상의 하나로, 누군가 어떠한 일이 발생한다고 예측하거나 기대하는 것인데, 이러한 예측 혹은 기대가 실현되는 것은 순전히 자신이 그렇게 될 것이라고 믿고, 믿음에 따라 행동을 맞추어 가기 때문이다.

연하고, 조율되며, 규율되는 것처럼 보인다.

필자가 말하는 거버넌스 체제란 초연결성으로 가능해진 새로운 양식의 알고리즘적 거버넌스를 의미한다. 아직 개발 초기 단계에 있음에도 최근 몇 년 동안 자원 부족과 과중한 업무에 시달리던 정부 기관들이 이러한 새로운 체제들을 널리 채택해 왔는데, 이는 데이터의 가용성과 특히 데이터에 대한 이념적 찬양, 그리고 통찰력, 효율성, 객관성 및 비용 절감에 대한 약속에 의해 추진되었다.[73] 예를 들어, 형사사법제도에서는 알고리즘으로 계산된 '위험 점수(risk score)'가 보석, 양형 및 가석방 결정의 지침이 된다.[74] '예측 치안(predictive policing)' 알고리즘은 치안 자원을 특정 지역이나 범죄를 저지르거나 범죄의 피해자가 될 '위험이 있는' 것으로 여겨지는 사람들에게 돌린다.[75] 이와 유사한 예측 알고리즘은 학대의 위험이 있는 것으로 여겨지는 아동과 자살의 위험이 있는 것으로 여겨지는 사람들에게 집중하도록 유도한다.[76] 국세청(Internal Revenue Service), 증권거래위원회(Securities and Exchange Commission), 환경보호청(Environmental Protection Agency)과 같은 기관은 알고리즘이 표시해 주는 잠재적 위반에 부족한 법 집행 자원을 집중한다.[77] 알고리즘은 성공 가능성이 가장 높다고 판단되는 신청서와 이의 제기를 신속 처리 대상으로 선별함으로써 장애 급여 신청서(와 급여 거부에 대한 이의 제기) 처리를 간소화한다.[78] 자연어 처리 알고리즘은 규정 변경 제안에 대한 엄청난 양의 의견을 분석하고 평가한다.[79] 이러한 사례들은 무한히 이어질 수 있을 것이다.[80]

알고리즘적 '거버넌스'는 '정부'에 국한되지 않는다. 실제로 그것은 민간부문에서, 특히 거대 기술 플랫폼 자신들에 의해, 훨씬 더 발전되어 있다.[81] 결국 그러한 플랫폼들은 공공부문에서 사용하는 것보다 훨씬 더 정교한 형태의 알고리즘적 거버넌스를 구사할 수 있는 데이터 및 기계학습 전문성을 갖추고 있다. 그리고 플랫폼들이 거버넌스 사업에 관여하고 있다는 것은 의심의 여지가 없다. 앞 장에서 보았듯이, 가장 분명한 의미에서 플랫폼들은 플랫폼 안에서 그리고 플랫폼을 통해 무엇을 할 수 있는지를 결정하는 디지털 아키텍처의 설계와 통제를 통해 이용자들의 활동을 통제한다. 그러나 그들의 거버넌스 권력은 공적 생활 영역으로까지 더 광범위하게 확장된다. 플랫폼들은 사교와 오락 영역은 물론이고 지식, 상거래, 노동, 정치 영역에도 점점 더 필수 불가결한 하부구조를 제공한다. 이 장의 목적상 가장 중요한 것은 플랫폼들이 누가 무엇을 보는지를 관리 및 통제하고, 따라서 어느 정도는 누가 무엇을 알거나 믿는지, 그리고 누가 무엇을 느끼는지를 통제한다는 것이다.[82] 따라서 거버넌스 체제는 부분적으로 앎의 체제와 감정의 체제를 통해 작동한다. 플랫폼들은 또한 점점 더 개입적인 방식으로 디지털 공론장에서 누가 무엇을 '말할' 수 있는지를 통제한다. 거대 플랫폼들은 민간기업이 소유하고 운영하지만, 그들은 분명 공적 기능을 수행한다.[83]

이러한 새로운 거버넌스 양식들은 다양성에도 불구하고 모두 방대한 양의 데이터, 데이터 생성을 위한 편재적 감시, 디지털 흔적을 분석 가능한 데이터로 변환하는 정교한 수량화 방식, 예측이나 분류를 수행하고 결정을 내리거나 추천하는 알고리즘, 그리고 그러한 알고리즘을 생성하고 훈련하는 기계학습에 의존한다. 데이터, 감시 및 수량화를 통한 거버넌스는 분명 오랜 역사를 지니고 있다. '통계'라는 단어는 처음에는 국가와 국정 운영술(statecraft)에 대한 연구를 지칭했던 프랑스어와 독일어 용어에서 파생되었으며, 방대한 문헌들(이 중 상당 부분은 푸코적 영감을 받았음)이 19세기 초 무렵에 이미 거버넌스의 중심이 되었던 "쇄도하는 인쇄된 숫자들"을 분석해 왔다.[84]

그러나 기계학습에 기반한 알고리즘적 거버넌스는 새로운 것이다. 기계학습은 분류 및 예측 알고리즘을 훈련하기 위해 방대한 양의 데이터가 필요하며, 필요한 규모의 데이터는 초연결의 맥락에서만 일상적으로 이용 가능하게 되었다. 그러한 데이터는 부분적으로 책, 이미지 및 각종 공공 기록과 같은 원래 디지털 형태가 아닌 데이터를 디지털화하는 데서 비롯된다. 그러나 그러한 데이터는 주로, 그리고 점점 더, 절대 멈추지 않는 디지털 감시 엔진에서 나오는데, 이 엔진들은 이전에는 상상할 수 없었던 양의 데이터를 사용자에게 분명히 요구하며 모든 디지털 매개 활동의 흔적을 은밀하게 빨아들인다. 넘칠 정도로 풍부한 디지털 데이터는 기계학습이 전례 없는 속도로 발전할 수 있게 할 뿐만 아니라, 기계학습 알고리즘에 대한 수요도 크게 증가시켰는데, 이는 오직 그러한 알고리즘만이 압도적인 양의 데이터를 이해할 수 있기 때문이다. 따라서 넘칠 정도로 풍부한 데이터는 기계학습 기반의 알고리즘적 거버넌스에 대한 수요와 공급 모두를 촉진한다. 넘칠 정도로 풍부한 데이터는 또한 빅 데이터 시대에 기계학습의 순환적이고 자력갱생적(bootstrapping)[32] 특성을 설명해 준다. 다시 말해, 기계학습 알고리즘은 넘칠 정도로 풍부한 데이터를 학습하는 방법을 넘칠 정도로 풍부한 데이터로부터 배운다.[85)]

간단히 말해, 새로운 거버넌스 체제들은 새로운 앎의 방식과 학습 방식에 의존한다. 이러한 새로운 '국가처럼 보기(seeing like a state)'[33] 방식은 지속적이고 편재적인 디지털 감시에 의해 생성되는 상상할 수 없을 정도로 거대한 데이터 세트로 훈련된 기계학습 모델에 의해 구동된다.[86)] 이러한 '조직적이

---

32 부트스트래핑(bootstrapping)은 일반적으로 '자력으로, 외부의 도움 없이 스스로 해결하는 것'이라는 의미를 가진 단어다. boot와 strap의 합성어로, 긴 부츠의 뒷부분에 달린 고리를 뜻했는데, 여기에서 'pull oneself up by one's bootstraps'라는, 불가능한 일을 해낸다는 관용어구가 생겼고, 그 의미가 변화하여, 도움 받지 않고 스스로의 상황을 개선시킨다는 의미가 되었다. 사물의 초기 단계에서 단순 요소로부터 복잡한 체계를 구축하는 과정을 가리키는 경우도 있다.

33 국가처럼 보기는 정치학자 제임스 스콧(James Scott)이 1998년 동명의 책에서 제시한 핵심 개념으로, 국가가 복잡하고 다양한 사회 현실을 통치 가능한 형태로 단순화하고 표준화해서 바라보는 특별한 시각을 말한다.

고 체계적인' 앎의 양식이 새로운 이 장의 첫 번째 절에서 논의한 새로운 '개인적' 앎의 양식들과 어떻게 다른지 강조할 가치가 있다. 개인에게 있어 디지털 풍요는 흔히 그것이 드러내 보여주는 것보다 더 많은 것을 가린다. 구체적으로 말하자면, 적어도 공적 사안에 대한 지식에 관한 한, 디지털 풍요는 압도적이고 혼란스러우며, 인식론적 불신, 냉소주의, 그리고 양극화를 강화하는 경향이 있다. 조직에 있어서 디지털 풍요는 일단 알고리즘적으로 분석되면 이전에 모호했던 것을 드러내 보여주며, 이전에 숨겨져 있던 질서의 패턴과 형태를 밝혀낸다. 대중의 앎과 감정의 영역을 알고리즘적으로 구조화하여 관심을 끌고 격분을 유발하는 '몰입적 참여의 최적화(optimization for engagement)'는 공적 현실을 혼란스럽고 알 수 없으며 통제 불가능한 것처럼 보이게 만드는 반면, 조직적인 앎의 방식을 구조화하는 '예측의 최적화(optimization for prediction)'는 사회생활을 그 어느 때보다 더 세밀하게 알 수 있고, 더 통제 가능하게, 해줄 것을 약속한다.[87] 쇼샤나 주보프가 말했듯이, "우리가 우리에 대해 아는 것"과 데이터가 풍부한 조직들이 "우리에 대해 아는 것 사이에 깊은 골"이 있다.[88] 권력은 지식의 통제와 조작을 통해 작동한다는 것이 새로운 통찰은 아니지만, 초연결 시대에 이러한 통찰은 그 어느 때보다 더 중요해졌다.[89]

알고리즘적 거버넌스는 세 가지 근본적인 긴장으로 깊이 분열되어 있다.[90] 첫 번째는 객관성에 대한 주장과 편향에 대한 반박 주장 사이의 긴장이다. 최근 들어, 많은 논쟁과 연구가 알고리즘이 편견을 시스템 속에 담아내고 지속시킬 수 있는 방법에 초점을 맞추고 있다. 아이러니한 점은 알고리즘적 거버넌스가 인간의 의사 결정에 내재된 잘 알려진 편향을 '극복하는' 수단으로 정확히 추진되어 왔다는 것이다. 이것은 단순한 마케팅 수사(修辭)도 아니다. 실제로 특정 측면에서 알고리즘이 실제로 인간 의사 결정자보다 더 정확하고 일관되며 공정할 수 있다는 증거도 있다.[91] 그러나 편견에 대한 증거도 충분히 있다. 알고리즘은 세상에 대한 신의 관점(God's eye view)[34]을 가지고 있지 않다. 즉, 알고리즘이 무엇을 고려하고 어떻게 고려하는지는 일련의 인간의 선택에 의해 결정된다. 특히, 알고리즘은 그들이 훈련받은 데이터에 의존한다. 예를 들어, 예측 치안 알고리즘을 훈련하는 데 사용되는 과거 데이터가 치안 활동의 인종적 불평등을 반영한다면, 그러한 불평등은 알고리즘에 그대로 반영되어 치안 활동의 인종화(racialization)[35]를 더욱 강화하는 방식으로 이어질 것이다.[92)] 점점 더 많은 문헌이 알고리즘적 편향의 잠재적 원천에 대응하기 위한 전략과 차별 퇴치 노력에 알고리즘을 활용하는 방법을 다루고 있다.[93)]

두 번째는 불투명성과 투명성 사이의 긴장이다. 민주주의 환경에서는 법적·행정적·정치적 결정이 설명되고 정당화되며 또한 그러한 결정에 이르는 과정이 투명할 것으로 기대된다. 설명 가능성(explainability)과 투명성은 설명 책임성(accountability)의 핵심으로 이해된다. 그러나 알고리즘적 결정(determination)은 일반적으로 불투명하며, 이를 설명하거나 정당화하는 것이 흔히 어렵거나 불가능하다.[94)] 더욱이 알고리즘이 쉽게 조작당하는(gamed) 것을 방지하기 위해 어느 정도의 불투명성이 필요할 수도 있다[다만 검색 엔진 최적화 서비스의 거대한 시장에서 알 수 있듯이, 불투명성만으로는 조작 시도(gaming)[36]를 막기에 충분하지 않다].[95)] 이러한 어려움에도 공개(모델의 입력과 출력을 설명하고, 모델에서 입력의 중요도에 따라 순위를 매기며, 모델의 설계와 테스

34 말하는 사람이나 글을 쓰는 사람이 신만이 가지고 있을 지식을 가지고 있다고 가정하는 관점을 나타내는 명칭이다.

35 사람이나 사물을 인종에 따라 분류하거나 인종적 성격이나 맥락을 부여하는 과정을 의미한다.

36 알고리즘적 거버넌스 맥락에서 게이밍(gaming)은 사람들이 알고리즘의 작동 방식을 파악하고 그 허점을 이용해 시스템을 자신에게 유리하게 조작하는 것을 말한다.

트 과정에서 이루어진 선택을 설명하는 것), 설계 제약(특히, 복잡하고 해석할 수 없는 특정 방법의 사용을 금지하는 것), 또는 벤치마킹(사례 표본을 비알고리즘적으로 처리하고 그 결과를 동일한 사례에 대한 알고리즘적 결정과 비교하는 것)을 통해 투명성과 법적·정치적 설명 책임성을 높이는 방법을 모색하는 새로운 문헌들이 등장하고 한다.[96]

마지막 긴장은 자동성(automaticity)과 인간의 행위 주체성(human agency) 및 자율성(autonomy) 사이의 긴장이다. 현재 대부분의 알고리즘적 거버넌스 시스템은 추천을 생성하고 결정은 사람에게 맡긴다. 그러나 알고리즘이 더 강력하고 정교해짐에 따라, 재량권의 영역을 침범하고 있다. 알고리즘이 명목상으로는 행동 방침을 추천하기만 하는 경우에도, 실제로는 인간(예를 들어, 공무원)이 알고리즘의 추천을 무시하기가 점점 더 어려워지고 있다.[97] 사람들이 복잡한 결정에 대해 더 이상 전적으로 책임지지 않게 되면서, 그들은 특정 기술과 역량을 잃게 된다.[98] 연산 기술의 발전, 비용 압박, 알고리즘적 의사 결정에 대한 습관화로 자동성의 수준이 앞으로 더 높아질 것이 분명한 만큼, 자동성과 인간의 행위 주체성 및 자율성 사이의 긴장은 더욱 두드러지게 될 것이다. 알고리즘 시스템이 더욱 자율적이 됨에 따라, 인간은 오히려 덜 자율적이 될 위험에 처하게 된다.

그러나 약화하는 것은 관료 의사 결정자와 다른 의사 결정자의 행위 주체성과 자율성만이 아니다. 피통치자들의 행위 주체성과 자율성 또한 약화한다. 자동화된 알고리즘적 거버넌스의 형태는 잠재적으로 자기-구속적(self-enforcing)이라는 점에서 독특하다. 물론 모든 형태의 알고리즘적 거버넌스가 자기-구속적인 것은 아니다. 예를 들어, 경찰이나 아동 보호관의 개입을 촉발하는 알고리즘의 결정은 자기-구속적이지 않다. 인간의 개입이 비록 알고리즘의 결정에 따라 이루어진다고 하더라도 인간의 개입과 알고리즘의 결정은 별개다. 그러나 디지털 매개를 통해 이루어지는 사회적 행동에 대한 알고리즘적 거버넌스는 실제로 자기-구속적일 수 있다. 그리고 사회생활의 점점 더 많은 부분이 디지털로 매개됨에 따라, 잠재적으로 완전히 자동화되고 자기-구속적인 거버넌스 영역은 극적으로 확장된다.

오리 슈바르츠(Ori Schwarz)가 주장했듯이, 알고리즘적 거버넌스의 자기-구속적 시스템은 규칙을 설정하지 않고 이를 위반했을 때의 처벌을 명시하지 않는다. 그 대신, 디지털 매개는 그러한 시스템이 위반 행위를 사전에 차단할 수 있게 해준다. 이는 권력의 성질을 완전히 바꾸어놓는데, 권력은 이제 '규제적(regulative)'이라기보다는 '생성적(generative)'이다. 다시 말해, 권력은 사람들의 의지와 의식에 영향을 주려고 하기보다는 그것을 우회함으로써 사회적 현실을 직접 만들어내고 외부에서 사람들의 행동을 통제할 수 있다.[99] 필자가 노동의 알고리즘적 규율화에 대한 논의에서 언급했듯이, 긱(gig) 노동자들의 계정은 그들의 평점이 일정 수준 이하로 떨어지면 자동으로 비활성화될 수 있다. 또는 자동차 소유자가 납입금을 연체하면 자동차가 원격으로 작동 중지될 수 있을 것이다.[100] 의식의 형성을 통해서가 아니라 직접적인 행동의 통제를 통해 진행되는 이러한 자동화된 알고리즘 권력의 새로운 양식은 주보프가 행동의 연산적 "조율(tuning)" 혹은 "집단적 유도(herding)"라고 부르는 것과 일치한다.[101] 그리고 그것은 필자가 1장에서 "탈-신자유주의적 자기"라고 불렀던 것, 즉 자기(self)의 선택 안에서 그리고 그러한 선택을 통해서 다스려지는 것이 아니라 선택을 불필요하게 하거나 불가능하게 만드는 자동화된 절차 안에서 그리고 그러한 절차를 통해서 다스려지는 자기의 출현에 일조한다.

디지털 플랫폼상의 콘텐트 조정 알고리즘 시스템을 생각해 보자. 이러한 시스템들은 최근 몇 년 동안 기계학습의 발전, 엄청난 규모의 문제가 되는 콘텐트(페이스북은 그들의 플랫폼에서 매일 수백만 개의 콘텐트를 삭제한다고 보고함), (대부분의 인간 조정자들이 재택으로 전환되었던) 이번 팬데믹 초기 단계의 난제들, 그리고 혐오 표현(hate speech), 집단 따돌림, 인종차별, 테러리즘, 음란물, 오정보, 역정보, 음모론 및 저작권 침해에 맞서 플랫폼이 좀 더 적극적으로 개입하라는 요구가 강화된 것에 대한 대응으로 빠르게 발전했다.[102] 최근까지 인간은 대규모 콘텐트 조정 시스템에서 두 가지 중요한 역할을 담당해 왔다. 소셜 미디어의 엄청난 사용자 기반의 무급 노동력이 문제가 있는 콘텐트에 플래그를 표시해 신고하는 데 동원되었고, 플래그가 표시된 콘텐트를 검토하고 삭제 여부를 결정하기 위해 (형편없는) 급여를 받는 대규모 노동자들이 고용되었다. 그러나 알고리즘이 양쪽 영역 모두에서 인간을 대체하고 있다. 페이스북의 정책을 위반한 것으로 판정되는 콘텐트의 대다수는 이제 이용자들이 플래그를 표시해 신고하기 전에 알고리즘에 의해 발견되고 있다.[103] 그리고 알고리즘에 의해 '플래그가 표시된' 콘텐트 가운데 점점 더 높은 비율이 인간의 검토를 거치지 않고 알고리즘에 의해 '삭제되고' 있다.[104] 이런 방향으로의 움직임이 더욱 확대될 가능성이 있는데, 이는 인간 운영자들이 엄청난 양의 충격적인 자료를 검토하는 데 따르는 경제적·인적 비용 때문이기도 하고, 인간 조정자들이 내리는 모든 결정을 통해 자신들을 불필요하게 만드는 알고리즘을 훈련하고 있기 때문이기도 하다.[105]

더 완전하게 자동화된 사전 콘텐트 조정이 이루어지는 세계에서 민간 플랫폼들은 공적이든 사적이든 플랫폼이 매개하는 '모든' 표현에 대해 엄청나면서도 불투명하며 대체로 책임지지 않는 알고리즘적 권력을 행사하게 될 것이다. 주의력이 제한된 인간 조정자와 달리 알고리즘은 모든 콘텐트를 면밀히 검토할 수 있다.[106] 그리고 자동화된 알고리즘적 콘텐트 조정이 플랫폼-매개 커뮤니케이션의 기본 하부구조의 일부로 당연시되게 되면서, 테러리즘, 혐오 표현, 집단 따돌림 등에 대한 정의(定義)가 갖는 궁극적으로 정치적인 성격이 기계가 보장하는 객관성이라는 허울 아래 숨겨질 위험이 있다.[107]

물론 공적 표현에 대한 플랫폼들의 엄청난 권력은 자동화된 알고리즘적 통제에만 의존하는 것은 아니다. 페이스북과 트위터가 트럼프 대통령을 차단하기로 한 결정은 알고리즘이 내린 것이 아니었다. 그러나 그러한 결정은 자기-구속적'이었다.' 트럼프는 이들 플랫폼의 소프트웨어 자체에 의해 직접적이고도 실질적으로 배제되어 그러한 차단 조치를 거스를 수 없었다.[108] 그러한 차단 조치의 옳고 그름이나 예상되는 결과에 대한 사람들의 견해가 어떠하든, 그러한 차단 조치는 확실히 표현에 대한 디지털 매개 권력의 독특한 어포던스와 소수의 거대 플랫폼의 손에 그와 같은 권력이 극도로 집중되어 있다는 사실을 부각했다.

4. 맺음말: 포퓰리즘과 기술관료주의 사이에서

새로운 알고리즘적 거버넌스 체제의 기술관료주의적 특성은 디지털 매개되는 새로운 앎의 체제와 감정 체제가 보여주는 포퓰리즘적 기조, 참여 논리, 그리고 초정치화하고(hyper-politicizing) 양극화하는 경향과 극명한 대조를 이룬다. 필자는 결론부에서 초연결성이 어떤 방식으로 포퓰리즘과 이것과 정반대로 보이는 기술관료주의를 모두 촉진할 수 있는지 더 폭넓게 살펴보고자 한다.

디지털 초연결성은 두 가지 주요 방식으로 후기 현대사회의 만성적인 포퓰리즘을 심화시킨다.[109] 첫째, 디지털 초연결성은 '비매개성'의 기술이자 '비매개성'의 이데올로기이다. 디지털 초연결성은 모든 종류의 제도적 중개자들, 즉, 문화 영역의 게이트키퍼들, 지식 영역의 공인된 전문가들, 경제 영역의 중간 상인들, 그리고 정치 영역의 언론과 정당들을 우회하거나 무력화함으로써 사람들 사이의, 그리고 구글의 표현대로 사람들과 "세계의 정보"

사이의, 직접적인 연결을 가능하게(혹은 가능해 보이게) 한다. 초연결성은 수용자를 창작자와, 구매자를 판매자와, 시민을 정치 지도자와 직접 연결해 주겠다고 약속한다.[110)]

4장에서 언급했듯이, 완전한 탈중개화는 하나의 신화로, 초연결성은 단순히 눈에 띄게 보이는 중개자들을 자신들의 존재를 감추고 보이지 않게 하는 자기-비가시화(self-invisualizing) 중개자로 대체할 뿐이다. 디지털 플랫폼들은 자신들의 역할을 최소화하거나 부인하며 자신들을 중립적인 전달자이자 촉진자로 내세울 때조차 여전히 중개자로 남아 있다.[111)] 그러나 비매개성에 대한 약속이 완전히 허상인 것은 아니다. 기존 중개자를 우회하거나 약화하는 것은 실재하면서도 중요하다. 디지털 방식으로 매개되는 연결은 직접적이고 비매개적으로 '느껴질' 수 있으며, 트럼프 대통령과 수많은 그의 트위터 팔로워들 간의 연결은 정치인과 시민 간에 일반적으로 존재해 온 더 필터링되고 제도적으로 매개되는 연결보다 더 직접적이고 비매개적'이었다.' 시민과 공적 지식 주장과의 관계는 비록 알고리즘적으로 걸러지기는 하지만, 공적 지식이 제도에 의해 더 철저하게 조직되었던 때보다 실제로 더 비매개적이다. 탈중개화 이데올로기는 많은 사람에게 대단히 매력적이며 정확히 포퓰리즘적 이데올로기이다. 왜냐하면 포퓰리즘은 그 자체로 비매개성의 이데올로기이기 때문이다.[112)] 포퓰리즘은 매개 기관들과 그곳에 안주하고 있는 엘리트들을 무력화함으로써 보통 사람들의 역량을 강화해 주겠다고 약속한다. 정치 영역에서 탈중개화 이데올로기는 정당, 노동조합, 전문가들의 전문 지식, 법원, 주류 언론의 정당성을 부정하고 '대중'과 권력 행사 간의 비매개적이거나 직접적인 관계를 요구하는 이데올로기이다.

둘째, 초연결성은 문화와 정치의 '대중화'에 일조한다. 초연결성은 한편으로 더욱 매력적이고 더욱 몰입적인 참여를 불러일으키는 문화 및 정치 활동을 가능하게 하고, 새롭고 더 접근 가능한 형태의 문화 및 정치 참여와 참여의 장을 열어주며, 문화의 생산자나 '프로슈머'로서 그리고 확장되고 조각화된 공론장의 참여자로서 적극적으로 참여하는 사람들의 범위를 넓혀줌으로써 그렇게 한다. (디지털 플랫폼이라는 용어의 건축학적 함의가 시사하는 바와 같이, 높여진 수평면으로서 플랫폼 소유자들이 교묘하게 활용해 온) 디지털 플랫폼들은 이전에는 보이지 않던 것을 보이게 하고, 이전에는 목소리를 내지 못했던 사람들에게 목소리를 낼 수 있게 해주겠다고 약속한다.113) 그리고 그들이 만든 디지털 표면들이 결코 공평한 경쟁의 장은 아니었음에도 그들은 실제로 그렇게 해왔다. 그들은 포퓰리스트 정치인들이 흔히 호소하는 대상인 불만을 품은 시민들을 포함해 문화 혹은 정치의 주류 밖에 있는 사람들이 같은 생각을 가진 다른 사람들과 소통하고 상호 인정하는 공간을 만들고 공적 존재감도 확립하는 것을 더 쉽게 할 수 있게 해주었다.114)

네트워크화된 디지털 공론장은 다른 한편으로 인기도 계산과 이를 통해 '대중' 전체나 일부 특정 대중이 좋아하고, 원하고, 선호하며, 믿는 것에 대한 재현을 더욱 문화와 정치의 중심이 되게 함으로써 대중화에 일조한다. 지속적이고 세분화된 수량화 기술은 '대중'을 가시적이고 알 수 있는 존재로 만들며, 그러한 객관화된 재현을 새로운 방식으로 대중에게 되돌려준다. 디지털 미디어를 통해 민주 시민들의 의견을 구하고 그들의 선호도를 기록하는 방식들은 디지털 민주주의 이니셔티브를 앞장서서 이끌어왔다.115) 그리고 인기 있는 것을 재현해서 보여주는 것(rendering)은 문화와 정치가 일상적으로 작동하는 데 중심적인 요소가 되었다. 예를 들어, 어디서나 볼 수 있는 '트렌딩(trending)'[37] 알고리즘은 특정 순간에 특정한 '계산된 공중(calculated

---

37 특정 토픽, 해시태그, 또는 키워드가 인기를 끌면서 트위터, 틱톡, 인스타그램과 같은 특정 소셜 미디어 플랫폼에서 평소보다 더 많은 노출과 상호작용적 참여를 끌어내는 것을 말한다.

publics)'에게 인기 있는 것이 무엇인지를 단순히 기록하는 것이 아니라, 인기도의 신호를 기록하고 확산하는 과정에서 그러한 신호를 증폭시키고 자신이 기록하는 인기도를 더욱 강화한다.[116] 디지털 네트워크화된 공론장(networked public sphere)은 인기 있는 것을 단지 기록하는 것이 아니라, 인기 있는 것을 전면에 부각하고 강조하며 인기 있는 것을 궁극적인 가치의 결정권자로 떠받든다.[117]

초연결성은 마지막으로 '고급(high)'이라기보다는 '저급한(low)'이라는 의미에서 대중적인 문화와 정치 스타일을 강하게 선호함으로써 대중화에 일조한다.[118] '저급한' 스타일은 '다듬어지지 않았고' 거칠며(하지만 '따뜻하고' 거리낌 없음), '고급' 스타일은 세련되고 교양 있다(하지만 차갑고 절제되어 있음). '저급한' 스타일은 주목을 끌려 하고 금기를 깨뜨리며, 정중한 표현과 정치적 올바름(political correctness)[38]의 제약과 절제를 무시한다. 저급한 스타일은 대립, 정서화(emotionalization), 개인화 및 초단순화(hyper-simplification)를 지향하는 경향이 있다. 앞서 언급했듯이, 디지털 시대 이전의 정치의 매개화에 의해 이미 선호되었던 그와 같은 '저급한' 스타일은 고도로 경쟁적인 디지털 주목 경제와 이른바 '주목 정치체(attention polity)'[39]에서 훨씬 더 적극적으로 선택된다.[119] 저급한 스타일은 넘쳐나는 디지털 콘텐트의 과잉을 돌파할 수 있는 최고의 기회를 얻는다.

이처럼 초연결성의 생태계는 포퓰리즘의 논리와 깊은 친화성을 갖는다. 초연결성의 생태계는 제도적 매개에 대한 (겉보기에) 비매개적인 대안을 제

---

38 정치적 올바름이란 말의 표현이나 용어의 사용에서, 인종·민족·언어·종교·성차별 등의 편견이 포함되지 않도록 하자는 주장을 나타낼 때 쓰는 말이다.

39 정치체 혹은 정체란 특정 형태나 정부 시스템 또는 정치적 실체로 기능하는 조직화된 사회를 의미한다.

공하고, 새로운 형태의 대중 참여를 가능하게 하고, 인기도를 모든 것의 척도로 만들며, 대중적인 문화적·정치적 스타일을 가치 있게 여긴다. 문화 영역에서 초연결성의 생태계는 게이트키퍼의 권력을 약화하고, 새로운 형태의 대중 창작을 불러일으키며, 인기도를 기록할 뿐만 아니라 증폭시키는 지표를 보편화한다. 정치 영역에서 초연결성의 생태계는 '보통' 사람들, 특히 불만을 품은 시민들에게 (상대적으로) 비매개적이고 직접적인 방식으로 다가갈 수 있게 하고, 스스로를 주류에 반대하는 세력으로 내세우는 대항-공중(counter-publics)의 출현과 결집을 촉진하며, '엘리트'에 맞서고 기성 체제의 규칙과 관행에 맞서 사람들을 동원하는 데 가장 적합한 '저급한' 정치 스타일을 우대한다.

그러나 동시에 초연결성이 가능하게 한 알고리즘적 거버넌스의 새로운 방식들은 매우 기술관료주의적이다. 일반적인 기술관료주의적 거버넌스와 마찬가지로 알고리즘적 거버넌스도 전문 지식을 전제로 하는데, 이 경우에는 엄청난 양의 데이터를 분석하는 복잡한 연산 절차에 코드화되어 있고(encoded) 그러한 절차에 의해 생성되는 지식을 전제로 한다. 그와 같은 절차에 의사 결정을 맡기는 것에 대한 정당화는 그러한 절차들이 생성하는 상관관계적이고 예측적 지식과 정확히 정의된 문제들에 대한 최적의 해결책을 찾는 그들의 능력이 심지어 가장 경험이 풍부하고 고도로 훈련된 인간의 지식과 최적화 능력보다 우수하다는 것이다.

기술관료주의적 이상은 또한 실리콘 밸리의 '기술적 상상계(technological imaginary)'[40]의 핵심인 더 광범위한 '기술적 해결주의' 정신의 기저에 깔려

---

40 기술적 상상계란 집단적 상상이나 비전, 기술이 만들어낼 미래에 대한 공유된 인식을 말하는 것으로, 여기서는 실리콘 밸리라는 특정 공동체가 공유하는 기술에 대한 집단적 비전이나 세계관, 기술이 사회를 어떻게 변화시킬 수 있는지에 대한 공통된 믿음 체계

있으며 그러한 정신에 활력을 불어넣는다.120) 일반적인 기술관료주의와 마찬가지로 해결주의적 사고 역시 탈정치적이다. 해결주의적 사고는 사회적, 정치적, 행정적, 사법적 문제를 기술적으로 합리적인 해법이 가능한 기술적인 문제로 변환하고자 한다. 해결주의적 사고는 "대부분의 문제는 제대로 이해하면 … 통계적 분석과 최적화의 논리로 해결할 수 있다"라는 관념을 신봉한다.121) 따라서 해결주의적 사고는 마이클 오크쇼트(Michael Oakeshott)가 합리주의 정치 전반의 특징으로 지적한 "정치의 공학으로의 동화"를 보여주는 사례다.122)

기술관료주의와 포퓰리즘은 일반적으로 반정립적(antithetical) 것으로 이해되는데, 반정립적이란 서로 적대적으로 대립하는 관계로 정의된다. 기술관료주의는 의사 결정 권한을 전문가에게 (또는 알고리즘과 같은 전문가가 설계한 지식 절차[41]에) 맡기는 반면, 포퓰리즘은 정치에서 전문 지식에 기반한 주장을 불신한다. 그리고 기술관료주의는 의사 결정을 대중의 간섭, 특히 포퓰리즘적 간섭으로부터 차단하려고 하면서 탈정치화를 추구하는 반면, 포퓰리즘은 일반적으로 재정치화(re-politicizing)를 지향하며, 민주적 의사 결정 영역에서 부당하게 배제되어 민주적으로 책임을 지지 않는 관료, 전문가, 또는 법원에 맡겨진 것으로 여겨지는 이슈들에 대해 정치적 통제권을 재확립해야 한다고 주장한다.123) 책임지지 않는 알고리즘(그리고 그러한 플랫폼을 설계하는 책임지지 않는 플랫폼이나 전문가)에 의한 의사 결정이 점점 더 중요해짐에 따라, 특히 알고리즘적 거버넌스가 더 가시적이고 더 개입적이 된다

를 의미한다. 단순히 개인이 기술을 상상하는 능력이 아니라, 기술 문화 전반에 스며든 이데올로기적 틀이다.

41 이 맥락에서 지식 절차(knowledge procedure)는 전문적 지식을 바탕으로 설계된 의사 결정 과정이나 방법론을 의미한다.

면, 그와 같은 의사 결정은 포퓰리즘적 문제 제기에 유사하게 취약해질 것으로 예상할 수 있을 것이다.

그러나 알고리즘적 거버넌스가 그와 같은 문제 제기로부터 격리된 상태로 남아 있을 수도 있다고 믿을 만한 이유가 있다. 예를 들면, 위에서 언급한 바와 같이, 주요 플랫폼들의 콘텐트 조정은 이번 팬데믹 기간과 2020년 미국 선거 및 그 이후에 더 자동화되었고 더욱 가시적이고 개입적이 되었다. 이는 검열과 진보적 편향에 대한 사용자들의 불만을 불러일으켰다. 그러나 일부 사용자들은 대안 플랫폼을 찾아 떠남으로써 반대 의사를 표시했지만, 더 자동화되고 공격적인 콘텐트 조정이 알고리즘적 콘텐트 조정 자체에 대한 포퓰리즘적 문제 제기를 불러일으키지는 않았다. 알고리즘은 책임지지 않을 뿐만 아니라 어떤 의미에서는 문제를 제기할 대상으로 삼기도 어렵다. 판결과 권고안을 공개하는 법원, 관료 기관, 또는 전문가 패널과 달리 알고리즘은 쉬운 표적이 되지 않는다. 알고리즘은 불투명함으로 보호를 받으며 스스로 보이지 않게 만든다(self-invisualizing). 또한 알고리즘은 세분화되고 개별 사안에 맞춘 방식으로 작동한다는 사실로 인해 보호받기도 한다. 알고리즘적 거버넌스는 실제로 논쟁의 중요한 초점이 되었다. 그러나 그러한 논쟁은 전문적인 언어로 이루어진다. 다시 말해, 알고리즘'에' 코드화된 전문 지식에 맞서기 위해서는 알고리즘에 '대한' 전문 지식이 필요하다.

좀 더 근본적으로 말하자면, 크리스토퍼 비커턴(Christopher Bickerton)과 카를로 인베르니치 아세티(Carlo Invernizzi Accetti)가 주장한 것처럼, 포퓰리즘과 기술관료주의의 상호적이고 외견상 서로를 구성하는 듯한 적대 관계는 근본적인 상호보완성과 심지어 친화성을 은폐한다. 즉, 둘 다 정당 민주주의의 복잡하고 혼란스러운 제도적 매개와 정치적 정당성에 대한 절차적 이해(procedural understanding)[42]에 반대한다. 지난 반세기에 걸쳐 정당 민주주의의 구조적 기반이 약화하면서, 정치적 경쟁은 점점 더 '테크노-포퓰리즘적(technopopulist)' 정치 논리에 의해 구조화되어 왔는데, 이 정치 논리는 '민중'에 대한 호소와 문제 해결 '역량'에 대한 호소를 결합한 것이 특징이다.[124)]

비커턴과 인베르니치 아세티는 새로운 커뮤니케이션 기술에 관심이 있는 것이 아니어서, 그들이 말하는 '테크노포퓰리즘'에서 '테크노'는 기술이 아니라 기술관료주의를 가리킨다.[125)] 그러나 디지털 초연결성은 그들이 기술하는 포퓰리즘과 기술관료주의의 결합을 크게 강화한다. 비매개성의 기술이자 이데올로기로서 디지털 초연결성은 자신이 대응한다고 주장하는 바로 그 제도적 매개의 위기를 심화시키며, 특히 매개 기관으로서 정당과 언론의 공동화(空洞化)에 일조한다. 대중의 기술로서 디지털 초연결성은 '민중'을 동원하고, 그들의 의견을 구하며, 그들을 측정하는 새로운 방식과 그들을 대신하여 행동한다고 주장하는 새로운 방식을 생성한다. 그리고 지식의 기술로서 디지털 초연결성은 사회적 세계(social world)를 알고 사회적 세계에 영향을 미치고 사회적 세계를 다스리는 새로운 방식, 사회적 문제를 기술적 문제로 재구성하는 새로운 방식을 제공한다. 비커턴과 인베르니치 아세티가 그들의 책 마지막 문장에서 주장하듯이, 만약 테크노-포퓰리스트들의 '민중'과 전문성에 대한 호소가 점점 더 "우리의 정치를 구조화하고 민주주의에 대한 우리의 경험을 형성한다면," 초연결성은 점점 더 '민중'과 전문성에 대한 호소를 구조화하고 형성한다.[126)] 따라서 테크노포퓰리즘의 '테크노'는 실제로 기술관료주의뿐만 아니라 기술을 가리킬 수도 있다.

---

42 절차적 이해란 정치적 정당성이 어떤 특정한 결과나 이념이 아니라, 공정하고 정해진 절차를 거쳤는가에 따라 정당성이 부여된다고 보는 관점을 의미한다.

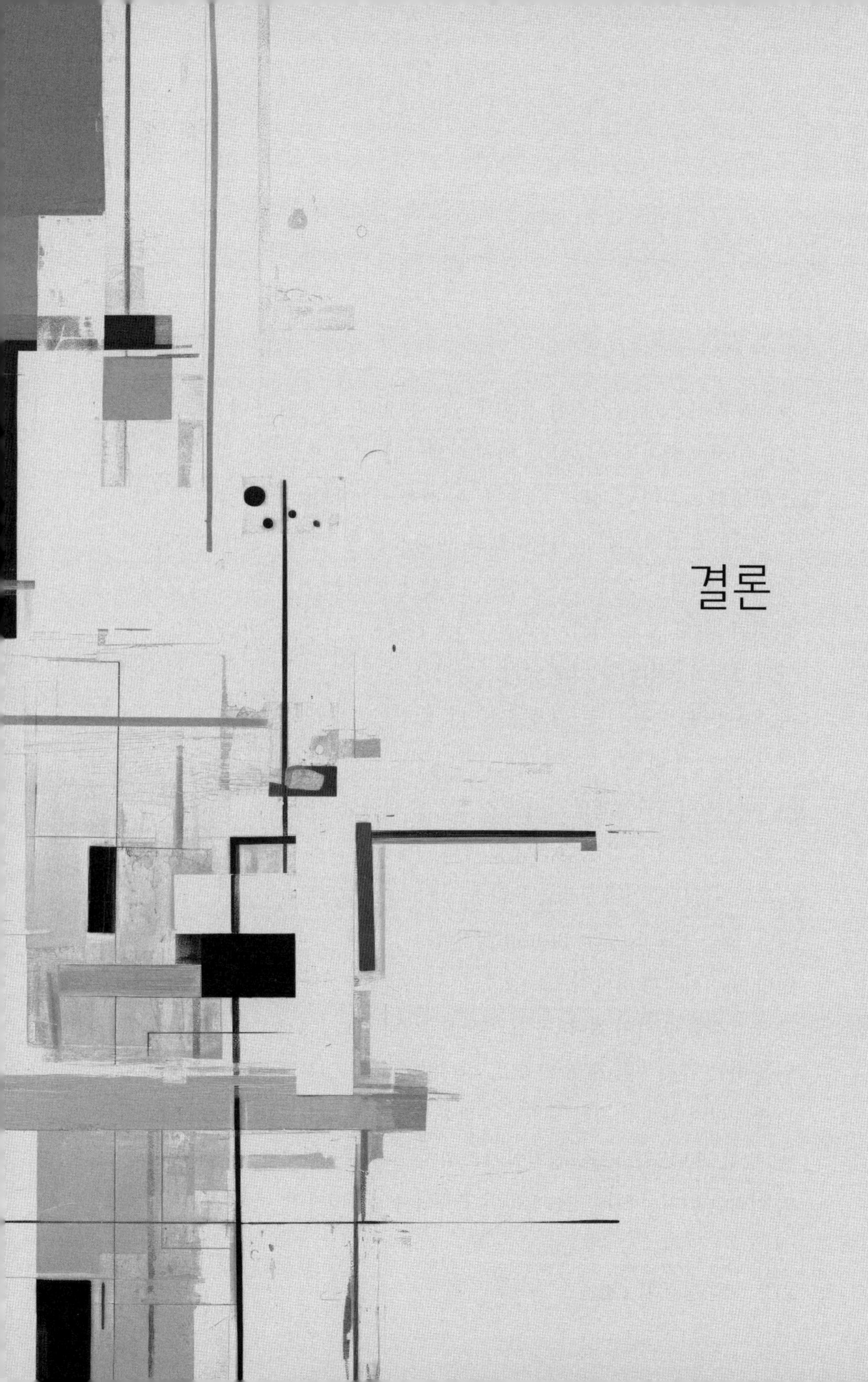

결론

이와 같은 책에는 적절한 결론이 있을 수 없다. 디지털 초연결성의 역동성은 여전히 줄어들지 않았다. 다시 말해, 되돌아보며 상황을 점검할 수 있는 안정된 지점이 존재하지 않는다. 이 책을 쓰는 동안 이번 팬데믹은 필자가 분석하고 있던 변환을 가속화했고, 삶의 모든 영역에서 디지털 매개를 확장하고 심화하는 강력한 추진력을 제공했다. 필자는 이러한 결론적인 성찰을 이번 팬데믹으로 인해 어떻게 디지털 플랫폼들이 이미 전방위적으로 확장된 그들의 영향력을 더욱 넓히고 강화할 수 있었는지 살펴봄으로써 시작하고자 한다. 그런 다음, 필자는 초연결성의 의미에 대해 더 폭넓게 성찰하면서, 세 가지 디스토피아적 비전을 고찰한다. 이 가운데 두 가지는 소설에서, 하나는 사회과학에서 가져온 것으로, 초연결성이 어떤 방식으로 통제의 기술, 주의 분산의 기술, 그리고 조작의 기술을 강화해 왔는지를 부각한다.

초연결성으로 인해 우리는 놀라울 정도로 이번 팬데믹에 잘 대비할 수 있었다. 이언 보고스트(Ian Bogost)는 미국에서 봉쇄 조치가 시행되기 직전에 이미 많은 사람이 자발적으로 일종의 디지털 격리 상태에서 살고 있었던 것을 두고 다음과 같이 썼다: "인류 역사상 그 어디에 가지 않고도 이토록 많은 일을 하는 것이 이렇게 손쉬웠던 적은 없었다."[1] 일부 사람들에게 디지털 기술은 이미 사회적 거리 두기를 습관화시켰고, 비체화된 비접촉식 사교 활동, 쇼핑, 오락, 일, 교육, 심지어 섹스까지도 가능한 체제를 만들어냈다. 만약 이러한 디지털 하부구조가 이미 구축되지 않았더라면, 전 세계적으로 시행된 봉쇄 조치는 상상조차 할 수 없었을 것이다.2) 따라서 초연결성은 이번 팬데믹에 대한 대응 방식을 결정적으로 좌우했으며, 근본적으로 새로운 형태의 불평등, 즉 (직업을 유지하고 노출 위험을 최소화하면서 최소한의 불편함만으로 완전히 원격으로 전환할 수 있는) 디지털 특권층과 최소한으로만 연결되어 있거나 부적절하게 연결된 사람들 및 온라인 전용 생활에 적응할 기술과 경험이 없는 사람들뿐만 아니라 (디지털 특권층의 완전한 원격 생활을 가능하게 해준) 대면 '필수 업무 종사자들(essential workers)' 사이의 불평등을 낳았다.

따라서 이번 팬데믹은 "기술 산업이 구축하려고 했던 특정한 유토피아에 대한 이상적인 개념 증명(PoC: proof-of-concept)"[1]으로 볼 수 있을 것이다.3) 그러나 그것은 단순히 기존 하부구조를 선보일 기회에만 그쳤던 것이 아니라, 미래를 다시 상상할 수 있는 기회이기도 했다. 위기는 낭비하기에는 너무 아까운 것이라는 격언이 있는데, 거대 기술 플랫폼들은 이번 위기를 활용하지 않고 그냥 보낼 생각이 전혀 없었다. '재난 자본주의(disaster capitalism)'[2] 이론가 나오미 클라인(Naomi Klein)의 약간 과장된 표현을 빌리면, 그들은 이번 팬데믹을 "영구적이고 매우 수익성 높은 무접촉(non-touch) 미래"에 대한 자신들의 비전을 구상하고 시험하는 "살아 있는 실험실"로 활용했다.4) 그리고 그들은 디지털 굴기(屈起)를 내세우는 중국의 위협을 들먹임으로써 그러한 비전에 대한 정부의 지원을 요청할 수 있었다. 구글의 CEO였던 에릭 슈미트(Eric Schmidt)는 이번 팬데믹 초기에 ≪월 스트리트 저널(*Wall Street Journal*)≫에 실은 기고문에서 밝혔듯이, "텔레-에브리씽(tele-everything)[3]을

---

1 기존 시장에 없었던 신기술을 도입하기 전에 이를 검증하기 위해 사용하는 것으로, 특정 방식이나 아이디어를 실현하여 타당성을 증명하는 것을 뜻한다.

2 자연 재난과 위기, 전쟁을 돈벌이 기회로 삼는 자본주의를 '재난 자본주의'라 부른다.

3 텔레-에브리씽이란 일상생활에 원격 프로세스를 도입하는 것을 말한다.

기반으로 한 미래 경제와 교육 시스템을 구축하려면, 완전하게 연결된 전체 인구와 초고속 하부구조가 필요하다. 정부는 국가의 디지털 하부구조를 클라우드 기반 플랫폼으로 전환하고 이를 5G 네트워크와 연결하기 위해 … 대규모 투자를 해야 한다."[5)]

이번 팬데믹이 강화된 디지털 매개의 새로운 기회를 열어준 네 가지 영역, 즉 건강 및 의학, 교육, 오락, 그리고 일 영역을 간략하게 살펴보자. 이번 팬데믹 이전에도 거대 기술 기업과 기타 기술 기업들은 이미 건강 및 의료 부문에 막대한 투자를 하고 있었다. 그들은 공중에게 자기-추적(self-tracking)을 훈련하고, 데이터를 빨아들이며, 의료 연구와 더 넓은 건강 및 의료 분야에서 없어서는 안 될 파트너로 자리매김하도록 해오고 있었다.[6)] 그러나 이번 팬데믹은 (이전에는 규제와 보험 제약으로 제한되었던) 모든 종류의 디지털 매개 원격 의료 서비스에 있어 돌파구가 되는 순간이었다. 그리고 "예약도, 대기실도 없습니다(No appointments, no waiting rooms)"라고 광고하는 원격 의료 중심의 플랫폼인 아마존 케어(Amazon Care)를 포함한 기술 기업의 프로젝트들은 거대한 새로운 원격 의료 시장이 앞으로도 지속될 것을 전제로 하고 있다.[7)]

이번 팬데믹은 또한 거대 기술 플랫폼들이 공중보건의 핵심 주체로 부상하는 획기적인 순간이었다. 오직 그들만이 종합적인 사회적 거리 두기 조치에 대한 종합적인 준수 상황을 평가할 수 있는 지리적 위치 데이터를 확보할 수 있었다. 오직 그들만이 자동화된 디지털 접촉 추적을 지원할 수 있는 위치에 있었다.[8)] 오직 그들만이 디지털 '여권'을 구현할 수 있는 하부구조적 권력을 가지고 있었는데, 디지털 여권은 유럽과 다른 지역에서 백신 접종자 및/또는 최근에 검사받은 사람들로 특정 장소와 시설에 대한 접근을 제한하는 데 널리 사용되었다. 오직 그들만이 코로나19 백신 및 기타 팬데믹 관련 사안에 대한 오정보로 여겨지는 것들과 싸우는 데 필요한 자동화 도구를 가지고 있었는데, 이러한 도구는 문제가 있는 것으로 여겨지는 콘텐트에 대한 플랫폼 검열의 급격한 증가로 이어졌다. 오직 그들만이 일련의 새로운 기술-자선(techno-philanthropic)[4] 이니셔티브에 아낌없이 자금을 투입할 수 있는 여유가 있었다.[9)] 플랫폼들이 커지고 있는 '테크래쉬(techlash)',[5] 즉 기술 반발에 직면하여 수세에 몰린 상황에서 이번 팬데믹은 자신들과 감시 기반의 데이터 추출적 비즈니스 모델을 공익을 위해 행동하는 것으로 재정당화하려는 노력을 세간의 주목을 받으면서 펼칠 좋은 기회를 제공했다.[10)]

에드테크(edtech: educational technology), 즉 교육 기술 분야는 전 세계적으로 최대 15억 명의 학생들의 학교 교육에 지장을 초래한 위기를 기회로 여기고 그러한 기회를 포착했다. 건강 기술과 마찬가지로 교육 기술 역시 코로나19가 발생하기 오래전부터 입지를 넓혀오고 있었다. 그러나 이번 팬데믹은 디지털이 크게 도약할 특별한 기회를 제공했고, 동시에 프라이버시와 추적에 대한 우려를 뒷전으로 밀어낼 수 있는 기회이기도 했다. 특히 마이크로소프트, 구글, 아마존 같은 거대 기술 기업과 줌과 같은 좀 더 작은 규모의 회사들은 학교 시스템, 교사, 학생, 그리고 가족이 교육의 연속성에 대한 즉각적이고 긴급한 필요를 충족할 수 있도록 무료 도구를 제공할 수 있었다. 이렇게 "국제적 규모로, 신속하게, 그리고 무료로 해결책을 제공할" 수 있는 위치에 있음으로써 거대 플랫폼 기업들은 교육 사업의 중심부에 자리를 잡을 수 있었다. 그들은 이번 팬데믹 기간뿐만 아니라 그 이후에도 하부구조적 용역(infra-structural services)의 핵심 제공 업체로서 자신들이 없어서는

---

4 기술-자선가(techno-philanthropist)란 기술 분야의 전문 지식이나 자원을 활용하여 사회 문제를 해결하고자 하는 개인이나 단체를 의미한다.

5 '기술(technology)'과 사회적 변화 등에 대한 대중의 반발을 의미하는 '백래쉬(backlash)'의 합성어로, 구글, 애플 등과 같은 거대 기술 기업이 독점적 지위와 과도한 영향력을 가지는 데 대한 정부, 기업, 대중 등의 반발을 의미한다.

안 될 존재가 되기를 기대할 수 있었다. 기술 플랫폼들은 재단, 정부간 기구, 그리고 다양한 규모의 정부 기관과 제휴함으로써 그러한 위기를 교육을 '재구상하고', '미래를 위한 교육 시스템을 만들어나가는' 기회로 바꿀 수 있었는데, 이는 데이터 중심적이고, 소프트웨어-매개적이고, 표면적으로는 개인화되고, 부분적으로는 민영화되며, 감시-집약적(surveillance-intensive) 교육, 평가, 관리 방식으로 이루어지는 미래이다.[11]

직접 대면(in-person) 이벤트의 갑작스러운 중단은 라이브 엔터테인먼트를 재구상할 수 있는 유사한 기회를 제공했다.[12] 게임 플랫폼들은 이번 팬데믹 이전에 디지털 매개 라이브 콘서트를 실험해 오고 있었는데, 포트나이트(Fortnite)에서 진행된 한 라이브 콘서트는 1000만 명이 넘는 시청자를 끌어모았다. 이는 엄청나게 인기 있는 이 플랫폼이 비디오 게임을 넘어 하나의 사회적 공간으로 자리 잡았다는 점을 활용한 결과였다.[13] 그리고 트위치와 다른 플랫폼에서 비디오 게임과 기타 콘텐트(최근에는 음악까지 포함)를 라이브 스트리밍하는 것은 상호작용적인 '네트워크화된 방송'의 새로운 형태로서 지난 10년 동안 입지를 넓혀오고 있었다.[14] 그러나 교육 분야에서 그랬던 것처럼 이번 팬데믹은 이 분야에도 전례 없는 기회를 제공했다. 가상 콘서트는 순식간에 어디에서나 볼 수 있는 아주 흔한 현상이 되었다. 처음에는 교육 분야에서처럼 플랫폼들은 당면한 문제에 대한 단기적인 해결책을 제공했는데, 이는 공연자와 관객을 임시적으로 다시 연결해 주는 방식이었다. 그러나 역시 교육에서 그랬듯이 이번 팬데믹은 '라이브' 음악, 더 넓게는 '라이브' 이벤트가 좀 더 장기적으로 무엇을 의미할지 재정의할 기회를 제공했다. 플랫폼들은 가상의 공존감, 상호작용성, 몰입감의 측면에서, 즉 다른 사람들과 동시에 같은 가상공간을 점유하고, (관객 참여자들 간의) 수평적인 상호작용뿐만 아니라 때로는 (공연자와 관객 간의) 수직적 상호작용도 음성이나 문자 채팅을 통해 가능하게 하며, (가상현실 기술이 더욱 널리 사용되면서) 이벤트의 세계 속으로 이동하듯 빠져들면서 깊이 몰입할 수 있게 한다는 점에서, 라이브니스(liveness)[6]를 정의하려 했다.[15)] 이를 통해 라이브 디지털 이벤트는 직접 대면 이벤트의 부족한 대체재가 아니라 풍부한 보완재로 홍보될 수 있었다.[16)]

직접 대면 콘서트가 재개되었음에도 디지털 라이브니스는 분명히 계속 유지될 것이다. 이 영역과 다른 영역들에서 새로운 디지털 프로젝트들이 이번 팬데믹 기간에 확보한 기반의 상당 부분을 팬데믹 이후에도 쉽게 내어주지 않으면서 톱니 효과(ratchet effect)[7]가 나타나고 있다. 교육 기술 분야의 기업가들처럼 음악 기술 기업가들도 디지털 매개 경험의 역할이 중심적이고 확장되는 하이브리드 미래를 구상하고 있다. 이러한 미래는 음악적 경험에 대한 접근을 확대하고 민주화한다는 관점에서 제시되지만, 그것을 추진하는 원동력은 거대한 새로운 시장에 대한 전망이다. 이번 팬데믹 동안 디지털 이벤트는 대부분 무료이거나 저렴했다. 그러나 수백만, 심지어 수천만 명이 디지털 이벤트에 참석할 수 있다면[이번 팬데믹 초기에 포트나이트에서 진행된 화려한 트래비스 스콧(Travis Scott) 이벤트는 다섯 차례 공연에 걸쳐 2800만 명의 순방문자(unique visitor)[8]를 끌어들였음], 확장성의 경제학(economics of scalability)은 디지털 라이브 음악 영역뿐만 아니라 더 넓은 디지털 경험 경제(experience economy)[9] 영역에서도 수익화에 대한 거부할 수 없는 약속을 제

---

6 라이브니스란 실시간성, 동시성, 현장감 등을 포함하는 전문적이고 기술적인 개념을 말한다. 디지털 환경에서 '지금 여기'의 감각, 즉 실시간으로 함께 존재하고 있다는 느낌을 강조할 때 사용된다.

7 특정 수준에 도달한 소비 수준이 이전으로 되돌아가기 어려운 현상을 의미하는 용어로, 미국의 경제학자 제임스 듀젠베리(James S. Duesenberry)가 한쪽 방향으로 돌기 시작한 톱니바퀴가 반대로 돌아가기 힘들다는 의미로 사용했다.

8 한 명의 방문자가 여러 번 페이지를 요청하더라도 순수한 통계를 위해 중복되는 값을 제거하고 한 번 방문한 기록으로만 잡아 나타내는 것을 의미한다.

시한다.17)

이번 팬데믹이 교육을 재구상하고 라이브 엔터테인먼트를 재정의하려는 노력을 촉발한 것처럼, 협업과 회의의 개념을 재창조하려는(reinvent) 노력도 불러일으켰다. 기존의 디지털 하부구조는 놀랍도록 매듭 없는 원격 근무로의 전환을 가능하게 해주었다. 그러나 그러한 하부구조는 특히 회의와 협업의 경우 몇몇 측면에서 분명히 만족스럽지 못했다. 공유 공간의 부족은 상호작용적인 작업을 방해했고, 공존적 상호작용(copresent interaction)[10]에서 이용할 수 있는 많은 단서에 대한 접근을 차단했으며, 2장에서 언급한 바와 같이, 많은 사람이 느끼는 '줌 피로(Zoom fatigue)'의 원인이 되었다.18) 따라서 이번 팬데믹은 거대 기술 기업과 소규모 증강현실(AR) 및 가상현실(VR) 신생기업 모두에게 코로나19 위기 동안 단순히 원격 근무를 촉진하는 것을 넘어 미래의 업무 방식을 재구상할 수 있는 특별한 기회를 제공했다. 음악 영역의 '라이브니스'와 마찬가지로 '현존감'은 더 이상 물리적 근접성에 의존하지 않을 것이다. 즉, 새롭게 등장하는 5G 환경에서 AR 및 VR 도구는 사람들이 공유된 가상 (또는 실제 물리적 공간과 가상공간이 혼합된) 공간에서 제스처, 응시 및 지향성 음향(directional sound)[11]을 포착하고, 실감 나는 현존감을 만들어내며, 궁극적으로 "대면 회의보다 더 나은 경험"을 제공하는

---

9 경험 경제란 기억에 남는 경험을 고객에게 판매하는 것으로, 이 용어는 조지프 파인(B. Joseph Pine II)과 제임스 길모어(James H. Gilmore)의 1998년 논문에서 농업 경제, 산업 경제 및 최신 서비스 경제에 이은 차세대 경제를 설명하기 위해 처음 사용되었다. 처음에는 비즈니스에 초점을 맞추었지만 경험 경제의 개념은 관광, 건축, 간호 및 도시 계획과 같은 영역에까지 스며들었으며 고객 경험 관리의 핵심 토대이기도 하다.

10 물리적으로 같은 시간과 장소에 있는 두 명 이상의 사람들 사이에서 발생하는 상호작용을 말하며, '매개되는 상호작용(mediated interaction)'은 이에 대응하는 개념이다.

11 소리를 모으는 기술로, 지향성이란 특정한 한 방향으로 소리를 보낸다는, 즉 소리를 원하는 포인트에 집중적으로 쏜다는 의미다.

방식으로 상호작용할 수 있게 해줄 것이다.[19] 기술의 지원을 받는 원격 근무는 많은 회사의 호응을 얻었는데, 이번 팬데믹을 통해 생산성이 반드시 떨어지는 것은 아니라는 확신을 갖게 되었고, 사무실 공간을 줄일 수 있어서 기뻐하는 수많은 회사가 직원들에게 영구적인 원격 근무나 하이브리드 근무 기회를 약속했다.

의료와 공중보건, 교육, 오락, 그리고 업무를 재구상하고 재구조화하려는 이러한 노력과 함께 이번 팬데믹은 사회생활 전체를 재구상하려는 더 대단한 노력에 새로운 추진력을 제공했다. 이러한 노력의 중심에는 메타버스(metaverse)라는 개념이 있었는데, 메타버스란 지속적이고 거리를 초월하며 모든 것을 아우르는 가상공간이나 디지털로 증강된 공간으로, 여기에서 온갖 다양한 여가, 사회 활동 및 업무 활동과 상호작용이 일어날 수 있다. 이 개념은 닐 스티븐슨(Neal Stephenson)의 1992년 소설『스노우 크래쉬(*Snow Crash*)』로 거슬러 올라가며, VR 애호가들과 기술 저널리스트들이 오랫동안 사용해 왔다. 그러나 이번 팬데믹 동안 모든 종류의 활동이 가상공간으로 이동하고 포트나이트와 같은 플랫폼들이 그 어느 때보다 비디오 게임 자체를 플레이하는 것 외의 다른 일을 하고 누군가와 어울리며 시간을 보내는 장소가 되면서, 메타버스라는 개념은 더 광범위한 대중에게 공감을 불러일으키게 되었다.

메타버스에 대한 논의는 2021년 여름과 가을, 마크 저커버그가 신중하게 기획된 일련의 커뮤니케이션을 통해 페이스북을 메타버스 회사로 재포지션싱한(reposition) 후 주류가 되었으며, 이는 회사명을 메타(Meta)로 변경하면서 절정에 이르렀다. 물론 페이스북/메타가 이 분야를 독점하고 있는 것은 아니다. 마이크로소프트, 애플, 구글, (포트나이트를 만든) 에픽 게임즈(Epic Games)와 로블록스(Roblox)를 비롯한 게임 제작사들도 이번 팬데믹 동안 메타버스에 대한 각자의 비전을 제시하고 AR, VR 및 가상공간에 막대한 투자를 해왔다.[20] 그러나 '메타버스'를 대중적으로 널리 퍼뜨린 것은 페이스북의 매우 주목받은 리브랜딩(rebranding)이었다.

저커버그의 비전은 거창하면서도 모호한데, 메타버스는 "체화된 인터넷(embodied internet)으로 콘텐트를 단순히 보는 것이 아니라 그 안에 있는 것"이라고 한다.[21] 이러한 몰입감(immersiveness)이야말로 다른 사람들과 함께 '존재한다'는 느낌을 뒷받침하는 것이며, 참 아이러니하게도 페이스북이 전 세계적인 규모로 사회적 상호작용을 재구성한 방식을 고려할 때, 이러한 강력한 현존감이야말로 저커버그가 거듭 강조하는 핵심 기준점이다. 휴대폰은 더 이상 디지털 세계와의 주된 인터페이스가 되지 않을 것이며, 그 대신 우리는 디지털 방식으로 상호작용하는 더 '자연스러운' 방법을 갖게 될 것이다. VR 헤드셋이 어떻게 '자연스럽게' 느껴질지는 명확하지 않은데, 왜냐하면 현재로서는 부피가 크고 불편할 뿐만 아니라 바로 눈앞의 물리적 세계를 완전히 차단하는 방식으로 작동하기 때문이다. 이런 점에서 AR이 더 유망한데, 고성능 AR 안경이 현재는 비싸고 투박하지만, 지속적인 소형화를 통해 훨씬 더 저렴하고 세련된, 어쩌면 일반 안경과 구별되지 않을 정도의 강력한 AR 안경이 틀림없이 등장할 것이기 때문이다.

그러나 메타버스에 대한 논의의 핵심 청중은 이용자가 아니라, 실제 투자자와 잠재적인 투자자들이다. 저커버그와 그의 경쟁자들은 메타버스를 '다음번 대세(next big thing)'로 틀 짓고 있는데, 즉 메타버스가 모바일 인터넷의 궁극적인 후계자로서 수조 달러 규모의 경제를 가능하게 해줄 새로운 컴퓨팅 및 커뮤니케이션 플랫폼이라는 것이다.[22] 물론 메타버스에 대한 논의의 상당 부분은 과장된 것이다. 그러나 페이스북 한 곳에서 이루어지는 연간 100억 달러의 투자와 시간이 지나면서 늘려나갈 것이라고 밝힌 투자 금액으로 뒷받침되는 과장은 단순한 과장 이상이다. 여기서도 100억, 저기서도 100억 달러씩 투자하다 보면 곧 엄청나게 큰돈이 투자된다. 언급했듯이,

다른 기업들도 막대한 투자를 하고 있다. 이러한 투자와 이를 통해 가능해질 기술 발전은 디지털 연결성의 방식을 확실히 변환시킬 것이며, VR과 특히 AR이 이러한 변환에 중요한 역할을 할 것이라고 말해도 무방할 것 같다. 페이스북과 그 경쟁사들에게 향상된 VR 및 AR 기술이 약속하는 몰입감은 우리의 주의를 더욱 많이 사로잡을 수 있는 기회이자 우리를 더욱 철저하게 추적할 수 있는 기회이다. 기술 평론가 롭 호닝(Rob Horning)의 디스토피아적인 사유에 따르면, 메타버스는 인터넷을 "훨씬 더 침해적이고 모든 것을 삼켜버리는 것"으로 만들 기회이다. AR은 사람들이 "광고와 브랜디드 콘텐트(branded content)[12]에 끊임없이 휩쓸리게 만든다.… 이러한 기업들 가운데 상당수는 당신이 결국 그들의 증강현실 안경을 쓰고 말 그대로 그들이 당신이 보기를 원하는 현실을 보게 되기를 바란다."[23)]

브라이언 머천트(Brian Merchant)가 지적했듯이, 메타버스의 열성 지지자들은 그 개념이 디스토피아적 사이버펑크(cyberpunk)[13] 공상과학소설에서 유래했다는 것을 좀처럼 되돌아보지 않는다. 스티븐슨의 『스노우 크래쉬』에서 VR 고글(goggle)을 쓰고 접속하는 3D 가상 세계로, 이용자들은 아바타의 모습으로 등장하고 행동하는 공간인 메타버스는 "중독성이 있고 폭력적이며 우리의 최악의 충동을 부추기지만, 현실 세계가 너무나 견딜 수 없을 정도가 되었기 때문에 그것은 필요한 것이기도 하다."[24)] 2011년에 출간된 어니스트 클라인(Ernest Cline)의 소설 『레디 플레이어 원(*Ready Player One*)』에서도 마찬가지로 (오아시스라고 불리는) 가상 세계는 환경 위기와 경제 위기

---

12 소비자에게 오락 혹은 교육적 부가가치 제공을 목적으로 브랜드에 의해 제작 또는 큐레이션되며, 상품, 서비스의 판매가 아닌 브랜드에 대한 고려와 선호도의 증가를 목적으로 디자인된 콘텐트를 말한다.

13 1980년대부터 각광을 받은 SF 문학의 한 장르로, '사이버네틱스'(기계화된 세상)와 '펑크'(암울한 분위기)의 합성어다.

에 빠진 세계로부터의 도피처이다. 현재 구축되고 있는 메타버스의 매력(소비자에게는 매력적이지만, AR과 VR 서비스의 비즈니스 시장은 이와는 사뭇 다를 수 있음)이 '현실 세계'에서 누리는 기회의 매력과 마찬가지로 반비례할 수도 있겠다고 생각하는 것은 그리 큰 상상력의 날개를 펼칠 필요도 없다.

비록 메타버스에 대해 명시적으로 언급하지는 않았지만, 기술 기업가이자 벤처 투자자인 마크 앤드리슨(Marc Andreessen)은 바로 이런 가능성을 제기한 바 있다. 인터뷰어가 과도한 연결성(over-connectivity)의 위험에 대해 질문하자, 앤드리슨은 그 질문을 "내가 현실 특권(Reality Privilege)[14]이라고 부르는 것의 훌륭한 예"라며 일축했다:

> 소수의 사람들만이 찬란하고 의미 있는 실체들, 아름다운 환경, 풍부한 자극, 그리고 함께 대화하고 일하고 데이트할 수 있는 매력적인 사람들로 가득 차고 심지어 넘쳐나는 현실 세계 환경에서 살고 있다. 이런 사람들'만'이 당신처럼 같은 진실을 파헤치는 날카로운 질문을 던질 수 있는 위치에 있다. 나머지 모든 사람, 인류의 대다수는 현실 특권이 결여되어 있다. 다시 말해, 그들의 온라인 세계는 이른바 현실 세계에서 그들 주변의 물리적·사회적 환경 대부분보다 헤아릴 수 없을 만큼 더 풍부하고 만족스럽거나, 앞으로 그렇게 될 것이다.

앤드리슨은 이것이 디스토피아적 관점이라는 점을 부인하면서, "우리는 사람들이 어떤 수준의 현실 박탈(reality deprivation)[15] 상태에 있든 상관없

14 현실 특권은 현실 세계의 경험에서 성취감을 찾는 개인이 누리는 이점 또는 이익을 의미한다.

15 현실 박탈은 종종 가상 또는 온라인 환경에서 과도한 시간을 소비하기 때문에 현실 세계에 대한 접근이나 참여가 부족한 것을 의미한다.

이, 모든 사람의 삶과 일과 사랑을 멋지게 만드는 온라인 세계를 구축해야 하며 실제로 구축하고 있다"라고 말했다.[25)]

그럼에도 앤드리슨의 발언은 섬뜩하게 들리며, 그것은 일반적으로 이해되는 디지털 격차가 궁극적으로 역전될 것임을 시사한다.[26)] 분명 이번 팬데믹은 디지털 접근성과 기술의 지속적인 불평등의 중요성을 더욱 부각했다. 분명한 예 하나만 들어보면, 광대역에 접속하지 못하거나 노트북이 없거나 혹은 디지털 소양(digital literacy)이 부족한 아이들은 갑작스러운 원격 수업 전환으로 인해 크게 불리한 처지에 놓이게 되었다. 그러나 장기적으로 어떤 의미에서 기존의 것과 정반대인 새로운 디지털 격차의 출현을 목격할 수도 있다. 다시 말해, 가난한 사람들은 충분하지 않은 디지털 연결성이 아니라 과도한 디지털 연결성을 경험할 수도 있다. 이러한 징후들은 이미 분명하게 나타나고 있다. 스트레스와 과로에 시달리는 가난한 부모(흔히 편부모)의 자녀들은 양질의 보육 서비스를 이용할 수 없어서, 은유적 의미가 아닌 문자 그대로 자신들의 기기에 맡겨져 방치되고(left to their own devices)[16] 디지털 공갈 젖꼭지(digital pacifier)로 달래지는 경우가 많다. 반면 부유한 부모의 자녀들, 특히 아이러니하게도 실리콘 밸리 전문가와 경영진의 자녀들은 책을 읽어주거나, 전자기기 없이 참여하는 교육 활동이나 여름 캠프에 참여하거나, 심지어 의무적으로 전자기기 사용 금지 계약서(no-device contract)에 서명해야 하는 보모를 두는 경우가 더 많다.[27)] 디지털 서비스와 경험의 범위는 점점 넓어지고 비용은 점점 감소함에 따라, 막 시작된 이러한 디지털 격차의 역전은 더욱 뚜렷해질 것이다. 가난한 사람들은 디지털 과잉으로 고통받는 반면, 부자들은 디지털 희소성(digital scarcity)을 경험할 수 있는 엄

16 'left to their own devices'는 원래 관용적으로 '스스로 알아서 하도록 방치되다'는 뜻인데, 저자는 문자 그대로 '자신들의 기기에 맡겨져 방치된다'는 의미로 사용하고 있다.

선된 공간을 자주 찾는 미래를 상상하는 것은 어려운 일이 아니다. 가난한 사람들은 디지털 오락, 가상 경험, AI-기반 치료, 로봇 동반자에게로 내몰릴 수도 있는 반면, 부유한 사람들은 '현실 특권층'으로서 그들만이 감당할 수 있는 다양하고 만족스러운 직접 대면 경험을 계속해서 누릴 것이다.

* * *

미디어 이론가이자 문화평론가 닐 포스트먼(Neal Postman)은 1985년에 출간된 자신의 영향력 있는 저작 『죽도록 즐기기(*Amusing Ourselves to Death*)』의 서두와 결말에서 20세기 전반기에 나온 두 디스토피아적 소설의 전망을 대조적으로 제시했는데, 하나는 1949년에 출간된 오웰(George Orwell)의 『1984년』(1984)이었고, 다른 하나는 1932년에 출간된 헉슬리(Aldous Huxley)의 『멋진 신세계(*Brave New World*)』였다. 두 작품 모두 독재체제의 전망을 그렸지만, 두 전망은 매우 달랐다. 오웰은 공포, 강압, 편재하는 감시에 기반한 잔인한 독재를 그린 데 반해, 헉슬리는 쾌락, 조건화, 주의 분산[17]에 기반한 온순한 독재를 그렸다.

텔레비전이 문화적 삶과 정치적 삶에 미치는 영향에 관심이 있던 포스트먼은 헉슬리의 전망이 더 적절하다고 보았다. 그러나 초연결성으로 인해 감

17 헉슬리의 『멋진 신세계』에서 조건화는 유전공학과 파블로프식 조건화를 통해 대부분 인구의 자유 의지를 파괴하고, 과학과 기술을 사용하여 사회 전체에 맞도록 인간의 본성을 변화시키는 시도를 의미하는데, 소설에서는 출생부터 사람들을 특정 계급과 역할에 맞게 생물학적·심리적으로 프로그래밍하여 저항이나 불만 없이 자신의 위치에 만족하도록 만든다. 그리고 주의 분산(distraction)은 끊임없는 오락과 매혹적인 활동들(필름 영화관, 난교 파티, 원심분리 범블퍼피 등)을 정책의 도구로서 의도적으로 사용하여 사람들이 사회적·정치적 현실에 너무 많은 관심을 기울이지 못하게 하는 것을 말한다.

시가 과도하게 확장된 것은 오웰의 전망에 대한 관심을 다시 불러일으켰다. 미국에서 스노든(Edward Snowden)의 폭로는 오늘날의 정부 감시 형태가 그 범위와 기술적 정교함에서 오웰이 상상할 수 있었던 그 어떤 것보다도 뛰어나다는 것을 보여주었다.[28] 그리고 미국 국방부의 '전면적 정보 인식(Total Information Awareness)' 프로그램은 확실히 오웰적인 분위기를 풍겼다. 그러나 미국에서 국가 및 상업 감시망이 점점 더 촘촘해지는 현실이 매우 우려스럽긴 하지만, 오웰의 전망이 더욱 강력한 선견지명을 발휘하는 것처럼 보이는 곳은 바로 중국의 변방 지역인 신장(新疆)이다.

최근 몇 년 동안 이 지역의 위구르족(Uyghur)과 다른 비-한족(漢族) 무슬림 주민들에 대한 경찰의 잔혹할 정도로 강화된 통제는 위구르족이 한족 민간인을 몇 차례 공격한 이후 '인민의 테러와의 전쟁(People's War on Terror)'의 일환으로 틀 지어졌다. 이러한 강화된 통제는 극도로 침해적인 감시 시스템을 중심으로 이루어지고 있는데, 여기에는 매우 개입적인 직접 대면 모니터링뿐만 아니라 최첨단 디지털 기술이 포함되어 있다. 수십만 명, 어쩌면 백만 명 이상이 열악하고 가혹한 환경의 재교육 수용소 네트워크에 대규모로 구금된 사실에 세간의 이목이 쏠린 데에는 그럴 만한 충분한 이유가 있다.[29] 그러나 약 1400만 명에 달하는 신장의 전체 무슬림 주민들은 초집중 감시의 대상이며, 이 지역은 국가와 긴밀한 민관 파트너십을 통해 협력하는 중국 기술 기업들이 전 세계로 수출하고자 열망하는 감시 기술, 프로토콜, 그리고 관행의 개발과 배치를 위한 실험실이 되었다.[30] 여기에는 AI로 훈련된 안면 인식 시스템(그리고 그와 같은 시스템에 힘을 실어주는 포괄적이고 의무적인 사진 및 생체 정보 데이터베이스), 안면 인식보다 더욱 정확할 것으로 기대되는 홍채 스캔 및 기타 생체 인식 시스템, 스캔한 신분증의 얼굴과 경찰 블랙리스트의 얼굴을 대조해서 공공장소에 대한 접근을 통제하는 '스마트 게이트(smart gate)', 도시 공간에서의 이동을 모니터링하고 통제하며 '디지털 울타리(digital enclosure)'[18]를 시행하는 촘촘히 배치된 검문소, 어디에나 설치되어 있는 '스마트' 감시 카메라, 주민들이 자신의 휴대폰에 설치하도록 의무화된 강제 추적 소프트웨어, 의심스러운 접촉, 이동 패턴 및 소비 지출에 대한 플래그 표시, 수용소 내 구금자들을 모니터링하기 위한 정서 및 정동 인식 시스템, 그리고 방대한 양의 감시 데이터를 저장, 추출(retrieve),[19] 검색하기(search) 위한 시스템이 포함된다.

신장 지역이 집약적 감시의 최첨단을 대표하지만, 중국 전체도 정교한 디지털 감시 시스템을 빠르게 발전시키고 있다. 많이 논의되고 있는 '사회 신용 시스템(social credit system)'은 이러한 감시 시스템의 큰 부분을 차지하고 있으며, 신장에 집중적으로 배치된 안면 인식 시스템과 감시 카메라도 마찬가지다. 더욱이 중국이 제로 코로나(zero-Covid) 정책을 추구하려는 시도에서 디지털 감시를 급격히 강화한 것은 이번 팬데믹이 끝난 후에도 지속될 가능성이 매우 높다. 이는 서구의 감시 크립의 역사에서도 볼 수 있는 친숙한 흐름으로, 비상 시기에 도입된 혁신들이 그 이후에도 지속되는 경향이 있다.[31)] 핵심적인 혁신은 준강제적인 스마트폰 기반 '건강 코드(health code)' 앱[20]이었다. (이 앱은 공식적으로 강제가 아니지만 이것 없이는 일상생활이 매우 어렵다.) 사용자 입력 데이터와 불투명한 다양한 감시 데이터를 활용해, 불투명한 알고리즘이 각 개인이 노출된 코로나19 위험 수준을 결정하고, 이에 상응하는 세 가지 QR 코드, 즉 녹색(제한 없음), 노란색(1주 격리), 혹은 빨간색(2주 격리) 가운데 하나를 배정한다. 사람들은 식당이나 대중교통과 같은

---

18 도시 환경 내의 특정 공간이나 영역에 대한 접근을 제어하고 제한하기 위해 감시 시스템과 같은 기술을 사용하는 것을 의미한다.

19 흔히 '검색'으로 번역되나 정확하게는 '시스템에서 저장된 데이터를 찾아서 되가져오거나 액세스하는 작업'을 말한다.

20 중국 본토에서 신종 코로나 팬데믹 기간에 사용된 애플리케이션이다.

공공장소에 접근하려면 건강 코드를 스캔하거나 보여주어야 한다. 이 시스템은 거의 논의나 검토 없이 빠르게 도입되었으며, 공중보건에 효능이 있다는 증거도 없었다. 법학자 완슈 콩(Wanshu Cong)이 주장했듯이, 이 시스템이 국가에 유용한 이유는 그것의 "정확성과 신뢰성에 있는 것이 아니라 단지 그것이 사회적 규모에서 사용되고 있다는 사실 그 자체에 있다." 즉, 바로 이 점이 이번 팬데믹을 넘어 훨씬 더 광범위하게 적용될 수 있는 강력한 새로운 사회 통제 및 규율 도구를 만들어낸다.[32)]

중국의 감시 관행과 자유 민주주의 국가들의 감시 관행 사이에 지나치게 뚜렷한 경계선을 긋는 것은 분명히 잘못된 일이다. 예를 들어, 안면 인식 기술은 미국과 다른 국가들의 법 집행기관에서도 많은 수요가 있고, 감시 카메라는 오랫동안 영국의 공공 생활과 다른 곳에서 고정된 시설이었다. 사회신용 시스템의 핵심 측면들 또한 서구에서 일반적이고, 이번 팬데믹 동안 많은 서방국가도 감시 관행을 급격하게 강화했다.[33)] 그렇긴 하지만, 중국 정부는 감시 시스템을 설계하고 구현하는 데 있어서 분명히 훨씬 더 자유로운 재량권을 가지고 있다. 예를 들어, 미국에서는 인종 편견에 대한 우려에 호응하여 안면 인식 시스템 사용에 반대하는 움직임이 있었고, EU에서는 상당한 데이터 보호 요건으로 인해 그와 같은 시스템의 도입이 지연되었다. 그 자체만 놓고 보면, 전체주의 정권의 영향을 받아 형성된 『1984년』의 암울한 전망은 자유 민주주의 국가의 복잡하고 논쟁적인 디지털 감시 환경에 대해 제한적인 설득력만 갖는데, 그 이유는 감시가 매우 중요한 이슈가 아니기 때문이 아니라 감시가 오웰이 구상한 것과는 매우 다른 방식으로 구성되어 있기 때문이다.[34)]

어떤 면에서 헉슬리의 디스토피아적 전망이 현대 자유주의적 환경에서의 초연결성에 더 큰 설득력을 갖는다. 『멋진 신세계』는 억압이나 감시에 기반하는 것이 아니라(『1984년』이 그 한계에도 불구하고 감시에 대해서만큼은 훨씬 더 선견지명이 있었음), 즉각적인 충족, 몰입적 경험, 그리고 강력한 주의 분산 요소들의 끊임없는 흐름에 기반한다. 초연결성은 이런 특성들을 풍부하게 제공하고 있으며, 메타버스는 초연결성이 제공하는 것보다 훨씬 더 풍부하게 이런 특성들을 제공할 것이라고 약속한다. [메타버스를 예견이라도 한 듯, 『멋진 신세계』의 주의 분산 요소들에는 '필리(feelie)'[21]가 포함되는데, 이는 영화적 가상현실 경험으로, 책이 출간되기 직전에 센세이션을 일으켰던 '토키(talkie)'[22]를 모델로 하되 현존감을 높이기 위해 촉각과 후각 차원을 추가하여 강화한 것이다.]

헉슬리의 소설 속 세계는 성적 풍요로움, 전반적인 행복, 그리고 해가 없는 기분 전환용 약물이 존재하는 곳이다. 동시에 그 세계는 (온건한) 독재체제이자, 엄격하게 계급으로 계층화된 사회질서를 가지고 있으며, 철저하게 설계되고 극도로 체제 순응적인 사회로서 사고나 감정의 개성을 전혀 허용하지 않는 곳이기도 하다. 현재와의 연관성은 이러한 세부 사항들(그중 일부는 현재 상황과 유사점이 있어 와닿기는 하지만)에 있다기보다는 헉슬리가 후에 인류의 "주의 분산 요소들에 대한 거의 무한한 욕구"라고 부르게 될 것을 충족시키고 이용하는 그 체제의 방식에 있다.[35] 세계국(World State)[23]의 열 개 구역 중 하나의 총독인 무스타파 몬드(Mustapha Mond)가 환상에서 깨어나 "쾌락에서 벗어날 한가로움도, 잠시 앉아서 생각할 시간도 없다"라고 말하듯이, 소설 속의 등장인물들은 오락이 주는 산만함에서 벗어날 여유를 전혀 허락받지 못한다. 그들에게는 고독할 틈이 없다. 이를 두고 나중에 몬드

---

21 필리는 이 작품에 등장하는 미래의 여러 기술 가운데 특히 관심을 끄는 것으로, 이것은 시각과 청각뿐만 아니라 촉각과 후각까지도 재생하는 미래의 영화다.

22 초기에는 유성영화를 말하는 그림(takling pictures)이라는 의미로 '토키'라 불렀다. 처음부터 토키 영화로 만들어진 세계 최초의 장편영화는 1927년 10월에 개봉된 〈재즈 싱어(*The Jazz Singer*)〉다.

23 헉슬리의 소설 속에 등장하는 국가이다.

는 다음과 같이 말한다: "이제 사람들은 결코 혼자가 아니다. … 우리는 그들이 고독을 싫어하게 만들고, 그들이 고독해지는 것이 거의 불가능하도록 그들의 삶을 조정한다."[36] 이 소설이 출간된 지 25년 후인 1958년에 이 소설을 회상하면서 헉슬리는 "끊임없는 주의 분산 요소들이 소설의 등장인물들이 사회적·정치적 상황의 현실에 지나치게 많은 관심을 기울이는 것에서 다른 곳으로 주의를 돌리게 한다"라고 강조했다.[37] 대중문화를 비판하는 많은 이들처럼 헉슬리도 20세기 중반의 대중매체가 제공했던 유사한 끊임없는 주의 분산 요소들이 그리고 오늘날 네트워크화된 디지털 미디어가 훨씬 더 큰 규모로 제공하는 끊임없는 주의 분산 요소들이 민주적 자유를 지키는 데 필요한 경계심과 사고(思考) 습관을 약화함으로써 민주적 자유를 위태롭게 할 수 있다고 우려했다.[38] 그리고 그는 자신의 소설에서 암시한 것과 같은 종류의 "정말로 효율적인 전체주의 국가"는 강압에 의존할 필요가 없을 것이라고 우려했는데, 왜냐하면 그런 국가는 조건화, 약물, 그리고 주의 분산의 조합을 통해 주민들이 "자신의 예속 상태를 사랑하게" 만들 수 있기 때문이라는 것이다.[39]

『1984년』와 『멋진 신세계』는 모두 국가권력에 의한 디스토피아를 그린 작품이다. 감시와 주의 분산에 대한 두 작품의 통찰력에도 불구하고, 두 작품 모두에서 국가의 중심성은 우리가 어디에 있고 어디로 가고 있는지를 이해하기 위한 시금석으로서 두 작품의 관련성을 제한한다. 이런 점에서 1980년대 이후 사이버펑크 공상과학소설의 전통이 더 적절하다. 즉, 사이버펑크 소설과 영화에서는 국가가 후퇴하고, 거대 기업들이 무자비하고 억제되지 않은 권력을 행사한다. 그리고 이 장르의 트레이드마크인 '하이 테크와 로우 라이프(high tech and low life)'의 혼합은 사이버펑크적 상상력이 디지털 최첨단 기술과 보조를 맞추게 해주었다. 그러나 필자는 『1984년』과 『멋진 신세계』의 국가 중심적인 디스토피아적 전망을 경제적 동인에 기반한 디스토피아적 전망과 대비해서 제시하고 싶은데, 쇼샤나 주보프의 2019년 논픽션 작품인 『감시 자본주의 시대(*The Age of Surveillance Capitalism*)』가 바로 그것이다. [이러한 대조는 처음에 보이는 것만큼 억지스럽지 않을 수 있다. 결국 오웰과 헉슬리는 결국 소설가일 뿐만 아니라 비평가이자 사회 이론가이기도 했으며, 주보프의 책에는 "사회과학 픽션(social science fiction)"으로 특징지을 수 있는 요소들이 있다.][40]

주보프의 설명에 따르면, 감시 자본주의의 핵심은 온라인과 (점점 더) 오프라인에서 겪는 인간 경험의 모든 단계와 형태에서 디지털 행동 데이터를 추출하는 것이다. 이러한 데이터는 기계학습의 도움으로 우리의 미래 행동에 대한 판매 가능하고 실행 가능한 나노 예측(nano-prediction)의 흐름을 연속적으로 생성해 낸다. 이러한 예측은 매우 비대칭적인 형태의 지식을 구성한다. 다시 말해, 감시 자본가들은 "우리에 대해 모든 것을 알 수 있는 수단을 가지고 있지만, 우리는 그들에 대해 거의 알 수 없다."[41] 우리는 투명한데, 그들은 불투명하다. 지식의 비대칭성은 권력의 비대칭성으로 바뀌는데, 왜냐하면 "자동화된 기계 프로세스가 우리의 행동을 '알' 뿐만 아니라 행동 수정 수단"에 대한 통제를 통해 "대규모로 우리의 행동을 '형성하기도' 하기" 때문이다.[42] 그와 같은 "도구주의적 권력(instrumentarian power)"[24]은 국가가 아닌 "시장의 피조물(creature of the market)"이다.[43] 그리고 도구주의적 권력은 인간의 삶 전체를 자신의 데이터 추출 영역이자 적용 분야로 삼는다는 점에서 "전체화하는" 성격을 띠지만, 핵심적인 측면에서는 전체주의적 권력과 정반대의 성격을 갖는다. 전체주의와 달리, 그리고 헉슬리가 구상한 "온건한" 독재와 달리, 도구주의적 권력은 이데올로기와 우리의 모든 "의미

24 도구주의(instrumentalism)란 과학 이론을 관측 가능한 현상을 조직화하고 예측할 수 있게 하는 형식적인 도구·장치라고 여기는 입장이다.

와 동기"에 무관심하며, "영혼의 조작"이 아니라 "행동의 조작"을 통해 작동한다.[44] 도구주의적 권력은 "편재적이면서 감각적이고 네트워크화된 연산 하부구조"[주보프는 오웰을 참조해 이것을 "빅 어더(Big Other)", 즉 거대한 타자라고 부름]가 우리의 행동을 "관찰하고, 재현하고, 데이터화하며, 도구화할" 수 있는 한, "우리가 무엇을 생각하고, 느끼고, 하는지 신경 쓰지 않는다."[45]

오웰, 헉슬리 및 주보프의 디스토피아적 전망의 세부적인 차이를 제쳐두고 생각해 보면, 그들은 각기 다른 방식으로 초연결성이 '통제 기술', '주의 분산 기술' 및 '조작 기술'을 어떻게 강화하는지를 제시한다. 초연결성은 공적 영역과 사적 영역 모두에서 일방적이고 권위주의적인 거버넌스 방식을 위한 하부구조를 제공함으로써 통제 기술을 강화한다. 물론 모든 디지털 거버넌스 방식이 다 일방적이거나 권위주의적인 것은 아니다. 필자가 말하고자 하는 것은 (많은 사람이 디지털과 민주주의 사이에 본질적인 연관성이 있다고 오랫동안 주장한 것과 마찬가지로) 디지털과 권위주의 사이에 본질적인 친화성이 있는 것이 아니라는 점이다. 오히려 초연결성의 어포던스는 통제 프로젝트에 전례 없이 강력하고 유연한 자원을 제공한다.[46] 이것은 30년 전 질 들뢰즈(Gilles Deleuze)가 푸코(Michel Foucault)가 분석한 '규율 사회(disciplinary society)'를 계승하는 것으로 보았던 '통제 사회(society of control)'에 대한 간략하지만 선견지명 있는 논평에서 예견한 바 있다. 통제 사회에서 거버넌스는 규율 사회에서처럼 공간을 폐쇄하는 울타리(enclosure)를 통해서가 아니라 '변조'를 통해 이루어질 것이다:

> 중요한 것은 더 이상 서명이나 번호가 아니라 코드 … '비밀번호'다. … 특정한 순간에 열린 환경 내에서 어떤 요소의 위치를 파악할 수 있는 통제 메커니즘이라는 개념은 반드시 공상과학소설의 통제 메커니즘의 것은 아니다. 펠릭스 가타리(Felix Guattari)는 사람들이 자신의 … 전자 카드 덕분에 그들에게 쳐진

특정 장벽을 들어 올려 아파트, 거리, 동네를 떠날 수 있는 도시를 상상했다. 하지만 그 카드는 특정한 날이나 특정 시간대에는 쉽게 거부될 수도 있을 것이다. 따라서 중요한 것은 장벽이 아니라 각 개인의 위치를, 합법적이든 불법적이든, 추적하고 보편적 변조를 수행하는 컴퓨터이다.[47]

데이터 매개 변조의 이 가상적 사례는 QR 코드를 통한 현대적 형태의 이동 통제를 의외로 정확하게 예견했다. 그러나 우리는 통제와 규율을 대립적인 것으로 보는 들뢰즈의 입장을 받아들일 필요는 없다. 감옥, 공장, 또는 학교와 같이 물리적으로 폐쇄된 공간에 국한되지 않는 더 넓은 규율의 개념으로 이해한다면, 디지털 기술로 가능해진 '변조적' 통제 방식은 규율을 대체하는 것이 아니라, 규율을 더 유연하고 만연하게 만듦으로써 규율을 확장하고 심화한다. 디지털 울타리는 물리적 울타리가 그랬던 것처럼 규율의 공간 역할을 한다. 그리고 삶의 모든 영역에서의 플랫폼화는 메타버스의 구축과 함께 디지털 울타리를 향한 움직임, 즉 점점 더 많은 사회생활을 플랫폼의 감시적이고 변조적인 포용 안에 가두려는 움직임으로 볼 수 있다.[48]

초연결성은 우리의 주의를 사로잡고, 다른 데로 돌리며, 붙잡아 두는 하부구조를 제공함으로써 주의 분산 기술을 강화한다. (넘칠 정도로 풍부한 콘텐트에 비해) 주의력은 부족하고 주의력을 동원하고, 측정하며, 수익화하는 기법은 정교한 환경에서 주의력을 둘러싼 지속적이고 위험 부담이 큰 쟁탈전이 삶의 모든 영역에서 벌어지고 있다. 이러한 쟁탈전은 우리의 주의를 사로잡으려는 자들 사이의 싸움이기도 하지만, 동시에 그들을 하나의 통합된 세력으로 보면 우리 자신의 목적을 추구할 수 있도록 집중하고, 일을 지속하고, 우리의 주의력을 효율적으로 사용하려는 우리의 노력과의 싸움이기도 하다. 우리의 주의를 사로잡기 위한 전자의 싸움에서 주요 경쟁자들은 어느 정도 동등한 조건에서 만난다. 그러나 후자의 싸움은 극도로 불평등해서,

한쪽에는 "뛰어나고 자금력이 풍부한 디자이너와 엔지니어들의 집단"이 있고, 다른 한쪽에는 우리의 시청각 영역에서 두드러진 자극에 반응하도록 생물학적으로 프로그래밍된 방어력이 약한 표적이 있다.49) 그렇다면 우리가 자신의 주의력을 그토록 제대로 관리하지 못한다는 사실과, T. S. 엘리엇(T. S. Eliot)의 인상적인 표현을 빌리자면, 우리가 만성적으로 "산만함에 의한 산만함으로부터 산만해지는" 상태에 빠져 있다는 것은 놀랄 일이 아니다.50) 산만함은 인간의 보편적 성향이긴 하지만, 초연결성이 산만함을 악화시키는 것은 부인할 수 없다. 오늘날의 커뮤니케이션 생태계는 우리가 당면한 과제에서, 더 큰 프로젝트와 목적에서, 그리고 헉슬리가 지적했듯이 사회 세계와 정치 세계에서 훨씬 더 쉽게 주의가 산만해지게 만든다.

마지막으로 초연결성은 행동을 활성화하고, 촉발하고, 너지하고, 조율하고, 몰아가고(herding), 특정 방향으로 유도하는(channeling) 하부구조, 즉 대규모 행동 수정을 위한 하부구조를 제공함으로써 조작 기술을 향상한다. 초연결성이 가능하게 하고, 확장 가능하게 하며, 비용을 절감하게 해주는 지속적인 자동화된 실험과 신행동주의적 '조건화(conditioning)'[25]가 이끄는 행동 공학(behavioral engineering)은 실험실에서 벗어나 현실 세계로 나아가게 된다.51) (어떤 사람은 차단하고 또 어떤 사람은 통과시키는 출입구의 QR 코드와 같은) 특정 개인에 초점을 맞춘 디지털 통제 기술과 달리, 디지털 조작 기술은 '개개인'이 할 수 있는 일을 직접 혹은 강제적으로 결정하지 않는다. 대신 디지털 조작 기술은 사람들이 노출되는 '선택 설계(choice architecture)',[26] 디지털

25 신행동주의적 조건화란 B. F. 스키너(Skinner)가 발전시킨 이론으로, 보상과 처벌을 통해 행동을 형성하고 수정하는 방법을 말한다.

26 개인의 의사 결정과 행동을 자유로운 선택권을 보존하면서 변화시키는 것이 가능한 의사 결정 환경의 변화를 가리킨다. 이 접근 방식은 어떤 선택을 금지하거나 경제적 인센티브를 크게 변경하지 않고 사람들의 행동을 예측 가능한 방식으로 변화시킨다.

환경, 또는 디지털 콘텐트를 조정함으로써 개인들이 (광고나 헤드라인을 클릭하거나, 구매하거나 자선 기부를 하거나, 어떤 사이트에서 더 많은 시간을 보내거나, 특정 후보에게 투표하는 등) 상업적으로나 정치적으로 또는 원하는 어떤 방식으로 행동할 가능성을 높임으로써 행동의 '총체적' 패턴(aggregate pattern)을 형성한다. 조작이 '개인화'될 수도 있지만, 즉 서로 다른 개인들에 대해 알려진 바에 따라 차별화될 수도 있지만, 조작은 여전히 총체적인 결과를 지향한다.

디지털로 강화된 통제, 주의 분산 및 조작 기술들, 그리고 오웰이나 주보프의 전망만큼이나 현대판 헉슬리의 전망은 모두 편재적 감시를 전제로 한다. 즉, 그것들은 모두 지식의 축적을 통한 권력 행사를 전제로 한다. 감시적 통제는 우리가 누구인지 그리고 우리가 어떻게 측정하는지 아는 것, 다시 말하면 누가 어떤 기준에 부합하는지, 누구의 점수나 등급이 어떠한지, 그리고 누가 어떤 범주에 속하는지 아는 것에 달려 있다. 이러한 지식은 디지털 게이트(digital gate)와 체크포인트(checkpoint)는 어떤 기회, 어떤 재화, 또는 어떤 서비스에 접근할 수 있는지를 직접적으로 통제할 수 있게 해준다. 감시적 주의 분산은 우리가 무엇을 좋아하는지, 디지털 콘텐트와 어떻게 상호작용하는지, 심지어 어떤 기분 상태에 있는지까지 세밀하게 아는 것에 의존한다. 이러한 지식은 플랫폼과 콘텐트 제공 업체들이 우리의 주의를 끌고 계속 몰입적으로 참여시킬 수 있게 한다. 감시적 조작은 우리가 실험적으로 변화된 자극에 어떻게 반응하는지를 아는 것뿐만 아니라 우리의 취향, 선호도, 성격 특성을 아는 것에도 의존한다. 이러한 지식은 행동 공학자들(behavioral engineers)이 우리를 더 효과적으로 너지할 수 있게 한다. 주보프가 강조하듯이, 통제 기술, 주의 분산 기술 및 조작 기술을 뒷받침하는 지식은 "우리에 '관한' 것이지만 … 우리를 '위한' 것도 아니고" 우리가 접근할 수 있는 것도 아니다. 이러한 근본적인 "인식론적 불평등(epistemic inequality)"은 우리가 "타인의 목적을 위한 수단"으로,52) 즉 무엇보다도 우리의 디지털 미래를 설계하고 우리가 그러한 미래를 원하도록 설계하는 거대 기술 기업들의 상업적 목적을 위한 수단으로, 이용되고 있다는 것을 의미한다.53)

* * *

물론 디지털 초연결성은 그것의 지원하에 번성한 통제, 주의 분산 및 조작 기술들로 환원될 수 없다. 다면적인 사회현상으로서 디지털 초연결성은 너무 크고, 너무 다루기 힘들며, 너무 내재적으로 모순적이어서 이처럼 선택적이고 일면적인 개념적 틀 안에 깔끔하게 포함될 수 없다. 심지어 비판적이고 비관적인 해석들 사이에서도, 디지털 초연결성을 바라보는 많은 대안적인 시각이 존재하며, 이러한 시각들은 자동화, 플랫폼화, 하부구조화와 같은 과정에 초점을 맞춘다.54) 그리고 4장에서 논의한 블록체인 유토피아주의와 같은 기술-낙관주의적 해석은 대중이 거대 기술 기업에 신물을 내고 있음에도 여전히 그 영향력을 발휘하고 있다.55)

비록 필자 자신의 입장은 분명히 비판적이고 비관적이지만, 필자는 내내 초연결성의 양가성에 대해 감수성 있게 반응하려고 노력해 왔다. 필자가 관찰한 바와 같이, 초연결성은 자기를 탐색하고 가족과 지역공동체에 뿌리를 둔 사회적 통제 형태에서 (좋든 나쁘든) 자기를 해방하는 새로운 방법을 제공한다. 초연결성은 자기를 반영적으로(reflecxively)[27] 알고, 조절하고, 다스리

27 여기에서 다시 '반영적'의 의미는 단순한 성찰이나 사고가 아니라, 미디어와 기술을 통해 자신에 대한 정보와 이미지가 다시 자신에게 돌아오면서 자기 인식이 형성되는 과정을 의미한다. 이는 초연결성 환경에서 개인이 디지털 미디어를 통해 자신을 모니터링하고 관리하는 방식을 잘 설명하는 개념이다.

는 새로운 방식들을 가능하게 해주었으며, 동시에 외부로부터 자신이 알려지고, 조절되고, 다스려지는 새로운 방식들도 만들어냈다. 초연결성은 멀리 떨어져 있으면서도 친구 관계, 가족 관계, 연인 관계를 지속시킬 수 있는 새로운 가능성을 제공하며, 즐겨 쓰는 커뮤니케이션 수단들을 풍부하게 하고 새로운 커뮤니케이션 양식과 새로운 형태의 '연결된 현존감(connected presence)'을 만들어냈다. 초연결성은 인터넷 연결만 되면 누구든지 인간의 문화적 창조성의 무한한 풍요로움에 즉시 접근할 수 있게 해주었으며, 문화적 재화의 생산, 유통, 평가에 공중이 참여할 수 있는 새로운 길을 열어주었다. 초연결성은 미소-기업활동과 유연한 형태의 원격 근무를 위한 새로운 기회를 창출했다. 그리고 초연결성은 제도적 게이트키퍼의 권력을 약화했고 공적 대화에 새로운 목소리들이 참여할 수 있는 길을 열어놓았다. 따라서 초연결성은 이러한 모든 방식에서 그리고 그 이상으로 역량을 강화해 준다는 느낌을 줄 수 있으며, 실제로 역량을 강화해 주고 '있다.'

그러나 초연결성이 어떤 측면에서는 개인의 역량을 강화해 주었지만, 동시에 조직, 구체적으로 말하면, 특히 데이터를 추출하고 분석할 수 있는 위치에 있어서 통제, 주의 분산 및 조작 수단을 보유하고 있는 조직의 역량도 더 근본적이고 광범위하게 강화해 주었다. 그리고 디지털 연결성이 처음에는 권력의 탈중앙집권화와 분산에 기여했지만, 지난 10년간 공고화된 '초'연결성 체제는 권력의 엄청난 재중앙집권화(recenturalization)와 재집중화(re-concentration)를 불러일으켰다.

이번 팬데믹 동안 삶의 디지털화가 가속화됨에 따라 우리는 디지털 미래의 형태 그리고 그 형성 과정에 대한 중요하고도 어려운 질문에 직면했다. 디지털 기술이나 연결 네트워크 그 자체에는 그러한 형태를 결정할 어떤 본질적인 요소도 없다. 이것은 기술 산업 전반에 만연해 있는 기술 '필연론(technological inevitabilism)', 즉 기술 변화는 인간의 선택을 벗어나는 고유한 역학을 가지고 있다는 생각에 역행한다.56) 그러나 디지털 초연결성은 단순히 기술적 사실에만 국한되지 않는다. 그것은 또한 필연적으로 심리적, 사회적, 문화적, 경제적, 정치적, 법적 사실이기도 하다. 다시 한 번, 마르셀 모스(Marcel Mauss)의 말을 빌리자면, 그것은 총체적인 사회적 사실이기도 하다. 디지털 초연결성은 하드웨어, 소프트웨어, 프로토콜, '클라우드' 컴퓨팅 및 연결성의 거대한 물질적 하부구조뿐만 아니라 심리적 성향과 습관, 사회적 관행, 문화적 이해, 경제의 조직화 방식, 정치적 공방, 거버넌스 구조, 법과 규제의 틀을 포함하는 엄청나게 복잡한 사회기술적 현상이다.

이러한 복잡성은 디지털 초연결성이 어떤 특정한 방식으로 구조화될 운명에 있지 않다는 것을 의미한다. 폴 스타(Paul Starr)가 현대 미디어의 출현에 대한 역사적 기술에서 보여주었듯이, 미디어 체계는 발전을 특정한 경로로 설정하는 '구성적 선택(constitutive choices)'[28]에 의해 형성된다.57) 디지털 커뮤니케이션의 생태계는 과거의 주요 분기점에서 다르게 구성될 수 있었고, 미래에도 다르게 구성될 수 있을 것이다. 광고가 그리고 미래에 더 효과적인 광고를 가능하게 하겠다는 약속을 담고 있는 감시와 데이터 추출에 대한 막대한 투자가 인터넷의 기본 비즈니스 모델이 될 필요는 없었다.58) 엄격한 프라이버시 보호 조치는 행동 데이터의 장기 저장을 금지할 수도 있었다(그렇게 함으로써 행동 미소-표적화의 범위를 제한할 수도 있었음).59) ('출판업자'로 간주되지 않은 덕분에) 디지털 '중개자들'이 이용자의 발언에 대한 책임으로부터 보호받도록 해주고 2000년대에 등장한 소셜 미디어 플랫폼들이 스스로를 중개자로 내세우며 이러한 면책의 혜택을 누릴 수 있게 해준 1990년대의 독특하게 광범위한 미국의 법률 조항들은 그 범위가 더 제한적으로

---

28 현대 미디어의 출현에 대한 폴 스타의 설명에 따르면, 구성적 선택이란 미디어 체계의 발전과 구조에 지속적인 영향을 미치는 결정과 행동을 말한다.

규정될 수도 있었을 것이다.60)

이 글을 쓰고 있는 현재, 페이스북, 구글, 아마존, 애플은 모두 미국에서 세간의 이목을 끄는 공중의 감시와 중대한 법적·정치적·규제적 갈등의 초점이 되고 있으며, 여기에는 다수의 반독점 소송, 광범위한 입법 제안, 그리고 거대 기술 기업에 대한 오랜 비판자들이 이끄는 규제 기관들이 포함되어 있다. 그들은 또한 이미 훨씬 더 엄격한 규제 체계를 갖추고 있는 유럽에서 새롭게 발의된 주요 입법의 표적이기도 하다. 이러한 갈등이 어떻게 전개될지는 예측할 수 없다. 그러나 비평가들이 지적했듯이, 반독점법과 규제가 만병통치약은 아니다. [연방 거래 위원회(FTC: Federal Trade Commission)가 페이스북의 인스타그램과 왓츠앱 인수를 무효화하려는 소송을 통해 시도하고 있는 것처럼) 거대 기술 기업들을 해체하는 것은 근본적인 경제 논리는 바꾸지 못할 것이며, 동시에 규제는 느리고 비효율적이며 피규제자들에 의한 포획[29]의 대상이 될 수 있다.

세상의 이목을 끌지 못하는 곳에서, 최근 몇 년 동안, 많은 다른 이니셔티브가 준비되고 있었다. 예를 들어, 노벨상을 수상한 경제학자 폴 로머(Paul Romer)는 기업들을 회원 가입 기반 비즈니스 모델로 유도하는 방법으로 표적 디지털 광고에 대해 누진세[30]를 부과할 것을 제안했는데, 이는 기업규모

29 포획 이론(capture theory)은 피규제 기관이 규제 기관을 포획하는 현상을 말한다. 즉, 피규제 기관인 개인이나 기업이 이익 집단을 형성하여 자신에게 유리한 규제 정책을 이끌기 위해 정부를 설득하고 이용하는 것을 의미한다.

30 이 누진세의 주요 목표는 기업들이 현재의 광고 기반 수익모델에서 벗어나 가입료 기반 모델로 전환하도록 유도하는 것으로, 표적 광고에 높은 세금을 부과함으로써 이 수익원을 덜 매력적으로 만들고, 대신 사용자로부터 직접 수익을 얻는 모델을 선택하게 만드는 것이다. 현재 거대 기술 기업들은 무료 서비스를 제공하고 이용자 데이터를 수집해 맞춤형 광고로 수익을 창출한다. 로머의 제안은 이러한 비즈니스 모델의 경제적 인센티브를 바꿔서, 사용자 개인 정보 보호와 시장경쟁을 개선하려는 시도이다. 이 정책이 시

에 따라 세율이 증가하는 방식이다.[61] 그리고 기술 기업가에서 공공정책학 교수로 변신한 이선 주커만(Ethan Zuckerman)은 그러한 세금이나 다른 재원에서 얻은 수익을 활용해 여러 다른 형태의 "공공 서비스 디지털 미디어"의 개발을 촉진하고, 이것이 결국 '디지털 공공 하부구조'로 통합될 수 있다는 아이디어를 추진해 왔다. 핵심 프로젝트에는 "감사(勘査) 가능하고 투명한 검색 및 발견 도구", 감시에 의존하지 않는 광고 네트워크, 그리고 전 세계 수십억 명의 사람들을 하나의 규칙 체계로 운영되는 단일 네트워크로 몰아 넣는 대신, 특정 커뮤니티의 목적과 규범에 따라 콘텐트를 조절할 수 있는 대안적인 소규모 소셜 미디어 네트워크 생태계가 포함될 수도 있을 것이다.[62]

기존의 민간 디지털 하부구조가 양극화를 악화하는 심각하게 분열된 정치 환경에서 공적 지식의 위기를 완화하고 민주적 공론장을 약화하기보다는 지원할 수 있는 공공 디지털 하부구조를 구축하는 것이 가능할까? 새롭게 등장하는 대안 플랫폼들이 흥미롭지만 주변적인 실험 이상의 것으로 발전할 수 있을까? 더 새로운 세대의 이용자들은 프라이버시 영역을 되찾을 것인가, 아니면 그저 편재하는 감시를 당연한 것으로 받아들일 것인가? 삶의 거의 모든 영역을 구성하고 매개하는 민간 플랫폼들이 공적 가치들에 대해 더 많은 책임을 지게 할 수 있을까? 필자는 이러한 질문과 유사한 질문들에 대한 답을 알고 있는 척하지 않는다. 그러나 그러한 질문들은 우리가 소홀히 할 수 없는 질문들이다.

행되면 기업들은 광고 수익보다는 서비스 품질 향상을 통한 가입자 확보에 집중하게 되고, 결과적으로 이용자 데이터 수집과 개인 정보 남용 문제가 줄어들 것으로 기대된다.

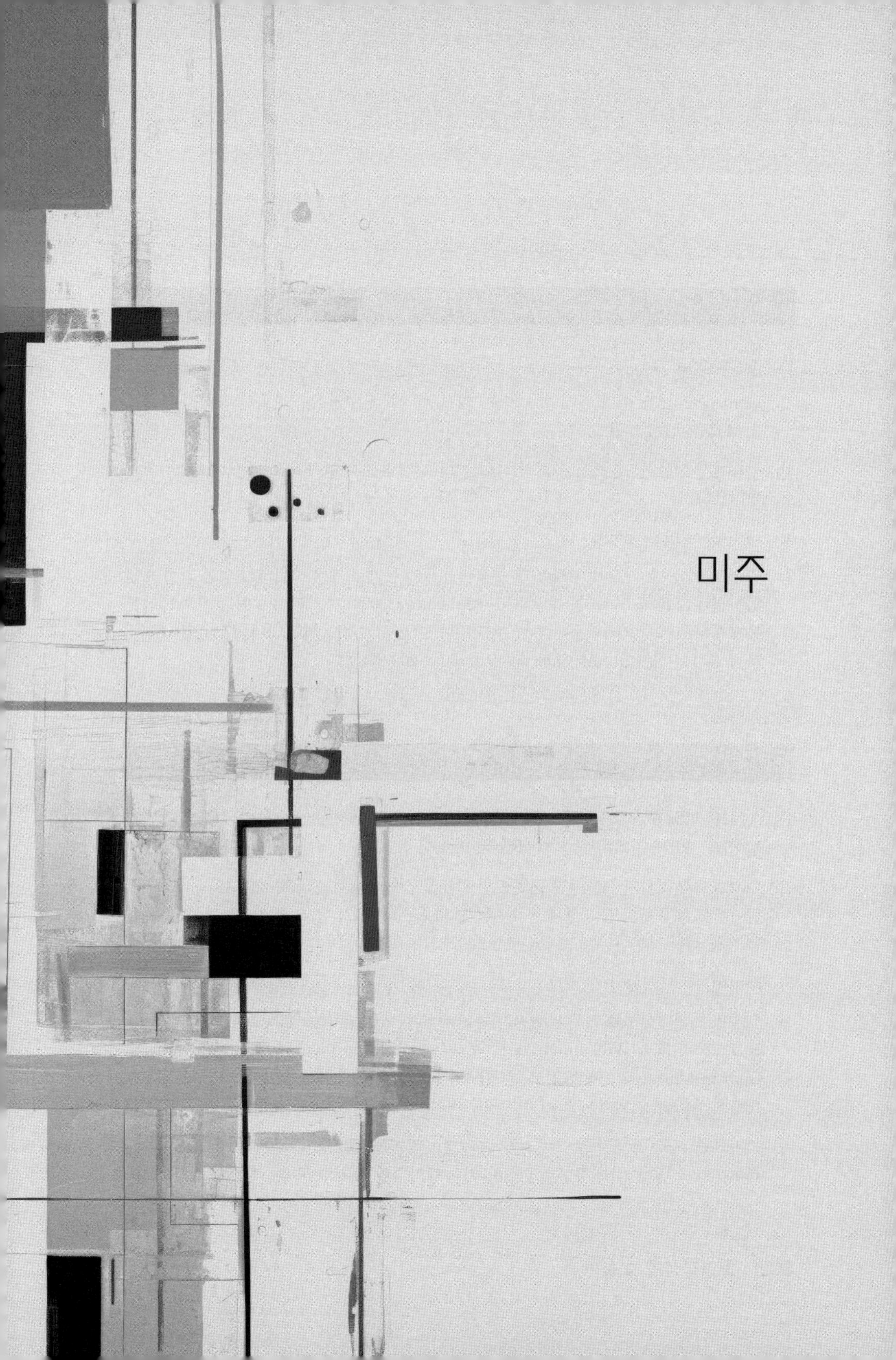

미주

서문

1) Berlin(1953: 1).

2) Morozov(2013a). 이번 팬데믹이 기술 "해결주의적" 사고방식을 강화한 방식에 관해서는 Morozov(2020) 참조.

3) 서론에서 사용한 "총체적 사회적 사실"이라는 개념은 Marcel Mauss(2002[1925])에서 빌려왔다.

4) De Swaan(1988: xviii).

5) 최근 몇 년 동안, 러시아 역시 인터넷에 대한 국가 통제를 대폭 강화하기 위한 법적 프레임워크와 기술 하부구조를 개발해 왔다(Epifanova, 2020). 우크라이나 침공 이후 그러한 통제가 급격히 강화되었음은 말할 것도 없다. 다른 국가들도 최근 자국의 "디지털 주권"을 주장하기 시작했다(McCabe and Satariano, 2022 참조).

도입

1) "데이터 잔해를 금으로 전환하기"(Kenneth Cukier, Zuboff, 2019: 68)에서 재인용. 디지털 흔적 전반에 관해서는, 특히 Harcourt(2015) 참조.

2) 디지털 초연결성의 근간이 되는 중요한 하부구조에 관해서는 Bratton(2015) 참조. 특히, 클라우드 컴퓨팅의 중요성에 관해서는 Monserrate(2022) 참조. 초연결성의 환경 비용에 대한 접근 가능한 개요는 Crawford(2021: 1장) 참조.

3) Mauss(2002[1925]: 100~101).

4) 디지털 초연결성으로 인해 완전히 변환된 다른 제도로는 아동기(Twenge, 2017; Danby et al., 2018), 교육(Williamson, 2021), 종교(Campbell and Tsuria, 2021), 성性(Nash and Gorman-Murray, 2019), 그리고 전쟁(Ford and Hoskins, 2022) 등이 있으며, 그 목록은 무한히 늘어날 수 있다.

5) 스마트폰 보유 인구 비율: https://www.comscore.com/Insights/Blog/US-Smartphone-Penetration-Surpassed-80-Percent-in-2016; 페이스북 이용자: https://www.nickburcher.

com/2012/01/facebook-usage-statistics-by-country.html

6) 디지털 연결의 정치적 어포던스의 연속적이고 지속적인 변환으로 인해 발생하는 디지털 정치 연구의 과제와 관련하여, 포괄적인 "디지털 시대"라는 정적인 개념에 대한 비판을 보려면 Karpf(2020) 참조. 인터넷이 고도로 탈중앙집권화된 "개방형 시스템들의 통합 시스템"에서 "권력의 재집중화를 위한 플랫폼"으로 변환하는 과정에 대한 간결한 설명은 Benkler(2016) 참조.

7) "비접촉식 기술"의 발전에 관해서는 Greetly(2020) 참조.

8) "항상 켜져 있는, 항상 몸에 붙어 있는" 기기(Turkle, 2008). 기기에 대한 지속적인 배경주의(background attention)에 관해서는 Burchell(2015) 참조.

9) 주소 지정 가능성 문제와 특별히 관련하여 점점 더 작아지는 네트워크화된 사물들의 점점 더 광범위한 범위에서 점점 더 밀도 높은 연결에 관해서는 Bratton(2015), 특히 pp.191ff 참조. 플랫폼 자본주의의 맥락에서 산업 사물 인터넷에 관해서는 Srnicek(2017: 65) 참조. 무선 주파수 식별의 약자인 RFID 태그는 전자기장을 사용하여 물체를 식별하고 추적하는 작은 장치다. 보이지 않는 "식별 하부구조"로서 그것의 중요성에 관해서는 Frith (2019) 참조.

10) 와이저(Weiser, 1991: 94)는 "가장 심오한 기술은 사라지는 기술이다. 그것들은 일상과 구별할 수 없을 때까지 일상생활의 구조에 스며들어 있다"라고 적었다. 와이저의 편재적 컴퓨팅에 대한 전망이 이후 어떻게 재활용되고 재목적화되었는지에 관해서는 Hong (2021) 참조.

11) "모바일 혁명"에 관해서는 Rainie and Wellman(2012: 4장) 참조.

12) 재매개의 개념에 관해서는 Bolter and Grusin(1999) 참조.

13) 4장에서 하부구조에 대한 주제로 돌아간다.

14) "커뮤니케이션 생태계"라는 개념은 Altheide(1994)에서 처음 사용되었다. "미디어 생태계" 접근 방식에 대한 자세한 소개를 보려면 Strate(2008) 참조.

15) 디지털 초연결성을 통제하는 법적 프레임워크는 필자가 분석할 수 있는 범위를 크게 벗어난다. 지속적이고 영향력 있는 분석을 보려면 Cohen(2019) 참조.

16) 급진적 구성주의와 기술결정론 사이에서 기술에 대한 사회학적 연구의 입장을 정립하려는 시도라는 맥락에서의 어포던스 개념에 관해서는 Hutchby(2001) 참조.

17) 미디어 시스템의 장기적인 발전을 특정 방향으로 이끄는 "구성적 선택"에 대한 폴 스타(Paul Starr)의 강조는 디지털 초연결성의 발전에도 동일하게 적용된다(Starr, 2004). 인터넷을 형성하고 재구성한 핵심 "설계 선택"에 관해서는 Benkler(2016) 참조; 인터넷에 일종의 역사적 본질을 부여하는 경향인 "인터넷 중심주의"에 대한 비판을 보려면 Morozov (2013a: 15~62) 참조.

18) 애보트(Abbott 2014: 1)는 "과잉을 다루는 데 있어 … 가장 문제가 되는 것"을 중심으로 사회 이론의 방향을 재정립할 것을 요구한다.

19) "탈희소성 사회"와 그 특징적인 정치 형태에 관해서는 Giddens(1995) 참조; 탈물질주의적 정치에 관해서는 Inglehart(1977) 참조.

20) 커뮤니케이션의 풍요에 관해서는 Keane(1999) 참조; 매개되는 경험에 관해서는 Giddens (1991: 23ff) 및 Thompson(1995: 228ff) 참조; 포화된 자기에 관해서는 Gergen(1991) 참조.

21) 후기 근대성의 경험의 반사실적 특성에 관해서는 Giddens(1991: 29) 참조.

22) "디지털 풍요"에 관해서는 Bolter(2019) 참조. 아마존 자체에서 약 1200만 개의 다양한 상품을 판매하고 다른 판매자가 아마존 플랫폼에서 수억 개의 상품을 제공하는 등 거의 무한대에 가까운 물질적 재화도 클릭 몇 번으로 구매할 수 있다.

23) 선택의 역설에 관해서는 Schwartz(2004) 참조.

24) Sacasas(2013).

25) 음악적 풍요와 스트리밍 플랫폼이 희소성의 형태들을 재도입하려고 시도한 방식에 관해서는 Drott(2018: 330ff) 참조.

26) "둠스크롤링"이라는 용어는 2018년에 처음 사용되었고 이번 팬데믹 기간에 대중화되었다. 이것에 관한 초기 학문적 논의에 관해서는 Sharma et al.(2022) 참조.

27) Simon(1971: 40).

28) 다양한 형태의 "정보 과잉(infoglut)"에 대한 자세한 설명은 Andrejevic(2013) 참조. 디지털 풍요와 공적 지식의 위기에 관해서는 Brubaker(2017a) 참조. 검열의 한 형태로서 디지털 풍요의 무기화에 관해서는 Tufekci(2017: 227ff) 참조.

29) Hong(2020: 1).

30) Zuboff(2020). 정보혁명에 대한 광범위한 철학적 설명의 맥락에서 데이터의 기하급수적 증가에 관해서는 Floridi(2014: 13ff) 참조.

31) 로익 와캉(Loïc Wacquant)과의 대화는 소형화에 대한 필자의 생각을 명확하게 하는 데 도움이 되었다.

32) 모바일 뉴스 플랫폼과 뉴스 소비가 짧은 틈새 순간들로 이동하는 것에 관해서는 Carlson (2020: 239) 참조. 마찬가지로 틈새 캐주얼 모바일 게임 플레이에 관해서는 Hjorth and Richardson(2011) 참조.

33) 특히 인스타그램과 관련하여 주목 경제의 특징적인 보기 방식으로서 흘낏 보기에 관해서는 Zulli(2018) 참조.

34) 거래의 규모를 줄일 수 있는, 즉 미소-거래를 할 수 있는 플랫폼의 능력에 관해서는

Lobel(2016: 108~109) 참조.

35) 디지털 방식으로 네트워크화된 공유 자원-기반 동료 생산의 모듈성과 세분성에 관해서는 Benkler(2006: 100~101) 참조.

36) 디지털 광고의 하부구조에 관해서는 MacKenzie(2022) 참조.

37) 새로운 형태의 "연결 행동"에 관해서는 Bennett and Segerberg(2013) 참조; 사회운동에 대한 초연결성의 양면적 어포던스에 관해서는 Tufekci(2017) 참조.

38) 정치적 나노-인플루언서에 관해서는 Joseff et al.(2020) 참조.

39) "변조"라는 개념은 들뢰즈가 "통제 사회(societies of control)"에 관한 그의 영향력 있는 짧은 글(1992)에서 제안했다; 다음의 규율에 대한 논의에서 이것을 다룬다. "마이크로너지에 의한 거버넌스"에 관해서는 Schüll(2016) 참조.

40) 수조 개의 미소-선택의 누적 효과에 관해서는 Frischmann and Selinger(2018: 265~266) 참조.

41) 마케팅 피치에서 편의성이라는 용어는 처음으로 시간과 연관되어 시간을 절약할 뿐만 아니라 시간을 유연하게 이동하고 조율하는 것이라는 의미로 사용된 1960년대로 거슬러 올라간다. 현대사회에서 시간적 질서의 복잡성과 관련된 편의성에 관해서는 Shove (2012: 298ff) 참조.

42) 구글의 실험은 Hindman(2018: 1~2)에 의해 보고되었다. 이용자들이 단순히 더 많은 수의 결과에 압도당했다고 느꼈다는 증거는 없었다.

43) 주문-즉시 배송으로의 전환에 관해서는 Austin(2021b); Nguyen(2022) 참조.

44) 칼라닉(Kalanick)은 Kosoff(2015)에서 재인용.

45) 한 저널리스트는 모든 수신 메시지에 대해 제안된 답변 세 개 중 하나를 선택하여 일주일 동안 구글이 제안한 답변에 국한해서 구글의 "스마트 답변" 기능을 시험해 보았지만, 그와 메시지를 주고받은 사람들 가운데 누구도 이상하다고 말하지 않았다; O'Reilly(2019) 참조.

46) 알렉스 펜트랜드(Alex Pentland)는 Zuboff(2019: 429)에서 재인용.

47) 마찰 없는 편의성의 이상(理想)에 대한 일반적인 비판을 보려면 Sacasas(2011); Morozov (2013a; 2013b; Wu, 2018b) 참조.

48) 마찰 없음과 사이버 보안 취약성에 관해서는 Roose(2018) 참조; 마찰의 전위에 관해서는 Pendergrast(2019) 참조.

49) 수량화에 관한 최근 문헌에 대한 개괄적 논의를 보려면 Mennicken and Espeland(2019) 참조. 최근까지 수량화에 관한 사회 이론 문헌은 디지털 연결성에 관한 문헌과 크게 분리되어 있었다. 예를 들어, "지표의 독재"에 관한 제리 멀러(Jerry Muller)의 2018년 저서

에서 디지털 연결성이나 빅 데이터는 거의 언급되지 않았다. 또한 빅 데이터와 알고리즘적 거버넌스에 관한 문헌은 수량화에 관한 일반 사회 이론 문헌과도 관련이 없었다. 그러나 최근 들어 이러한 문헌들을 통합함으로써 학문적으로 기여하려는 노력이 시작되었다: 특히 Fourcade and Healy(2017); Mau(2019); Mennicken and Salais(2022) 참조.

50) "인쇄된 숫자들의 쇄도"에 관해서는 Hacking(1982) 참조.

51) 데이터화에 관해서는 van Dijck et al.(2018: 33) 참조. "데이터 명령"에 관해서는 Fourcade and Healy(2017), 특히 13~16쪽 참조. "데이터주의"에 관해서는 van Dijck(2014) 참조.

52) 트위터의 대화 게임화에 관해서는 C. T. Nguyen(2021) 참조; 이 인용문은 411쪽에서 가져온 것이다.

53) 개인에 대한 모든 디지털 데이터 흔적을 활용한 "초자본(Übercapital)"의 계산 가능한 요약 측도(measure) 개발 가능성에 관해서는 Fourcade and Healy(2017: 18) 참조; 여러 장(場)을 가로질러 작동하는 일종의 "메타자본(metacapital)"으로서 디지털 사회적 자본의 개념에 관해서는 Schwarz(2021: 98ff) 참조. 경제적 신용도에 대한 고려를 훨씬 뛰어넘는 전반적인 영역 간 "사회 신용 점수"에 대한 중국 도시의 실험에 관해서는 Liu(2019: 25~27) 참조.

54) 트렌딩 알고리즘에 관해서는 Gillespie(2016) 참조.

55) "연산적 정치(computational politic)"에 관해서는 Tufekci(2014a) 참조.

56) 알고리즘적 가격 차별화에 관해서는 Bar-Gill(2019) 참조. 알고리즘적 예측과 관련된 역설에 대한 사회학적 관점을 보려면 Rona-Tas(2020) 참조.

57) "통제 사회"에 관해서는 Deleuze(1992) 참조.

58) 디지털 울타리에 관해서는 Andrejevic(2007: 1ff, 105ff) 참조.

59) 규율을 대체하는 것이 아니라 확장하는 통제에 관해서는 Williams(2015: 212); Weinberg(2018: 68~69) 참조.

60) 페이스북의 규율 권력과 참여적 주체성의 형성에 관해서는 Bucher(2018: 88~89) 참조.

61) 근대 초기 "규율 혁명"과 이것이 새로운 "거버넌스 하부구조" 개발에 일조한 바에 관해서는 Gorski(2003) 참조.

62) Foucault(1995: 202~203).

63) 예측 가능한 시민-소비자를 생성하는 디지털 변조와 감시에 관해서는 Cohen(2013: 1917) 참조.

64) 디지털 방식으로 매개되는 권력의 새롭고 독특한 특성에 관해서는 Schwarz(2021: 5장) 참조.

1장 자기

1) 사회적 현상으로서 자기에 대한 기초적인 설명으로는 다음과 같은 것들이 있다: Cooley (1902); Mead(1934); Goffman(1956).

2) Giddens(1991: 14, 75, 81); 또한 Thompson(1995: 7장); Beck and Beck-Gernsheim (2002) 참조.

3) Foucault(1988: 18).

4) 사회 이론에서의 "실천으로의 전환"에 관해서는 Schatzki et al.(2001) 참조.

5) Turkle(1995); 이 인용문은 12쪽과 10쪽에서 가져온 것이다.

6) "진지한 놀이"의 한 형태로서 정체성에 대한 온라인 실험에 관해서는 Turkle(2011: 212ff) 참조.

7) Turkle(1996: 157).

8) Robinson(2007: 94, 101~103); Tufekci(2013a: 36).

9) Zhao(2005: 392~395).

10) 이 인용문은 Gergen(1991: 69)에서 가져온 것이다(이탤릭체 생략). "포화된 자기"에 관해서는 Ibid. 참조. "매개되는 경험"에 관해서는 Giddens(1991: 23~27); Thompson(1995: 211f, 225ff) 참조.

11) "가능한 자기"에 관해서는 Markus and Nurius(1986) 참조; 이 인용문은 954쪽에서 가져온 것이다.

12) Gergen(1991: 68~73); 이 인용문은 73쪽에서 가져온 것이다.

13) 이 에세이는 Rheingold(2008)에 재수록되어 있다.

14) Dickel(1995).

15) 나카무라(Nakamura)의 1995년 에세이는 Nakamura(2002)에 재수록되어 있다; 이 인용문은 35쪽과 49쪽에서 가져온 것이다.

16) 마윅(Marwick, 2005: 37~47)은 "비판적 사이버 문화 연구"에 대한 유용한 개요를 제공하며 사이버 공간이 본질적으로 해방적이라는 개념에 대해 문제를 제기한다.

17) Bell(2001: 124~125).

18) Nakamura(2002: xi, 31).

19) Hampton and Wellman(2018: 647).

20) Fader(2017b); 이 인용문은 193~194쪽에서 가져온 것이다.

21) 보수적인 종교 공동체의 공동 감시를 우회하기 위한 도구로서 스마트폰에 관해서는 Deutsch(2009: 8) 참조.

22) 초정통파 사례의 대항-공중에 관해서는 Fader(2017a) 참조.

23) 사회운동과 정치에 대한 다원적 무지 극복의 중요성에 관해서는 Tufekci(2017: 25~26) 참조.

24) 대안 우파가 등장한 온라인 환경에 관해서는 Nagle(2017) 참조.

25) "익명적 사회성, 비판 및 탐색": Fader(2017b: 187). "인포스피어"에 관해서는 Floridi (2014) 참조.

26) 이러한 주장들을 정식화한(formulate) 것 가운데 일부는 탈근대적 색채를 띠고 있다 (Gergen, 1991; Turkle, 1995). 그러나 탈근대성의 특성 묘사와 동시대의 근대성에 대한 특성 묘사 사이에는 뚜렷한 구분이 없다. 소위 탈근대적 조건의 많은 측면은 기든스(Giddens, 1991)나 벡 외(Beck et al., 1994)와 같은 이론가들에 의해 "후기(late)", "고도(high)" 또는 "반영적(reflexive)" 근대성의 측면으로 다루어진다.

27) 그러한 탈배태와 재배태에 대한 명확한 설명과 "네트워크화된 개인주의"라는 개념의 발전에 관해서는 Rainie and Wellman(2012) 참조. 이 저자들은 디지털 연결성이 "공동체 파괴"에 일조한다는 주장에 대한 한탄을 사회학적으로 근거가 없다고 비판한다 (117~131쪽). 그러나 "근접성 없는 공동체(community without propinquity)"라는 개념에 대한 칼훈(Calhoun, 1998)의 경고적 고찰은 여전히 적절하다.

28) Mead(1934).

29) 온라인에서 자기-객체화를 성적으로 표현하려는 청소년기 소녀와 젊은 여성의 압박감에 관해서는 Mascheroni et al.(2015); Bellet al.(2018) 참조.

30) 여기서 필자의 관심은 유아기에 처음으로 자기-형성이 이루어지는 것에 대한 것이 아니라 (비록 디지털 객체화 기술이 그 과정에서 점점 더 중요한 역할을 하지만) 오히려 자기의 사회적 형성과 재형성의 지속적인 과정에 대한 것이다. 아동기 사회화의 핵심으로서 디지털 미디어 하부구조에 관해서는 Couldry and Hepp(2017: 149ff) 참조.

31) 분명 일부 플랫폼은 이용자들의 상호작용을 객체화하지 않는다. 예를 들어, 스냅챗에서 보낸 사진은 10초 후에 사라진다(이용자가 이 기본 설정을 변경할 수는 있음). 그러나 디지털 흔적을 보존하는 데 드는 비용이 저렴할 뿐만 아니라 계속 줄어들고 있고, 그럼으로써 얻을 수 있는 다양한 실제적 이득이나 표면적 이득 덕분에 객체화가 지배적인 선택지이다. 그리고 스냅챗의 경우처럼, 커뮤니케이션이 이용자들에게 일시적인 것으로 설계되어 있을 때조차도, 플랫폼의 비즈니스 모델은 디지털 흔적을 수익화할 수 있는 데이터-객체로 전환하는 데 달려 있다.

32) Harcourt(2015: 1ff) 참조.

33) 상호작용의 역학과 미소-정치에 대한 이러한 풍부한 객체화의 결과에 관해서는 Schwarz(2021: 2장) 참조. 이 주제는 다음 장에서 다루기로 한다(가시성 체제 교차 참조).

34) 일기에 관해서는 Heehs(2013) 참조; 편지에 관해서는 Foucault(1983) 참조; 자화상에 관해서는 Hall(2014) 참조. 1800년경의 편지와 오늘날의 디지털 방식으로 매개되는 서면 커뮤니케이션을 통한 자기-형성에 대한 비교적 고찰은 Erk(2019) 참조. 변화하는 미디어 환경에서 자기를 설명하고 표현하는 데 사용할 수 있는 새로운 자원에 관해서는 Couldry and Hepp(2017: 157ff) 참조.

35) 디지털 응시에 관해서는 Floridi(2014: 73~74) 참조.

36) 지속적이고 공유 가능한 디지털 객체로 전환될 수도 있는 경험에 대해 경계하고 되고 주목하게 되는 새로운 방식에 관해서는 Schwarz(2012) 참조. 마찬가지로, 우리가 연결되어 있지 않을 때에도 게시 가능성과 수용자들의 관심을 염두에 두고 사물을 경험하도록 이끄는 "페이스북 시선(Facebook eye)"에 관해서는 Jurgenson(2012); Jurgenson(2019: 12, 27~28, 36~38) 참조.

37) Wolf(2009; 2010).

38) "일상적인 자기-추적기"에 관해서는 Didžiokaitė et al.(2018) 참조. 수량화된 자기 공동체의 열정적인 참가자에 관해서는 Nafus and Sherman(2014); Sharon(2017); Schüll(2019) 참조. 이러한 민속학적 연구들은 자기-추적과 그것이 산출하는 데이터에 대한 참여자들의 실험적이고 탐색적이며 흔히 자기-비판적인 태도에 대한 미묘한 함의가 담긴 설명을 제공한다. 후기 근대성의 문화적·경제적 불확실성이라는 맥락에서 자기-수량화 관행에 대한 이론적으로 정교한 설명은 Vormbusch(2022) 참조.

39) Horning(2012a). 풍부하고 개별화된 데이터 환경에서 자기-지식의 재정의에 관해서는 Hong(2020: 76ff) 참조. 숫자를 통한 자기-지식의 한계에 대한 초기 비판을 보려면 Morozov(2013a: 7장) 참조.

40) 현대의 다양한 자기-추적 기기와 관행은 Lupton(2016: 16~30)에 기술되어 있다; 또한 Mau(2019: 6장) 참조.

41) Rettberg(2014: 1장); Cardell(2018).

42) Franklin(1904: 188~195).

43) Crawford et al.(2015).

44) 자기-추적이 확산하도록 한 기술 발전과 사회 발전의 수렴에 관해서는 Wolf(2010) 참조. 공유, 사회적 지지 및 게임화에 관해서는 Lupton(2016: 23) 참조.

45) 헐과 파스퀘일(Hull and Pasquale, 2018: 191)은 자기-추적 기술을 포함한 기업 웰니스 프로그램이 고용주의 비용을 줄이는 것이 아니라 오히려 노동자를 규율하고 길들인다고 제안한다.

46) "권장된" 자기-추적과 "강제된" 자기-추적에 관해서는 Lupton(2016: 121~125) 참조. 건강 추적과 관련된 "감시 크립"에 관해서는 Frischmann and Selinger(2018: 20~28) 참조. 자율성 문제에 대한 미묘한 의미가 함축된 논의를 보려면 Sharon(2017) 참조.

47) 물론 수량화는 소셜 미디어 플랫폼을 훨씬 넘어서는 훨씬 더 일반적인 경향이다; 예를 들면, Muller(2018); Mau(2019); Mennicken and Salais(2022) 참조.

48) 이는 학문 영역에서도 마찬가지다. Academia.edu와 수량화된 학구적 자기(scholarly self)에 대한 비판적 분석을 보려면 Duffy and Pooley(2017) 참조.

49) 예술가 벤저민 그로서(Benjmain Grosser)는 페이스북 지표의 침투성에 대응하여 "페이스북 지표제거기(Facebook Demetricator)"(https://bengrosser.com/projects/facebook-demetricator/)를 만들었다(Grosser, 2014).

50) 페이스북 및 인스타그램에서 '좋아요' 개수를 숨기는 옵션에 관해서는 Perez(2021) 참조).

51) 보상에 관해서는 Espeland and Stevens(1998) 참조.

52) "좋아요 경제"와 웹 구조를 재구성하는 데 있어 '좋아요' 버튼의 역할에 관해서는 Gerlitz and Helmond(2013) 참조. '좋아요' 버튼이 플랫폼 상호운용성과 통합 플랫폼 생태계 조성에 일조하는 바에 관해서는 van Dijck(2013a: 3장, 8장) 참조.

53) 일반화된 사회적 자본의 새로운 형태로서 수량화되고 객체화된 사회적 관계에 관해서는 Schwarz(2021: 4장) 참조.

54) MacKenzie(2006).

55) 트위터를 사례로 한 게임화로서 수량화에 관해서는 C. T. Nguyen(2021) 참조.

56) 위치 상품에 관해서는 (Hirsch, 1978) 참조.

57) "데이터 쌍둥이"라는 용어는 들뢰즈와 가타리의 "감시 배치(surveillant assemblage)"에 대한 설명에서 해거티와 에릭슨(Haggerty and Ericson, 2000)이 처음 사용했으며, 이후 널리 채택되었다.

58) 자기의 디지털 재현물이 구성되는 데이터 흔적에 관해서는 Gillespie(2014: 173~174); Harcourt(2015); Cheney-Lippold(2017); Zuboff(2019), 특히 9장 참조.

59) 코신스키 외(Kosinski et al., 2013: 5802)는 페이스북 '좋아요'가 "성적 지향성, 민족성, 종교적·정치적 견해, 성격 특성, 지능, 행복도, 중독성 물질 사용, 부모의 별거, 나이, 젠더를 포함한 매우 민감한 개인 특성을 자동으로 정확하게 예측하는 데" 사용될 수 있음을 보여주었다.

60) Wang and Kosinski(2018). "기계가 온라인 활동에서 수집된 행동 샘플을 관찰하여 우리의 심리적 특성이나 정신 상태에 대한 정보를 추론할 수 있는 방법"에 대한 최근 리뷰를 보려면 Burr and Cristianini(2019) 참조.

61) 우리 정체성의 알고리즘적 구성에서 발생하는 오류에 관해서는 Cheney-Lippold(2017: 5~8) 참조.

62) 비동기적 커뮤니케이션의 자체 편집에 관해서는 Schwarz(2011); Turkle(2011); Bullingham and Vasconcelos(2013) 참조. 모든 신체 행동적 단서의 부재에 관해서는 Zhao (2005) 참조. 익명성의 양가적 어포던스에 관해서는 Suler(2004) 참조. 맥락 붕괴에 관해서는 Marwick and boyd(2011a) 참조.

63) 자기-기업가화와 신자유주의에 관해서는 Foucault(2008: 226, 번역 수정됨); McGuigan (2014) 참조.

64) 탈포드주의 경제의 맥락에서 기업가적 자기에 관해서는 du Gay(1996: 180~184); Rose (1998: 7장); Pongratz and Voß(2003) 참조.

65) 다른 사람이 소비할 디지털 자기를 구성하는 방법에 관해서는 Marwick and boyd (2011b: 140); Ibrahim(2018: 3장) 참조.

66) 자기 기업가로서 인플루언서 또는 라이프스타일 블로거에 관해서는 Hearn and Schoenhoff(2016); Duffy(2017); Khamis et al.(2017); McRae(2017) 참조.

67) 물론 인플루언서 지망자들 가운데 대다수는 큰 성공을 거두지 못한다. 무급이거나 저임금인 패션 및 스타일 블로거 대부분의 "열망 노동"에 대한 연구를 보려면 Duffy(2017) 참조. 4장에서 열망 노동이라는 주제로 다시 돌아간다(217쪽 참조).

68) 디지털 초연결성하에서 유명인의 변환에 관해서는 Marwick(2010; 2016); Driessens (2015) 참조.

69) 디지털 유명인에 관해서는 Marwick(2010: 223~226) 참조; 이 인용문은 287쪽에서 가져온 것이다.

70) 자기-브랜딩은 소셜 미디어가 등장하기 전에 대중화되었지만, 웹은 자기-브랜딩의 중요한 참조 기준이었다; 피터스(Peters, 1997)의 핵심적인 진술 참조. 자본주의의 변환이라는 맥락에서 자기-브랜딩에 관해서는 Hearn(2008) 참조. 소셜 미디어의 자기-브랜딩에 관해서는 Marwick(2010) 참조. 정동적 노동의 한 형태로서 자기-브랜딩에 관해서는 Genz(2015) 참조. 자기-브랜딩의 민주화와 보편화에 관해서는 Khamis et al.(2017) 참조.

71) 비가시성의 위협에 관해서는 Bucher(2012) 참조.

72) 표현적 개인주의와 소비주의적 자본주의의 통합에 관해서는 Frank(1997); McGuigan (2009); Genz(2015) 참조. 미국 문화에서 오랫동안 지속되어 온 긴장 관계, 즉 절약, 근면, 규율 및 계산을 통해 성공하라는 벤저민 프랭클린의 격언으로 대표되는 "공리주의적 개인주의"와 월트 휘트먼(Walt Whitman)의 확장적 자기 감각, 자연과 우주와의 동일시, 그리고 폭넓은 경험, 깊은 감정, 제약 없는 관능성, 자기-표현의 포용으로 대표되는 '표현적 개인주의' 간의 긴장에 관해서는 Bellah et al.(1985: 32~35) 참조.

73) 라이프스타일 블로거의 "진정성 작업(authenticity work)"과 진정성 없는 것으로 인식될 위험이 만성적으로 존재한다는 점에 관해서는 McRae(2017) 참조. 패션 블로깅의 맥락에서 "진정한 자기 브랜딩"에 수반되는 노동에 관해서는 Duffy(2017: 4장) 참조. "진정성 작업"이라는 용어는 문화사회학자인 리처드 피터슨(Richard Peterson, 1997)의 컨트리 음악에 관한 연구로 거슬러 올라간다.

74) "커뮤니케이션의 풍요"라는 개념에 관해서는 Keane(1999) 참조.

75) 맥레이(McRae, 2017)가 지적했듯이, 팬들은 상당한 장르 지식을 갖추고 있어서 해당 장르에서 반복적으로 사용되는 관습적 전략이나 표현을 식별해 내며, 이를 진정성이 결여된 것으로 여긴다.

76) Horning(2012c); 소셜 미디어 맥락에서의 진정성에 관해서는 또한 Horning(2012b) 참조.

77) 알고리즘적 개인화에 관해서는 Weinberg(2018); Lury and Day(2019) 참조. 와인버그(Weinberg, 2018: 47)가 지적했듯이, 이러한 개인화는 그 자체로 동질화, 즉 "다른 수단에 의한 대량 생산"의 한 형태이다.

78) 알고리즘적 "디지털 미러링(digital mirroring)"에 관해서는 Schwarz(2021: 42f) 참조.

79) 자기의 기술로서 음악에 관해서는 DeNora(2000) 참조; 이 인용문은 46, 53, 56쪽에서 가져온 것이다.

80) ASMR과 "원거리 친밀감"에 관해서는 Andersen(2015) 참조.

81) Barratt and Davis(2015).

82) Gallagher(2016).

83) Andersen(2015: 691).

84) 최근 급증하고 있는 마음 챙김, 명상, 웰니스 앱들의 경우도 마찬가지이다. 우리를 해방해 주겠다고 약속하는 바로 그 "데이터-주도적 최적화" 논리에 의존하는 디지털 디톡스 앱의 역설에 관해서는 Hong(2022) 참조.

85) ~"문제적 인터넷 이용"을 평가하는 데 널리 사용되는 도구 중 하나에서 "기분 조절"은 네 가지 개념적 구성 요소 가운데 하나이다. 이는 "나는 우울할 때 기분을 좋게 하려고 인터넷을 이용했다"와 같은 문장에 대한 동의를 통해 측정되며, 나머지 세 가지 요소는 "온라인 사회적 상호작용에 대한 선호", "결핍된 자기 조절", 그리고 "부정적인 결과"이다(Caplan, 2010).

86) "식별 가능하고, 표적화 가능하며, 조작 가능한": Lynden(2018). "감성 분석(sentiment analysis)"에 관해서는 Andrejevic(2013: 3장); Zuboff(2019: 282ff) 참조.

87) 음악을 보려면 Wang et al.(2015) 참조; 비디오에 대한 유사한 연구를 보려면 Wang and Ji(2015); Tripathiet al.(2019) 참조. 스마트폰 사용 패턴에서 지루함을 자동 탐지하여

"지루함 유발 능동적 추천 시스템"을 가능하게 하는 것에 관해서는 Pielot et al.(2015) 참조. 좀 더 일반적으로 "정동적 컴퓨팅", "정서 분석", 그리고 "감성 분석"에 관해서는 Zuboff(2019: 282ff) 참조.

88) 강박적 기계 도박(Schüll, 2012)이 유발하는 최면 상태와 유사한 정신 신체적 상태에 비견되는 시간 감각의 붕괴에 관해서는 Seymour(2020: 64~65, 199~201) 참조. 수면 패턴의 붕괴에 관해서는 Billari et al.(2018); Robb(2019) 참조. 더 광범위하게 초연결성하의 시간 재구성에 관해서는 2장 104~121쪽 필자의 논의 참조.

89) "보상, 기대 및 동기 부여의 허브"에서 도파민이 하는 역할에 관해서는 Sapolsky(2017: 64~76) 참조(이 인용문은 76쪽에서 가져온 것임). 도파민과 소셜 미디어에 관해서는 Weinschenk(2012); Haynes(2018) 참조.

90) 별개의 진단 범주로서 인터넷 중독을 둘러싼 논쟁에 관해서는 Pies(2009) 참조. "중독"이라는 용어를 수용하면서 소셜 미디어를 맹렬히 비판하는 논쟁적 글을 보려면 Seymour (2020) 참조.

91) 푸코(Foucault, 1988: 18)는 자기의 기술과 권력의 기술을 두 가지 다른 유형의 "기술"과 연관 지어 논의했으며, 각각을 "실천적 이성의 매트릭스", 즉 생산의 기술과 기호 체계의 기술로 개념화했다. 디지털 초연결성은 이 네 가지 모두를 포함한다: 이들의 상호 관계에 대한 예비적 검토를 보려면 Bakardjieva and Gaden(2012) 참조.

92) Foucault(1988: 19); Foucault(1987: 113, 117).

93) 터클(Turkle, 1995)은 푸코의 언어인 "자기의 테크놀로지(technologies of self)"를 사용하지 않지만, 그녀의 선구적인 연구는 사람들이 자기에 대한 작업(working on the self)의 방법으로 익명의 온라인 롤-플레잉 게임을 어떻게 활용할 수 있는지 보여준다. 자기의 테크놀로지로서 블로깅에 관해서는 Bakardjieva and Gaden(2012) 참조; 논문을 작성하는 동안의 학술적 블로깅에 관해서는 Mewburn and Thomson(2018) 참조. 생활 기록과 자기-추적에 대한 푸코적 관점을 보려면 Buongiorno(2016); Schüll(2019) 참조; 이전 형태의 자기-기록을 이어받은 페이스북상의 자기-기록에 대한 푸코적 관점을 보려면 Sauter(2014) 참조. 푸코가 "읽고, 듣고, 생각한 것들의 물질적 기록"으로 특징지은 고대 그리스의 휴포므네마타(hupomnemata)의 현대적 유사물로서 디지털 콘텐트 큐레이션에 관해서는 Weisgerber and Butler(2016) 참조.

94) Miller and Rose(2008: 212).

95) Rose(1999b: 87).

96) Miller and Rose(2008: 82).

97) 웹에서의 선택의 형성과 통제에 관해서는 Graham(2016) 참조.

98) "공허한 선택(empty choice)"이라는 개념에 관해서는 Kingori(2015) 참조; 좀 더 일반적

으로, "기술적 자유주의(technological liberalism)"에 대한 비판으로 틀 지어진 기술과 선택 행위에 관해서는 Dotson(2012) 참조.

99) 미텔슈테트 외(Mittelstadt et al., 2016: 9)가 지적하듯이, 개인화 알고리즘은 정보 과부하 상황에서 관련 없는 정보를 걸러냄으로써 의사 결정 자율성을 향상한다고 주장할 수 있다. 그러나 어떤 정보가 관련 없는지를 결정하는 것은 알고리즘이므로, 그와 같은 알고리즘적 필터링은 실제로는 의사 결정 자율성을 제약하고 개인을 '제도적으로 선호되는 행동'으로 유도할 수 있다.

100) Sunstein and Thaler(2003: 1159).

101) Schüll(2016: 328). 선스타인(Sunstein)과 탈러(Thaler) 스타일의 자유 민주주의 환경에서의 너징과 중국의 신흥 "사회 신용" 시스템에 구현된 훨씬 더 포괄적인 권위주의적 디지털 너징 체계 사이의 구조적 유사성이, 비록 그 범위는 다를지라도, 존재한다는 점을 고려할 때, 이러한 긴장은 더욱 선명하게 드러나는데, 후자 역시 개인들을 "책임지게 하여(responsibilize)" 더 많은 "사회적 신뢰"를 창출하고자 하며, 마찬가지로 개인들이 내리는 선택을 통해 "원거리에서" 개인들을 통제한다. 사회 신용 시스템에 관해서는 Creemers(2018); Liu(2019); Knight(2021) 참조.

102) Quito(2015).

103) 일반적으로 "예측 쇼핑(predictive shopping)"에 관해서는 Sunstein(2015: 7장) 참조. 소매 가입형 상품 박스(retail subscription box)를 통한 알고리즘으로의 취향 외주화에 관해서는 Hu(2019) 참조. 경험을 통해 학습하고 시간이 지남에 따라 개선되어 소비자가 보관할 가능성이 높은 품목에 대해 더 나은 예측을 하는 알고리즘의 매우 중요한 역할에 관해서는 Sinha et al.(2016) 참조.

104) "통제 사회"에 관해서는 들뢰즈(1992)의 개략적이긴 하지만 선견지명이 있는 언급 참조. 이 책의 결론 부분에서 이 개념과 더 일반적으로 통제라는 주제로 다시 돌아간다; 287~292쪽 참조.

105) "영혼 다스리기"에 관해서는 Rose(1999a) 참조; 기술-사회 공학에 관해서는 Frischmann and Selinger(2018) 참조.

106) 새로운 형태의 행동주의 조건화에 관해서는 Zuboff(2019: 10장) 참조.

107) 광고 산업에서 설득 기술 사용에 대한 우려의 역사에 관해서는 Nelson(2008) 참조.

108) 이 견해를 가장 강력하게 제시한 사례는 Zuboff(2019)이다.

109) "데이터 식민주의"에 대한 분석을 보려면 Couldry and Mejias(2019) 참조. 이들은 xi쪽에서 식민주의는 단순한 은유가 아니라고 제안한다.

110) Zuboff(2019); Couldry and Mejias(2019).

111) Zuboff(2019).

2장 상호작용

1) 묶인 자기(tethered self)와 자율성에 관해서는 Turkle(2011: 172~179) 참조. 떨어져 있을 때는 더 연결되지만, 함께 있을 때 덜 연결된다는 역설에 관해서는 Turkle(2015: 160) 참조.

2) Chambers(2013: 124).

3) 미디어 및 정보 기술과 관련한 시공간의 재구성에 대한 풍부한 역사적 정보에 입각한 논의를 보려면 Thompson(1995: 31~37); Castells(2010[1996]: 407~499); Couldry and Hepp (2017: 81~121) 참조.

4) "근대성의 하부구조"의 핵심 부분으로서 기술적으로 매개되는 "간접적 관계"에 대한 역사적 정보를 바탕으로 한 관점을 보려면 Calhoun(1992) 참조. 새로운 커뮤니케이션 미디어에 의해 가능해진 새로운 형태의 "원격 행위(action at a distance)"에 관해서는 Thompson (1995: 82, 100ff) 참조.

5) 물리적으로 공존하는 다른 사람과의 문자 보내기에 관해서는 Tjora(2011) 참조.

6) 공존하는 다른 사람과의 상호작용이 어떻게 악화할 수 있는지에 대한 지속적이면서도 정교한 수준의 깊이 있는 논의를 보려면 Turkle(2011; 2015) 참조.

7) 그와 같은 관행들은 보편적으로 받아들여지지 않으며, 여전히 마찰, 불확실성, 논쟁의 대상이 되고 있다. 예를 들면, Cahir and Lloyd(2015) 참조.

8) 부재적 현존감에 관해서는 Gergen(2002) 참조. "네트워크화된 부재", 즉 "지각된 몰입적 참여가 부재한 네트워크 연결의 한 형태"에 관해서는 Burchell(2017) 참조. 매개되는 "거기 그리고 지금" 영역의 출현에 관해서는 Zhao(2006) 참조.

9) 매개되는 공존감에 관해서는 Zhao(2003); Zhao and Elesh(2008) 참조. 증강현실과 가상현실의 발전이 더욱 풍부하고 설득력 있는 형태의 매개되는 공존감을 만들어낼 것이라는 희망에 관해서는 이 장의 맺음말과 결론 참조. 자녀와 물리적으로 함께 있을 때조차 부모가 일상적으로 부재하는 방식에 관해서는 Turkle(2015: 103~126) 참조.

10) 이 점은 Zhao(2006: 470~472)에 의해 설득력 있게 제시되었다. "원초적 실재"로서 대면 상호작용에 관해서는 Berger and Luckmann(1967: 28)의 논의를 반영하는 Goffman (1983: 2) 참조.

11) 디지털 매개 상호작용의 "자기-기록화" 특성이 미치는 광범위한 함의에 관해서는 Schwarz(2021: 2장) 참조. 이 단락은 슈바르츠(Schwarz)의 통찰력 있는 논의를 기반으로 하고 있다.

12) 구체적인 장소와 추상적 공간의 구별에 관해서는 Agnew(2011) 참조. 또한 "장소의 공간"과 "흐름의 공간" 사이의 관계에 대한 Castells(2010[1996]: 6장)의 논의도 참조.

13) 자신의 현재 위치를 연락처에 알려주는 "위치 기반 미디어(locative media)"의 사회적 어포던스에 관해서는 Saker and Frith(2018) 참조. GPS는 실내에서 효과적이지 않지만, 블루투스 및 기타 시스템은 고정밀 실내 추적을 제공하여 매장이 고객의 진열대 특정 상품 근접도에 따라 푸시 알림을 조정할 수 있게 한다[블루투스 비콘(beacon)에 관해서는 Kwet(2019) 참조].

14) 워크맨에 관해서는 Bull(2000) 참조. 푸로(Puro, 2002: 23)는 휴대폰이 공적 공간에 미치는 이중적 사유화에 대해 다음과 같이 지적한다: "사용자들은 비언어적으로 자신을 격리한 다음 사적인 문제로 공기를 채운다." 공적 공간의 변환에 관해서는 Turkle(2011: 155~156) 참조. 후기 근대성에서 "사적 생활이 … 공론장으로 옮겨지는" 방식에 대한 더 광범위한 역사적인 이론적 논의를 보려면 Kumar and Makarova(2008) 참조.

15) 가정을 공적 영역의 변화와 발전에 개방하는 데 있어서 더 이전의 전자 미디어, 특히 텔레비전의 중요성에 관해서는 Meyrowitz(1985: vii, 125) 참조.

16) 공적 공간과 사적 공간의 역전에 관해서는 Austin(2020c) 참조.

17) 가정과 일 사이의 경계가 흐려지는 것에 관해서는 Wajcman(2015: 139ff) 참조. 물론 이러한 경계의 흐려짐은 디지털 초연결성 시대 이전에도 이미 존재했다: Nippert-Eng(1996); Hochschild(1997) 참조. [호크쉴드(Hochschild)의 저서 『시간의 속박(*The Time Bind*)』의 부제는 "일터가 가정이 되고 가정이 일터가 될 때(when work becomes home and home becomes work)"임].

18) 사적 삶이 디지털 미디어를 통해 일터로 침투하는 현상에 관해서는 Broadbent(2016) 참조.

19) 엄격한 감시를 받는 노동자는 일하는 시간 동안 사적인 일을 처리하지 못할 수도 있다. 따라서 감시 기술은 업무와 비업무 사이의 경계를 유지하려고 한다. 그러나 노동력에 대한 다른 형태의 디지털 감시(특히, 체력 단련 추적 및 생체의학적 감시)는 사생활과 비업무 시간까지 그 영향력을 확장하여 그러한 경계를 허문다.

20) 디지털 유목민 현상(digital nomadism)의 급증에 관해서는 Kelly(2021) 참조.

21) 표준화된 시간 체계(standard times)가 약화하면서 나타나는 조정, 동기화, 타이밍 및 일정 조율의 어려움에 관해서는 Shove(2012: 298f); Wajcman(2015: 76) 참조.

22) 디지털 매개 쇼핑과 관련된 활동의 조각화에 관해서는 Couclelis(2004) 참조. 더 폭넓게 역사적이면서 이론적인 관점에서의 시간적 조각화에 관해서는 Rosa(2013: 124, 129, 130, 193) 참조.

23) 디지털 매개 활동의 틈새적 성격에 관해서는 (뉴스 소비에 관한) Carlson(2020: 239); (캐주얼 모바일 게임에 관한) Hjorth and Richardson(2011) 참조. 운전과 페이스북 확인이라는 두 가지 활동에 동시적으로 주의를 기울이는 운전자의 행동에 대한 세밀한 실증적 연구를 보려면 Licoppe and Figeac(2015) 참조.

24) 디지털 연결성은 부차적으로만 다루지만, 가속화에 대해서는 폭넓게 역사적이면서도 이론적으로 다루는 논의를 보려면 Rosa(2013) 참조(이 책은 디지털 초연결 시대가 도래하기 전인 2005년에 독일어로 출판된 책의 번역본임).

25) 디지털 매개 상호작용에서의 "준-동시성(near-synchrony)"에 관해서는 Rettie(2009b) 참조. 기술적 어포던스뿐만 아니라 사회적 규범과 기대에 의해 형성되는 동시성과 비동시성에 관해서는 Rettie(2009a)도 참조.

26) 디지털 연결의 맥락에서 시간적 자율성에 관해서는 Wajcman(2015: 62, 103, 107, 169) 참조.

27) 소셜 미디어가 즉각성과 최신성을 우선시한다는 점에 관해서는 Gehl(2014: 48~50) 참조.

28) 페이스북이 "참여적 주체성"을 내면화하려는 시도에 대한 광범위한 푸코적 분석은 Bucher(2018: 88~89) 참조.

29) "좋아요 경제"의 "라이브니스"에 관해서는 Gerlitz and Helmond(2013) 참조: "이용자들이 웹상에서 페이스북 기능에 몰입적으로 참여하도록 유도하고, 그들의 연락처가 어떤 콘텐트에 몰입적으로 참여했는지 보여줌으로써 ('좋아요'나 '공유' 버튼과 같은) 소셜 플러그인은 플랫폼 내부는 물론 외부의 수많은 공간을 가로지르는 일련의 연쇄적인 상호작용을 촉발하려 한다"(1359쪽).

30) 하나의 "커뮤니케이션의 단위"이자 "시각적 언어"의 형태로서 디지털 네트워크 환경에서 공유되는 "소셜 사진(social photo)"에 관해서는 Jurgenson(2019: 8~9, 13~17) 참조. 요겐슨(Jurgenson)이 자신의 책 맺음말에서 언급한 것처럼, "이미지로 말하는 것이 점점 더 비디오를 통해 이루어지고 있기" 때문에(114쪽) 소셜 비디오에 대해서도 유사한 논의가 가능하다. 메시징과 소셜 미디어에서 정서를 표현하고 "커뮤니케이션의 유동성"을 달성하기 위해 (이모티콘보다 더 정교한 이미지로 캐릭터, 행동 및/또는 정서를 나타내는) 스티커 사용에 관해서는 Lim(2015) 참조. 페이스북 댓글 스레드(thread)에서 모든 다양한 그래픽 커뮤니케이션 도구 사용이 증가하고 있는 현상에 관해서는 Herring and Dainas(2017) 참조. 현대 소셜 미디어, 메시징 및 직장 맥락에서 GIF(매우 짧고, 무음이고, 반복되고, 저해상도인 비디오로 흔히 유머에 의존하며 "정동의 수행"과 "문화적 지식의 시연"에 적합함)의 부활을 가능하게 한 커뮤니케이션 어포던스와 문화적 관행에 관해서는 Miltner and Highfield(2017) 참조.

31) 시간적으로 조각화된 일련의 미소-상호작용이 어떻게 준연속적 형태의 "연결된 현존감"이나 "일상적 거주감(everyday dwelling)"으로 경험되는지에 관해서는 Licoppe(2004), 특히 141쪽과 152쪽 참조. 그리고 리코프(Licoppe)의 분석을 더 새로운 형태의 디지털 미디어로 확장하고 있는 Cui(2016); Ling and Lai(2016) 참조. 친구들 사이에서 "일상적 거주감(a sense of everyday dwelling)"을 지속시키기 위한 왓츠앱의 용도에 관해서는 O'Hara et al.(2014) 참조.

32) Battestini et al.(2010: 237).

33) Rettie(2009b).

34) Kannan et al.(2016).

35) 말리노프스키의 "친교적 교감" 개념에 관해서는 Senft(2014: 104ff) 참조. 어원적으로 그리고 말리노프스키의 용법에서 'phatic'은 발화(speech)를 의미한다. 따라서 말리노프스키는 "친교적 커뮤니케이션(phatic communication)"이 아니라 "친교적 교감"(발화를 통해 영향을 받는 사회적 유대)에 대해 언급한다. 그러나 후대의 용법에서는 "친교적 커뮤니케이션"이 사회적 유대 기능을 하는 커뮤니케이션의 종류를 의미하게 되었다. 필자는 이 용법을 따른다.

36) Licoppe and Smoreda(2005: 331). 디지털 맥락에서 친교적 커뮤니케이션의 중요성에 관해서는 또한 Miller(2008); Schandorf(2013) 참조.

37) 고도로 정치화된 맥락에서는 친구의 게시물에 '좋아요'를 누르는 것과 같이 겉보기에 사소한 행동이 결코 사소하지 않을 수 있다. 이는 디지털 매개 상호작용의 자기-기록화 특성으로 인해 책임성이 확장된 결과이다. 사람들이 자신의 '좋아요'와 '공유'에 대해 책임 있는 해명을 해야 하는 페이스북에서의 "정치적 친구 끊기"에 대한 분석은 Schwarz and Shani(2016: 403ff) 참조.

38) Turkle(2011: 11, 187~209).

39) Burchell(2015: 47). 지속적인 기기 확인과 재확인을 유발하는 "연결 단서(connection cues)"로서 소셜 미디어와 메시징 앱 표시자에 관해서는 Bayer et al.(2016a) 참조.

40) Liu(2018).

41) Hulick(2016).

42) Bucher(2013: 485).

43) Ling and Lai(2016: 844, 847).

44) "부드러운 강압"에 관해서는 Ling(2016) 참조. "타인에 대한 실시간적인 책임성의 범위"를 확장하는 사회적 기대에 관해서는 Bayer et al.(2016a: 130) 참조. 단절에 대한 10대의 불안, 뒤처지는 것에 대한 우려, 그리고 잠재적으로 중요한 상호작용을 놓치는 것에 대한 두려움(FOMO)에 관해서는 Mascheroni and Vincent(2016: 318ff) 참조.

45) Burchell(2015: 36, 38), 이탤릭체 생략; 47쪽도 참조. 넘칠 정도로 풍부한 미소-사회성의 부담으로부터 자신을 보호하기 위해 이용자들은 연결된 상태를 유지하면서도 특정 시간에, 특정 채널에서, 또는 특정 사람과의 상호작용 가용성을 통제하고 제한하는 방법을 개발한다. 상호작용 가용성은 연결성으로부터 자동적으로 따라오는 것이 아니라 잠재적으로 압도적일 수 있는 상호작용의 흐름을 관리하는 방식으로 변조될 수 있다. 버첼(Burchell, 2017)은 이러한 관행들을, 지멜(Simmel)의 유명한 이론적 설명에 따르면, 대

도시에서 끊임없이 밀려드는 자극에 대한 "보호 기관" 역할을 했던 "무관심한 태도(blasé attitue)"와 대체로 유사하다고 본다. 또한 기술적으로 주어지는 것이 아니라 사회적으로 협상되는 것으로서 가용성에 관한 Schrock(2015: 1237)과 모바일 메시징의 "단절적 어포던스(disconnective affordance)"에 관한 Mannell(2019) 참조.

46) 필자는 이 제안에 대해 오리 슈바르츠에게 고마움을 전한다.

47) "지속적-편재적 공동체"에 관해서는 Hampton(2016) 참조. 이 인용문은 103쪽에서 가져온 것이다.

48) "상황적 공존감의 가시성"을 다양한 형태의 커뮤니케이션 미디어를 통해 시공간에서 시야가 확장되는 것과 대비시킨 "매개되는 가시성의 부상(rise of mediated visibility)"에 관해서는 Thompson(2005: 35ff) 참조.

49) 일반적으로 디지털 매개 가시성에 관해서는 Harcourt(2015) 참조.

50) 결론에서 정부 감시에 대해 다룬다. "실시간 안면 인식" 사례(Amazon, 2017)에서 알 수 있듯이, 정부 감시는 민간 부문에서 개발된 도구에 점점 더 의존하고 있다; 또한 정부 감시는 민간기업이 수집한 데이터에 점점 더 의존하고 있다. "거버넌스, 상업, 사적인 삶 간의 경계"의 약화에 관해서는 Harcourt(2015: 187ff) 참조.

51) Cegłowski(2014); 인터넷의 지배적인 비즈니스 모델로서 감시에 관해서는 또한 Zuckerman (2014); Couldry and Mejias(2019); Zuboff(2019) 참조. 4장에서 상업적 감시에 대해 다룬다.

52) "사회적 검색(social searching)", "측면 감시(lateral surveillance)", "참여적 감시(participatory surveillance)", "사회적 감시"라고도 불리는 대인 간 디지털 감시에 관해서는 Marwick(2012); Trottier(2012) 참조. 대인 간 디지털 감시는 고전적인 하향식 감시 모델에서와 같이 소수가 다수를 감시하는 방식이나 새로운 형태의 상향식 디지털 "수베일런스" 또는 유명인에 대한 매스 미디어 (또는 소셜 미디어) 모니터링에서처럼 다수가 소수를 감시하는 방식과 구별된다(Jurgenson, 2013). 상향식 디지털 "수베일런스"에 관해서는 Mann and Ferenbok(2013) 참조.

53) 역사적 관점에서 도청에 대한 간결하고 폭넓은 연구를 보려면 Locke(2010) 참조.

54) 디지털 매개 상호작용의 객체화에 관해서는 Schwarz(2011: 72) 참조; 이 아이디어가 상징적 상호작용주의의 기본 전제를 재고하는 데 지니는 함의에 대한 풍부한 논의를 보려면 Schwarz(2021: 2장) 참조.

55) 복제 가능성과 확장성에 더해 지속성과 검색 가능성을 강조하면서 디지털 매개 상호작용이 소셜 네트워크 사이트에서 지니는 어포던스에 대한 핵심적인 초기 논의를 보려면 boyd(2011) 참조.

56) "세상을 더 열려 있고 더 연결되게 만드는 것"은 오랫동안 페이스북의 준공식적인 "사

명"이었다. 소셜 미디어 플랫폼들이 일방향적 투명성을 극대화하려는 관심을 보여주는 마크 저커버그의 "당신은 하나의 정체성을 가지고 있다"라는 발언에 관해서는 van Dijck (2013b) 참조. (저커버그는 이어서 "자신에게 두 개의 정체성이 있다는 것은 진실성이 결여된 예다"라고 말했다.) 조직적 맥락에서 소셜 미디어의 사용과 관련된 "개방성 이데올로기"에 대한 비판적 논의를 보려면 Gibbs et al.(2013) 참조.

57) Bucher(2012); Bucher(2018: 84ff).

58) 그것이 항상 은밀한 것은 아니다: 감시자는, 예를 들어, 감시 대상의 게시물에 댓글을 달거나 '좋아요'를 누름으로써, 자신이 지켜보고 있음을 드러내기도 한다.

59) "페이스북 스토킹"이라는 표현은 전 연인을 은밀하게 지속적으로 감시하는 것과 같은 행동에 대해 어느 정도의 불편함을 드러내지만, 이 용어는 다른 맥락에서 "스토킹"에 적용되는 부정적인 함의 없이 널리 사용된다. "페이스북 스토킹"은 흔히 아이러니한 의미를 지니는데, 이는 그러한 행위가 보편적이라는 인식을 드러내는 방식으로 사용된다. 따라서 "스토킹"이라는 용어가 지속적인 불편함을 드러내긴 하지만, 이전의 강한 부정적 함의는 잃었다고 할 수 있다. 그럼에도 은밀한 소셜 미디어 스토킹 가운데에는 심각하게 불쾌하고 우려스러운 형태들도 물론 존재한다.

60) Marwick(2012: 388); 또한 384~385쪽 참조. 도청의 정의는 Locke(2010: 3, 이탤릭체 생략)에서 가져온 것이다. 소셜 미디어 감시의 상호성에 관해서는 Albrechtslund(2008) 참조.

61) 대면 상호작용에서 정보를 의도적으로 "주는 것"과 무의식적으로 "흘리는 것"의 구별에 관해서는 Goffman(1959: 2) 참조.

62) 더 장기적이고 집중적인 페이스북 이용과 다른 사람들이 더 행복하고 더 나은 삶을 살고 있다는 인식 사이의 연관성에 관해서는 Chou and Edge(2012) 참조.

63) 소셜 미디어, 상향 사회적 비교, 그리고 시기심에 관해서는 Krasnova et al.(2015) 참조. 소셜 미디어(특히 인스타그램)가 10대와 특히 청소년기 여성의 정신 건강에 미치는 해로운 영향에 대한 더 광범위한 주장에 관해서는 Haidt(2021) 참조.

64) "실질적 잊힘(practical obscurity)"이라는 법적 개념에 관해서는 Kotfila(2014) 참조.

65) "사람 찾기(people finder)" 사이트에서 수집된 정보가 사기에 사용된 것에 관해서는 Chen(2019); Rohrlich(2019) 참조.

66) 디지털 매개 과잉-가시성과 과도한 투명성의 형태에 관해서는 Morozov(2013a: 63ff) 참조.

67) 연인 감시에 관해서는 Tokunaga(2011; 2016); Fox and Warber(2014) 참조. 파트너 감시뿐 아니라 친밀한 관계에서 행동을 추적하거나 게임화하는 것을 포함하는 "수량화된 관계"라는 더 광범위한 현상에 관해서는 Danaher et al.(2018) 참조.

68) 페이스북과 질투에 관해서는 Muise et al.(2009) 참조.

69) 모든 유형의 대인 간 감시 소프트웨어와 그것을 판촉하는 광고 관행에 관해서는 Chatter-

jee et al.(2018) 참조.

70) 친밀감과 투명성 사이의 연관성과 그것이 파트너 감시에 미치는 함의에 관해서는 Gregg (2013) 참조.

71) 흔히 종교 단체의 지원을 받는 일부 커플(과 다른 커플)은 포르노그래피 이용 습관을 극복하기 위한 도구로 전화 및 컴퓨터 감시 소프트웨어를 이용한다. 예를 들면, https://www.covenanteyes.com/how-it-works/ 참조.

72) 부모와 자녀 간의 협상과 갈등은 감시에만 국한되지 않으며, 휴대폰 및 기타 기기를 사용할 수 있는 시간, 장소 및 상황에 대한 제한도 포함된다.

73) 스마트폰 시대 이전의 어린이를 위한 GPS 추적 장치에 관해서는 Bettany and Kerrane (2016) 참조. 일부 장치에는 "비상 버튼"이 포함되어 있으며, 자녀가 어떤 환경에 있는지 부모가 눈에 띄지 않게 엿듣고 필요한 경우 자녀와 연락할 수 있게 해준다.

74) 이 계약과 더 일반적으로 자녀와 부모 간의 긴밀한 디지털 "테더링(tethering)"과 부모에게서 분리될 필요가 있는 어린이의 발달 필요가 갖는 함의에 관해서는 Turkle(2011: 173f) 참조. 이 계약에 대한 어린이들의 다양한 경험(일부는 그 조건을 수락하고 또 일부는 그 한계를 시험하거나 언제든지 연락 가능해야 한다는 의무에 저항함)에 관해서는 Lachance(2020) 참조.

75) 부모와 자녀 간의 경계를 둘러싼 감시 관련 갈등에 관해서는 Erickson et al.(2016) 참조.

76) 감시 크립 전반에 관해서는 Marx(1988: 2) 참조. 감시 크립은 부모의 자녀 모니터링뿐만 아니라 요양원에서 고령의 부모와 그들을 돌보는 간병인에 대한 자녀의 모니터링까지 확장된다. 이러한 관행으로 인해 제기되는 윤리적 문제에 관해서는 Berridge et al. (2019) 참조.

77) <블랙 미러(*Black Mirror*)>의 에피소드 "아크에인젤(Arkangel)"에서는 이러한 가족 감시 크립을 미래로 확장하여 이식된 칩을 통해 부모가 자녀의 경험을 원격으로 모니터링할 수 있을 뿐만 아니라 그 경험에 개입하고 그 경험을 필터링하여 추정컨대 괴로운 경험으로부터 자녀를 보호할 수 있도록 하는 상황을 그린다. 초가시성과 완전한 투명성의 디스토피아적 측면은 데이브 에거스(Dave Eggers)의 2013년 소설 『더 서클(*The Circle*)』에서도 다뤄진다.

78) 페이스북의 "프라이버시 중심의 소셜 네트워킹 비전"에 관해서는 Zuckerberg(2019) 참조.

79) "사람들이 자신의 관행에 대한 다양한 흔적, 궤적, 재현 및 모델에 노출되는 경우의 급증"에 대한 좀 더 일반적인 논의는 Cahour and Licoppe(2010) 참조. 디지털화와 새로운 기억의 생태계에 관해서는 Schwarz(2014); Schwarz(2021: 73ff) 참조. "완전히 기록 보관된 삶"에 대한 고찰을 보려면 Turkle(2011: 299~305) 참조.

80) 스냅챗에서 일시적 커뮤니케이션의 즐거움에 관해서는 Bayer et al.(2016b) 참조; 스냅

챗에서 일시성의 한계에 관해서는 스냅챗이 더 오래 지속되는 기록 보관 기능도 조용히 채택했다는 점을 언급한 Hall(2017) 참조.

81) 플랫폼 중립성 신화에 관해서는 Langlois and Elmer(2013: 2~4, 10~11); Morozov(2013a: 142ff); Gillespie(2018: 24ff) 참조.

82) Van Dijck(2013a: 12).

83) 페이스북의 실험은 Bond et al.(2012) 및 Kramer et al.(2014)에 보고되어 있다. 동의 부족에 대한 비판과 대규모 인터넷 실험의 동의 문제에 대한 분석은 Flick(2016) 참조. 그 실험들에 대한 더 광범위한 비판적 논의는 Zuboff(2019: 299~309) 참조.

84) 지속적인 자동화된 실험에 관해서는 Zuboff(2019: 298) 참조.

85) Ledvina(2014).

86) 행동 수정 그리고 고전적 행동심리학과 예측 분석을 통한 행동의 "조율" 및 "집단적 유도" 간의 연관성에 관해서는 Zuboff(2019), 특히 10장 참조.

87) 2016년 페이스북이 단일한 범용 '좋아요' 버튼에서 여섯 개의 '반응' 버튼으로 전환한 것에 관해서는 Horning(2016) 참조.

88) Gehl(2014: 82~89).

89) 이 단락은 주로 페이스북의 "프로그래밍된 사회성"에 대한 부처(Bucher)의 분석을 바탕으로 한다. 이 인용문들은 Bucher(2013: 484, 487)에서 가져온 것이다; 또한 Bucher(2018) 참조. 지표를 통한 활동 유도에 관해서는 Grosser(2014) 참조.

90) Gehl and Bakardjieva(2017: 2).

91) Ibid. 소셜 봇과 튜링 테스트(Turing test)에 관해서는 Gehl(2014: 36~37) 참조.

92) Gehl(2014: 22, 23). 튜링 테스트를 뒤집어서 점점 더 많은 업무가 기계에 외주화되는 환경에서 인간이 더 기계처럼 될 수 있는지 묻는 철학적 분석을 보려면 Frischmann and Selinger(2018: 175~208) 참조.

93) 봇 탐지 전략에 대한 개요를 보려면 Ferrara et al.(2016) 참조.

94) Shao et al.(2018).

95) 이 문제를 5장에서 다시 다룬다; 245쪽 참조.

96) 이 실험의 윤리적 함의에 관해서는 Frischmann and Selinger(2018: 157~159) 참조.

97) http://www.skipser.com/p/2/p/automatic-facebook-birthday-wishes.html

98) Frischmann and Selinger(2018: 157).

99) Dewey(2016); Stadil(2016). 틴더에서 남성과 여성의 현저히 다른 행동에 관해서는 Tyson

et al.(2016) 참조.

100) Jackson(2017).

101) Markowitz(2017).

102) Pignataro(2017).

103) Bullock(2017). 스마트 답장을 보완하는 것은 일종의 강화된 자동 완성 기능인 스마트 작성(Smart Compose)이다. "인사말부터 마무리 인사(와 그 사이의 일반적인 구문들)까지 스마트 작성은 이용자가 쉽게 초안을 작성할 수 있도록 이메일에서 완전한 문장을 제안한다." 이용자가 마음에 드는 제안을 보면 '탭' 버튼을 클릭하여 수락하면 된다. 스마트 작성은 "반복적인 글쓰기를 줄여 시간을 절약해 줄" 뿐만 아니라 맞춤법과 문법 오류를 줄이고 심지어 "관련성 있는 문맥적 구문을 제안하는" 것까지 약속한다. "만약 금요일이라면, 마무리 구문으로 '즐거운 주말 보내세요!'를 제안할 수도 있다"(Lambert, 2018).

104) Wenet al.(2015); 이 인용문은 86~87쪽과 91쪽에서 가져온 것이다. 컴퓨터로 생성된 유머 시스템은 그다지 성공적이지 않았기 때문에 이 논문에서는 대신 컴퓨터와 인간이 협력하여 서로 다른 강점을 활용하는 "컴퓨터-보조 유머"를 제안한다.

105) 스마트 답장에 대한 의문점을 보려면 Maxwell(2017); Syme(2018) 참조. 기계 생성 언어의 사회적 함의에 대한 좀 더 일반적인 고찰을 보려면 Munger(2021) 참조. 편의성 이데올로기에 대한 비판을 보려면 Wu(2018b) 참조. 비효율성의 미덕에 관해서는 Morozov (2013a: 163~164, 314) 참조.

106) "인간 사회성의 기술-사회적 공학"에 대한 비판을 보려면 Frischmann and Selinger(2018: 9장) 참조. 이 인용문은 148쪽에서 가져온 것이다; 하버마스의 적절성은 162쪽에서 언급되고 있다. 기업 주도의 이모지와 GIF 자동화에 대한 비판을 보려면 Hess(2016) 참조.

107) 스탠퍼드대학에서 개발한 인지-행동 치료 제공 챗봇인 워봇(Woebot)에 관해서는 Brown (2021) 참조. 자동화된 형태의 치료 발전에 대한 역사적 분석을 보려면 Zeavin(2021: 4장) 참조. "사회적 보조 로봇 공학"에 관해서는 Matarić(2017); Clabaugh and Matarić(2018) 참조. "로봇 동반자 관계"의 유혹과 딜레마에 관해서는 Turkle(2011) 참조.

108) <블랙 미러>의 에피소드 "곧 돌아올 거야(Be Right Back)"는 세 단계로, 즉 텍스트, 음성, 그리고 실물 크기의 실리콘 로봇을 통해 잃어버린 사랑하는 사람을 복제할 수 있는 가능성을 살펴본다.

109) "당신에게 관심을 가지는 AI 동반자(AI companion who cares)": https://replika.ai/; "기분이 우울하다면…": https://apps.apple.com/us/app/replika-virtual-ai-friend/id1158 55 5867

110) 정서 인식 챗봇 개발에 관한 최근 연구에 대한 개괄적 논의를 보려면 Pamungkas(2019) 참조.

111) 디지털 매개 나르시시즘에 관해서는 Barber(2018) 참조; "인간-봇 상호작용 실험"으로서 레플리카에 관해서는 Pardes(2017) 참조.

112) 기계의 감정이입에 관해서는 McStay(2018: 4~5) 참조. 소셜 로봇과 관련된 감정이입에 대한 다른 관점을 보려면 Turkle(2011: 55) 참조.

113) 노력의 가치를 옹호하고 효율성에 대한 일방적인 강조에 반대하는 이러한 문제들에 대한 철학적 관점을 보려면 Frischmann and Selinger(2018: 9장) 참조; 이 인용문은 157쪽에서 가져온 것이다. 정신분석학적 정보를 바탕으로 한 심리학적 관점을 보려면 Turkle (2011: 1부) 참조.

114) 이 아이러니한 역전에 관해서는 Austin(2020b) 참조.

115) 줌에서의 신체 경험에 관해서는 Sacasas(2020) 참조. 줌 피로에 대한 필자의 설명은 Bailenson(2021)도 참고했다.

116) "탈육화의 시대"와 "촉각적 접촉에서 시각적 시야"로의 전환에 대한 디지털 매개적 강조에 관해서는 Kearney(2021: 113ff) 참조. 월터 옹(Walter Ong)의 "2차적 구술성 (secondary orality)" 개념에 비유하여 일종의 "2차적 체화(secondary embodiment)"로서 가상 체화에 관해서는 Carr(2021) 참조. 우리가 가상현실 환경에서 스스로를 체화된 존재로 느끼더라도, 다른 사람들을 완전히 체화된 존재로 경험하지는 않는다; 따라서 가상 체화는 카(Carr)에게 "본질적으로 그리고 불가피하게 유아론적(唯我論的)"이다.

117) 한국의 "언택트"에 관해서는 Lee(2020); Rashid(2021) 참조.

118) 로빈 슬론(Robin Sloan, 2015)은 초고속 음식 배달 앱 스프리그(Sprig)에 관해 다음과 같이 말했다: "이것이 아마존의 수(手)다. 즉, 친근한 구매 버튼 뒤에 노동과 물류가 완전히 은폐하는 것 말이다. 그러한 경험은 스프리그 고객에게는 매우 편리하고 거의 마법처럼 느껴진다. 하지만 요리사나 택배 기사에게는…? 우리는 모른다. 우리는 알 수 없다. 우리는 그저 버튼을 누르기 위해 여기에 있을 뿐이다."

3장 문화

1) 문화에 대한 보편적 접근에 관해서는 Lessig(2008: 42, 47) 참조. 디지털 박물관에 관해서는 구글 아츠 앤드 컬처oogle Arts and Culture)에 초점을 맞춘 Udell(2019) 참조.

2) "롱 테일"에 관해서는 Anderson(2006) 참조.

3) 비즈니스 전략으로서 무료로 제공하는 것에 관해서는 Anderson(2009); Fourcade and Kluttz(2020) 참조.

4) "공유 자원-기반 동료 생산"에 관해서는 Benkler(2006: 60) 참조.

5) "하이테크 선물 경제"에 관해서는 Barbrook(1998) 참조.

6) 아마추어 문화 생산의 부활에 관해서는 DiMaggio(2013) 참조; 일상적 창의성과 뉴 미디어에 대한 광범위하고 역사적으로 조망된 설명을 보려면 Burgess(2007) 참조.

7) "잘라내기, 붙여넣기, 렌더링, 주석 달기, 댓글 달기": Benkler(2006: 294). "기호학적 민주주의"에 관해서는 Fiske(1987) 참조. 피스케(Fiske)는 텔레비전 시청자들이 단순히 수동적인 수용자가 아니라 의미 형성에 있어서 능동적인 참여자였으며, 의도된 또는 "선호되는" 의미를 재구성하고 뒤집을 수 있는 방식에 대해 썼다.

8) 리믹스 문화에 관해서는 Lessig(2008: 26, 68ff) 참조.

9) 프로슈머에 관해서는 Toffler(1980); Ritzer and Jurgenson(2010) 참조. 상호작용성 찬양에 대한 비판을 보려면 Andrejevic(2007) 참조.

10) 문화적 재화에 대한 필자의 정의는 Hirsch(1972: 641~642)의 정의와 유사하다. "상징적, 표현적, 또는 미학적 만족"에 대한 언급은 언뜻 보기에 이 정의가 대중문화보다는 '고급' 문화 쪽으로 치우쳐 있는 것처럼 보일 수 있다. 그러나 대중문화가 제공하는 만족은 고급문화가 제공하는 만족만큼이나 모든 면에서 상징적이고 표현적이며 미학적이다. 예를 들어, 컴퓨터와 비디오 게임이 제공하는 새로운 미학적 가능성에 관해서는 Jenkins (2005) 참조.

11) 문화적 재화의 비물질화에 반하는 현상으로는 특정 형태의 재물질화가 있는데, 특히 지난 10여 년간 비닐 레코드의 꾸준한 부활과 관련된 것이 주목할 만하다(Magaudda, 2011; Bartmanski and Woodward, 2015).

12) 커피 테이블용 책(coffee table books), 아동 도서, 그리고 크기, 종이 품질, 촉감 등의 물질적 외피가 단순히 전달 매체가 아니라 문화적 재화 자체의 핵심으로 이해되는 기타 도서들은 예외다. 그리고 물론 서적 수집가들에게 문화적 재화의 가치와 의미(희귀한 초판, 독특한 서명본이나 주석본)는 문화적 콘텐트와 물질적 기반의 불가분한 결합에 있다. 도서의 비물질화와 출판업의 변환에 관해서는 Thompson(2021: 10ff) 참조.

13) 디지털 객체들의 어포던스에 관한 초기 논의를 보려면 Negroponte(1995); boyd(2011) 참조.

14) 물론 디지털 문화적 재화가 항상 비배제적인 것은 아니다. 페이월(paywall)은 유료 고객으로 접근을 제한할 수 있고, 디지털 권한 관리(DRM: digital rights management) 소프트웨어는 복제를 어렵게 만들 수 있다(비록 그것이 정당한 사용을 방해하기도 하고 의지가 확고한 이용자들의 복제를 반드시 막을 수 있는 것은 아니지만). Ocean(2017) 참조.

15) '한계'비용은 미미하지만, 방대한 디지털 콘텐트를 수집, 저장, 유통하는 데 드는 '총'비용은 매우 높다(Hindman, 2018: 12~13). 힌드만(Hindman)이 강조하는 바와 같이 그리고 이 장의 마지막 부분에서 논의하는 바와 같이, 이는 디지털 문화산업에서 권력의 지

속적인 집중에 일조한다.

16) 전문적으로 생산된 문화적 재화의 재산권은 상황을 복잡하게 만든다. 그러나 재산권이 디지털 풍요를 방해하지는 않았다. 약 400만 곡을 무료로 제공하면서 디지털 음악의 풍요를 최초로 구현한 업체인 냅스터는 저작권 침해로 폐쇄되었다. 그러나 스포티파이는 20배나 더 많은 음악을 제공할 수 있었다. 스포티파이는 자신이 제공하는 음악에 대해 비용을 지불해야 하지만 엄청난 시장지배력 덕분에 유리한 조건으로 그렇게 할 수 있었고, 무료 가입자를 유료 가입자로 전환하는 데 성공하여 상당한 수익원을 창출했다. 디지털 풍요가 문화의 탈상품화로 이어진 제한적인 의미에 관해서는 이 장의 다음 절 참조.

17) 무한 스크롤의 중독적 속성에 관해서는 Eyal(2012) 참조.

18) 높은 "콘텐트 밀도"를 특징으로 하는 미소-엔터테인먼트의 한 형태인 틱톡에 관해서는 Constine(2020) 참조.

19) 컬렉션으로서 인터넷 밈에 관해서는 Shifman(2014: 41) 참조.

20) "경험 경제"에 관해서는 Pine and Gilmore(1998); Hutter(2018) 참조.

21) 공유된 코드들과 "모든 메시지가 공통의 인지적 패턴으로 통합됨"으로 인해 "콘텐트들의 경계가 흐려지는 것"은 Castells(2010[1996]: 402)에서 이미 언급된 바 있다. 모든 콘텐트가 "단일하고 보편적인 미디어를 통해" 전달될 때 "형식, 레지스터, 의미, 그리고 중요성의 구별"이 흐려지는 "콘텐트 붕괴(content collapse)"에 관해서는 또한 Carr(2020) 참조.

22) 편재적 청취(ubiquitous listening)에 관해서는 Kassabian(2013) 참조. 디지털 시대 이전의 소니 워크맨으로 거슬러 올라가는 모바일 소닉 버블(mobile sonic bubbles)에 관해서는 Bull(2000; 2006; 2015) 참조.

23) 물론 몰입도가 매우 높은 비디오 게임은 중요한 예외다.

24) 변화하는 습관, 기대, 그리고 역량에 관해서는 Carr(2010) 참조.

25) 새로운 형태의 문화적 리터러시에 관해서는 Greenfeld(2014); Miltner and Highfield (2017) 참조.

26) 일부 제작자는, 예를 들어 팟캐스트에서 타이밍의 미묘함이 손실된다는 점을 지적하면서, 가속 옵션에 대해 문제를 제기했다(Lagomarsino, 2015). 좀 더 최근에는 넷플릭스도 원래 속도의 최대 1.5배까지 재생 속도를 허용하기로 결정했는데, 이는 할리우드의 격렬한 반발을 불러일으켰다(Weisenstein, 2019).

27) 넘칠 정도의 풍요가 음악적 욕구에 미치는 영향에 대한 우려를 보려면 Drott(2018: 330~336) 참조.

28) 2021년 순수 디지털 예술 작품이 경매에서 6900만 달러에 낙찰되면서(Reyburn, 2021) 대중의 광범위한 관심을 끌었던 대체 불가능 토큰(NFT)은 디지털 풍요라는 맥락에서 희소성을 재창조하려는 또 다른 노력을 나타낸다. 무한 복제가 가능하고 따라서 풍부한

디지털 예술의 맥락에서 희소성을 재창조하기 위한 블록체인 기술 사용에 대한 더 광범위한 설명을 보려면 O'Dwyer(2020) 참조. 암호화폐, NFT, 블록체인 기술에 대한 새로운 기술 유토피아적 담론은 4장 맺음말에서 다룬다.

29) 선택의 역설에 관해서는 Schwartz(2004) 참조. 온라인 맥락에서 선택의 형성에 관해서는 Graham(2018) 참조.

30) 디마지오(DiMaggio, 2013: 34)가 말했듯이, "인터넷은 전례 없는 풍요로움의 식탁을 우리 앞에 차려놓고서는, 끊임없이 우리 자신의 모습을 비춰 보여줌으로써 우리를 그 식탁에서 멀어지게 하려 한다." "자동화된 문화"에 관해서는 Andrejevic(2020: 44ff) 참조.

31) Drott(2018: 335~336); 여기에 음악 데이터 분석 서비스인 에코 네스트(Echo Nest)의 공동 설립자이자 최고 기술 책임자(CTO)의 말이 인용되어 있다.

32) 이러한 유혹을 거부하고 스스로 선택하는 디지털 문화 콘텐트를 적극적으로 찾는 이들조차 알고리즘을 완전히 피할 수는 없다. 넘칠 정도로 풍부한 정보, 소비자 제품 및 잠재적인 파트너가 구글, 아마존, 틴더에서 알고리즘적 매개를 불가피하게 만드는 것처럼, 넘칠 정도로 풍부한 디지털 문화는 알고리즘적 내비게이션 도구를 피할 수 없게 만든다. 알고리즘적 필터링과 정렬이 없다면 우리는 디지털 황야에서 완전히 길을 잃을 것이다(Gillespie, 2016). 우리가 추천받는 것을 단순히 수용하는 것이 아니라 문화적 콘텐트를 적극적으로 검색할 때도 검색 결과는 알고리즘에 의해 결정된 순서에 따라 필터링되어 제시된다. 그러므로 필연적으로 우리의 문화적 관심의 지평(우리가 보는 것과 우리에게 보이지 않는 것)은 점점 더 알고리즘에 의해 통제된다.

33) 이러한 긴장, 그리고 선택을 통해서는 물론 선택 속에서 다스려지는 신자유주의적 자기와 데이터를 통해 다스려지는 초기 단계의 신자유주의적 자기 사이의 상응하는 긴장에 관해서는 1장의 결론 부분 참조.

34) Simmel(1950[1903]: 422).

35) Simon(1971: 40).

36) 희소성의 맥락에서 조정 메커니즘으로서 가격 신호에 관해서는 Abbott(2014: 12) 참조.

37) 스튜어트 브랜드가 말해서 유명해졌듯이, 이러한 환경에서 "정보는 자유롭기를 원한다." 그러나 브랜드가 다음과 같은 하나의 긴장 관계를 지적하고 있다는 사실은 흔히 간과된다: "정보는 배포하고, 복사하고, 재조합하는 비용을 측정하기조차 어려울 정도로 너무 저렴해졌기 때문에 정보는 자유롭기를 원한다. 동시에 정보는 비싸기를 원하는데, 수신자에게 헤아릴 수 없을 만큼 귀중한 가치가 있기 때문이다. 그러한 긴장은 사라지지 않을 것이다"(Brand, 1987: 202).

38) "자유 문화"라는 표현은 로렌스 레식(Lawrence Lessig)이 2004년에 출간한 같은 제목의 저서를 통해 대중화되었다. 그러나 레식에게 "자유 문화"는 가격에 관한 것이 아니었다. 즉, 그것은 "'공짜 맥주'에서의 '무료'"에 관한 것도 아니었고, 지적 재산권에 반대하는

것도 아니었으며, 오히려 "그러한 권리의 범위를 제한하여" "후속 창작자들과 혁신가들이 과거의 통제로부터 가능한 한 자유로울 수 있도록 하는 것이었다"(2004: 4). 그리고 "자유 문화"는 현실이 아니라 이상이었다. 레식은 특히 미국에서 저작권 보호 기간을 20년 더 연장한 1998년 소니 보노 저작권 기간 연장법(Sonny Bono Copyright Term Extension Act of 1998)의 결과로, 미국의 문화가 오히려 덜 자유로워졌으며, 점점 더 "허가 문화(permissions culture)"가 되어가고 있다고 주장했다.

39) 스포티파이와 관련하여 개별 디지털 문화적 콘텐트가 아닌 가입의 상품화에 관해서는 Fleischer(2017) 참조.

40) Anderson(2009).

41) Benkler(2006: 29, 32~33).

42) 오픈-소스 소프트웨어에 관해서는 Bauwens et al.(2019) 참조.

43) Benkler(2019: 82).

44) 아마추어 문화 창작을 매개하는 데 있어 점점 더 중심적인 역할을 하는 상업 플랫폼에 관해서는 Nieborg and Poell(2018); van Dijcket al.(2018: 8, 12~20, 37ff) 참조.

45) "작은 몰입적 참여 행위"에 관해서는 Picone et al.(2019) 참조.

46) 이 논쟁은 4장에서 다루기로 한다.

47) Cunningham and Craig(2017: 72).

48) Cunningham and Craig(2019: 45~46).

49) Stokel-Walker(2018). 이것은 스브스택(Substack)과 패트리온(Patreon) 같은 새로운 가입 기반 플랫폼의 성장에 일조했으며, 이러한 플랫폼들은 대규모의 충성도 높은 팔로워를 보유한 콘텐트 크리에이터들에게 수익성 있는 수단이 될 수 있다(Austin, 2021a). 또한 그것은 대체 불가능 토큰(NFT)과 기타 블록체인 기반 프로젝트에 대한 관심 증가에도 기여했다. 이러한 것들에 대해서는 4장 맺음말에서 다룬다.

50) 자신이 좋아하는 일을 하면서 돈을 벌고자 하는 사람들의 "열망 노동"에 관해서는 Duffy (2017) 참조. 신흥 원시 산업에 관해서는 Cunningham and Craig(2017: 71) 참조. 상업 중개자들에 관해서는 Cunningham and Craig(2019: 3장) 참조. 4장에서 열망 노동이라는 주제로 돌아가 이를 디지털 플랫폼이 생성한 노동의 변환이라는 더 넓은 맥락에서 다룬다.

51) 역량 강화에 관해서는 특히 Cunningham and Craig(2019: 65ff) 참조. 역량을 강화하는 측면과 역량을 약화하는 측면 간의 긴장에 관해서는 van Dijck et al.(2018: 37) 참조. 의존적 불안정성(contingency)에 관해서는 Nieborg and Poell(2018) 참조.

52) 물론 이들 중 대다수는 상대적으로 적은 수의 팔로워를 보유하고 있다. 그러나 브랜드들은

그와 같은 마이크로-인플루언서(micro-influencer)와 협업하는 데 점점 더 많은 관심을 보이고 있는데, 그들은 효과적인 인플루언서가 되는 데 중요한 요소인 팔로워에 대한 인지된 진정성을 더 잘 유지할 수 있는 것으로 여겨지기 때문이다. Manzerolle and Daubs(2021: 6) 참조.

53) 인스타그램과 스냅챗에서 마찰 없는 쇼핑 가능성을 향한 움직임에 관해서는 Manzerolle and Daubs(2021) 참조; "주변 쇼핑(ambient shopping)"에 관해서는 T. Nguyen(2021) 참조.

54) 이 인용문은 Schwartz(2008)에서 가져온 것이다. '룰즈(lulz)'는 LOL, 즉 'Laugh out Loud'에서 파생되었다. 하위문화적 트롤링에서 룰즈의 중심성에 관해서는 Phillips(2015: 2장) 참조. 초기 하위문화적 밈 언어의 상업적 전유에 관해서는 Ibid.(137ff); Milner(2016: 202ff) 참조.

55) Frank(1997: x). "멋진 자본주의"에 관해서는 McGuigan(2009) 참조; 이 인용문은 1쪽에서 가져온 것이다.

56) Nieborg and Poell(2018: 4279).

57) Wu(2016: 6).

58) 특히 Benkler(2006); Lessig(2008) 참조.

59) "문화적 엘리트주의의 종말"에 관해서는 Gabler(2011) 참조.

60) 문화 생산 수단에 대한 접근에 관해서는 DiMaggio(2013: 13) 참조.

61) Hanrahan(2013: 83). 참여 자체에 초점을 맞추는 것의 한계에 관해서는 또한 Gillespie (2012) 참조.

62) 전국 무작위 표본을 대상으로 한 퓨 리서치 센터의 소셜 미디어 사용 통계를 보려면 Auxier and Anderson(2021) 참조. 틱톡 업로드에 관한 수치는 대략적인 지표로만 받아들여야 하는데, 이는 시장조사 회사의 자료를 기반으로 한 것이며(Beer, 2019) 해당 조사에 대한 방법론적 세부 사항이 제공되지 않았기 때문이다. 게다가 이 수치는 틱톡 열풍 초기인 2018년의 것으로, 이용자 기반이 극적으로 확장된 현재는 더 낮을 가능성이 있다. 그럼에도 학술 연구는 틱톡이 다른 것들과 달리 뚜렷하게 참여적이라는 견해를 뒷받침한다 (Guinaudeau et al., 2022).

63) 틱톡 이용자들의 창의성에 관해서는 Wei(2021) 참조.

64) "제한된 창의성"에 관해서는 Kaye et al.(2021) 참조.

65) 이는 Collie and Wilson-Barnao(2020: 177)에 인용된 좀 더 초창기 틱톡 "사명 선언문"의 일부였다.

66) Burgess(2007: 89); Burgess(2012). 버지스는 좀 더 자세한 설명에서 사용성이 "기술의 기저 단계에서의 작업을 자동화하여 즐겁게 사용할 수 있는 사용자 인터페이스를 만들

어냄으로써 난해한 지식 없이도 대중적 접근을 가능하게 한다"라고 설명한다. 반면 해킹 가능성은 "기계의 기술적 '현실'에 대한 합리적인 숙달과 이해"를 중시한다. 따라서 사용성과 해킹 가능성 사이의 긴장은 "탈근대적 포퓰리즘(postmodern populism)"과 "비판적 모더니즘(critical modernism)" 사이의 더 광범위한 긴장을 보여주는 대표적인 사례라 할 수 있다(2007: 89).

67) "코닥 모먼트(Kodak moment)"와 사진술의 "대중적 아마추어화(mass amateurization)"에 관해서는 이 주제에 대한 풍부한 역사적 연구를 바탕으로 한 Burgess(2007: 93ff)의 통찰력 있는 논의 참조.

68) "매듭 없는 사용성의 승리"에 관해서는 Burgess et al.(2018) 참조. "아이폰 모먼트(iPhone moment)"(2012: 40)에 대한 이전 분석에서 버지스는 아이폰 자체가 "'폐쇄적'이고 엄격하게 통제된 기기"라는 사실에도 불구하고 아이폰의 개방적인 문화적 "생성력"을 강조하면서 아이폰에 대한 더 미묘한 평가를 제시했다. 틱톡이 극도의 사용성을 선택했음에도 틱톡의 생성력에 대해서도 비슷한 지적을 할 수 있을 것이다.

69) "편의성의 폭정"에 관해서는 Wu(2018b) 참조.

70) Kelly(2005).

71) https://www.ampermusic.com/

72) Silverstein(2019).

73) 애플 기기들의 마케팅에 관해서는 Burgess(2007: 110ff); Burgess(2012) 참조.

74) 틱톡이 아이들의 일상적 놀이와 창의성을 포함한 일상적 놀이와 창의성을 "데이터 주도적이고 상업적인 디지털 경제의 논리로" 유도한 방식에 대한 비판적 분석을 보려면 Collie and Wilson-Barnao(2020: 173) 참조. 또한 틱톡 알고리즘이 이용자들의 사회적 배제에 대한 두려움에 호소함으로써 강박적으로 "특정한 종류의 콘텐트를 만들고 소비하도록 이용자들을 공격적으로 프로그래밍한다"라는 호닝(Horning, 2020a)의 분석도 참조.

75) 길레스피(Gillespie, 2018)는 콘텐트 조정(content moderation)에 대한 설득력 있고 명료한 분석을 제공한다.

76) 단 한 명의 시청자 없이 수년간 스트리밍을 할 수도 있는 희망적인 트위치 스트리머들에 관해서는 Hernandez(2018) 참조.

77) 헤즈몬드할프(Hesmondhalgh)가 지적한 바와 같이, 유통은 "문화산업에서 권력의 중심 거점으로 남아 있다"(2019: 279).

78) Hindman(2018: 5장). 디지털 맥락에서 승자 독식 논리의 지속적 관련성에 관해서는 Elberse(2013), 특히 5장 참조. 잠재적으로 관련성 있는 문화적 요소들을 우리의 주의를 끌도록 하는 동시에 인기를 기록하고 강화하는 방식으로 작동하는, 포괄적 의미의 트렌딩 알고리즘에 관해서는 Gillespie(2016) 참조.

79) 이것은 특히 예술계에서 그러하다. 예를 들어, "예술계의 샤잠(Shazam for Art)"이라고 광고되는 예술 앱 '매그너스(Magnus)'를 홍보하는 동영상 참조: https://www.youtube.com/watch?v=ofbWttwaoQ4. 좀 더 일반적으로 접근의 민주화에 관해서는 Smith Maguire (2018: 7) 참조.

80) 예술계에 초점을 맞춘 이러한 주장의 대중적인 버전을 보려면 Resch and Heidenreich (2019) 참조.

81) Robinson(2017: 19~27, 49~54); 이 인용문은 25쪽에서 가져온 것이다. 로빈슨(Robinson)은 디지털 초연결성의 맥락에서 텔레비전 시청의 재구성을 다루었지만, 그녀의 주장은 더 폭넓게 적용된다. 또한 부분적으로는 디지털 이전 형태의 팬덤이 확산하고, 일반화하고, 변형되면서 등장하는 디지털 문화적 산물을 중심으로 형성된 상호작용적 수용자에 대한 Jenkins(2002)의 선구적인 에세이 참조. 상호작용성의 가능성에 대한 좀 더 회의적인 주장을 보려면 Andrejevic(2007: 28ff, 137ff) 참조.

82) Robinson(2017: 44~45, 46).

83) 프랑크푸르트 학파의 문화 이론 비판자들은 대중문화 수용자들의 수동성에 대한 이 학파의 규정에 대한 응답으로 수용자들은 실제로 다양한 방식으로 능동적이라고 오랫동안 강조해 왔다. "능동적 수용자 이론"에 관해서는 Morley(1993) 참조.

84) Benkler(2019: 83).

85) 알고리즘과 인간 큐레이션의 조합에 관해서는 Bhaskar(2016; 2017) 참조.

86) 예를 들면, DiMaggio(1991) 참조.

87) 디지털 미디어와 엘리트 문화의 쇠퇴에 관해서는 Bolter(2019) 참조.

88) Horning(2020b).

89) "개인화된" 문화의 가능성에 대한 지속적인 비판을 보려면 Weinberg(2018) 참조.

4장 경제

1) 터너(Turner, 2006)의 설명은 스튜어트 브랜드와 그가 핵심 인물로 활동했던 다양한 네트워크에 초점을 맞춘다. 본문의 이 인용문은 4쪽에서 가져온 것이다. 정보 기술의 정당화에 관해서는 특히 247~249쪽 참조. 터너가 지적하듯이, 브랜드와 그의 네트워크는 "신공동체주의자들의 남아 있는 이상을 컴퓨터와 소프트웨어 산업의 기술자들을 위한 이데올로기적 자원으로" 변환했다(246쪽). 탈중앙집권화에 대한 기술-유토피아적 비전의 반문화적 기원에 관해서는 또한 Schrape(2019) 참조. 가상 공동체 개념에 대한 초기의 구체적 표현에서 반문화의 유산에 관해서는 Matei(2005) 참조.

2) 초기 웹 2.0 시대 담론에 대한 비판적 분석은 van Dijck and Nieborg(2009)(명확히 터너의 연구를 토대로 함); Scholz(2008) 참조.

3) 오랫동안 유지되었던 이전 사명 선언문은 "사람들에게 공유할 수 있는 힘을 주고 세상을 더욱 개방적이고 연결된 곳으로 만들겠다"라고 약속했는데, 이 수정된 사명 선언문은 2016년 미국 선거에서 페이스북의 역할에 대한 광범위한 비판에 대응하여 2017년에 채택되었다(Constine, 2017).

4) '공유'라는 수사적 표현에 대한 필자의 논의는 특히 John(2013b)에 근거하고 있다; 또한 Belk(2014)와 최근의 종합적 검토로는 Schor and Vallas(2021) 참조. 공유에 관한 담론이 치료적 문화(therapeutic culture)와 관련된 가치를 어떻게 동원하는지에 관해서는 John(2013b: 122ff) 참조. 그러나 스코어(Schor)와 애트우드-찰스(Attwood-Charles)는 이 용어가 담고 있던 한때 참신했던 교환의 형태들이 "특별하지 않은 더 평범한 것이 되고 '관습화'됨에 따라"라는 "그 기호학적 잠재력을 잃어가고" 있을 수도 있다고 지적한다(2017: 4).

5) John(2013b: 125).

6) 영향력 있는 설명을 포함하고 있는 책들로는 다음과 같은 것들이 있다: Benkler(2006); Tapscott and William(2006); Leadbeater(2007); Lessig(2008)(처음으로 "공유 경제"라는 표현 사용); Shirky(2008); Botsman and Rogers(2010); Gansky(2010); Rifkin(2014); Sundararajan(2016). 이 중 탭스콧(Tapscott)과 윌리엄스(Williams)의 저서와 리드비터(Leadbeater)의 저서는 대중적 극단에 가장 가깝고, 벤클러(Benkler)의 저서는 학문적 극단에 가장 가깝다[또한 공유 창작 노동(2002)과 공유 가능한 재화(2004)에 관한 벤클러의 두 기초 논문도 참조]. 대중적인 비즈니스 문헌과 더 넓은 이론적 설명 간의 연관성에 관해서는 van Dijck and Nieborg(2009) 참조. 공유에 대한 기업적 수사는 2012년 페이스북의 기업 공개(IPO)에 첨부한 편지에서 마크 저커버그가 한 "더 많은 공유는 … 더 개방적인 문화를 창조하고 다른 사람들의 삶과 관점에 대한 더 나은 이해로 이끈다"라는 주장에 잘 응축되어 있다[John(2013b: 117)에서 재인용].

7) Schor and Attwood-Charles(2017).

8) Belk(2014).

9) John(2013a: 177ff).

10) 오프라인 공유를 위한 준비로서 온라인 공유에 관해서는 Botsman and Rogers(2010: xx) 참조.

11) 독일 저널리스트 사샤 로보(Sascha Lobo, 2014)는 "공유 경제" 개념에 대한 직접적인 비판으로 "플랫폼 자본주의" 개념을 처음 제시했다.

12) Andreessen(2007).

13) Gillespie(2010: 352, 349~350). 끝에서 두 번째 문장의 정의들은 길레스피(Gillespie)가 『옥스포드 영어사전(*Oxford English Dictionary*)』에서 인용한 것이다.

14) 길레스피(Gillespie, 2010)가 주장한 바와 같이, 좀 더 구체적으로 말하자면, 이 용어는 기술 기업들, 특히 이용자 생성 콘텐트를 유통하는 기업들이 복잡하고 변화하는 경제적, 문화적, 정치적, 규제적 환경에서 '이용자, 고객, 광고주 및 정책 입안자들'과의 관계를 설정하기 위해 전략적으로 사용되었다.

15) 플랫폼에 관한 분석적 문헌은 2010년대 후반에 정립되었다; 특히 Bratton(2015: 41ff); Srnicek(2017); Plantinet al.(2018); van Dijcket al.(2018); Cohen(2019: 37~46) 참조.

16) 다음 장에서 포퓰리즘이라는 주제를 다룬다.

17) 예를 들면, Gellman(1996) 참조.

18) Van Dijck et al.(2018: 1~2).

19) 물론 모든 형태의 탈중개화가 재중개화를 수반하는 것은 아니다. 제조업체가 소매점을 통해 재화를 판매하는 대신 "직접 소비자 판매(direct-to-consumer)" 모델을 채택할 때, 이는 탈중개화는 수반하지만, 재중개화는 수반하지 않는다.

20) 디지털 연결성이 중개자를 제거한다는 신화에 대한 초기의 비판적 분석은 Morozov(2013a: 164~166) 참조. 재중개화의 한 형태로서 플랫폼 비즈니스 모델에 관해서는 Parker et al.(2016: 70~71) 참조.

21) 플랫폼이 서로 다른 이용자 범주 간에 매개 역할을 수행하면서 경제학에서는 "다면적 플랫폼(multisided platform)"과 그것이 창출하는 "다면적 시장(multisided market)"에 관한 문헌이 등장하게 되었으며, 이러한 문헌은 로셰와 티롤의 독창적인 논문(Rochet and Tirole, 2003)으로 거슬러 올라간다. 비전문가들을 위한 설명을 보려면 Evans and Schmalensee(2016) 참조.

22) 특히 페이스북 사례를 중심으로 플랫폼의 프로그래밍 가능성에 대한 API의 중심성에 관해서는 Helmond(2015); Nieborg and Helmond(2019) 참조.

23) 산업용 플랫폼에 관해서는 Pauli et al.(2021) 참조.

24) 플랫폼 작업의 핵심으로서 매칭에 관해서는 Evans and Schmalensee(2016) 참조.

25) 쿠주마노 외(Cusumano et al., 2020)는 플랫폼을 두 가지 광범위한 유형으로 구분한다. (필자가 콘텐트 호스팅 또는 콘텐트 구성 플랫폼이라고 부르는 플랫폼을 포함하여) "거래 플랫폼(transaction platform)"은 재화, 용역, 또는 정보 교환을 위한 중개자 역할을 한다. "혁신 플랫폼(innovation platform)"은 제3자 기업[문헌에서는 "보완자(complementor)"라 불림]을 활용하여 스마트폰, 데스크톱 운영체제, 또는 게임 콘솔과 같은 프로그래밍 가능한 플랫폼 위에 구축된 보완적 제품과 서비스를 개발하게 한다. 그들이 지적하는 바에 따르면, 가장 성공적인 플랫폼들 중 상당수는 하이브리드 형태로, 거래를 촉진하는

동시에 제3자 개발자에게 자신들의 아키텍처를 개방한다.

26) Lobel(2016: 106). 플랫폼에 대한 거래 비용 관점을 보려면 Nagle et al.(2020) 참조.

27) 시장 집약(market aggregation)에 관해서는 Parker et al.(2016: 73, 262) 참조.

28) Lobel(2016: 108).

29) Ibid.(107~108).

30) Ibid.(109); 원본에는 이탤릭체로 되어 있음. 이 장의 맺음말에서 필자가 다루는 블록체인 기술은 보편적 거래화와 수익화의 과정을 한층 더 발전시킨다.

31) Van Dijck(2013a: 29).

32) 플랫폼에서의 "상호작용 가능성을 통제하는 설계된 핵심 아키텍처"에 관해서는 Srnicek (2017: 48) 참조. 규제 구조이자 거버넌스 시스템으로서 플랫폼에 관해서는 Zysman and Kenney(2018: 54, 62) 참조; 또한 Khan(2019: 976) 참조.

33) "코드가 곧 법이다": Lessig(1999: 6). 다음 장에서 알고리즘적으로 매개되는 플랫폼 거버넌스라는 주제를 다룬다.

34) Bucher(2013).

35) "생성 메커니즘(generative mechanism)"으로서 플랫폼에 관해서는 Bratton(2015: 44) 참조; 플랫폼 경제의 생성성과 통제 사이의 긴장에 관해서는 Williams(2015); Schwarz (2017: 378~379) 참조.

36) 길레스피(Gillespie, 2018)에 나오는 소셜 미디어 플랫폼의 콘텐트 조정에 대한 명료하고 정교한 분석 참조.

37) 데이터화에 관해서는 Mayer-Schönberger and Cukier(2013: 5장); van Dijck et al.(2018) 참조. "데이터주의"에 관해서는 van Dijck(2014) 참조.

38) *The Economist* (2017).

39) 광고 맥락에서 넘칠 정도로 풍부한 데이터의 유용성에 대한 의구심은 MacKenzie(2021) 참조. 데이터 명령에 관해서는 Fourcade and Healy(2017) 참조: "조직은 수집한 것을 어떻게 활용해야 할지 모르는 경우에도 데이터 수집 사업에 참여해야 한다고 믿는다. 이것이 바로 데이터 명령의 의례적 측면이다. 기업이 그 가치를 어떻게 추출해야 할지 확신하지 못하더라도, 그 방법을 알고 있거나 안다고 주장하는 다른 조직들이 있다"(16쪽).

40) Zuboff(2019: 63~97). 다른 설명은 플랫폼이 추출한 데이터를 자본의 한 형태로 개념화하거나(Sadowski, 2019), "플랫폼 자본주의"(Srnicek, 2017: 39ff) 또는 "데이터 식민주의"(Thatcher et al., 2016; Couldry and Mejias, 2019)에 필수적인 것으로 개념화한다.

41) 개인 데이터의 자산화에 관해서는 Beauvisage and Mellet(2020) 참조. 플랫폼 자본화의

구성 요소로서 데이터에 관해서는 Langley and Leyshon(2017) 참조. “당신이 수집하게 될 데이터의 종류를 고려할 때 당신이 마침내 사이트에 광고를 게재하면 그들, 즉 투자자들이 얼마나 부자가 될지 알려주는 대가로 누군가가 당신에게 돈을 지불하는” 것이라는 “투자자 스토리타임(investor storytime)”에 대한 재미있고 신랄한 설명을 보려면 Cegłowski(2014) 참조.

42) Evans and Schmalensee(2016: 44).

43) 유사한 논리가 소셜 미디어 네트워크에도 적용된다. 사람들이 페이스북을 계속 사용하는 주요 이유는 너무 많은 사람이 페이스북을 사용하기 때문에 사람들을 찾고 연락을 유지하는 것이 더 쉬워지기 때문이다.

44) 오픈테이블(Open Table)과 유튜브 등장 과정에서 나타난 간접 네트워크 효과에 대한 분석을 보려면 Evans and Schmalensee(2016: 7~14, 69~76) 참조. 물론 여기에는 여러 복잡한 요소가 존재한다. 예를 들어, 간접 네트워크 효과는 비대칭적일 수도 있어서, 한 당사자에게는 긍정적이지만 다른 당사자에게는 부정적일 수 있다. 구글과 페이스북 같은 광고 기반 플랫폼에서 광고주는 이용자 증가로 이익을 얻지만, (일부 이용자는 이용자 데이터로 가능해진 ‘개인화된’ 광고를 평가하기도 하지만) 이용자들은 광고 증가로 인해 짜증을 느낄 수도 있다.

45) Ibid.(36). 임계 질량 달성은 자동적이거나 쉬운 일이 아니다. 왜냐하면 상대편에서 충분한 수의 참여가 이루어지기 전에 어느 한쪽의 참여를 유도하는 것이 어렵기 때문이다(Ibid., 69ff). 이러한 “닭이 먼저냐 달걀이 먼저냐의 문제”를 해결하기 위해 플랫폼들은 흔히 한 범주의 이용자에게 보조금을 지급할 필요가 있으며, 이를 통해 플랫폼이 다른 범주의 이용자들에게 매력적으로 다가갈 수 있게 된다. 예를 들어, 구글이나 페이스북 같은 광고 기반 플랫폼은 서비스를 무료로 제공함으로써 이용자에게 보조금을 지급했다. 이런 식으로 많은 수의 이용자를 유치함으로써 그들은 광고주를 유치할 수 있는 위치에 서게 되었다. 교차 보조(cross-subsidization)에 관해서는 Ibid.(31ff, 93ff); Srnicek(2017: 46) 참조.

46) Van Dijck et al.(2018: 12~16).

47) “대규모 기술 시스템”에 관해서는 Hughes(1987) 참조.

48) Star(1999: 380, 382); Sandvig(2013: 11).

49) 공공재는 비경합적이며 비배제적이다. 자주 언급되는 사례로 깨끗한 공기와 국방이 있다. 클럽재(club goods)는 비경합적이지만 배제 가능하다. 영화관에서 상영되는 영화(극장이 꽉 차 있지 않다고 가정)가 그 예가 될 것이다. 어떤 재화가 일부에게 제공된 후에 다른 사람이 그것을 소비하거나 사용하는 것을 배제하는 것이 기술적으로 불가능하거나 경제적으로 불가능하다면, 그 재화는 비배제적이다. 하부구조적 재화(infrastructural goods)의 경제학에 관해서는 Frischmann(2012) 참조.

50) 하부구조의 "광범위한 다목적 기능"에 관해서는 Frischmann(2012: 65) 참조.

51) Edwards(2002: 187). 모든 "가족-유사성(family-resemblance)" 특성화가 그렇듯이 필자가 제시한 특성화 역시 모호하다. 어떤 시스템들은 일부 측면에서 하부구조적일 수 있지만 모든 측면에서 그런 것은 아닐 수도 있다. 그리고 모든 요소는 연속체로 이해될 수 있다. 따라서 하부구조는 정도의 문제이다. 더욱이 무엇이 필수 불가결한 것인가에 대한 일반적인 이해가 변하듯이, 무엇을 하부구조로 간주할 것인가는 시간이 지남에 따라 변한다.

52) "하부구조로서 인터넷"에 관해서는 Sandvig(2013) 참조.

53) 다양한 하부구조적 용역을 제공하는 "하부구조적 플랫폼"으로서 거대 기술 기업에 관해서는 van Dijck et al.(2018: 13~15) 참조; 필자는 이 논의를 본문에서 제시한 열거의 출발점으로 삼았다. "플랫폼 연구"와 "하부구조 연구" 관점이 생산적으로 교차하는 지점에 관해서는 Plantin et al.(2018); Plantin and Punathambekar(2019) 참조.

54) 하부구조적 재화에 대한 통제 측면에서 플랫폼의 권력을 개념화하는 법적 주장을 보려면 Rahman(2018) 참조.

55) Khan(2017); Guggenberger(2021); Kenney et al.(2021).

56) Khan(2017: 754~755), 수차리타 코달리(Sucharita Kodali)와 브라이언 K. 워커(Brian K. Walker)의 2012년 비즈니스 연구 보고서 인용.

57) Guggenberger(2021: 258~259).

58) 공급업체에 압력을 가하는 아마존의 부당한 권력 이용에 관해서는 Mattioli and Flint (2021) 참조.

59) 이러한 경쟁의 논리와 그것을 금지하는 주장에 관해서는 Khan(2019) 참조. 아마존은 자사 플랫폼의 제3자 공급업체가 판매하는 제품에 대해 수집한 상세한 판매 데이터를 자사가 직접 생산하고 판매할 제품을 결정하는 데 사용하지 않는다고 주장해 왔다. 그러나 ≪월 스트리트 저널(*Wall Street Journal*)≫은 아마존 직원들이 실제로는 이러한 목적으로 그런 데이터를 일상적으로 사용했다고 보도했다. 이를 통해 아마존은 인기 제품을 복제하여 자사의 자체 개발 상품으로 생산함으로써 제3자 공급업체를 가격 경쟁에서 밀어낼 수 있었다(Mattioli, 2020).

60) 아마존의 물류 및 배송 역량에 대한 엄청난 투자에 관해서는 Greene(2020) 참조.

61) 이번 팬데믹 기간에 아마존의 자본 지출이 80% 증가한 것에 관해서는 Palmer(2021) 참조.

62) 이는 단기적 이익을 고집하기보다는 장기적 지배력을 지향하는 "인내 자본(patient capital)"의 복귀를 반영한다. 예를 들면, Rahman and Thelen(2019: 178~180) 참조.

63) Lovink(2008). 몇 년 후 힐리스 외(Hillis et al., 2012)는 일상생활에서 검색의 "놀라운 자연화(naturalization)"를 강조했다: "검색하는 것은 웹을 사용하는 지극히 자연스럽고 당연한 조건이 되었으며, 웹은 인터넷의 지극히 자연스럽고 당연한 특징이 되어서 이러한

일상적 행위들의 특정한 역사적·사회적 우연성이 가려지게 되었다. … 흔히 기술적 고장이 발생해야만 일상생활의 무수한 순간들이 거의 본능적으로 또는 자동적으로 어떤 종류의 검색 활동이나 기기에 맡겨져 있다는 사실이 드러나게 될 것이다"(2쪽).

64) Zuboff(2019: 74ff).

65) 페이스북의 하부구조적 야망과 성취에 관해서는 Nieborg and Helmond(2019); Bucher (2021: 2장) 참조. 페이스북의 데이터 수집이 프라이버시를 침해하는 측면에 관해서는 Srinivasan(2019) 참조.

66) 페이스북 자체('월간 활성 이용자')와 페이스북이 보유한 모든 앱을 합한 이용자 데이터는 2021년 4분기 자료이다(Meta, 2022). 페이스북은 2018년 이후 인스타그램 이용자 수를 공개하지 않았지만, 한 익명의 직원이 2021년 가을에 그 수가 20억 명에 달했다고 보고했다(Roth, 2021). 왓츠앱과 메신저의 수치는 널리 보고된 추정치이다.

67) Facebook(2013).

68) Zuckerberg(2019). 이것은 페이스북/메타의 비즈니스 모델에 중요한 함의를 지닌다: 이 회사는 광고에서 수수료와 소액 결제로 전환해야 할 필요가 있을 것이다. Yuan(2019) 참조.

69) 비즈니스와 광고주에 대한 수치는 Facebook(2020)에서 가져온 것이다.

70) 2016년 선거 이후 형성된 페이스북과 뉴스 및 팩트-채킹 기관들과의 파트너십을 "정치적 표현 하부구조(political speech infrastructure)"로 분석한 논의에 관해서는 Ananny (2020) 참조.

71) Vaidhyanathan(2018: 99).

72) 페이스북뿐만 아니라 거대 플랫폼의 핵심 비즈니스 전략으로서 단일 플랫폼 생태계 내에서의 울타리(enclosure)에 관해서는 Srnicek(2017: 110) 참조.

73) Vaidhyanathan(2018: 98~105); Statt and Liao(2019).

74) Facebook(2016).

75) 페이스북의 메타버스로의 전환에 대해서는 결론에서 다시 다룬다. 279~282쪽 참조.

76) "플랫폼 대중": Lovink and Tkacz(2015: 14). "피통치자의 평준화": Weber(1978[1922]: 985).

77) 거대 기술 기업들은 특히 유럽연합의 일반 데이터 보호 규정(GDPR: General Data Protection Regulation)과 관련하여 유럽에서 상당히 엄격한 규제 환경에 직면해 있다. GDPR에 관해서는 Hoofnagle et al.(2019) 참조.

78) 거대 플랫폼에 의한 인수에 대한 검토를 보려면 Alcantara et al.(2021) 참조.

79) 거대 플랫폼이 이러한 영역에서 경쟁하면서 수렴하고 있다는 논제를 보려면 Srnicek (2017: 107~110) 참조. 스르니체크(Srnicek)가 지적했듯이, 아마존과 페이스북 같은 거대 기술 기업은 구글에 맞설 대안적 일반 검색 엔진을 구축하려 시도하는 것이 아니라 자사 플랫폼 내에서 검색을 내재화하려 함으로써 검색 영역에서조차 경쟁한다(105쪽). 혁신의 원천인 주요 플랫폼 간 경쟁에 관해서는 Hemphill(2019) 참조. 이는 거대 기술 기업들이 반경쟁적 행위를 하지 않는다는 의미는 아니다. 그들이 그러한 행위를 한다는 증거가 많이 있다. 오히려 이는 다른 거대 기술 기업들로부터는 효과적인 경쟁에 직면하고 있지만 소규모 기업들로부터는 점점 더 그렇지 않다는 점을 인정하는 것이다.

80) 플랫폼 규제 시도의 맥락에서 플랫폼의 정치적 동맹자로서 소비자에 관해서는 Rahman and Thelen(2019) 참조.

81) Khan(2017); 이 인용문은 744쪽에서 가져온 것이다. 또 다른 요인은 디지털 시장이 "예외적으로 역동적이고 자기-교정적(self-correcting)"이며 진입 장벽이 극도로 낮은 것으로 여겨져 왔다는 것이다; 이러한 인식은 "규제 및 반독점법 집행에 대해 매우 관대한 접근 방식"을 선호하게 했다(Khan, 2019: 1074).

82) Khan(2017: 717).

83) 신-브랜다이스주의적(neo-Brandeisan) 접근 방식에 동조하는 설명을 보려면 Khan(2020) 참조.

84) Rahman(2018: 1629).

85) 플랫폼을 공공 유틸리티(public utility)로 규제하는 방법에 관해서는 Rahman(2018) 참조; '필수 시설(essential facility)' 원칙에 관해서는 Guggenberger(2021) 참조.

86) Wu(2018a).

87) Khan(2019).

88) 바이든(Biden)은 또한 법학자 팀 우(Tim Wu)를 기술 및 경쟁 정책 부문 대통령 특별 보좌관으로 임명했다; 우의 2018년 저서 『빅니스(*The Curse of Bigness*)』는 거대 기업 해체를 주저하지 않는 공격적인 반독점 정책을 부활시켜야 한다고 주장했다. 그리고 바이든은 오랫동안 구글을 비판해 온 조너선 캔터(Jonathan Kanter)를 법무부 반독점국 책임자로 임명했다.

89) 플랫폼화에 대한 광범위한 논의를 보려면 특히 van Dijck et al.(2018); Nieborg and Poell (2018) 참조. "플랫폼들이 조합되고 구성되는 플랫폼"으로서 깃허브(Github)에 관해서는 Mackenzie(2018: 37) 참조.

90) 일자리(job)를 작업(task)으로 분해하는 것에 관해서는 Davis(2016: 167); Sundararajan (2016: 173ff); Casilli and Posada(2019) 참조. 물론 일부 플랫폼은 사람과 직책을 매칭하기도 한다. 이러한 자동화된 채용 플랫폼에 관해서는 Ajunwa and Greene(2019) 참조.

그러나 여기서 필자의 초점은 사람과 작업 또는 프로젝트를 매칭하는 것에 있다.

91) Newman(2019).

92) 크라우드소싱된 미소작업에 대한 수요의 핵심 동력은 자율주행차 개발을 위해 엄청난 양의 훈련 데이터가 필요하다는 것이다. 이로 인해 아마존 메커니컬 터크(Amazon Mechanical Turk)와 기타 범용 플랫폼과 차별화하여 품질 관리, AI 강화 생산 도구, 크라우드 노동자(crowdworker)의 훈련과 관리를 제공하는 몇몇 새로운 전문 크라우드소싱 미소작업 플랫폼이 등장했다. 이들은 수십만 명의 노동자들에게 더 안정적인 일을 제공했지만 반드시 더 높은 임금을 준 것은 아니다: 노동자들은 시간당 1~2달러만 받는다. 슈미트(Schmidt, 2019: 12)가 이러한 새로운 플랫폼에 대한 분석에서 지적하듯이, AI의 성장(이 경우, 자율주행 차량의 개발)은 AI를 훈련하기 위한 인간 노동에 대한 수요를 증가시킨다. 그러나 인간 노동의 규모가 너무 커서 AI 훈련이라는 인간 노동을 보조하기 위해 AI 도구를 사용해야 한다는 큰 압박이 있다: "수작업의 목표는 AI 모델을 훈련하는 것이지만 동시에 유사한 알고리즘이 수작업을 지원하고 더 안정적이고 비용 효율적으로 만드는 데 사용된다. 인간과 AI는 서로를 훈련한다." 좀 더 일반적으로 AI의 개발 및 기능에서 저임금 미소작업이 갖는 중심적 역할에 관해서는 Crawford(2021: 63ff) 참조.

93) Ravenelle(2019); Schor(2020).

94) 부문별 전문 플랫폼에 관해서는 Sundararajan(2017: 8); Fuller et al.(2020) 참조.

95) https://www.upwork.com/resources/what-is-flexible-talent-management

96) Drahokoupil and Piasna(2017).

97) 신흥 경제국의 독립적인 소규모 창업자를 위한 기회에 관해서는 Lehdonvirta et al.(2018) 참조; 디지털 노동과 개발에 대한 더 폭넓은 논의를 보려면 Graham et al.(2017) 참조.

98) Sundararajan(2016: 176); "고용의 종말"은 이 책의 부제에서 따온 것이다. 순다라라잔(Sundararajan)은 무조건적인 플랫폼 옹호자는 아니지만 자신이 기술하는 발전상에 대해 대체로 낙관적이다; 간결한 입장 진술을 보려면 Sundararajan(2017) 참조.

99) Schor(2020).

100) Ravenelle(2019: 1~2).

101) 표면상 유연한 작업 일정을 관리하는 데 있어 온라인 삯일 노동자(pieceworker)가 직면하는 구조적, 인지적 제약에 관해서는 Lehdonvirta(2018) 참조. 플랫폼 노동자가 겪는 차별화된 경험의 핵심 요소인 생계를 플랫폼에 의존하는 정도에 관해서는 Ibid.(23~24); Vallas and Schor(2020: 280~281) 참조.

102) Cunningham and Craig(2019: 2장).

103) "알고리즘적 관리"라는 개념은 리 외(Lee et al., 2015)가 차량 호출 플랫폼에서의 업무 거버넌스와 관련하여 처음 사용한 것이다; 이 개념은 마테스쿠와 응우옌(Mateescu and

Nguyen, 2019), 캘로그 외(Kellogg et al., 2020), 그리고 우드(Wood, 2021)에 의해 발전되었다.

104) Kellogg et al.(2020); 또한 Wood(2021) 참조.

105) 우버와 인스타카트(Instacart) 같은 플랫폼에서 승차 요청이나 주문 배정을 훨씬 넘어서는 노동자들에 대한 알고리즘적 세부 관리는 플랫폼이 노동자를 독립 계약자로 분류하는 것과 긴장 관계에 놓여 있는데, 이러한 분류는 통상 노동자의 노동이 고용 회사에 의해 통제받지 않는다는 점에 일정 부분 근거하고 있기 때문이다. 이러한 분류를 둘러싼 갈등의 이해관계는 매우 큰데, 왜냐하면 직원으로 분류하면 각 근로자는 독립 계약자에게는 제공되지 않는 다양한 보호와 혜택을 받을 자격을 얻게 되기 때문이다. 그럼에도 설문조사에 참여한 대부분의 우버와 리프트(Lyft) 운전자는 직원으로 규정되는 것을 선호하지 않는다. 직원 지위에 대한 노동자들의 양가감정 분석을 보려면 Dubal (2020) 참조. 우버 사례에서 알고리즘적 제어 및 정보 비대칭성에 관해서는 Rosenblat and Stark(2016) 참조. 음식 배달 앱에서의 정보 비대칭성에 관해서는 Wood(2021: 2) 참조. 음식 배달 앱에서의 알고리즘적 거버넌스에 관해서는 알고리즘적 관리 방식의 플랫폼 간 차이에 주목하고 있는 Griesbach et al.(2019) 참조. 그리고 중국 음식 배달원들이 알고리즘적으로 통제되는 배송 시간 기대치에 어떻게 대처하는지에 대한 민속학적 연구를 보려면 Chen and Sun(2020) 참조.

106) "유연한 전제주의"의 한 형태로서 알고리즘 주도적인 유연한 일정 관리에 관해서는 Wood(2020) 참조.

107) 고객은 (승객이 우버 운전자를 평가할 때처럼) 직접적으로 평가 과정에 참여할 뿐만 아니라 [관리자가 고객 추적 데이터를 이용하여 소매점 판매 직원을 평가하거나 트립어드바이저(TripAdvisor) 댓글을 통해 호텔 직원을 평가할 때처럼] 간접적으로도 평가 과정에 참여한다. 호텔 경영진의 트립어드바이저 리뷰 활용에 관해서는 Orlikowski and Scott (2014) 참조. 좀 더 일반적으로 "굴절적 감시(refractive surveillance)"의 사례로서 "노동자 관리를 위한 고객 모니터링"에 관해서는 Levy and Barocas(2018) 참조.

108) Kellogg et al.(2020); Wood(2021). 아마존의 창고 작업에 관해서는 Delfanti(2021) 참조.

109) 비즈니스 관점에서 본 인사 분석(people analytics)의 가능성에 관해서는 Gal et al. (2019) 참조; 인사 분석의 위험성에 대한 비판적 성찰은 Giermindl et al.(2022) 참조.

110) 자동화된 채용 플랫폼에 관해서는 Ajunwa and Greene(2019) 참조.

111) 그와 같은 "알고리즘적 대체"에 관해서는 Kellogg et al.(2020: 380~381) 참조.

112) Wood(2021).

113) 직장 외부로 감시가 확대된 가장 두드러진 사례로 직원 건강 및 체력 단련 모니터링에 관해서는 Ajunwa et al.(2017: 763~769); Manokha(2019) 참조. 알고리즘적으로 통제되는 보상과 게임화에 관해서는 Kellogg et al.(2020: 381~382) 참조; 중국 음식 배달 앱의

게임화에 관해서는 Lei(2021: 291, 292) 참조.

114) Taylor(1911: 39). 디지털 테일러주의(digital Taylorism)에 관해서는 Delfanti and Frey (2021) 참조.

115) Kalleberg and Vallas(2018: 1).

116) Ibid.(5).

117) 외주화의 낮은 거래 비용에 관해서는 Vallas(2019: 51, 53) 참조. 디지털 플랫폼에서 경험하는 독특한 형태의 불안정성으로서 "알고리즘적 불안전성(algorithmic insecurity)"에 관해서는 Wood and Lehdonvirta(2021) 참조. 저자들은 (아직) 나쁜 평가를 받지 않은 노동자들조차 때로는 자의적이고 변덕스러운 평판 시스템과 관련된 알고리즘적 불안정성을 경험하고 있다고 주장한다.

118) 테라노바(Terranova, 2000: 33)는 이러한 이중적 의미에서의 "무급 노동(free labor)", 즉 "자발적으로 제공되면서도 무임금이고, 즐겁게 행해지면서도 착취당하는" 노동을 "사회적 공장(social factory)"의 한 측면으로 보았는데, 이는 이탈리아의 자율주의적 마르크스주의자들(autonomist Marxists)이 노동이 구별되고 폐쇄된 작업장에서 사회 전체로 이동하는 변화를 지칭하기 위해 사용한 표현이다. 자율주의적 마르크스주의에서 관련된 "비물질 노동(immaterial labor)" 개념의 등장에 관해서는 Hesmondhalgh(2010: 272ff) 참조.

119) 예를 들면, Casilli(2016) 참조.

120) 예를 들어, 헤즈몬드할프(Hesmondhalgh, 2010)는 무급 노동이라는 개념을 받아들이지만, 그러한 노동이 착취당한다는 주장은 비판한다. 마르크스주의적 관점에서 글을 쓴 스르니체크는 플랫폼 기반의 사회적 상호작용을 '노동'이라는 범주로 포섭하려는 생각에 대해 더욱 날카롭게 비판하는데, 왜냐하면 그러한 활동은 자본주의적 생산 과정의 다른 부분들에 적용되는 합리화 압력의 대상이 되지 않기 때문이다(2017: 53~56). 경험-근접적(experience-near) 범주로서 일(work)과 경험-원접적(experience-distant) 범주로서 노동(labor)을 명확히 구분하고 "일 없는 노동(workless labor)"이라는 개념을 발전시키는 논쟁에 대한 최근 검토를 보려면 Schwarz(2021: 6장) 참조.

121) Duffy(2017: 8).

122) 위탁 노동에 관해서는 Kenney and Zysman(2019: 27~31) 참조; 이 인용문은 27쪽에서 가져온 것이다. "열망 노동"에 관해서는 Duffy(2017) 참조. 이 인용문은 4쪽에서 가져온 것이다(이탤릭체 생략). 또한 "미래의 고용 기회를 기대하며 흔히 경험이나 노출을 위해 현재 수행되는 무보상 혹은 저보상의 [온라인] 일"을 가리키는 "희망 노동"이라는 관련 개념도 참조(Kuehn and Corrigan, 2013).

123) 창작자에게 수익 창출 기회를 제공하는 데 뒤처져 있던 페이스북, 트위터, 핀터레스트(Pinterest)와 같은 플랫폼들이 최근 이를 따라잡으려고 노력하고 있다(Isaac and Lorenz,

2021).

124) Casilli and Posada(2019: 299).

125) Cunningham and Craig(2019: 91f).

126) Duffy(2017: 211).

127) 알고리즘적으로 매개되는 가시성에 의존하는 창작 노동의 독특한 불안정성에 관해서는 Duffy et al.(2021) 참조.

128) 전반적으로 비판적인 관점에서 에브게니 모로조프(Evgeny Morozov)가 선별한 암호화폐 및 관련 주제에 대한 자료 모음집을 보려면 https://the-crypto-syllabus.om/ 참조. 이 사이트에는 NFT, DeFi, DAO 등에 대한 참고문헌이 포함되어 있다. 벤처 캐피탈 회사인 앤드리슨 호로위츠(Andreessen Horowitz)가 운영하는 지나치게 낙관적인 분석 모음집을 보려면 https://future.a16z.com/category/crypto-eb3/ 참조. 특히 DeFi에 관해서는 Gogel(2021) 참조; DeFi 체계 아래에서 새로운 "그림자 금융 시스템(shadow banking system)"이 출현할 수 있다는 우려를 보려면 Allen(2022) 참조.

129) 원장(ledger)이 합의된 현실을 형성하는 데 수행하는 필수적인 역할과 블록체인 기술에 의해 가능해진 원장의 근본적인 변환에 대한 이해하기 쉬운 설명을 보려면 Berg et al.(2017) 참조; 좀 더 학술적이고 체계적인 설명을 보려면 Davidson et al.(2018) 참조.

130) 스클라러프(Sklaroff, 2017)는 스마트 계약을 활용해 계약을 자동화하고 인간 중개자를 제거하려는 시도가 오히려 새로운 비효율을 초래하며, 전통적인 "의미론적 계약(semantic contracts)"의 핵심 요소인 언어적 모호성과 집행의 재량이 만들어내는 유연성이야말로 오히려 더 높은 효율성을 가능하게 한다고 주장했다.

131) 비트코인의 포퓰리즘적 매력에 관해서는 Atkins(2022) 참조. 필자가 거래화(즉 거래 비용 절감을 통한 시장 거래의 급증)라고 부르는 현상에 관해서는 Berg et al.(2017) 참조: "블록체인은 스마트 계약을 통해 많은 불완전한 계약에 수반되는 정보 비용과 거래 비용을 낮춤으로써 경제활동의 범위와 규모를 확장한다. … 이전에는 대기업만이 가능했던 영역에서 시장이 작동할 수 있게 하며, 이전에는 정부만이 가능했던 영역에서 기업과 시장이 작동할 수 있게 한다."

132) 블록체인 담론에 나타나는 무정부-자본주의적 요소에 관해서는 Flood and Robb(2017) 참조. 2022년 트럭 운전사들이 오타와를 점거하는 동안 캐나다 정부가 비트코인 거래를 차단한 조치에 대한 반응으로 자유지상주의적 주장이 뚜렷하게 형성된 과정에 관해서는 Silverman(2022) 참조.

133) 중앙집권화된 플랫폼에 대한 반대는 분명 수사적 수준에서는 훨씬 더 날카롭지만, 현실에서는 그렇지 않다. 예를 들어, 마크 앤드리슨(Marc Andreessen)은 자신이 공동 설립한 벤처 캐피탈 회사인 앤드리슨 호로위츠가 암호화폐 스타트업에 막대한 투자를 하고 있음에도, 여전히 페이스북/메타의 이사회에 재직하고 있다.

134) 인터넷을 "저신뢰 사회(low-trust society)"로 보는 것에 관해서는 Tufekci(2019) 참조.

135) 강한 영향력을 지니며 노골적으로 신념에 찬 옹호적인 설명을 보려면 Tapscott and Tapscott(2018) 참조; "자유의 기술(technologies of freedom)"에 초점을 맞춘 설명을 보려면 Allen et al.(2020) 참조.

136) 에너지 비용은 비트코인의 "작업 증명(proof-of-work)" 시스템에서 원장의 무결성을 보장하기 위해 암호학적 문제를 해결하는 데 필요한 엄청난 연산 능력에서 비롯된다. 그러나 작업 증명 방식은 대규모 확장에 있어 명백히 지속 불가능하므로 다른 암호화폐들은 "지분 증명(proof-of-stake)" 시스템을 대안으로 채택하게 되었지만, 이 방식 역시 그 나름의 기술적 과제에 직면해 있다. 암호화폐가 화폐의 기본 요건을 충족하지 못한다는 점에 관해서는 Diehl(2021b) 참조. 중국에서 널리 사용되는 위챗과 알리페이(Alipay)의 디지털 지갑을 포함한 디지털 화폐 전반의 현상에 관해서는 Brunnermeier et al.(2021) 참조.

137) 완전한 탈중개화 신화와 재중개화의 현실에 관해서는 Caliskan(2020: 552~553); Leveneur and Heudebert(2020: 282ff); Allen(2022) 참조.

138) Diehl(2021a).

139) Morozov(2022).

140) 블록체인이 기존 질서에 매끄럽게 흡수되는 과정에 관해서는 Kohl(2021: 9~11) 참조. 콜(Kohl)이 지적하듯이, "지배적인 정치 및 경제 행위자들은 현상을 유지하고, 강화하며, 확장할 수 있는 기회를 새로운 기술에서 찾으려 할 것이며, 이러한 방식들 가운데 일부는 유토피아적 서사에서 표현되는 것과 정반대의 결과를 낳을 수도 있다"(11쪽).

5장 정치

1) 이 만화는 ≪퍼블릭 도메인 리뷰≫(*Public Domain Review*, n.d.)에 재인쇄되었다.

2) 초기 수십 년 동안 라디오가 불러일으킨 희망과 두려움, 그리고 오늘날 인터넷이 불러일으킨 희망과 두려움 사이의 유사점에 관해서는 Smith(2014) 참조.

3) 심지어 미국 맥락에서 제기되는 "최소 효과(minimal effects)" 문헌의 한계에 대한 날카로운 비판을 보려면 Zaller(1996) 참조; 멕시코와 관련하여 비교 관점에서의 한계에 관해서는 Lawson and McCann(2005) 참조. 남미에서 텔레비전 및 개인주의적 포퓰리즘 지도자에 관해서는 Weyland(2001: 16); Boas(2005) 참조. 베를루스코니(Berlusconi)와 사르코지(Sarkozy)에 초점을 맞춘 이탈리아와 프랑스 정치의 개인화와 텔레비전 중심의 매개화가 서로 얽혀 있는 현상에 관해서는 Campus(2010) 참조. 이스라엘에서 네타냐후(Netanyahu)와 "텔레포퓰리즘(telepopulism)"에 관해서는 Peri(2004) 참조.

4) “매스 셀프-커뮤니케이션”에 관해서는 Castells(2013[2009]: xix-xxiii, 58~71) 참조. 더 견고하게 민주적인 “네트워크화된 공론장”에 대한 인터넷의 기여에 관해서는 Benkler (2006: 7장) 참조.

5) 네트워크화된 디지털 커뮤니케이션 기술이 만들어낸 “새로운 종류의 사회운동”에 대한 정교하면서도 전반적으로 찬사를 보내는 설명을 보려면 Castells(2012) 참조. 공식적인 조직을 우회하고 더 긴밀하고 배타적인 집단적 정체성보다는 광범위하고 개인화가 가능한 밈과 같은 호소를 통해 동원을 끌어내는 디지털 미디어와 “연결적 행동(connective action)의 논리”에 관해서는 Bennett and Segerberg(2013); Schwarz(2021: 63~73) 참조. 사회운동에 대한 소셜 미디어의 양면적 어포던스를 강조하면서 “네트워크화된 항의”에 대한 세밀하고 정교한 평가를 보려면 Tufekci(2014b; 2017) 참조. 디지털 민주주의의 가능성에 대해 여전히 낙관적인 최근의 설명을 보려면 Deseriis(2021) 참조.

6) 미세-표적화(micro-targeting)에 의해 주도되는 “연산적 정치”의 형태에 관해서는 Tufekci (2014a) 참조. 2016년 미국 선거 기간 동안 표적 광고의 중요성에 관해서는 Vaidhyanathan(2018: 161~174) 참조. 해당 선거 기간 동안 자사의 역할에 대한 거센 비판, 특히 표적 광고가 공개적으로 노출되는 방송 광고와 달리 표적이 된 사람들을 제외한 모든 이들에게는 보이지 않는다는 비판에 대응하여 페이스북은 2018년에 광고 아카이브(Ad Archive)를 만들었다[2019년에 확장되어 광고 라이브러리(Ad Library)로 명칭 변경]. 원칙적으로 누구든지 이를 통해 현재 진행 중인 광고와 과거 광고를 보고 검색할 수 있다. 그러나 연구자들은 광고 라이브러리의 많은 한계점을 신랄하게 비판해 왔다; 예를 들면, Dubois et al.(2022) 참조.

7) 2019년 나이지리아 선거에서 왓츠앱의 역할에 대한 정교하고 균형 잡힌 설명을 보려면 Cheeseman et al.(2020) 참조; 2018년 브라질 선거 기간 중 왓츠앱에 관해서는 Evangelista and Bruno(2019) 참조.

8) 기술에만 좁게 초점을 맞춘 것에 대한 강력한 비판을 보려면 Benkler et al.(2018) 참조; 더 역사적이고 제도적인 접근법의 필요성에 대한 그들의 주장은 20~23쪽에 요약되어 있다. 일관되게 관계적인 관점에서 이해된 공중의 변환에 대한 역사와 제도에 근거한 정교하고 균형 잡힌 설명을 보려면 Starr(2021b) 참조.

9) “감정의 구조(structure of feeling)”라는 개념은 레이먼드 윌리엄스(Raymond Williams)의 여러 저작에서 발전되었다; 특히 Williams(1961) 참조. “감정 규칙(feeling rule)”에 관해서는 Hochschild(1983) 참조.

10) 예를 들어, “정보 과잉(infoglut)”에 관해서는 Andrejevic(2013) 참조; “네트워크 선전”과 “인식론적 위기”에 관해서는 Benkleret al.(2018) 참조; “전문성의 위기”에 관해서는 Eyal (2019) 참조; “지식의 구성”에 관해서는 Rauch(2021) 참조; “정치 인식론(political epistemology)”이라는 새로운 학문 하위 분야에 관해서는 Edenberg and Hannon(2021) 참조.

11) 시민 저널리즘(citizen journalism)과 이와 관련된 현상인 “사회적 저널리즘(social jour-

nalism)"의 민주적 함의에 관해서는 Goode(2009) 참조.

12) 당원들의 견해를 더 정확하게 파악할 수 있도록 독일 해적당(Pirate Party)을 위해 개발된 온라인 투표 시스템인 "리퀴드 피드백(liquid feedback)"의 (끝내 실현되지 않은) 약속에 관해서는 Morozov(2013a: 102~103) 참조.

13) 오정보 유통의 역학에 관해서는 Shao et al.(2018); Vosoughiet al.(2018) 참조.

14) 명료한 최근의 개관을 보려면 Starr(2021a) 참조. 미디어 효과에 대한 광범위한 "사회기술적" 접근법을 바탕으로 한 소셜 미디어 플랫폼에서의 가짜 뉴스 유통에 대한 정교한 접근을 보려면 Marwick(2018) 참조.

15) "참여적 전환"에 관해서는 Mede and Schäfer(2020: 477~478) 참조.

16) 일반인의 전문성에 관해서는 Epstein(1995); Callon(1999); Prior(200)3 참조.

17) 의학 및 건강 영역에서의 "문화적 권위자의 급증과 다양화"에 관해서는 Epstein and Timmermans(2021) 참조. 고학력 백신 기피 환경에서 널리 퍼져 있는 부모가 자녀의 건강에 대한 전문가라는 생각에 관해서는 Reich(2016: 2장) 참조.

18) 미디어 제작자와 직접 정기적으로 소통하지 않는 개인에 초점을 맞추면서 디지털 매개 환경에서 "분산 발견(distributed discovery)의 민간 이론"에 대한 토프와 닐슨(Toff and Nielsen, 2018)의 경험적 연구 참조. 저자들은 반복되어 나타나는 "나는 그냥 구글링해(I just google it)"라는 표현을 강조한다(647쪽).

19) 이러한 무력감, 즉 "무엇을 믿어야 할지 모르겠다"는 느낌의 기저에 있는 민간 이론에 관해서는 Ibid.(649~653) 참조. 더 광범위하게 공적 지식의 위기에 디지털 초연결이 일조한 바에 관해서는 Brubaker(2017a); Sacasas(2021a) 참조.

20) Tufekci(2017: 228~241); 이 인용문은 228, 231, 241쪽에서 가져온 것이다. 신뢰할 수 있는 중개자의 중요성에 관해서는 231, 240, 244쪽 참조. 중국은 조율된 대량의 소셜 미디어 게시물을 통해 중요한 시점에 시민들의 주의를 분산시키는 특별히 정교한 역량을 발전시켜 왔다. 중국의 주의 분산 기법으로서 "정보 범람(flooding)"에 관해서는 Roberts(2018: 6장) 참조. 중동에서의 디지털 권위주의와 역정보에 관해서는 Jones(2022) 참조.

21) 배넌(Bannon)은 Lewis(2018)에서 재인용했다.

22) 10년 전 크반트(Quandt, 2012)의 "제작되고" 조작된 "미디어 현실"로 보이는 것에 대한 광범위한 불신이 흔히 겉으로 보기에 더 진정성 있는 "이용자 생성 현실"에 대한 신뢰를 동반한다(8쪽)는 지적은 오늘날에도 여전히 적절하다. 또한 Toff and Nielsen(2018) 참조.

23) 디지털 초연결성과 관련이 없기는 하지만 현대 미국 정치의 인식론적 오만함에 관해서는 Barker et al.(2022) 참조.

24) 이 단락과 다음 두 단락은 Brubaker(2021)을 바탕으로 하고 있다.

25) "가장 큰 위협": New York Times Editorial Board(2020).

26) Flaxman et al.(2020).

27) Gorvett(2020).

28) 백신이 예방한 것보다 더 많은 사망을 야기했다는 주장은 비주류 집단의 담론 공간뿐만 아니라 동료 심사 학술지 논문(Kostoff et al., 2021)에서도 찾을 수 있지만, 해당 논문은 출간 후 심사를 거쳐 2022년 5월에 철회되었다.

29) 채널의 급증과 "매스 커뮤니케이션의 종말"에 관해서는 Chaffee and Metzger(2001) 참조.

30) 인터넷이 음모론적 사고를 부추긴 효과에 관해서는 Aupers(2012: 26~27); Harambam (2017: 173ff); Boulieret al.(2021) 참조.

31) 음모론과 관련된 인식론적 개인주의에 관해서는 Guillon(2018) 참조; 인식론적 포퓰리즘에 관해서는 Saurette and Gunster(2011) 참조; 반지식에 관해서는 Ylä-Anttila(2018) 참조.

32) 예를 들어, Conrad(2021) 참조. 이른바 "진실의 위기"(crisis of truth)에 대한 도발적일 정도로 회의적인 견해를 보려면 Shapin(2019) 참조.

33) 이 인용문들은 2021년 1월 국회의사당 습격 사건 직후에 작성된 Sacasas(2021a)에서 가져온 것이다.

34) 방대한 인터넷 텍스트 데이터를 기반으로 훈련되었으며 어떤 주제에 대해서도 설득력 있는 새로운 텍스트를 생성할 수 있는 AI 기반 자연어 생성 모델인 GPT-3가 텍스트 데이터로부터 인간의 의도성을 추론하는 것을 불가능하게 만들어 인간 커뮤니케이션을 근본적으로 교란할 수 있다는 우려를 보려면 Munger(2020a) 참조.

35) GPT-3와 같은 대형 언어 모델이 역정보 자동화에 일조하는 방식에 관해서는 DiResta (2020) 참조. 이러한 모델은 어떤 주제든 그럴듯한 새로운 글을 생성할 수 있기 때문에 학문적 성실성을 보장하기 위한 기존의 관행에 중대한 과제를 안기게 될 것이다; Dehouche (2021) 참조.

36) 정동과 "정동적 전환"에 대한 개념화는 매우 다양하다. 어떤 이들에게는 "정동"이 감정과 정서의 영역을 지칭하는 반면, 또 어떤 이들에게는 문화적으로 부호화되고 언어적으로 표현된 정서와 구별되는 언어 이전의 신체 상태와 동요를 가리키는 개념으로 본다; 또 다른 이들에게는 정동이라는 용어가 "인간 정서 연구라는 본래의 기준점을 잃고 가장 광범위한 의미에서 동요와 영향력을 가리키는 개념으로 확장되기도 한다"(Wetherell, 2012: 2). 필자는 "정동," "감정," "정서"를 대체로 동의어로 사용한다.

37) 항의와 사회운동에서 정서에 관한 연구를 폭넓게 검토한 연구를 보려면 Jasper(2011) 참조. 정서와 정치에 대한 많은 연구, 특히 사회학자인 재스퍼(Jasper)의 연구를 포함한 많은 주요 연구는 정치학계 외부의 학자들에 의해 이루어졌으며 정치학은 여전히 합리주

의적 접근이 지배적인 경향을 보인다.

38) 의사사회적 관계에 대한 선구적인 논의를 보려면 Horton and Wohl(1956); Horton and Strauss(1957) 참조. "매개되는 의사-상호작용(quasi-interaction)"과 "원거리에서의 비호혜적인 친밀감"에 관해서는 Thompson(1995: 84, 219ff) 참조. 좀 더 최근에 학자들은 소셜 미디어 맥락에서 형성되는 의사사회적 관계에 대해 논의해 왔다. 〈어프렌티스(*The Apprentice*)〉와 기타 미디어 노출을 통해 형성된 트럼프와의 의사사회적 유대의 정치적 중요성에 관해서는 Gabriel et al.(2018) 참조; 유튜브에 의해 조성되는 의사사회적 관계의 정치적 중요성에 관해서는 Munger and Phillips(2022) 참조. 토크 라디오와 케이블 TV 진행자와의 의사사회적 관계에 관해서는 Berry and Sobieraj(2014: 133) 참조. 의사사회적 관계를 조성할 수도 있는 소셜 미디어와 정치의 비형식화에 관해서는 Manning et al.(2017) 참조.

39) 개관을 보려면 Mazzoleni and Schulz(1999); Mazzoleni(2008); Esser(2013) 참조.

40) 정서, 미디어, 정치 사이의 관계에 대한 광범위한 논의를 보려면 Wahl-Jorgensen(2019) 참조. 정보 밀도가 높은 시각적 단서와 신체화된 밈을 통해 정치적 정체성과 정동을 동원하는 데 있어 틱톡이 수행하는 역할에 관해서는 Munger(2020b) 참조.

41) Castells(2012: 15).

42) Papacharissi(2015: 6, 130~131). "상상력, 시적인 것, 비웃는 능력, 윤리적인 것, 그리고 정서적인 것을 놀랍도록 새로운 방식으로" 끌어내는 것에 찬성하면서 엄격한 하버마스식 숙의적 합리성에 대한 더 포괄적인 비판을 보려면, 어나니머스(Anonymous)와 포챈(4chan)의 다소 무질서한 정치가 "정치적인 것에 대한 새로운 개념"을 제시할 수 있는 가능성에 주목하는 와츠(Watts, 2019: 85)의 공감을 불러일으키는 논의 참조.

43) 예를 들어, "유해한 테크노 문화"의 온상으로 기능하는 레딧에 관한 Massanari(2017) 참조.

44) 도덕적 격분의 핵심 요소 중 하나인 분노의 정치적 양면성에 관해서는 Wahl-Jorgensen (2019: 12) 참조. 항의 운동에서의 분노의 역학(anger dynamics)에 관해서는 Jasper(2014) 참조.

45) 격분의 긍정적인 역할에 관해서는 Castells(2012); Spring et al.(2018) 참조. 스프링 외(Spring et al., 2018)에 대한 비판에서 브래디와 크로킷(Brady and Crockett, 2019)은 격분이 집단행동을 동원하고 집단행동에 에너지를 불어넣을 수 있는 한편, 전략적으로 행동하는 능력을 저해하고, 즉각적으로 눈에 띄는 이슈에만 주의를 집중시키며, 사안의 복잡성을 고려하는 능력을 제한하고, 비난과 불신을 조장하며, 특히 온라인 환경에서 격분을 기반으로 한 조직적인 괴롭힘에 가장 취약한 주변화된 집단이 공론장에 참여하는 것을 주저하게 만들 수 있다고 지적한다.

46) 이러한 연관성에 관해서는 Darley and Pittman(2003: 332f); Salerno and Peter-Hagene (2013); Bradyet al.(2020a: 985~986) 참조. 도덕적 정서 전반을 설명하는 더 광범위한 맥

락에서의 "타인 비난(other-condemning)" 정서에 관해서는 Haidt(2003) 참조.

47) 괴롭힘 행위를 하는 사람들이 자신의 행동이 정당하다고 믿게 되는 과정에 관해서는 Lewis et al.(2021) 참조. 미국 내 온라인 괴롭힘 발생률은 매우 높게 보고되고 있다. 퓨 리서치 센터의 연구에 따르면, 2020년에 미국인의 41%가 개인적으로 온라인 괴롭힘을 경험했으며, 3분의 2는 다른 사람들이 괴롭힘을 당하는 것을 목격한 것으로 나타났다(Vogels, 2021). 물론 모든 도덕적 격분의 표현이 괴롭힘으로 이어지는 것은 아닌 것처럼, 모든 괴롭힘이 도덕적 격분으로 인해 발생하는 것은 아니다.

48) 토크 라디오 및 케이블 뉴스의 비즈니스 모델로서 격분에 관해서는 Berry and Sobieraj(2014) 참조; 이 비즈니스 모델이 자리 잡고 성장할 수 있게 한 규제 변화에 관해서는 75~80쪽 참조.

49) 트위터 연구에서 브래디 외(Brady et al., 2017)가 도덕적 언어(moral language)와 정서적 언어(emotional language)가 각각 독립적으로 미치는 효과를 통제한 후에도 트윗에 도덕-정서적 단어(도덕적이면서 동시에 정서적 공명을 지닌 단어) 하나만 추가해도 리트윗 빈도가 20% 증가하는 것으로 드러났다. 넘칠 정도로 풍부한 콘텐트를 빠르게 훑어보며 다음 게시물이나 트윗으로 넘어갈지 아니면 참여할지를 1000분의 몇 초 만에 거의 자동적으로 결정해야 하는 환경에서 우리의 주의를 사로잡는 콘텐트는 확산될 가능성이 훨씬 더 높다(Brady et al., 2020a: 993). 소셜 미디어상에서 주의를 사로잡는 도덕적·정서적 콘텐트와의 몰입적 참여에 관해서는 Brady et al.(2020b) 참조.

50) 물론 '몰입적 참여를 불러일으키는' 콘텐트를 제작하려는 유인이 항상 '격분을 유발하는' 콘텐트를 제작하려는 유인으로 이어지는 것은 아니다. 미국에서 네트워크 텔레비전이 지배하던 20세기 중반에는 가능한 한 가장 광범위한 시청자를 끌어모아야 하는 필요성에서 비롯된 상업적 유인이 격분을 자극하는 콘텐트 제작을 '지양하는' 방향으로 작용했다(Berry and Sobieraj, 2014: 80).

51) 소셜 미디어 지표가 격분의 표현을 장려하는 "강화 학습(reinforcement learning)"에 대한 증거를 보려면 Brady et al.(2021) 참조.

52) 오정보와 "정크 뉴스"의 정동적 차원에 관해서는 Boler and Davis(2020); Savolainenet al.(2020); Serrano-Puche(2021) 참조.

53) 예를 들면, 인기 있고 영향력 있는 립스 오브 틱톡(Libs of Tiktok) 트위터 계정은 헌신적인 보수적 팔로워들 사이에서 격분을 선동하기 위해 계산된 방식으로 틱톡 영상과 소셜 미디어 게시물을 (당연히 탈맥락화하고 편향적으로 재구성하여) 재게시한다; 이 계정의 운영 방식은 쉽게 접근할 수 있는 격분을 유발하는 자료의 풍부함에 달려 있다.

54) 미국에서 뉴스의 전국화(nationalization)와 정치의 전국화 간의 관계에 관해서는 Hopkins(2018); Moskowitz(2021) 참조.

55) 고도로 통합되고 중앙집권화된 미디어 시스템을 갖춘 큰 나라에서 격분을 불러일으키

는 소재의 풍부함에 관해서는 Yglesias(2021) 참조.

56) 유튜브의 격분-동원형(outrage-mobilizing) "반응 영상(response video)"에서 이루어지는 선택적 편집에 관해서는 Lewis et al.(2021) 참조.

57) "자기-기록화"로서 디지털 매개 상호작용에 관해서는 Schwarz(2021: 2장) 참조; 페이스북에서의 맥락 붕괴, 격분, 정치적 친구 끊기에 관해서는 Schwarz and Shani(2016) 참조.

58) 격분과 맞격분, 그리고 "디지털 정치적 수행성"의 상호작용적 논리에 관해서는 De Kosnik (2019) 참조.

59) 하이트와 로즈-스톡웰(Haidt and Rose-Stockwell, 2019)은 소셜 미디어 플랫폼이 격분의 확산을 가속화한 구체적인 변화들, 특히 트위터가 2009년에 도입한 리트윗 버튼과 페이스북이 2012년 모바일 앱에 도입한 공유 버튼을 지적한다.

60) 온라인에서 도덕적 격분을 표현하는 데 드는 비용이 더 낮아지는 것에 관해서는 Crockett (2017: 770) 참조. 피해의 개념이 확장되는 "개념 확장(concept creep)"의 일반적인 과정에 관해서는 Haslam(2016) 참조. 주로 온라인 맥락에서 탐욕스럽고 극도로 당파적이며 흔히 격분이 유발하는 정치 뉴스의 소비와 참여에 의해 추동되는 정치 참여 형태인 "정치적 취미주의(political hobbyism)"에 대한 분석과 비판을 보려면 Hersh(2020) 참조.

61) 온라인 환경에서 격분을 표현하는 것의 평판상의 이점에 관해서는 Crockett(2017: 770) 참조.

62) 도덕적 허세에 관해서는 Tosi and Warmke(2020) 참조.

63) 공개적 망신 주기의 변환에 관해서는 Koganzon(2015) 참조.

64) 디지털 객체화가 시공간 차원에서 어떻게 책임성의 범위를 확장하는지에 대한 좀 더 폭넓은 이론적 논의를 보려면 Schwarz(2021: 33~35) 참조.

65) 과잉-정치에 관해서는 Jäger(2022) 참조.

66) 정동적 양극화에 관해서는 Iyengar et al.(2019) 참조. "부정적 당파성"(negative partisanship)이라는 관련 개념은 상대 정당에 대한 높아진 반감이 자신의 정당에 대한 더 강한 긍정적인 감정을 동반하지는 않는다는 점을 강조한다; Abramowitz and Webster(2016) 참조. 정동적 양극화는 당파적, 이념적, 종교적, 인종적 정체성들이 점점 더 일치하게 되는 것을 포함한 장기적인 원인들에 대한 반응으로 수십 년에 걸쳐 나타났다. 여기서도 다른 곳에서와 마찬가지로 초연결성, 특히 소셜 미디어는 주요 원인이라기보다는 강화 요인으로 작용한다. 정동적 양극화와 부정적 당파성이 일반 시민들 사이의 이념적 양극화의 증가로 이어졌는지는 여전히 논쟁의 여지가 있다.

67) 미국에서 거짓 양극화(false polarization)에 관해서는 Levendusky and Malhotra(2016) 참조. 이슈 양극화에 대한 과장된 견해의 결과인 정동적 양극화에 관해서는 Levendusky and Malhotra(2014) 참조; 이들은 거짓 양극화를 미디어 정치 보도 탓으로 돌리지만 소

셜 미디어에 관해서는 논의하지 않는다. 거짓 양극화에 소셜 미디어가 일조한 바에 관해서는 Settle(2018: 97, 173~283); Bradyet al.(2020a: 989); Bail(2021: 67, 75~76, 99~102) 참조.

68) 정치에 관심이 없는 사람에게도 페이스북에서 정치를 피할 수 없는 현상에 관해서는 Settle(2018: 1~16, 44, 64, 134~135) 참조.

69) Kim et al.(2021).

70) Bail(2021: 68~83).

71) 자기-실현적인(self-fulfilling) 거짓 양극화에 관해서는 Ahler(2014) 참조; 아러(Ahler)는 타인의 견해가 이념적으로 양극화된 정도에 대한 잘못된 믿음으로 인해 사람들이 스스로 약간 더 이념적으로 양극화된 입장을 취하게 된다고 주장한다.

72) Morozov(2014).

73) 미국에서 공공 부문에서 활용되는 알고리즘적 거버넌스의 다양한 사례에 대한 개괄적 논의를 보려면 Engstrom et al.(2020) 참조. "데이터주의 국가"에 관해서는 Fourcade and Gordon(2020: 81) 참조. 이데올로기로서 "데이터주의"에 관해서는 van Dijck(2014) 참조.

74) 형사 사법 맥락에서 알고리즘적 위험 평가에 관해서는 Stevenson(2018) 참조. 이로 인해 발생한 논란에 대해 이해하기 쉽게 쓴 개관을 보려면 Tashea(2017) 참조.

75) 예측 치안에 관해서는 Bennett Moses and Chan(2018) 참조.

76) 아동 학대 위험에 대한 알고리즘적 예측에 관해서는 Eubanks(2018, 4장 참조. 재향군인청(Veterans Administration)의 자살 위험군에 대한 알고리즘적 식별에 관해서는 Carey (2020) 참조.

77) Engstrom et al.(2020: 22ff).

78) Ibid.(39ff.)

79) Ibid.(60ff).

80) 중국의 사회 신용 시스템이 알고리즘적 거버넌스로의 세계적 추세의 '전형'으로 특징지어져 왔지만(Zou, 2021: 140), 이러한 평가는 아무리 좋게 보더라도 시기상조인 것으로 보이며, 데이터를 통한 거버넌스와 알고리즘적 거버넌스를 혼동하는 것으로 보인다. 사회 신용 시스템의 기원과 발전에 대해 역사적으로 가장 예리하고 정보에 입각한 설명을 제공한 중국 연구자 애덤 나이트(Adam Knight)와 로히어 크리머스(Rogier Creemers)(Creemers, 2018; Knight, 2021)가 지적하듯이, "빅 데이터 분석, 인공지능 및 기계학습이 사회 신용 메커니즘에서 부재한다는 점은 주목할 만하다"(Knight and Creemers, 2021: 6). 단일하고 일관된 포괄적 시스템이 아니라 다양한 규모와 서로 다르게 설계된 계획들의 집합체라는 점을 염두에 두더라도, 일부는 중앙 정부기관에 의해 직접 시행되고 다른 일부는 지방자치단체에 의해, 또 다른 일부는 정부 후원을 받는 거대 기술 기업들에 의

해 도입되는(Liu, 2019) 사회 신용 시스템은 청과 첸(Cheung and Chen, 2021)이 “데이터 국가(data state)”라고 부르는 것의 발전이라는 관점에서 볼 때 매우 흥미롭다. 그러나 기계학습과 알고리즘적 거버넌스는 현재 중국의 사회 신용 시스템보다 중국의 강력한 감시 역량의 다른 측면들, 특히 안면 인식 기술에 대한 막대한 투자(Mozur, 2019; Standaert, 2021)와 훨씬 더 핵심적으로 연관되어 있다.

81) 플랫폼이 거버넌스를 행하는 동시에 그 자체로 거버넌스의 대상이 되는 방식에 관해서는 Gorwa(2019: 856ff) 참조.

82) 필자는 미디어 효과를 명확히 규명하려는 데 따르는 지속적인 문제와 관련하여 “어느 정도는”이라는 단서를 붙인다: 선택 효과(selection effect: 예를 들어, 특정 플랫폼이나 특정 미디어 공급자에 대한 자기-선택)와 (유튜브가 시청자를 급진화한다는 주장에서와 같은) 인과 효과(causal effect)를 경험적으로 구별하는 것은 어렵다. 당파적 미디어 사용 패턴이 양극화를 반영하는 것인지 아니면 유발하는지에 대한 질문과 관련하여 이러한 어려움에 대한 검토를 보려면 de Benedictis-Kessner et al.(2020) 참조.

83) 디지털 거버넌스에서 공적 영역과 사적 영역이 점점 더 뒤섞이고 있는 현상에 관해서는 Harcourt(2015: 7장); Tréguer(2019); Fourcade and Gordon(2020) 참조.

84) 19세기 “인쇄된 숫자들의 쇄도”에 관해서는 Hacking(1982) 참조. 마찬가지로 광범위하게 푸코적 영감을 받은 것으로 관료제, 감시, 지배에 더 초점을 맞춘 유럽 계열과 더 낙관적이고 다원주의적인 미국 계열을 구분하는, 정치와 숫자의 관계에 관한 문헌에 대한 개괄적 이해를 보려면 Rose(1991) 참조. (역시 넓은 의미에서 푸코적 관점을 따르는) 20세기 전반기의 정보 권력과 정보 정치에 대한 최근 분석을 보려면 Koopman(2019) 참조. 이론적 영감에서 좀 더 절충적인, 정치와 숫자의 관계에 대한 미국적 접근을 보려면 Starr(1987) 참조.

85) “기계학습 혁명”에 대한 간결하고 이해하기 쉬운 설명을 보려면 Domingos(2015: 1장) 참조; 엄청난 양의 데이터의 중요성에 관해서는 특히 7쪽과 12쪽 참조. 기계학습의 엄청난 양의 데이터에 대한 의존성은 또한 기계학습 (그리고 더 광범위하게는 인공지능) 개발 경쟁에서 구글, 페이스북, 그리고 기타 거대한 데이터 집약적 플랫폼들이 누리는 엄청난 이점을 설명해 준다.

86) “국가처럼 보기”라는 “하이 모더니스트(high modernist)” 방식에 대한 고전적인 논의를 보려면 Scott(1998) 참조. 하이 모더니즘 스타일과 다른 개발도상국의 “국가처럼 보는 새로운 방식들”에 관해서는 Johns(2019) 참조. “국가처럼 학습하기”라는 새로운 알고리즘 방식에 대한 광범위한 논의를 보려면 Fourcade and Gordon(2020) 참조.

87) 편재하는 디지털 매개 그 자체가 사회적 세계를 더 잘 알 수 있고 더 통제 가능하게 했다는 주장은 Schwarz(2021: 123ff) 참조.

88) Zuboff(2020).

89) 권력의 핵심 형태이자 불평등의 원천이며 민주적 시민권에 대한 근본적인 위협으로서 디지털 데이터에 대한 집중적 통제에 관해서는 Andrejevic(2013: 154) 참조.

90) 이러한 것들은 카첸바흐와 울브리히트(Katzenbach and Ulbricht, 2019)의 알고리즘적 거버넌스에 대한 간결한 개관에서 다소 다른 표현으로 제시된 핵심 논란과 우려 사항들에 해당한다.

91) 차별을 방지하기 위해 도입된 자동화가 오히려 차별의 재생산에 일조할 수 있다는 "자동화의 역설(paradox of automation)"에 대한 법적 관점을 보려면 Ajunwa(2019) 참조. 알고리즘이 인지적 편향이나 기타 편향에 대한 유용한 교정 장치 역할을 할 수 있다는 주장을 보려면 Sunstein(2019) 참조. 팬데믹 기간 중소기업 고용을 지원하기 위해 고안된 프로그램에서 자동화를 통해 소기업 대출 접근에 있어 인종 간 격차가 줄었다는 증거를 보려면 Howell et al.(2021) 참조.

92) 기계학습 알고리즘 준비와 훈련에 수반되는 다양한 선택에 대한 체계적인 논의를 보려면 Lehr and Ohm(2017) 참조. 예측 치안 알고리즘과 관련된 "오염된 훈련 데이터의 문제"에 관해서는 Huq(2019: 1076ff) 참조. 좀 더 일반적으로 알고리즘 설계에서 차별적 대우의 원인에 관해서는 Kroll(2017: 678ff) 참조. "인종 비판적 코드 연구"의 관점에서 인종과 기술에 대한 광범위한 논의를 보려면 Benjamin(2019) 참조.

93) 알고리즘의 공정성을 보장하기 위한 전략에 관해서는 Kroll(2017) 참조. 차별을 탐지하고 방지하는 수단으로서 알고리즘에 관해서는 Kleinberg et al.(2019) 참조.

94) 투명하고 책임성 있는 거버넌스에 대한 규범적 기대와 알고리즘의 불투명성 사이의 긴장에 관해서는 Engstrom and Ho(2021: 60f) 참조. 투명성을 높이기 위한 제안과 함께 알고리즘적으로 통제되는 "블랙 박스 사회"(black box society)에 대한 이해하기 쉬운 설명을 보려면 Pasquale(2015) 참조.

95) 알고리즘적 거버넌스 맥락에서 게이밍, 즉 시스템 조작 시도 문제에 관해서는 Engstrom and Ho(2021: 67~69) 참조.

96) 투명성과 책임성의 과제를 해결하는 이러한 방법들과 기타 방법에 관해서는 Ibid.(60~62) 참조. 이상(理想)으로서 투명성의 한계, 특히 알고리즘 책임성을 보장하는 수단으로서 투명성의 한계에 관해서는 Ananny and Crawford(2018) 참조.

97) 예를 들어, 버지니아 유뱅크스(Virginia Eubanks)는 아동 보호 기관의 직원이 학대 위험에 대한 자신의 평가와 알고리즘적 모델의 평가 사이에 불일치가 발생하면 자신의 판단을 의심하는 경향이 있음을 확인했다(2018: 141~142).

98) 자동화로 인한 인간적 비용(human costs)에 관해서는 Carr(2014) 참조.

99) 래쉬(Lash, 2007)의 규제적 규칙과 생성적 규칙 간의 구분을 토대로 한 Schwarz(2021: 5장) 참조.

100) 주보프(Zuboff, 2019: 212~221)는 디지털 매개 원격 제어가 계약의 의미를 변환할 수 있다고 분석한 사람이 구글의 수석 경제학자 할 베어리언(Hal Varian)이라고 지적한다.

101) "조율"과 "집단적 유도"에 관해서는 Zuboff(2019: 10장) 참조.

102) 길레스피(Gillespie, 2018)는 탁월할 정도로 명료하게 콘텐트 조정에 대해 분석했다. 자동화된 콘텐트 조정으로의 전환을 촉진한 변화하는 규제 및 담론 환경에 관해서는 Katzenbach(2021) 참조; 팬데믹 기간 중 갑작스러운 자동화된 조정으로의 전환에 관해서는 Scott and Kayali(2020) 참조.

103) 페이스북은 최근 몇 년 동안 "선제성(proactivity)" 비율(이용자가 신고하기 전에 알고리즘을 통해 발견한 위반 콘텐트의 비율)을 보고해 왔다. 선제성 비율은 혐오 표현(hate speech)에서 가장 극적으로 증가하여, 2017년 24%에서 2021년 98%로 늘어났다. 괴롭힘에 대한 선제성 비율(흔히 맥락에 따라 다르므로 알고리즘으로 탐지하기 어려움)은 2020년 2분기의 단 13%에서 9개월 후 54%로 증가했다. 다른 범주들의 증가 폭은 훨씬 작았는데, 이는 선제성 비율 보고가 시작된 2017년이나 2018년 당시 이미 선제성 비율이 높았기 때문이다. 예를 들어, "조직적 혐오"에 대한 선제성 비율은 2018년 89%에서 2021년 98%로 증가했고, 테러리즘의 경우는 2017년 97%에서 2021년 99.7%로 증가했다. 이 데이터는 특히 페이스북 플랫폼에 대한 것으로, 인스타그램 데이터는 별도로 보고되며 https://transparency.fb.com/data/community-standards-enforcement/에서 다운로드할 수 있다.

104) 2018년에 페이스북 관계자는 회사가 "어떤 경우에는" 테러 의심 콘텐트를 자동으로 제거하지만, 여전히 "대부분의 게시물을 평가하기 위해 전문 검토자들에 의존하고 있다"고 언급했다(Gorwa et al., 2020: 9). 2021년에는 메시지가 달라졌다: 이 회사는 매일 정책을 위반하는 수백만 개의 게시물을 삭제하고 있으며, "이 대부분은 자동으로 이루어지고 위반 콘텐트를 제거하기 위해 기술이 백그라운드에서 작동한다. 흔히 누군가가 보기도 전에"라고 밝혔다. (https://transparency.fb.com/enforcement/Detecting-violations/technology-Detects-violations/; 2021년 11월 3일 확인). 대부분의 경우, 게시물이 페이스북 정책을 위반하는지 확인하는 것은 "간단한 문제"다. "아마도 게시물의 논조가 불분명하거나, 언어가 특히 복잡하거나, 이미지가 지나치게 맥락 의존적인" 경우처럼 판단이 더 어려운 때만 게시물이 인간 검토자에게 회부된다(https://transparency.fb.com/policies/improving/prioritizing-content-review/, 2021년 11월 3일 확인). 일부 콘텐트는 단순히 누군가가 신고하기 전이나 심지어 보기도 전에 삭제되는 것이 아니라 아예 업로드 자체가 차단된다. 예를 들어, 2019년 뉴질랜드 크라이스트처치 모스크에서 생중계 스트리밍된 학살 사건 후 24시간 동안 페이스북은 해당 동영상 버전들을 업로드하려는 약 150만 건의 시도 중 80%를 자동으로 차단할 수 있었다. 이러한 "놀라운 기술적이고 연산적인 위업"이 가능하려면 모든 페이스북 이용자가 업로드하려고 시도하는 모든 동영상이 급하게 구성된 약 800개 버전의 공격 비디오 데이터베이스와 즉시 대조되어야 했다(Gorwa et al., 2020: 2).

105) "검토자들이 결정을 내릴 때마다 우리는 그 정보를 기술 훈련에 사용한다. 시간이 지나

면서 수백만 건의 결정을 통해 우리의 기술이 향상되어 더 많은 위반 콘텐트를 삭제할 수 있게 되었다.” https://transparency.fb.com/policies/improving/prioritizing-content-review/. 콘텐트 조정 작업의 심리적 스트레스에 관해서는 Roberts(2019: 111~123) 참조. 완전히 자동화된 콘텐트 조정 가능성에 대한 회의론을 보려면 Gillespie(2018: 97~110) 참조.

106) 자동화된 사전 콘텐트 조정이 플랫폼이 이미 가지고 있는 표현을 둘러싼 거대한 권력에 부여하는 추가적인 권한에 관해서는 Cobbe(2021) 참조.

107) 적절한 표현이 무엇인지에 대한 본질적으로 정치적인 문제의 알고리즘적 탈정치화의 위험에 관해서는 Gorwa et al.(2020: 11~12) 참조.

108) 디지털 매개 권력의 물질성(materiality)에 관해서는 Schwarz(2021: 4장과 5장) 참조.

109) 심히 논쟁적인 개념으로서 포퓰리즘에 관해서는 Brubaker(2017b: 358ff) 참조; 후기 근대 자유 민주주의 맥락에서 만성적 포퓰리즘을 조장하는 수십 년에 걸친 구조적 변환에 관해서는 Ibid.(369ff) 참조. 본 논의의 목적상 필자는 “포퓰리즘”을 “보통” 사람들로 이해되는 “민중”에게 직접 호소하면서, 엘리트와 “기성 체제”의 매개적 제도와 표현 방식에 반대하는 담론적이고 문체적인 레퍼토리로 이해한다.

110) 당내 디지털 직접 민주주의 형태를 통해 당료들을 배제함으로써 “정치의 탈중개화”를 약속하는 것에 관해서는 Gerbaudo(2019: 70f, 75f, 183f) 참조.

111) “중립적 플랫폼 신화”에 대한 비판을 보려면 Gillespie(2018: 2장) 참조.

112) 중개 기구들에 대한 포퓰리즘의 적대성에 관해서는 Urbinati(2015) 참조.

113) “플랫폼”의 함축적 의미에 관해서는 Gillespie(2010) 참조.

114) 소셜 미디어의 어포던스와 포퓰리즘적 정치적 호소 간의 친화성에 관해서는 Gerbaudo (2018) 참조; 또한 Tucker et al.(2017) 참조. 유튜브의 어포던스가 어떻게 해당 플랫폼을 소외된 계층에게 어필하는 대안적 우익 생태계의 출현을 위한 우호적인 공간으로 만들었는지에 관해서는 Munger and Phillips(2022: 193~198) 참조.

115) 디지털 민주주의 이니셔티브에 관해서는 Gerbaudo(2019); Deseriis(2021) 참조.

116) “계산된 공중”에 관해서는 Gillespie(2014) 참조. 트렌딩 알고리즘이 인기도를 기록하고 강화하는 동시에 가시화하는 항목들에 대한 “가치 부여를 유도하는” 방식에 관해서는 Gillespie(2016) 참조. 길레스피가 언급했듯이, (베스트셀러 명단이나 ‘인기곡 상위 40위’ 차트와 같은) 인기도를 강화하는 문화적 지표들은 디지털 시대 이전부터 시작되어 그 역사가 길지만, 디지털 초연결성 시대에 들어서면서 보편화되고 훨씬 더 세밀해졌다.

117) “알고리즘적 포퓰리즘(algorithmic populism)”의 새로운 양식들, 특히 디지털 정치 메시지 전달의 인기도를 높이기 위해 디지털 미디어의 어포던스를 사용하는 “알고리즘적 행동주의(algorithmic activism)” 전략에 관해서는 Maly(2022) 참조.

118) 포퓰리즘의 핵심인 "저급한" 스타일에 관해서는 Ostiguy(2009) 참조.

119) 희소한 정치적 자원으로서 주목(attention)에 관해서는 Tufekci(2013b) 참조.

120) 모로조프(Morozov, 2013a: 5)는 해결주의를 "복잡한 사회적 상황들을 확실하고 계산 가능한 해결책이 있는 명확하게 정의된 문제로 재구성하거나, 적절한 알고리즘만 있다면 쉽게 최적화할 수 있는 투명하고 자명한 과정으로 재구성하는 습관"으로 정의한다. 실리콘 밸리의 "기술적 상상계"에 관해서는 Ferrari(2020) 참조.

121) Sætra(2020: 2). 최적화 논리에 대한 이해하기 쉬운 비판적 분석을 보려면 Reich et al. (2021: 1장) 참조.

122) Oakeshott(1991: 9).

123) 포퓰리스트 레퍼토리의 한 요소로서 적대적 재정치화(re-politicization)에 관해서는 Brubaker(2017b: 364) 참조.

124) Bickerton and Invernizzi Accetti(2015; 2021). "정당 민주주의"의 개념과 유권자와 정부 간의 연결 고리를 조직하고 매개하는 정당의 역량의 장기적 쇠퇴에 관해서는 Mair (2002: 84ff)도 참조.

125) Bickerton and Invernizzi Accetti(2021: 18). 인터넷과 디지털 기술은 이탈리아 오성 운동(Italian Five Star Movement)과 관련해서만 언급되며, 테크노포퓰리즘의 기원, 논리, 또는 결과에 대한 저자들의 일반적인 설명에는 전혀 등장하지 않는다. 테크노포퓰리즘을 "'국민의, 국민에 의한, 국민을 위한 정부'가 정보 커뮤니케이션 기술을 통해 달성 가능하다는 믿음"으로 간주하는 대안적 이해를 보려면 Deseriis(2017) 참조.

126) Bickerton and Invernizzi Accetti(2021: 218).

결론

1) Bogost(2020).

2) 물론 이러한 디지털 하부구조의 범위와 품질은 국가 간과 국가 내 모두에서 매우 다양하다.

3) Austin(2020a).

4) "팬데믹 쇼크 독트린(pandemic shock doctrine)"이나 "스크린 뉴딜(screen new deal)"에 관해서는 Klein(2020) 참조.

5) Schmidt(2020). "공립학교, 병원, 의사 진료실, 경찰 및 군대가 모두 자신들의 핵심 기능을 (높은 비용으로) 민간 기술 기업에 외주화하게 될" 민관 파트너십을 추진하는 강력한 네트워크에서 차지하는 슈미트(Schmidt)의 중심적 위치에 관해서는 Klein(2020) 참조.

6) “플랫폼 사회” 출현의 일환으로서 기술 플랫폼이 의학 연구와 더 광범위한 건강 분야로 진출하는 움직임에 관해서는 van Dijck et al.(2018: 97~116) 참조.

7) 이번 팬데믹 이전의 원격 의료에 대한 제약에 관해서는 Keesara et al.(2020) 참조. 가상 서비스에 초점을 맞추지만 환자의 집에서 직접 이동 진료도 제공하는 아마존 케어(Amazon Care)에 관해서는 Black(2021) 참조. 블랙(Black, 2021)은 아마존이 의료 서비스를 “파괴적으로 혁신하려는” 야심이 이 회사가 오래전에 온라인 소매업체라는 정체성에서 벗어나 근본적으로 “물류, 클라우드 기술, 그리고 분석 회사”가 되었다는 사실에 기반하고 있다고 지적한다.

8) 자동화된 블루투스 기반의 프라이버시 보호형 분산 접촉 추적 앱의 기술적 토대를 개발하려는 구글-애플 공동 이니셔티브에 대한 비판적 논의를 보려면 Sharon(2020); Mannet al.(2021; Storeng and de Bengy Puyvallée(2021) 참조. 코로나19 기간에 디지털 감시에 대한 우려를 보려면 Sekalala et al.(2020) 참조.

9) 이번 팬데믹 기간 중 과시적 플랫폼 자선 활동에 관해서는 Cinnamon(2020); Sharon(2020) 참조. 공중 보건 감시 목적을 위한 플랫폼들의 “하부구조적 권력” 활용에 관해서는 Tréguer(2021) 참조[마이클 만(Michael Mann)의 “전제적” 권력과 “하부구조적” 권력 간의 구분을 토대로 함].

10) 이번 팬데믹 기간에 플랫폼들이 자신들의 “공적 가치”를 부각하려는 노력에 관해서는 Cinnamon(2020) 참조; 플랫폼 감시 관행의 소급적 재정당화(re-legitimation)에 관해서는 Tréguer(2021: 30) 참조.

11) 이번 팬데믹에 대응한 교육기술(edtech) 이니셔티브에 관해서는 특히 Williamson and Hogan(2020; 2021)의 보고서 참조. 2020년 보고서는 K-12 교육에 초점을 맞추었고, 2021년 보고서는 고등 교육에 초점을 맞추었다. 이 인용문들은 Williamson and Hogan(2020: 3, 1)에서 가져온 것이다. 교육에 대한 전인적인 이해가 개별적이고 측정 가능한 학습 사례에 초점으로 대체되는 데이터 주도적 교육 “학습화”에 대한 기술 업계가 추진하는 비전에 관해서는 van Dijcket al.(2018: 124f) 참조. 분해, 수량화, 그리고 세분화를 전제로 하는 교육의 학습화는 필자가 4장에서 논의한 일의 작업화와 어떤 면에서 유사하다.

12) 역사적이고 철학적인 관점에서 디지털 라이브니스(liveness)의 개념에 관해서는 Auslander(2012) 참조; “디지털 시대의 라이브니스”에 대한 이번 팬데믹 이전의 흥미로운 고찰을 보려면 Sanden(2019) 참조.

13) 사회적 공간, 특히 아이들이 함께 어울릴 수 있는 공간으로서 포트나이트에 관해서는 Hassan(2018) 참조.

14) 새로운 형태의 “네트워크화된 방송”으로서 게임 라이브 스트리밍의 부상에 관해서는 Taylor(2018) 참조.

15) 새로운 형태의 디지털 "라이브니스"에 관해서는 Vandenberg et al.(2021) 참조(다만 저자들은 자신들이 연구한 가상 레이브 콘서트의 경우, 참가자들이 그 경험의 본질, 즉 다른 사람들과 물리적으로 공존하면서 춤을 추는 것이 사라졌다고 느꼈다고 지적함). 가상현실이 "현존감"을 만들어 내는 방식에 관해서는 Bolter et al.(2021: 71ff, 141ff) 참조. VR은 이번 팬데믹 기간에 라이브 음악 분야에서 획기적인 순간을 맞지는 못했다. VR 헤드셋은 더 저렴해지고 성능도 좋아지고 있지만 여전히 충분히 널리 보급되지 않았기 때문이다. 그러나 이번 팬데믹은 온갖 종류의 VR 음악 이니셔티브를 촉진했다; Roettgers(2021) 참조.

16) 하이브리드하고 상호작용적인 라이브 이벤트의 미래에 관해서는 Damiani(2021b) 참조.

17) 가상 콘서트의 시장 기회에 관해서는 Steele and Needleman(2021) 참조. 디지털 경험 경제의 가능성에 대한 더 폭넓은 고찰을 보려면 Horning(2020c) 참조.

18) 줌 피로에 관해서는 Sacasas(2020); Bailenson(2021) 참조.

19) AR 및 VR 도구를 사용한 원격 근무에 관해서는 Estes(2020); Bolteret al.(2021: 117~118); Damiani(2021a) 참조. "더 나은 경험": 줌 CEO 에릭 유안(Eric Yuan)은 Zahn and Serwer(2021)에서 재인용. (줌은 AR 및 VR 도구에 막대한 투자를 해오고 있다.)

20) 마이크로소프트는 페이스북이 사명을 변경한 지 불과 일주일 후에, "마이크로소프트의 메타버스란 무엇인가?"라는 제목의 대중 공개 영상(Microsoft, 2021a)을 게시했는데, 이는 분명 그 조치로 인해 발생한 공론과 관심에 대한 대응이었다. 그러나 마이크로소프트는 페이스북의 공개적인 메타버스 전환 이전부터 이미 신흥 메타버스 사업의 리더로 자리매김했다(Microsoft, 2021b). 아마도 마이크로소프트의 AR 중심의 메타버스 사업이 소비자가 아닌 기업 고객을 대상으로 했거나 단순히 이것이 회사의 근본적 전환점으로 제시되지 않았기 때문에 대중의 관심을 훨씬 덜 끌었을 수도 있다. 에픽 게임즈(Epic Games)와 로블록스(Roblox)도 마찬가지로 페이스북이 전환하기 전부터 메타버스에 관해 이야기해 왔다. 에픽 게임즈는 앱 스토어(App Store)를 통한 게임 내 구매에 대해 애플이 부과하는 수수료에 맞선 법적 소송을 개방형 메타버스 구축이라는 맥락에서 틀 지었으며(Griffith, 2021), 로블록스 CEO 데이비드 바수키(David Baszucki)는 이번 팬데믹으로 인해 사람들이 게임 플랫폼에서 원래 설계 목적인 게임을 넘어 생일 파티, 취업 면접, 콘서트, 영화 시사회 등 다양한 경험을 하게 되면서 메타버스가 "2020년에 매우 현실적으로 느껴지기 시작했다"고 말했다(Baszucki, 2021). 에픽 게임즈의 포트나이트가 이 분야에서 주도권을 잡기에 가장 유리한 위치에 있다는 주장을 보려면 Park 2020 참조; 마이크로소프트의 메타버스 비전이 페이스북의 것보다 "훨씬 더 현실적이고 실용적"이라는 주장을 보려면 Campa(2021) 참조. 구글과 애플은 메타버스 자체에 관해 이야기하는 것을 피해 왔지만, 그들 역시 AR과 VR에 막대한 투자를 해왔다.

21) 저커버그는 Newton(2021)에 재인용.

22) 이용자 기반의 성장 둔화로 촉발된 대규모 매도세(이 회사는 2022년 2월 단 하루 만에

가치의 4분의 1을 잃었음)로 인해 메타버스에 대한 페이스북/메타의 막대한 투자가 장기적인 성공에 더욱 중요해졌다. 투자할 새로운 큰 아이디어를 찾는 자금력 있는 벤처 캐피털 투자자의 요구에 관해서는 Merchant(2021b) 참조.

23) Horning(2021). 초상업화된 AR의 디스토피아적 가능성을 다룬 단편 영화를 보려면 Matsuda(2016) 참조.

24) 디스토피아 소설에서의 메타버스 개념의 기원—닐 스티븐슨(Neal Stephenson)의 『스노우 크래쉬(*Snow Crash*)』와 어니스트 클라인(Ernest Cline)의 『레디 플레이어 원(*Ready Player One*)』—에 대해서는 Merchant(2021a) 참조 이 단락의 인용문은 이 기사에서 가져온 것이다.

25) 잦은 풍자적인 질문과 진지한 답변이 뒤섞인 인터뷰를 보려면 Soldo(2021) 참조. 앤드리슨에 대한 사려 깊은 고찰을 보려면 Sacasas(2021b) 참조. "장기적으로 볼 때 가상 세계는 비가상 세계의 장점 대부분을 지닐 수 있다"고 주장하며 가상 현실을 철학적으로 옹호한 논의를 보려면 Chalmers(2022: 330) 참조.

26) 디지털 격차와 더 넓게는 디지털 불평등에 대한 영향력 있는 초기 개관을 보려면 DiMaggio et al.(2004년 참조; 최근 관련 연구 모음을 보려면 Hargittai(2021) 참조.

27) Bowles(2018; 2019).

28) "포스트-오웰적(post-Orwellian) 감시 국가"에 관해서는 Giroux(2015) 참조. 스노든의 폭로 이후, 오웰에 관한 관심 급증에 관해서는 Harcourt(2015: 31f) 참조.

29) 그 수용소들에 관해서는 Amnesty Internationa(2021); Byler(2021) 참조. 수용 인원에 대한 추정치는 앰네스티 보고서, 48쪽에 인용된 출처 참조.

30) 신장 지역의 감시 국가에 관해서는 Leibold(2020); Byler(2021) 참조.

31) 코로나19, 감시 강화, 그리고 중국의 데이터-주도 "사회적 거버넌스"의 장기적 발전 간의 연관성에 관해서는 Bernot et al.(2021) 참조; (사회 신용 시스템에 초점을 맞춘 논의를 보려면) Knight and Creemers(2021) 참조.

32) 건강 코드 시스템(health code system)과 그것이 더 광범위한 사회 통제 및 규율 시스템에 일조하는 방식에 관해서는 Cong(2021) 참조; 이 인용문은 6쪽에서 가져온 것이다. 건강 코드가 반대 의견을 통제하는 데 사용된 사례에 관해서는 Buckley et al.(2022) 참조.

33) "알고리즘 글로벌 시대의 하나의 발현에 불과한 것"으로서 사회 신용 시스템에 대한 논의는 Loubere and Brehm(2018) 참조. 사회 신용 시스템에 관해서는 또한 Creemers (2018); Liu(2019); Knight(2021) 참조. 이번 팬데믹 기간에 감시와 사회 통제 강화가 서구에서 "권위주의적 자유주의"로의 표류를 보여주는 징후라는 점에 관해서는 Tréguer (2021) 참조.

34) 현재를 이해하는 데 있어 오웰의 비전의 한계에 관해서는 Harcourt(2015: 39~53) 참조.

35) Huxley(1958: 44).

36) Huxley(1950 [1932]: 66~67, 282).

37) Huxley(1958: 46, 45).

38) Ibid.(45~46).

39) 이 인용문들은 헉슬리가 『멋진 신세계』에 쓴 1946년 서문에서 가져온 것이다(Huxley, 1950 [1932], 쪽 번호 없음). 헉슬리는 오웰에게 보낸 편지(Huxley, 1949)와 『멋진 신세계 재고(*Brave New World Revisited*)』(Huxley, 1958)에 수록된 성찰에서도 비슷한 생각을 표명했다.

40) 비평가들이 지적했듯이, 주보프는 감시 기반 미세-표적화의 효과성에 대해 투자자와 광고주에게 제기된 과장된 주장을 액면 그대로 받아들이는 경향이 있다(Doctorow, 2020; MacKenzie, 2021). 그리고 주보프가 행동 수정 노력이 "확실성에 근사한 높아진 개연성"(2019: 295)을 달성한다거나 "완전한 확실성의 시장 프로젝트"(379ff)에 대해 반복적으로 서술할 때, 이는 현재에 대한 분석이라기보다는 미래에 대한 추측적 전망, 즉 일종의 사회과학 소설로 이해되어야 한다.

41) Zuboff(2020.

42) Zuboff(2019: 8).

43) "도구주의적 권력": Ibid.(352, 376ff); "시장의 피조물": Ibid.(326).

44) "의미와 동기": Ibid.(360; "영혼의 공학"과 "행동의 공학": Ibid.(376).

45) Ibid.(377); "편재적이면서 감각적이고 네트워크화된 연산 하부구조": Ibid.(20).

46) "통제의 아키텍처"에 관해서는 레식(Lessig, 1999)의 영향력 있는 기여가 여전히 관련성이 있으며, "자유의 기술"과 "통제의 기술" 간의 변증법적 관계에 대한 카스텔스의 설명(Castells, 2001: 6장)도 마찬가지이다. "통제의 혁명"에서 정보 처리의 중심성에 대한 더 넓은 역사적 관점을 보려면 Beniger(1986: 8~11) 참조.

47) Deleuze(1992: 6, 8), 원본에서는 이탤릭체.

48) 통제와 규율이 상반되지 않는다는 주장을 보려면 Williams(2015: 212) 참조. 디지털 울타리에 관해서는 특히 Andrejevic(2007: 1ff, 105ff) 참조.

49) "자금력이 풍부한 집단": Shirky(2014); "설계에 의한 주의 분산"에 관해서는 또한 Williams(2018: 7~37) 참조. 선택적인 시각적 주의의 자동 "상향식" 방식과 의도적인 "하향식" 방식 간의 구분에 관해서는 전자가 후자보다 시간적으로 앞선다는 점을 강조하는 Theeuwes(2010) 참조. 상향식의 자극 주도적 주의 방식을 강화하는 "강력한 정신 변화를 일으키는 기술"로서 인터넷에 관해서는 Carr(2010: 115ff) 참조(이 인용문은 116쪽에서 가져온 것임). "관련 없는 정보로 인한 '주의 분산'과 여러 목표를 동시에 추구하

려는 우리의 시도로 인한 '방해' 모두"를 포함해 디지털 기술이 간섭에 대한 뇌의 자연스러운 취약성을 증대시키는 방식에 관해서는 Gazzaley and Rosen(2016: 3) 참조(작은따옴표 안은 원문에서는 이탤릭체).

50) Eliot(1971: 120). 이 문구는 『사중주(*Four Quartets*)』의 "번트 노턴(Burnt Norton)" 부분에서 가져온 것이다; 아래 몇 줄에서 엘리엇은 "이 지저귀는 세상(this twittering world)"을 언급한다.

51) "새롭게 등장하는 선택의 과학"의 맥락에서 "너지의 부드러운 힘"에 관해서는 Thaler and Sunstein(2008) 참조(이 인용문은 8쪽과 7쪽에서 가져온 것임). "조율"과 "집단적 유도"에 관해서는 Zuboff(2019: 294ff) 참조. 20세기 중반에 스키너(B. F. Skinner)가 유명하게 만든 것의 업데이트된 버전인 조건화에 관해서는 Ibid.(296) 참조; 지속적이고 자동화된 실험에 관해서는 Ibid.(297ff) 참조. 좀 더 일반적으로 행동 수정은 주보프의 책 전반에 걸쳐 나타나는 주제이다. 행동 수정에 대한 주보프의 초점에 대한 비판을 보려면 Morozov(2019); Doctorow(2020) 참조. 투펙치(Tufekci, 2014a)가 분석한 일종의 "연산적 정치"의 효능에 의문을 제기하는 "디지털 선전 마법사의 신화"(myth of the digital propaganda wizard)에 대한 더 광범위한 비판을 보려면 Karpf(2019) 참조.

52) 지식의 비대칭성과 그로 인한 권력의 비대칭성에 관해서는 Zuboff(2019: 11, 187, 192, 203) 참조. "우리에 관한 것이지만 … 우리를 위한 것은 아닌": 187쪽. "인식론적 불평등": Zuboff(2020). "타인의 목적을 위한 수단"은 Zuboff(2019)에서 반복되는 주제이다(예를 들면, 9, 88, 94, 352, 377, 469쪽 참조).

53) "환경을 설계하고 그 속에 사는 사람들을 설계하는" 프로젝트로서 "기술-사회 공학"에 관해서는 Frischmann and Selinger(2018 참조; 이 인용문은 5쪽에서 가져온 것이다. "이용자 설계"에 대한 기술 기업들의 관심에 관해서는 또한 Williams(2018: 10) 참조.

54) 자동화에 관해서는 Andrejevic(2020) 참조; 플랫폼화에 관해서는 van Dijck et al.(2018) 참조; 하부구조화에 관해서는 Plantin et al.(2018) 참조.

55) 기술이 가능하게 하는 탈중앙집권화의 미래를 반복적으로 구상하는 디지털 유토피아주의 형태들의 지속성에 대한 비판적 관점을 보려면 Dickel and Schrape(2017); Schrape(2019) 참조. 디지털 기술로 인해 생성된 유토피아적 가능성과 디스토피아적 가능성 간의 긴장에 관해서는 Torpey(2020) 참조.

56) 불가피성에 대한 담론에 관해서는 Zuboff(2019: 221ff) 참조.

57) Starr 2004. 인터넷의 초기 구조화와 연속적인 재구조화에서 "설계 선택"의 중요성에 대한 간결한 설명을 보려면 Benkler(2016) 참조.

58) 팝업 광고 발명가의 후회에 찬 회고적 논의를 보려면 Zuckerman(2014) 참조. 광고-감시 연결 고리의 출현에 관해서는 Zuboff(2019: 3장) 참조.

59) 이 제안을 보려면 Cegłowski(2014)의 뛰어나고 재미있는 강연 참조.

60) 이러한 "세이프 하버"(safe harbor) 조항의 유래에 관해서는 Gillespie(2018: 30~33) 참조.

61) Romer(2019).

62) Zuckerman(2020). 사회학자 크리스 베일(Chris Bail)이 수행한 그와 같은 대안적 소셜 미디어 플랫폼을 구축하는 한 가지 실험에서는 반대되는 정치적 견해를 가진 사람들을 짝지어 지정된 논쟁적 주제에 대해 토론하게 한 익명 토론 플랫폼이 양극화를 줄이고 시민 참여를 촉진한다는 사실을 확인했다. 익명의 온라인 교류가 흔히 유해하다는 인정하면서도 베일은 여기서 익명성이 "[정치적] 정체성, 지위 추구 및 정치적 양극화 사이의 피드백 고리를 방해함"으로써 유용한 목적을 수행했다고 주장한다(Bail, 2021: 122ff; 이 인용문은 122쪽에서 가져온 것임).

참고문헌

Abbott, Andrew. 2014. "The Problem of Excess." *Sociological Theory* 32(1):1-26. doi: 10.1177/0735275114523419.

Abramowitz, Alan I., and Steven Webster. 2016. "The Rise of Negative Partisanship and the Nationalization of U.S. Elections in the 21st Century." *Electoral Studies* 41:12-22. doi: 10.1016/j.electstud.2015.11.001.

Agnew, John A. 2011. "Space and Place." Pp. 316-0 in *The SAGE Handbook of Geographical Knowledge*, edited by John A. Agnew and David N. Livingstone. Los Angeles; London: Sage.

Ahler, Douglas J. 2014. "Self-Fulfilling Misperceptions of Public Polarization." *The Journal of Politics* 76(3):607-20. doi: 10.1017/S0022381614000085.

Ajunwa, Ifeoma. 2019. "The Paradox of Automation as Anti-Bias Intervention." *Cardozo Law Review* 41(5):1671-742.

Ajunwa, Ifeoma, Kate Crawford, and Jason Schultz. 2017. "Limitless Worker Surveillance." *California Law Review* 105(3):735-76.

Ajunwa, Ifeoma, and Daniel Greene. 2019. "Platforms at Work: Automated Hiring Platforms and Other New Intermediaries in the Organization of Work." Pp. 61-1 in *Work and Labor in the Digital Age*, edited by S. P. Vallas and A. Kovalainen. Bingley: Emerald Publishing.

Albrechtslund, Anders. 2008. "Online Social Networking as Participatory Surveillance." *First Monday* 13(3). https://doi.org/10.5210/fm.v13i3.2142.

Alcantara, Chris, Kevin Schaul, Gerrit De Vynck, and Reed Albergotti. 2021. "How Big Tech Got So Big: Hundreds of Acquisitions." *Washington Post*, April 21.

Allen, Darcy W. E., Chris Berg, and Sinclair Davidson. 2020. *The New Technologies of Freedom*. Great Barrington, MA: American Institute for Economic Research.

Allen, Hilary J. 2022. "DeFi: Shadow Banking 2.0?" Forthcoming, *William & Mary Law Review*. Available at SSRN: https://papers.ssrn.com/abstract=4038788.

Altheide, David L. 1994. "An Ecology of Communication." *The Sociological Quarterly* 35(4):665-83. doi: 10.1111/j.1533-8525.1994.tb00422.x.

Amazon. 2017. "Amazon Rekognition Announces Real-Time Face Recognition, Support for Recognition of Text in Image, and Improved Face Detection." *AWS Machine Learning Blog*. Retrieved March 9, 2022. https://aws.amazon.com/blogs/

machine-learning/amazon-rekognition-announces-real-time-face-recognition-support-for-recognition-of-text-in-image-and-improved-face-detection/.

Amnesty International. 2021. "*Like We Were Enemies in a War": China's Mass Internment, Torture and Persecution of Muslims in Xinjiang*. https://www.amnesty.org/en/documents/asa17/4137/2021/en/.

Ananny, Mike. 2020. "Making up Political People: How Social Media Create the Ideals, Definitions, and Probabilities of Political Speech." *Georgetown Law Technology Review* 4:351-66. doi: 10.31219/osf.io/7pd62.

Ananny, Mike, and Kate Crawford. 2018. "Seeing without Knowing: Limitations of the Transparency Ideal and its Application to Algorithmic Accountability." *New Media & Society* 20(3):973-89. doi: 10.1177/1461444816676645.

Andersen, Joceline. 2015. "Now You've Got the Shiveries: Affect, Intimacy, and the ASMR Whisper Community." *Television & New Media* 16(8):683-700. https://doi.org/10.1177/1527476414556184.

Anderson, Chris. 2006. T*he Long Tail: Why the Future of Business is Selling Less of More*. New York: Hyperion.

Anderson, Chris. 2009. *Free: The Future of a Radical Price*. New York: Hyperion.

Andreessen, Marc. 2007. "The Three Kinds of Platforms You Meet on the Internet." *Pmarchive*. Retrieved May 13, 2021. https://pmarchive.com/three_kinds_of_platforms_you_meet_on_the_internet.html.

Andrejevic, Mark. 2007. *iSpy: Surveillance and Power in the Interactive Era*. Lawrence, KS: University Press of Kansas.

Andrejevic, Mark. 2013. *Infoglut: How Too Much Information is Changing the Way We Think and Know*. New York: Routledge.

Andrejevic, Mark. 2020. *Automated Media*. New York: Routledge.

Atkins, Ed. 2022. "Populist Ecologies of Bitcoin." *Political Geography* 94:102535. doi: 10.1016/j.polgeo.2021.102535.

Aupers, Stef. 2012. "'Trust No One': Modernization, Paranoia and Conspiracy Culture." *European Journal of Communication* 27(1):22-34. doi: 10.1177/0267323111433566.

Auslander, Philip. 2012. "Digital Liveness: A Historico-Philosophical Perspective." *PAJ: A Journal of Performance and Art* 34(3):3-11. doi: 10.1162/PAJJ_a_00106.

Austin, Drew. 2020a. "Home Screens: Quarantine is the Future Big Tech Wanted Us to Want. How Long Before We Want Out?" *Real Life,* April 27.

Austin, Drew. 2020b. "Indoor Kids." Kneeling Bus. Retrieved January 20, 2022. https://kneelingbus.substack.com/p/110-indoor-kids.

Austin, Drew. 2020c. "Rainbow in the Dark." *Kneeling Bus*. Retrieved January 25,

2022. https://kneelingbus.substack.com/p/143-rainbow-in-the-dark.

Austin, Drew. 2021a. "Paid in Full." *Real Life,* April 19.

Austin, Drew. 2021b. "Running Up That Hill." *Kneeling Bus.* Retrieved January 20, 2022. https://kneelingbus.substack.com/p/172-running-up-that-hill.

Auxier, Brooke, and Monica Anderson. 2021. *Social Media Use in 2021.* Washington, DC: Pew Research Center.

Bail, Chris. 2021. *Breaking the Social Media Prism: How to Make Our Platforms Less Polarizing.* Princeton, NJ: Princeton University Press.

Bailenson, Jeremy N. 2021. "Nonverbal Overload: A Theoretical Argument for the Causes of Zoom Fatigue." *Technology, Mind, and Behavior* 2(1). doi: 10.1037/tmb0000030.

Bakardjieva, Maria, and Georgia Gaden. 2012. "Web 2.0 Technologies of the Self." *Philosophy & Technology* 25(3):399-413. https://doi.org/10.1007/s13347-011-0032-9.

Barbrook, Richard. 1998. "The Hi-Tech Gift Economy." *First Monday* 3(12). doi: 10.5210/fm.v3i12.631.

Bar-Gill, Oren. 2019. "Algorithmic Price Discrimination When Demand is a Function of Both Preferences and (Mis)Perceptions." *The University of Chicago Law Review* 86(2):217-54.

Barber, Trudy. 2018. "Do We Want to Live in a World Where Our 'Best Friends' Are AI Chatbots?" *The Conversation.* http://theconversation.com/do-we-want-to-live-in-a-world-where-our-best-friends-are-ai-chatbots-91451.

Barker, David C., Ryan Detamble, and Morgan Marietta. 2022. "Intellectualism, Anti-Intellectualism, and Epistemic Hubris in Red and Blue America." *American Political Science Review* 116(1):38-53. doi: 10.1017/S0003055421000988.

Barratt, Emma L., and Nick J. Davis. 2015. "Autonomous Sensory Meridian Response (ASMR): A Flow-like Mental State." *PeerJ* 3(March). https://doi.org/10.7717/peerj.851.

Bartmanski, Dominik, and Ian Woodward. 2015. "Vinyl: The Analogue Medium in the Age of Digital Reproduction." *Journal of Consumer Culture* 15(1):3-27. doi: 10.1177/1469540513488403.

Baszucki, David. 2021. "The Metaverse is Coming." *Wired,* January 2.

Battestini, Agathe, Vidya Setlur, and Timothy Sohn. 2010. "A Large Scale Study of Text-Messaging Use." Pp. 229-8 in *Proceedings of the 12th International Conference on Human Computer Interaction with Mobile Devices and Services-MobileHCI '10.* Lisbon, Portugal: ACM Press.

Bauwens, Michel, Vasilis Kostakis, and Alex Pazaitis. 2019. *Peer to Peer: The Com-*

mons Manifesto. London: University of Westminster Press.

Bayer, Joseph B., Scott W. Campbell, and Rich Ling. 2016a. "Connection Cues: ActIvating the Norms and Habits of Social Connectedness." *Communication Theory* 26(2):128-49. https://doi.org/10.1111/comt.12090.

Bayer, Joseph B., Nicole B. Ellison, Sarita Y. Schoenebeck, and Emily B. Falk. 2016b. "Sharing the Small Moments: Ephemeral Social Interaction on Snapchat." *Information, Communication & Society* 19(7):956-77. https://doi.org/10.1080/1369118X.2015.1084349.

Beauvisage, Thomas, and Kevin Mellet. 2020. "Datassets: Assetizing and Marketizing Personal Data." Pp. 75-5 in *Assetization: Turning Things into Assets in Technoscience Capitalism*, edited by K. Birch and F. Muniesa. Cambridge, MA: The MIT Press.

Beck, Ulrich, and Elisabeth Beck-Gernsheim. 2002. *Individualization: Institutionalized Individualism and its Social and Political Consequences.* London; Thousand Oaks, CA: Sage.

Beck, Ulrich, Anthony Giddens, and Scott Lash. 1994. *Reflexive Modernization: Politics, Tradition and Aesthetics in the Modern Social Order.* Cambridge: Polity.

Beer, Chris. 2019. "Is TikTok Setting the Scene for Music on Social Media?" *GWI.* Retrieved April 23, 2021. https://blog.globalwebindex.com/trends/tiktok-music-social-media/.

Belk, Russell. 2014. "Sharing Versus Pseudo-Sharing in Web 2.0." *The Anthropologist* 18(1):7-23. doi: 10.1080/09720073.2014.11891518.

Bell, Beth T., Jennifer A. Cassarly, and Lucy Dunbar. 2018. "Selfie-Objectification: Self-Objectification and Positive Feedback ('Likes') Are Associated with Frequency of Posting Sexually Objectifying Self-Images on Social Media." *Body Image* 26(September):83-9. https://doi.org/10.1016/j.bodyim.2018.06.005.

Bell, David. 2001. *An Introduction to Cybercultures.* London; New York: Routledge.

Bellah, Robert N., Richard Madsen, William M. Sullivan, Ann Swidler, and Steven M. Tipton. 1985. *Habits of the Heart: Individualism and Commitment in American Life.* Berkeley: University of California Press.

Beniger, James. 1986. *The Control Revolution: Technological and Economic Origins of the Information Society.* Cambridge, MA: Harvard University Press.

Benjamin, Ruha. 2019. *Race after Technology: Abolitionist Tools for the New Jim Code.* Cambridge: Polity.

Benkler, Yochai. 2002. "Coase's Penguin, or, Linux and 'The Nature of the Firm.'" *The Yale Law Journal* 112(3):369-446. doi: 10.2307/1562247.

Benkler, Yochai. 2004. "Sharing Nicely: On Shareable Goods and the Emergence of

Sharing as a Modality of Economic Production." *The Yale Law Journal* 114(2): 273-358. doi: 10.2307/4135731.

Benkler, Yochai. 2006. *The Wealth of Networks: How Social Production Transforms Markets and Freedom.* New Haven, CT: Yale University Press.

Benkler, Yochai. 2016. "Degrees of Freedom, Dimensions of Power." *Daedalus* 145 (1):18-32.

Benkler, Yochai. 2019. "A Political Economy of Utopia?" *Duke Law & Technology Review* 18:78-84.

Benkler, Yochai, Robert Faris, and Hal Roberts. 2018. *Network Propaganda: Manipulation, Disinformation, and Radicalization in American Politics.* Oxford: Oxford University Press.

Bennett, W. Lance, and Alexandra Segerberg. 2013. *The Logic of Connective Action: Digital Media and the Personalization of Contentious Politics.* Cambridge: Cambridge University Press.

Bennett Moses, Lyria, and Janet Chan. 2018. "Algorithmic Prediction in Policing: Assumptions, Evaluation, and Accountability." *Policing and Society* 28(7):806-22. doi: 10.1080/10439463.2016.1253695.

Berg, Chris, Sinclair Davidson, and Jason Potts. 2017. "The Blockchain Economy: A Beginner's Guide to Institutional Cryptoeconomics." *Cryptoeconomics Australia.* Retrieved February 23, 2022. https://medium.com/cryptoeconomics-australia/the-blockchain-economy-a-beginners-guide-to-institutional-cryptoeconomics-64bf2f2beec4.

Berger, Peter L., and Thomas Luckmann. 1967. *The Social Construction of Reality: A Treatise in the Sociology of Knowledge.* New York: Doubleday.

Berlin, Isaiah. 1953. *The Hedgehog and the Fox; An Essay on Tolstoy's View of History.* New York: Simon & Schuster.

Bernot, Ausma, Alexander Trauth-Goik, and Susan Trevaskes. 2021. "Handling COVID-19 with Big Data in China: Increasing 'Governance Capacity' or 'Function Creep'?" *Australian Journal of International Affairs* 75(5):480-6. doi: 10.1080/10357718.2021.1956430.

Berridge, Clara, Jodi Halpern, and Karen Levy. 2019. "Cameras on Beds: The Ethics of Surveillance in Nursing Home Rooms." *AJOB Empirical Bioethics* 10(1):55-62. doi: 10.1080/23294515.2019.1568320.

Berry, Jeffrey M., and Sarah Sobieraj. 2014. *The Outrage Industry: Political Opinion Media and the New Incivility.* Oxford; New York: Oxford University Press.

Bettany, Shona M., and Ben Kerrane. 2016. "The Socio-Materiality of Parental Style." *European Journal of Marketing* 50(11):2041-66. https://doi.org/10.1108/EJM-

07-2015-0437.

Bhaskar, Michael. 2016. "In the Age of the Algorithm, the Human Gatekeeper is Back." *The Guardian*. Retrieved April 25, 2021. http://www.theguardian.com/technology/2016/sep/30/age-of-algorithm-human-gatekeeper.

Bhaskar, Michael. 2017. *Curation*. Piatkus Books.

Bickerton, Christopher, and Carlo Invernizzi Accetti. 2015. "Populism and Technocracy: Opposites or Complements?" *Critical Review of International Social and Political Philosophy* 20(2):186-206. doi: 10.1080/13698230.2014.995504.

Bickerton, Christopher J., and Carlo Invernizzi Accetti. 2021. *Technopopulism: The New Logic of Democratic Politics*. Oxford: Oxford University Press.

Billari, Francesco C., Osea Giuntella, and Luca Stella. 2018. "Broadband Internet, Digital Temptations, and Sleep." *Journal of Economic Behavior & Organization* 153(September):58-76. https://doi.org/10.1016/j.jebo.2018.07.001.

Black, Ryan. 2021. "How Amazon is Working to Disrupt Healthcare." *MDLinx*, September 17.

Boas, Taylor C. 2005. "Television and Neopopulism in Latin America: Media Effects in Brazil and Peru." *Latin American Research Review* 40(2):27-49. doi: 10.1353/lar.2005.0019.

Bogost, Ian. 2020. "You Already Live in Quarantine." *The Atlantic*, March 4.

Boler, Megan, and Elizabeth Davis. 2020. "Introduction: Propaganda by Other Means." Pp. 1-49 in *Affective Politics of Digital Media*, edited by M. Boler and E. Davis. New York; Abingdon: Routledge.

Bolter, Jay David. 2019. *The Digital Plenitude: The Decline of Elite Culture and the Rise of Digital Media*. Cambridge, MA: The MIT Press.

Bolter, Jay David, Maria Engberg, and Blair MacIntyre. 2021. *Reality Media: Augmented and Virtual Reality*. Cambridge, MA: The MIT Press.

Bolter, Jay David, and Richard A. Grusin. 1999. *Remediation: Understanding New Media*. Cambridge, MA: The MIT Press.

Bond, Robert M., Christopher J. Fariss, Jason J. Jones, Adam D. I. Kramer, Cameron Marlow, Jaime E. Settle, and James H. Fowler. 2012. "A 61-Million-Person Experiment in Social Influence and Political Mobilization." *Nature* 489(7415). https://doi.org/10.1038/nature11421.

Botsman, Rachel, and Roo Rogers. 2010. *What's Mine is Yours: The Rise of Collaborative Consumption*. London: Harper Collins.

Boullier, Henri, Baptiste Kotras, and Ignacio Siles. 2021. "Uncertain Knowledge. Studying 'Truth' and 'Conspiracies' in the Digital Age." *RESET. Recherches en Sciences Sociales SurInternet* 10. doi: 10.4000/reset.2750.

Bowles, Nellie. 2018. "Silicon Valley Nannies Are Phone Police for Kids." *The New York Times*, October 26.

Bowles, Nellie. 2019. "Human Contact as a Luxury Good." *New York Times*, March 24.

boyd, danah. 2011. "Social Network Sites as Networked Publics: Affordances, Dynamics, and Implications." Pp. 39-8 in *A Networked Self: Identity, Community and Culture on Social Network Sites,* edited by Zizi Papacharissi. New York: Routledge.

Brady, William J., and M. J. Crockett. 2019. "How Effective is Online Outrage?" Trends in *Cognitive Sciences* 23(2):79-80. doi: 10.1016/j.tics.2018.11.004.

Brady, William J., M. J. Crockett, and Jay J. Van Bavel. 2020a. "The MAD Model of Moral Contagion: The Role of Motivation, Attention, and Design in the Spread of Moralized Content Online." *Perspectives on Psychological Science* 15(4): 978-1010. doi: 10.1177/1745691620917336.

Brady, William J., Ana P. Gantman, and Jay J. Van Bavel. 2020b. "Attentional Capture Helps Explain Why Moral and Emotional Content Go Viral." *Journal of Experimental Psychology: General* 149(4):746-56. doi: http://dx.doi.org/10.1037/xge0000673.

Brady, William J., Killian McLoughlin, Tuan N. Doan, and Molly J. Crockett. 2021. "How Social Learning Amplifies Moral Outrage Expression in Online Social Networks." *Science Advances* 7:eabe5641. doi: 10.1126/sciadv.abe5641.

Brady, William J., Julian A. Wills, John T. Jost, Joshua A. Tucker, and Jay J. Van Bavel. 2017. "Emotion Shapes the Diffusion of Moralized Content in Social Networks." *Proceedings of the National Academy of Sciences* 114(28):7313-18. doi: 10.1073/pnas.1618923114.

Brand, Stewart. 1987. *The Media Lab: Inventing the Future at MIT.* New York: Viking.

Bratton, Benjamin H. 2015. *The Stack: On Software and Sovereignty.* Cambridge, MA: The MIT Press.

Broadbent, Stefana. 2016. *Intimacy at Work: How Digital Media Bring Private Life to the Workplace.* Walnut Creek, CA: Left Coast Press.

Brown, Karen. 2021. "Something Bothering You? Tell It to Woebot." *The New York Times,* June 1.

Brubaker, Rogers. 2017a. "Forget Fake News. Social Media is Making Democracy Less Democratic." *Zocalo Public Square.* https://www.zocalopublicsquare.org/2017/11/29/forget-fake-news-social-media-making-democracy-less-democratic/ideas/essay/.

Brubaker, Rogers. 2017b. "Why Populism?" *Theory and Society* 46(5):357-85. doi: 10.1007/s11186-017-9301-7.

Brubaker, Rogers. 2021. "Paradoxes of Populism during the Pandemic." *Thesis Eleven* 164(1):73-87. doi: 10.1177/0725513620970804.

Brunnermeier, Markus, Harold James, and Jean-Pierre Landau. 2021. "The Digitalisation of Money." Bank for International Settlements, BIS Working Papers 41.

Bucher, Taina. 2012. "Want to Be on the Top? Algorithmic Power and the Threat of Invisibility on Facebook." *New Media & Society* 14(7):1164-80. https://doi.org/10.1177/1461444812440159.

Bucher, Taina. 2013. "The Friendship Assemblage: Investigating Programmed Sociality on Facebook." *Television & New Media* 14(6):479-93. doi: 10.1177/1527476412452800.

Bucher, Taina. 2018. *If...Then: Algorithmic Power and Politics*. Oxford: Oxford University Press.

Bucher, Taina. 2021. *Facebook*. Chichester: John Wiley & Sons.

Buckley, Chris, Vivian Wang, and Keith Bradsher. 2022. "Living by the Code: In China, Covid-Era Controls May Outlast the Virus." *The New York Times*, January 30.

Bull, Michael. 2000. *Sounding out the City: Personal Stereos and the Management of Everyday Life*. Oxford; New York: Berg.

Bull, Michael. 2006. "Investigating the Culture of Mobile Listening: From Walkman to iPod." Pp. 131-9 in *Consuming Music Together*, edited by K. O'Hara and B. Brown. Berlin; Heidelberg: Springer-Verlag.

Bull, Michael. 2015. *Sound Moves: iPod Culture and Urban Experience*. Abingdon: Routledge.

Bullingham, L., and A. C. Vasconcelos. 2013. "'The Presentation of Self in the Online World': Goffman and the Study of Online Identities." *Journal of Information* Science 39(1):101-12. https://doi.org/10.1177/0165551512470051.

Bullock, Greg. 2017. "Save Time with Smart Reply in Gmail." *The Keyword*. Retrieved March 25, 2022. https://blog.google/products/gmail/save-time-with-smart-reply-in-gmail/.

Buongiorno, Federica. 2016. "The Digital Self: The Construction of Self and Social Recognition in the Global Digital Society." Athens Institute for Education and Research, ATINER'S Conference Paper Series No. CBC2016-2189.

Burchell, Kenzie. 2015. "Tasking the Everyday: Where Mobile and Online Communication Take Time." *Mobile Media & Communication* 3(1):36-52. https://doi.org/10.1177/2050157914546711.

Burchell, Kenzie. 2017. "Finding Time for Goffman: When Absence is More Telling thanPresence." Pp. 186-5 in *Conditions of Mediation: Phenomenological Perspectives on Media,* edited by Tim Markham and Scott Rodgers. New York: Peter Lang.

Burgess, Jean. 2007. "Vernacular Creativity and New Media." PhD Dissertation, Queensland University of Technology.

Burgess, Jean. 2012. "The iPhone Moment, the Apple Brand and the Creative Consumer: From 'Hackability and Usability' to Cultural Generativity." Pp. 28-2 in Studying Mobile *Media: Cultural Technologies, Mobile Communication, and the iPhone*, edited by L. Hjorth, J. Burgess, and I. Richardson. New York: Routledge.

Burgess, Jean, Peta Mitchell, and Tim Highfield. 2018. "Automating the Digital Everyday: An Introduction." *Media International Australia* 166(1):6-10. doi: 10.1177/1329878X17739020.

Burr, Christopher, and Nello Cristianini. 2019. "Can Machines Read Our Minds?" *Minds and Machines* 29: 461-94. https://doi.org/10.1007/s11023-019-09497-4.

Byler, Darren. 2021. *In the Camps: Life in China's High-Tech Penal Colony.* Columbia Global Reports.

Cahir, Jayde, and Justine Lloyd. 2015. "'People Just Don't Care': Practices of Text Messaging in the Presence of Others." *Media, Culture & Society* 37(5):703-19. https://doi.org/10.1177/0163443715577242.

Cahour, Beatrice, and Christian Licoppe. 2010. "Confrontations with Traces of One's Own Activity: Understanding, Development and Regulation of Action in an Increasingly Reflexive World." *Revue d'anthropologie des connaissances* 4(2): a-k. https://doi.org/10.3917/rac.010.000a.

Calhoun, Craig. 1992. "The Infrastructure of Modernity: Indirect Social Relationships, Information Technology, and Social Integration." Pp. 205-6 in *Social Change and Modernity*, edited by H. Haferkamp and N. Smelser. Berkeley: University of California Press.

Calhoun, Craig. 1998. "Community without Propinquity Revisited: Communications Technology and the Transformation of the Urban Public Sphere." *Sociological Inquiry* 68(3):373-97. doi: 10.1111/j.1475-682X.1998.tb00474.x.

Caliskan, Koray. 2020. "Data Money: The Socio-Technical Infrastructure of Cryptocurrency Blockchains." *Economy and Society* 49(4):540-61. doi: 10.1080/03085147.2020.1774258.

Callon, Michel. 1999. "The Role of Lay People in the Production and Dissemination of Scientific Knowledge." *Science, Technology and Society* 4(1):81-94. doi: 10.

1177/097172189900400106.

Campa, Emilio. 2021. "Why Microsoft May Beat Zuckerberg to the Metaverse." *VentureBeat.* Retrieved November 28, 2021. https://venturebeat.com/2021/11/12/why-microsoft-may-beat-zuckerberg-to-the-metaverse/.

Campbell, Heidi, and Ruth Tsuria, eds. 2021. *Digital Religion: Understanding Religious Practice in Digital Media.* Abingdon: Routledge.

Campus, Donatella. 2010. "Mediatization and Personalization of Politics in Italy and France: The Cases of Berlusconi and Sarkozy." *The International Journal of Press/Politics* 15(2):219-35. doi: 10.1177/1940161209358762.

Caplan, Scott E. 2010. "Theory and Measurement of Generalized Problematic Internet Use: A Two-Step Approach." *Computers in Human Behavior* 26(5):1089-97. https://doi.org/10.1016/j.chb.2010.03.012.

Cardell, Kylie. 2018. "Is a Fitbit a Diary? Self-Tracking and Autobiography." *M/C Journal* 21(2). http://journal.media-culture.org.au/index.php/mcjournal/article/view/1348.

Carey, Benedict. 2020. "Can an Algorithm Prevent Suicide?" *The New York Times*, November 23.

Carlson, Matt. 2020. "Journalistic Epistemology and Digital News Circulation: Infrastructure, Circulation Practices, and Epistemic Contests." *New Media & Society* 22(2):230-46. doi: 10.1177/1461444819856921.

Carr, Nicholas G. 2010. *The Shallows: What the Internet is Doing to Our Brains.* New York: W. W. Norton & Company.

Carr, Nicholas G. 2014. *The Glass Cage: Automation and Us.* New York: W. W. Norton & Company.

Carr, Nicholas. 2020. "From Context Collapse to Content Collapse." *Rough Type.* Retrieved April 9, 2022. https://www.roughtype.com/?p=8724.

Carr, Nicholas. 2021. "Meanings of the Metaverse: Secondary Embodiment." *Rough Type.* Retrieved March 15, 2022. https://www.roughtype.com/?p=8998.

Casilli, Antonio. 2016. "Is There a Global Digital Labor Culture? Marginalization of Work, Global Inequalities, and Coloniality." In *2nd Symposium of the Project for Advanced Research in Global Communication (PARGC),* Philadelphia. https://halshs.archives-ouvertes.fr/halshs-01387649.

Casilli, Antonio A., and Julian Posada. 2019. "The Platformization of Labor and Society." Pp. 293-306 in *Society and the Internet*, edited by M. Graham and W. Dutton. Second edition. Oxford: Oxford University Press.

Castells, Manuel. 2001. *The Internet Galaxy: Reflections on the Internet, Business,* and Society. Oxford: Oxford University Press.

Castells, Manuel. 2010 [1996]. *The Rise of the Network Society.* Chichester: John Wiley & Sons.

Castells, Manuel. 2012. *Networks of Outrage and Hope: Social Movements in the Internet Age.* Cambridge, UK; Malden, MA: Polity.

Castells, Manuel. 2013 [2009]. *Communication Power.* Oxford: Oxford University Press.

Cegłowski, Maciej. 2014. "The Internet with a Human Face." *Idle Words.* Retrieved August 14, 2021. https://idlewords.com/talks/internet_with_a_human_face.htm.

Chaffee, Steven H., and Miriam J. Metzger. 2001. "The End of Mass Communication?" *Mass Communication and Society* 4(4):365-79. doi: 10.1207/S15327825MCS0404_3.

Chalmers, David J. 2022. *Reality+: Virtual Worlds and the Problem of Philosophy.* London: Penguin.

Chambers, Deborah. 2013. *Social Media and Personal Relationships: Online Intimacies and Networked Friendship.* Basingstoke: Palgrave Macmillan.

Chatterjee, R., P. Doerfler, H. Orgad, S. Havron, J. Palmer, D. Freed, K. Levy, N. Dell, D. McCoy, and T. Ristenpart. 2018. "The Spyware Used in Intimate Partner Violence." Pp. 441-58 in *2018 IEEE Symposium on Security and Privacy (SP).* https://doi.org/10.1109/SP.2018.00061.

Cheeseman, Nic, Jonathan Fisher, Idayat Hassan, and Jamie Hitchen. 2020. "Social Media Disruption: Nigeria's WhatsApp Politics." *Journal of Democracy* 31(3): 145-59. doi: 10.1353/jod.2020.0037.

Chen, Brian X. 2019. "I Shared My Phone Number. I Learned I Shouldn't Have." *The New York Times,* August 15.

Chen, Julie Yujie, and Ping Sun. 2020. "Temporal Arbitrage, Fragmented Rush, and Opportunistic Behaviors: The Labor Politics of Time in the Platform Economy." *New Media & Society* 22(9):1561-79. doi: 10.1177/1461444820913567.

Cheney-Lippold, John. 2017. *We Are Data: Algorithms and the Making of Our Digital Selves.* New York: New York University Press.

Cheung, Anne S.Y., and Yongxi Chen. 2021. "From Datafication to Data State: Making Sense of China's Social Credit System and its Implications." *Law and Social Inquiry.* doi: 10.1017/lsi.2021.56.

Chou, Hui-Tzu Grace, and Nicholas Edge. 2012. "'They Are Happier and Having Better Lives than I Am': The Impact of Using Facebook on Perceptions of Others' Lives." *Cyberpsychology, Behavior, and Social Networking* 15(2):117-21. https://doi.org/10.1089/cyber.2011.0324.

Cinnamon, Jonathan. 2020. "Platform Philanthropy, 'Public Value', and the COVID-

19 Pandemic Moment." *Dialogues in Human Geography* 10(2):242-5. doi: 10.1177/2043820620933860.

Clabaugh, Caitlyn, and Maja Matarić. 2018. "Robots for the People, by the People: Personalizing Human-Machine Interaction." *Science Robotics* 3(21). doi: 10.1126/scirobotics.aat7451.

Cobbe, Jennifer. 2021. "Algorithmic Censorship by Social Platforms: Power and Resistance." Philosophy & Technology 34:739-66. doi: 10.1007/s13347-020-00429-0.

Cohen, Julie E. 2013. "What Privacy is For." *Harvard Law Review* 126:1904-33.

Cohen, Julie. 2019. *Between Truth and Power: The Legal Constructions of Informational Capitalism.* Oxford; New York: Oxford University Press.

Collie, Natalie, and Caroline Wilson-Barnao. 2020. "Playing with TikTok: Algorithmic Culture and the Future of Creative Work." Pp. 172-8 in *The Future of Creative Work,* edited by Greg Hearn. Cheltenham: Edward Elgar.

Cong, Wanshu. 2021. "From Pandemic Control to Data-Driven Governance: The Case of China's Health Code." *Frontiers in Political Science* 3. doi: 10.3389/fpos.2021.627959.

Conrad, Maximilian. 2021. "Post-Truth Politics, Digital Media, and the Politicization of the Global Compact for Migration." *Politics and Governance* 9(3):301-11. doi: 10.17645/pag.v9i3.3985.

Constine, Josh. 2017. "Facebook Now Has 2 Billion Monthly Users··· and Responsibility." *TechCrunch.* Retrieved August 14, 2021. https://social.techcrunch.com/2017/06/27/facebook-2-billion-users/.

Constine, Josh. 2020. "Content Density: Why TikToks Trounce Stories." *Josh Constine's Press Club.* Retrieved February 6, 2021. https://constine.substack.com/p/content-density-why-tiktoks-trounce.

Cooley, Charles Horton. 1902. *Human Nature and the Social Order.* New York: Charles Scribner's Sons.

Couclelis, Helen. 2004. "Pizza over the Internet: E-Commerce, the Fragmentation of Activity and the Tyranny of the Region." *Entrepreneurship & Regional Development* 16:41-54. https://doi.org/10.1080/0898562042000205027.

Couldry, Nick, and Andreas Hepp. 2017. *The Mediated Construction of Reality.* Cambridge: Polity.

Couldry, Nick, and Ulises A. Mejias. 2019. *The Costs of Connection: How Data is Colonizing Human Life and Appropriating it for Capitalism.* Stanford, CA: Stanford University Press.

Crawford, Kate. 2021. *Atlas of AI: Power, Politics, and the Planetary Costs of Arti-*

ficial Intelligence. New Haven, CT: Yale University Press.

Crawford, Kate, Jessa Lingel, and Tero Karppi. 2015. "Our Metrics, Ourselves: A Hundred Years of Self-Tracking from the Weight Scale to the Wrist Wearable Device." *European Journal of Cultural Studies* 18(4-5):479-96. https://doi.org/10.1177/1367549415584857.

Creemers, Rogier. 2018. "China's Social Credit System: An Evolving Practice of Control." Available at SSRN. doi: 10.2139/ssrn.3175792.

Crockett, M. J. 2017. "Moral Outrage in the Digital Age." *Nature Human Behaviour* 1(11):769-71. doi: 10.1038/s41562-017-0213-3.

Cui, Di. 2016. "Beyond 'Connected Presence': Multimedia Mobile Instant Messaging in Close Relationship Management." *Mobile Media & Communication* 4(1):19-36. https://doi.org/10.1177/2050157915583925.

Cunningham, Stuart, and David Craig. 2017. "Being 'Really Real' on YouTube: Authenticity, Community and Brand Culture in Social Media Entertainment." *Media International Australia* 164(1):71-81. doi: 10.1177/1329878X17709098.

Cunningham, Stuart, and David Craig. 2019. *Social Media Entertainment: The New Intersection of Hollywood and Silicon Valley.* New York: New York University Press.

Cusumano, Michael A., David B. Yoffie, and Annabelle Gawer. 2020. "The Future of Platforms." *MIT Sloan Management Review*, Spring:46-54.

Damiani, Jesse. 2021a. "Facebook Wants Your Next Meeting to Take Place in its New VR App." *Freethink.* Retrieved November 12, 2021. https://www.freethink.com/technology/facebook-vr-meetings.

Damiani, Jesse. 2021b. "The Future of 'Live' is Hybrid, Real-Time, and Interactive." *Freethink.* Retrieved November 12, 2021. https://www.freethink.com/culture/virtual-events.

Danaher, John, Sven Nyholm, and Brian D. Earp. 2018. "The Quantified Relationship." *The American Journal of Bioethics* 18(2):3-19. doi: 10.1080/15265161.2017.1409823.

Danby, Susan J., Marilyn Fleer, Christina Davidson, and Maria Hatzigianni, eds. 2018. *Digital Childhoods.* Singapore: Springer Singapore.

Darley, John M., and Thane S. Pittman. 2003. "The Psychology of Compensatory and Retributive Justice." *Personality and Social Psychology Review* 7(4):324-36. doi: 10.1207/S15327957PSPR0704_05.

Davidson, Sinclair, Primavera De Filippi, and Jason Potts. 2018. "Blockchains and the Economic Institutions of Capitalism." *Journal of Institutional Economics* 14(4):639-58. doi: 10.1017/S1744137417000200.

Davis, Gerald F. 2016. *The Vanishing American Corporation: Navigating the Hazards of a New Economy*. Oakland, CA: Berrett-Koehler Publishers.

de Benedictis-Kessner, Justin, Matthew A. Baum, and Adam J. Berinsky. 2020. "Polarization and Media Usage: Disentangling Causality." Pp. 553-1 in *The Oxford Handbook of Electoral Persuasion*, edited by E. Suhay, B. Grofman, and A. H. Trechsel. Oxford: Oxford University Press.

De Kosnik, Abigail. 2019. "#CancelColbert: Popular Outrage, Divo Citizenship, and Digital Political Performativity." Pp. 203-7 in *#identity: Hashtagging Race, Gender, Sexuality, and Nation,* edited by A. De Kosnik and K. P. Feldman. Ann Arbor: University of Michigan Press.

De Swaan, Abram. 1988. *In Care of the State: Health Care, Education, and Welfare in Europe and the USA in the Modern Era*. Cambridge: Polity.

Dehouche, Nassim. 2021. "Plagiarism in the Age of Massive Generative Pre-Trained Transformers (GPT-3)." *Ethics in Science and Environmental Politics* 21:17-23. doi: 10.3354/esep00195.

Deleuze, Gilles. 1992. "Postscript on the Societies of Control." *October* 59:3-7.

Delfanti, Alessandro. 2021. "Machinic Dispossession and Augmented Despotism: Digital Work in an Amazon Warehouse." *New Media & Society* 23(1):39-55. doi: 10.1177/1461444819891613.

Delfanti, Alessandro, and Bronwyn Frey. 2021. "Humanly Extended Automation or the Future of Work Seen through Amazon Patents." *Science, Technology, & Human Values* 46(3):655-82. doi: 10.1177/0162243920943665.

DeNora, Tia. 2000. *Music in Everyday Life*. Cambridge; New York: Cambridge University Press.

Deseriis, Marco. 2017. "Technopopulism: The Emergence of a Discursive Formation." TripleC: *Communication, Capitalism & Critique* 15(2):441-58. doi: 10.31269/triplec.v15i2.770.

Deseriis, Marco. 2021. "Rethinking the Digital Democratic Affordance and its Impact on Political Representation: Toward a New Framework." *New Media & Society* 23(8):2452-73. doi: 10.1177/1461444820929678.

Deutsch, Nathaniel. 2009. "The Forbidden Fork, the Cell Phone Holocaust, and Other Haredi Encounters with Technology." *Contemporary Jewry* 29(1):3-19. https://doi.org/10.1007/s12397-008-9002-7.

Dewey, Caitlin. 2016. "This Guy Has Swiped Right on 200,000 Women, without Much Success." *Washington Post*, August 1.

Dickel, M. H. 1995. "Bent Gender: Virtual Disruptions of Gender and Sexual Identity." *Electronic Journal of Communication* 5(4). http://www.cios.org/EJCPU

BLIC/005/4/00545.HTML.

Dickel, Sascha, and Jan-Felix Schrape. 2017. "The Logic of Digital Utopianism." *NanoEthics* 11(1):47-58. doi: 10.1007/s11569-017-0285-6.

Didžiokaitė, Gabija, Paula Saukko, and Christian Greiffenhagen. 2018. "The Mundane Experience of Everyday Calorie Trackers: Beyond the Metaphor of Quantified Self." *New Media & Society* 20(4):1470-87. https://doi.org/10.1177/1461444817698478.

Diehl, Stephen. 2021a. "The Intellectual Incoherence of Cryptoassets." *Stephen Diehl.* Retrieved February 20, 2022. https://www.stephendiehl.com/blog/crypto-absurd.html.

Diehl, Stephen. 2021b. "The Non-Innovation of Cryptocurrency." *Stephen Diehl.* Retrieved March 3, 2022. https://www.stephendiehl.com/blog/non-innovation.html.

DiMaggio, Paul. 1991. "Social Structure, Institutions, and Cultural Goods: The Case of the United States." Pp. 133-5 in *Social Theory for a Changing Society,* edited by P. Bourdieu and J. S. Coleman. Boulder, CO: Westview Press; New York: Russell Sage Foundation.

DiMaggio, Paul. 2013. "The Internet's Influence on the Production and Consumption of Culture: Creative Destruction and New Opportunities." Pp. 364-4 in *Change: 19 Key Essays on How Internet is Changing Our Lives.* Madrid: BBVA.

DiMaggio, Paul, Eszter Hargittai, Coral Celeste, and Steven Shafer. 2004. "Digital Inequality: From Unequal Access to Differentiated Use." Pp. 355-00 in *Social Inequality,* edited by K. M. Neckerman. New York: Russell Sage Foundation.

DiResta, Renee. 2020. "The Supply of Disinformation Will Soon be Infinite." *The Atlantic,* September 20.

Doctorow, Cory. 2020. "How to Destroy 'Surveillance Capitalism.'" *OneZero,* August 25.

Domingos, Pedro. 2015. *The Master Algorithm: How the Quest for the Ultimate Learning Machine Will Remake Our World.* New York: Basic Books.

Dotson, Taylor. 2012. "Technology, Choice and the Good Life: Questioning Technological Liberalism." *Technology in Society* 34(4):326-36. doi: 10.1016/j.techsoc.2012.10.004.

Drahokoupil, Jan, and Agnieszka Piasna. 2017. "Work in the Platform Economy: Beyond Lower Transaction Costs." *Intereconomics* 52(6):335-40. doi: 10.1007/s10272-017-0700-9.

Driessens, Olivier. 2015. "The Democratization of Celebrity: Mediatization, Promotion, and the Body." Pp. 371-4 in *A Companion to Celebrity,* edited by P. David

Marshall and Sean Redmond. Hoboken, NJ: John Wiley & Sons. https://doi.org/10.1002/9781118475089 .ch20.

Drott, Eric. 2018. "Why the Next Song Matters: Streaming, Recommendation, Scarcity." *Twentieth-Century Music* 15(3):325-57. https://doi.org/10.1017/S1478572218000245.

Du Gay, Paul. 1996. *Consumption and Identity at Work.* London; Thousand Oaks, CA: Sage.

Dubal, V. B. 2020. "An Uber Ambivalence: Employee Status, Worker Perspectives, & Regulation in the Gig Economy." Pp. 33-6 in *Beyond the Algorithm: Qualitative Insights for Gig Work Regulation*, edited by D. Das Acevedo. Cambridge: Cambridge University Press.

Dubois, Philippe R., Camille Arteau-Leclerc, and Thierry Giasson. 2022. "Micro-Targeting, Social Media, and Third Party Advertising: Why the Facebook Ad Library Cannot Prevent Threats to Canadian Democracy." Pp. 236-9 in *Cyber-Threats to Canadian Democracy,* edited by H. A. Garnett and M. Pal. Montreal: McGill-Queen's University Press.

Duffy, Brooke Erin. 2017. *(Not) Getting Paid to Do What You Love: Gender, Social Media, and Aspirational Work.* New Haven, CT: Yale University Press.

Duffy, Brooke Erin, Annika Pinch, Shruti Sannon, and Megan Sawey. 2021. "The Nested Precarities of Creative Labor on Social Media." *Social Media + Society* 7(2). doi: 10.1177/20563051211021368.

Duffy, Brooke Erin, and Jefferson D. Pooley. 2017. "'Facebook for Academics': The Convergence of Self-Branding and Social Media Logic on Academia.Edu." *Social Media + Society* 3(1). doi: 10.1177/2056305117696523.

Edenberg, Elizabeth, and Michael Hannon. 2021. *Political Epistemology.* Oxford: Oxford University Press.

Edwards, Paul N. 2002. "Infrastructure and Modernity: Force, Time, and Social Organization in the History of Sociotechnical Systems." Pp. 185-25 in *Modernity and Technology*, edited by P. Brey, A. Feenberg, and T. J. Misa. Cambridge, MA: MIT Press.

Eggers, Dave. 2013. *The Circle.* New York: Alfred A. Knopf. Elberse, Anita. 2013. *Blockbusters: Hit-Making, Risk-Taking, and the Big Business of Entertainment.* New York: Henry Holt and Company.

Eliot, T. S. 1971. *The Complete Poems and Plays, 1909-1950.* New York: Harcourt, Brace & World.

Engstrom, David Freeman, and Daniel E. Ho. 2021. "Artificially Intelligent Government: A Review and Agenda." Pp. 57-6 in *Research Handbook on Big Data*

Law, edited by Roland Vogl. Cheltenham: Edward Elgar.

Engstrom, David Freeman, Daniel E. Ho, Catherine M. Sharkey, and Mariano-Florentino Cuellar. 2020. "Government by Algorithm: Artificial Intelligence in Federal Administrative Agencies." NYU School of Law, Public Law Research Paper No. 20-54. Available at SSRN. https://papers.ssrn.com/sol3/papers.cfm?abstract_id=3551505.

Epifanova, Alena. 2020. *Deciphering Russia's 'Sovereign Internet Law': Tightening Control and Accelerating the Splinternet.* Berlin: Forschungsinstitut der Deutschen Gesellschaft fur Auswartige Politik.

Epstein, Steven. 1995. "The Construction of Lay Expertise: AIDS Activism and the Forging of Credibility in the Reform of Clinical Trials." *Science, Technology, & Human Values* 20(4):408-37. doi: 10.1177/016224399502000402.

Epstein, Steven, and Stefan Timmermans. 2021. "From Medicine to Health: The Proliferation and Diversification of Cultural Authority." *Journal of Health and Social Behavior* 62(3):240-54. doi: 10.1177/00221465211010468.

Erickson, Lee B., Pamela Wisniewski, Heng Xu, John M. Carroll, Mary Beth Rosson, and Daniel F. Perkins. 2016. "The Boundaries Between: Parental Involvement in a Teen's Online World." *Journal of the Association for Information Science and Technology* 67(6):1384-403. https://doi.org/10.1002/asi.23450.

Erk, Corina. 2019. "Phanomenologie der Briefkultur gestern und heute." Pp. 394-16 in *Von der Idee zum Medium: Resonanzfelder zwischen Aufklarung und Gegenwart*, edited by Christine Schramm and Felix Lenz. Paderborn, Germany: Wilhelm Fink.

Espeland, Wendy Nelson, and Mitchell L. Stevens. 1998. "Commensuration as a Social Process." *Annual Review of Sociology* 24(1):313-43. https://doi.org/10.1146/annurev.soc.24.1.313.

Esser, Frank. 2013. "Mediatization as a Challenge: Media Logic versus Political Logic." Pp. 155-76 in *Democracy in the Age of Globalization and Mediatization,* edited by H. Kriesi. London: Palgrave Macmillan.

Estes, Adam Clark. 2020. "We're Closer to Holographic Meetings than You Think." *Vox*, September 15.

Eubanks, Virginia. 2018. *Automating Inequality: How High-Tech Tools Profile, Police, and Punish the Poor.* New York: St. Martin's Press.

Evangelista, Rafael, and Fernanda Bruno. 2019. "WhatsApp and Political Instability in Brazil: Targeted Messages and Political Radicalisation." *Internet Policy Review* 8(4):1-23. doi: 10.14763/2019.4.1434.

Evans, David S., and Richard Schmalensee. 2016. *Matchmakers: The New Economics of Multisided Platforms.* Boston, MA: Harvard Business Review Press.

Eyal, Gil. 2019. *The Crisis of Expertise.* Cambridge, UK; Medford, MA: Polity.

Eyal, Nir. 2012. "Infinite Scroll: The Web's Slot Machine." *Psychology Today,* August 29.

Facebook. 2013. "Facebook Q2 2013 Earnings Call." Zuckerberg Transcripts. https://epublications.marquette.edu/zuckerberg_files_transcripts/238.

Facebook. 2016. "Facebook Q1 2016 Earnings Call." Zuckerberg Transcripts. https://epublications.marquette.edu/zuckerberg_files_transcripts/227.

Facebook. 2020. "Facebook Q3 2020 Earnings Call." Zuckerberg Transcripts. https://epublications.marquette.edu/zuckerberg_files_transcripts/1320.

Fader, Ayala. 2017a. "The Counterpublic of the J(Ewish) Blogosphere: Gendered Language and the Mediation of Religious Doubt among Ultra-Orthodox Jews in New York." *Journal of the Royal Anthropological Institute* 23(4):727-47. https://doi.org/10.1111/1467-9655.12697.

Fader, Ayala. 2017b. "Ultra-Orthodox Jewish Interiority, the Internet, and the Crisis of Faith." *HAU: Journal of Ethnographic Theory* 7(1):185-206. https://doi.org/10.14318/hau7.1.016.

Ferrara, Emilio, Onur Varol, Clayton Davis, Filippo Menczer, and Alessandro Flammini. 2016. "The Rise of Social Bots." *Communications of the ACM* 59(7):96-104. https://doi: org/10.1145/2818717.

Ferrari, Elisabetta. 2020. "Technocracy Meets Populism: The Dominant Technological Imaginary of Silicon Valley." *Communication, Culture and Critique* 13(1): 121-4. doi: 10.1093/ccc/tcz051.

Fiske, John. 1987. *Television Culture: Popular Pleasures and Politics.* London; New York: Methuen.

Flaxman, Seth et al. 2020. "Estimating the Effects of Non-Pharmaceutical Interventions on COVID-19 in Europe." *Nature* 584:257-61. doi: 10.1038/s41586-020-2405-7.

Fleischer, Rasmus. 2017. "If the Song Has No Price, is it Still a Commodity? Rethinking the Commodification of Digital Music." *Culture Unbound* 9(2):146-62. doi: 10.3384/cu.2000.1525.1792146.

Flick, Catherine. 2016. "Informed Consent and the Facebook Emotional Manipulation Study." *Research Ethics* 12(1):14-28. doi: 10.1177/1747016115599568.

Flood, John, and Lachlan Robb. 2017. "Trust, Anarcho-Capitalism, Blockchain and Initial Coin Offerings." Griffith Law School Research Paper No. 17-23. Available at SSRN. https://papers.ssrn.com/sol3/papers.cfm?abstract_id=3074263.

Floridi, Luciano. 2014. *The Fourth Revolution: How the Infosphere is Reshaping*

Human Reality. Oxford: Oxford University Press.
Ford, Matthew, and Andrew Hoskins. 2022. *Radical War: Data, Attention and Control in the Twenty-First Century.* London: Hurst Publishers.
Foucault, Michel. 1983. "Self-writing." [Translation of "L'ecriture de soi." *Corps Ecrit* 5:3-23]. https://foucault.info/documents/foucault.hypomnemata.en/.
Foucault, Michel. 1987. "The Ethic of Care for the Self as a Practice of Freedom: An Interview with Michel Foucault on January 20, 1984." *Philosophy & Social Criticism* 12(2-3):112-31. https://doi.org/10.1177/019145378701200202.
Foucault, Michel. 1988. "Technologies of the Self." Pp. 16-9 in *Technologies of the Self: A Seminar with Michel Foucault,* edited by Luther H. Martin, Huck Gutman, and Patrick H. Hutton. Amherst, MA: University of Massachusetts Press.
Foucault, Michel. 1995. *Discipline and Punish: The Birth of the Prison.* London: Vintage Books.
Foucault, Michel. 2008. *The Birth of Biopolitics: Lectures at the College de France, 1978-79.* Edited by Michel Senellart, translated by Graham Burchell. Basingstoke; New York: Palgrave Macmillan.
Fourcade, Marion, and Jeffrey Gordon. 2020. "Learning Like a State: Statecraft in the Digital Age." *Journal of Law and Political Economy* 1(1):78-108.
Fourcade, Marion, and Kieran Healy. 2017. "Seeing like a Market." *Socio-Economic Review* 15(1):9-29. doi: 10.1093/ser/mww033.
Fourcade, Marion, and Daniel N. Kluttz. 2020. "A Maussian Bargain: Accumulation by Gift in the Digital Economy." *Big Data & Society* 7(1). doi: 10.1177/2053951719897092.
Fox, Jesse, and Katie M. Warber. 2014. "Social Networking Sites in Romantic Relationships: Attachment, Uncertainty, and Partner Surveillance on Facebook." *Cyberpsychology, Behavior, and Social Networking* 17(1):3-7. doi: 10.1089/cyber.2012.0667.
Frank, Thomas. 1997. *The Conquest of Cool: Business Culture, Counterculture, and the Rise of Hip Consumerism.* Chicago, IL: University of Chicago Press.
Franklin, Benjamin. 1904. "The Autobiography of Benjamin Franklin." Pp. 1-13 in *Works of Benjamin Franklin,* Vol. 1, edited by John Bigelow. New York: Putnam.
Frischmann, Brett M. 2012. *Infrastructure: The Social Value of Shared Resources.* New York: Oxford University Press.
Frischmann, Brett, and Evan Selinger. 2018. *Re-Engineering Humanity.* Cambridge; New York: Cambridge University Press.
Frith, Jordan. 2019. *A Billion Little Pieces: RFID and Infrastructures of Identification.*

Cambridge, MA: The MIT Press.

Fuller, Joseph B. et al. 2020. *Building the On-Demand Workforce.* Cambridge, MA: Harvard Business School and BCG.

Gabler, Neal. 2011. "The End of Cultural Elitism." *Boston Globe*, January 6.

Gabriel, Shira, Elaine Paravati, Melanie C. Green, and Jason Flomsbee. 2018. "From *Apprentice* to President: The Role of Parasocial Connection in the Election of Donald Trump." *Social Psychological and Personality Science* 9(3):299-307. doi: 10.1177/1948550617722835.

Gal, Uri et al. 2019. *People Analytics - Using Data and Algorithms to Shape the Employee Experience.* University of Sydney, Business School and Capgemini.

Gallagher, Rob. 2016. "Eliciting Euphoria Online: The Aesthetics of 'ASMR' Video Culture." *Film Criticism* 40(2). https://doi.org/10.3998/fc.13761232.0040.202.

Gansky, Lisa. 2010. *The Mesh: Why the Future of Business is Sharing.* New York: Penguin.

Gazzaley, Adam, and Larry D. Rosen. 2016. *The Distracted Mind: Ancient Brains in a High-Tech World.* Cambridge, MA: The MIT Press.

Gehl, Robert W. 2014. *Reverse Engineering Social Media: Software, Culture, and Political Economy in New Media Capitalism.* Philadelphia, PA: Temple University Press.

Gehl, Robert W., and Maria Bakardjieva, eds. 2017. *Socialbots and Their Friends: Digital Media and the Automation of Sociality.* New York: Routledge.

Gellman, Robert. 1996. "Disintermediation and the Internet." *Government Information Quarterly* 13(1):1-8. doi: 10.1016/S0740-624X(96)90002-7.

Genz, Stephanie. 2015. "My Job is Me: Postfeminist Celebrity Culture and the Gendering of Authenticity." *Feminist Media Studies* 15(4):545-61. https://doi.org/10.1080/14680777.2014.952758.

Gerbaudo, Paolo. 2018. "Social Media and Populism: An Elective Affinity?" *Media, Culture & Society* 40(5):745-53. doi: 10.1177/0163443718772192.

Gerbaudo, Paolo. 2019. *The Digital Party: Political Organisation and Online Democracy.* London: Pluto Press.

Gergen, Kenneth J. 1991. *The Saturated Self: Dilemmas of Identity in Contemporary Life.* New York: Basic Books.

Gergen, Kenneth J. 2002. "The Challenge of Absent Presence." Pp. 227-1 in *Perpetual Contact: Mobile Communication, Private Talk, Public Performance,* edited by James E. Katz and Mark Aakhus. Cambridge: Cambridge University Press.

Gerlitz, Carolin, and Anne Helmond. 2013. "The Like Economy: Social Buttons and the Data-Intensive Web." *New Media & Society* 15(8):1348-65. https://doi.org/

10.1177/1461444812472322.

Gibbs, Jennifer L., Nik Ahmad Rozaidi, and Julia Eisenberg. 2013. "Overcoming the 'Ideology of Openness': Probing the Affordances of Social Media for Organizational Knowledge Sharing." *Journal of Computer-Mediated Communication* 19(1):102-20. https://doi.org/10.1111/jcc4.12034.

Giddens, Anthony. 1991. *Modernity and Self-Identity: Self and Society in the Late Modern Age.* Stanford, CA: Stanford University Press.

Giddens, Anthony. 1995. *Affluence, Poverty and the Idea of a Post-Scarcity Society.* Geneva, Switzerland: United Nations Research Institute for Social Development.

Giermindl, Lisa Marie et al. 2022. "The Dark Sides of People Analytics: Reviewing the Perils for Organisations and Employees." *European Journal of Information Systems* 31(3):410-35. doi: 10.1080/0960085X.2021.1927213.

Gillespie, Ryan. 2012. "The Art of Criticism in the Age of Interactive Technology: Critics, Participatory Culture, and the Avant-Garde." *International Journal of Communication* 6:56-75.

Gillespie, Tarleton. 2010. "The Politics of 'Platforms.'" *New Media & Society* 12(3): 347-64. doi: 10.1177/1461444809342738.

Gillespie, Tarleton. 2014. "The Relevance of Algorithms." Pp. 167-3 in *Media Technologies: Essays on Communication, Materiality, and Society*, edited by T. Gillespie, P. Boczkowski, and K. Foot. Cambridge, MA: The MIT Press.

Gillespie, Tarleton. 2016. "#trendingistrending: When Algorithms Become Culture." Pp. 52-75 in *Algorithmic Cultures: Essays on Meaning, Performance and New Technologies,* edited by R. Seyfert and J. Roberge. Abingdon; New York: Routledge.

Gillespie, Tarleton. 2018. *Custodians of the Internet: Platforms, Content Moderation, and the Hidden Decisions that Shape Social Media.* New Haven, CT: Yale University Press.

Giroux, Henry A. 2015. "Totalitarian Paranoia in the Post-Orwellian Surveillance State." *Cultural Studies* 29(2):108-40. doi: 10.1080/09502386.2014.917118.

Goffman, Erving. 1956. "The Nature of Deference and Demeanor." *American Anthropologist* 58(3):473-502.

Goffman, Erving. 1959. *The Presentation of Self in Everyday Life.* Garden City, NY: Doubleday.

Goffman, Erving. 1983. "The Interaction Order." *American Sociological Review* 48 (1):1-17. https://doi.org/10.2307 /2095141.

Gogel, David. 2021. *DeFi Beyond the Hype: The Emerging World of Decentralized*

Finance. Wharton School, University of Pennsylvania, Wharton Blockchain and Digital Asset Project.

Goode, Luke. 2009. "Social News, Citizen Journalism and Democracy." *New Media & Society* 11(8):1287-305. doi: 10.1177/1461444809341393.

Gorski, Philip S. 2003. *The Disciplinary Revolution: Calvinism and the Rise of the State in Early Modern Europe.* Chicago, IL: University of Chicago Press.

Gorvett, Zaria. 2020. "Why Most Covid-19 Deaths Won't Be from the Virus." *BBC Future,* May 28.

Gorwa, Robert. 2019. "What is Platform Governance?" *Information, Communication & Society* 22(6):854-71. doi: 10.1080/1369118X.2019.1573914.

Gorwa, Robert, Reuben Binns, and Christian Katzenbach. 2020. "Algorithmic Content Moderation: Technical and Political Challenges in the Automation of Platform Governance." *Big Data & Society* 7(1):1-15. doi: 10.1177/205395171989 7945.

Graham, Mark, Isis Hjorth, and Vili Lehdonvirta. 2017. "Digital Labour and Development: Impacts of Global Digital Labour Platforms and the Gig Economy on Worker Livelihoods." *Transfer: European Review of Labour and Research* 23(2):135-62. doi: 10.1177/1024258916687250.

Graham, Timothy. 2016. "Technologies of Choice: The Shaping of Choice on the World Wide Web." PhD Thesis, The University of Queensland. https://doi.org/10.14264/uql .2016.865.

Graham, Timothy. 2018. "Platforms and Hyper-Choice on the World Wide Web." *Big Data & Society* 5(1). doi: 10.1177/2053951718765878.

Greene, Jay. 2020. "Amazon's Big Holiday Shopping Advantage: An In-House Shipping Network Swollen by Pandemic-Fueled Growth." *Washington Post,* November 27.

Greenfeld, Karl Taro. 2014. "Faking Cultural Literacy." *The New York Times,* May 24.

Greetly. 2020. "What is Touchless Technology? No-Touch Visitor Management System." Retrieved January 29, 2022. https://www.greetly.com/blog/what-is-touchless-technology.

Gregg, Melissa. 2013. "Spouse-Busting: Intimacy, Adultery, and Surveillance Technology." *Surveillance & Society* 11(3):301-10. https://doi.org/10.24908/ss.v11i3.4514.

Griesbach, Kathleen, Adam Reich, Luke Elliott-Negri, and Ruth Milkman. 2019. "Algorithmic Control in Platform Food Delivery Work." *Socius* 5:1-15. doi: 10.1177/2378023119870041.

Griffith, Erin. 2021. "Apple and Epic Trial Opens With a Tour of the Fortnite 'Metaverse.'" *The New York Times*, May 3.

Grosser, Benjamin. 2014. "What Do Metrics Want? How Quantification Prescribes Social Interaction on Facebook." *Computational Culture* 4. http://computational culture.net/what-do-metrics-want/.

Guggenberger, Nikolas. 2021. "Essential Platforms." *Stanford Technology Law Review* 24(2):237-343. doi: 10.2139/ssrn.3703361.

Guillon, Jean-Baptiste. 2018. "Les theories du complot et le paradoxe de l'individualisme epistemique." *Diogene* 261-262:54-87.

Guinaudeau, Benjamin, Fabio Votta, and Kevin Munger. 2022. "Fifteen Seconds of Fame: TikTok and the Democratization of Mobile Video on Social Media." *Computational Communication Research*. Forthcoming.

Hacking, Ian. 1982. "Biopower and the Avalanche of Printed Numbers." *Humanities in Society* 5:279-95.

Haggerty, Kevin D., and Richard V. Ericson. 2000. "The Surveillant Assemblage." *The British Journal of Sociology* 51(4):605-22. https://doi.org/10.1080/00071310020015280.

Haidt, Jonathan. 2003. "The Moral Emotions." Pp. 852-0 in *Handbook of Affective Sciences,* edited by Richard J. Davidson, Klaus R. Sherer, and H. Hill Goldsmith. New York: Oxford University Press.

Haidt, Jonathan. 2021. "The Dangerous Experiment on Teen Girls." *The Atlantic,* November 21.

Haidt, Jonathan, and Tobias Rose-Stockwell. 2019. "The Dark Psychology of Social Networks." *The Atlantic*, November 12.

Hall, James. 2014. *The Self-Portrait: A Cultural History*. New York: Thames & Hudson.

Hall, Kimberly. 2017. "Snapchat's Failed Ephemerality." *Amodern* 7, December.

Hampton, Keith N. 2016. "Persistent and Pervasive Community: New Communication Technologies and the Future of Community." *American Behavioral Scientist* 60(1):101-24. doi: 10.1177/0002764215601714.

Hampton, Keith N., and Barry Wellman. 2018. "Lost and Saved ⋯ Again: The Moral Panic about the Loss of Community Takes Hold of Social Media." *Contemporary Sociology: A Journal of Reviews* 47(6):643-51.

Hanrahan, Nancy Weiss. 2013. "If the People Like It, It Must Be Good: Criticism, Democracy and the Culture of Consensus." *Cultural Sociology* 7(1):73-85. doi: 10.1177/1749975512453656.

Harambam, Jaron. 2017. "'The Truth is Out There': Conspiracy Culture in an Age of

Epistemic Instability." PhD Dissertation, Erasmus University Rotterdam.

Harcourt, Bernard E. 2015. *Exposed: Desire and Disobedience in the Digital Age.* Cambridge, MA: Harvard University Press.

Hargittai, Eszter, ed. 2021. *Handbook of Digital Inequality.* Cheltenham; Northampton, MA: Edward Elgar.

Haslam, Nick. 2016. "Concept Creep: Psychology's Expanding Concepts of Harm and Pathology." *Psychological Inquiry* 27(1):1-17. doi: 10.1080/1047840X.2016.1082418.

Hassan, Aisha. 2018. "Fortnite is a Social Space the Way Skateparks and Facebook Used to Be." *Quartz.* Retrieved November 29, 2021. https://qz.com/quartzy/1493147/fortnite-a-social-space-like-facebook-and-skateparks-once-were/.

Haynes, Trevor. 2018. "Dopamine, Smartphones & You: A Battle for Your Time." *Science in the News.* Retrieved July 7, 2019. http://sitn.hms.harvard.edu/flash/2018/dopamine-smartphones-battle-time/.

Hearn, Alison. 2008. "'Meat, Mask, Burden': Probing the Contours of the Branded 'Self'." *Journal of Consumer Culture* 8(2):197-217. https://doi.org/10.1177/1469540508090086.

Hearn, Alison, and Stephanie Schoenhoff. 2016. "From Celebrity to Influencer." Pp. 194-12 in *A Companion to Celebrity,* edited by P. David Marshall and Sean Redmond. Chichester: John Wiley & Sons.

Heehs, Peter. 2013. *Writing the Self: Diaries, Memoirs, and the History of the Self.* New York: Bloomsbury Academic.

Helmond, Anne. 2015. "The Platformization of the Web: Making Web Data Platform Ready." *Social Media + Society* 1(2). doi: 10.1177/2056305115603080.

Hemphill, C. Scott. 2019. "Disruptive Incumbents: Platform Competition in an Age of Machine Learning." *Columbia Law Review* 119(7):1973-2000.

Hernandez, Patricia. 2018. "The Twitch Streamers Who Spend Years Broadcasting to No One." *The Verge,* July 16.

Herring, Susan, and Ashley Dainas. 2017. "'Nice Picture Comment!' Graphicons in Facebook Comment Threads." Pp. 2185-4 in *Proceedings of the 50th Hawaii International Conference on System Sciences,* edited by T. Bui and R. Sprague. University of Hawaii. https://doi.org/10.24251/HICSS.2017.264.

Hersh, Eitan. 2020. *Politics is for Power.* New York: Scribner.

Hesmondhalgh, David. 2010. "User-Generated Content, Free Labour and the Cultural Industries." *Theory & Politics in Organization* 10(3/4):267-84.

Hesmondhalgh, David. 2019. *The Cultural Industries.* 4th ed. London: Sage.

Hess, Amanda. 2016. "Hands Off My Smiley Face: Emoji Become Corporate Tools."

The New York Times, June 20.

Hillis, Ken, Michael Petit, and Kylie Jarrett. 2012. *Google and the Culture of Search.* Abingdon: Routledge.

Hindman, Matthew Scott. 2018. *The Internet Trap: How the Digital Economy Builds Monopolies and Undermines Democracy.* Princeton, NJ: Princeton University Press.

Hirsch, Fred. 1978. *Social Limits to Growth.* Cambridge, MA: Harvard University Press.

Hirsch, Paul M. 1972. "Processing Fads and Fashions: An Organization-Set Analysis of Cultural Industry Systems." *American Journal of Sociology* 77(4):639-59.

Hjorth, Larissa, and Ingrid Richardson. 2011. "Playing the Waiting Game: Complicating Notions of (Tele)Presence and Gendered Distraction in Casual Mobile Gaming." Pp. 111-26 in *Cultures of Participation: Media Practices, Politics and Literacy,* edited by H. Grief, L. Hjorth, and A. Lasen. Frankfurt am Main: Peter Lang.

Hochschild, Arlie Russell. 1983. *The Managed Heart: Commercialization of Human Feeling.* Berkeley; Los Angeles; London: University of California Press.

Hochschild, Arlie Russell. 1997. *The Time Bind: When Work Becomes Home and Home Becomes Work.* New York: Metropolitan Books/Henry Holt and Co.

Hong, Sun-ha. 2020. *Technologies of Speculation: The Limits of Knowledge in a Data-Driven Society.* New York: New York University Press.

Hong, Sun-ha. 2021. "Technofutures in Stasis: Smart Machines, Ubiquitous Computing, and the Future That Keeps Coming Back." *International Journal of Communication* 15.

Hong, Sun-ha. 2022. "Antiseptic Machine Life." In *Relative Intimacies, Vol. 3: Intersubjectivity,* edited by L. Cantor and E. Watlington. Cambridge, MA: The MIT Press.

Hoofnagle, Chris Jay, Bart van der Sloot, and Frederik Zuiderveen Borgesius. 2019. "The European Union General Data Protection Regulation: What it Is and What it Means." *Information & Communications Technology Law* 28(1):65-98. doi: 10.1080/13600834.2019.1573501.

Hopkins, Dan. 2018. "All Politics is National Because All Media is National." *FiveThirtyEight.* Retrieved February 27, 2021. https://fivethirtyeight.com/features/all-politics-is-national-because-all-media-is-national/.

Horning, Rob. 2012a. "The Rise of the Data Self." *PopMatters,* January 25. https://www.popmatters.com/153721--2495892321.html.

Horning, Rob. 2012b. "Facebook in the Age of Facebook." *The New Inquiry,* April 19.

https://thenewinquiry.com/facebook-in-the-age-of-facebook/9781509554522_.
Horning, Rob. 2012c. "Hi Haters!" *The New Inquiry,* November 27. https://thenewinquiry.com/hi-haters/.
Horning, Rob. 2016. "Reacting to Reactions." *The New Inquiry*, March 11. https://thenewinquiry.com/blog/reacting-to-reactions/.
Horning, Rob. 2020a. "How TikTok Turns Status Games into Spectator Sports." *Internal Exile*. Retrieved April 1, 2022. https://robhorningreallife.tumblr.com/post/617384205542998016/how-tiktok-turns-status-games-into-spectator.
Horning, Rob. 2020b. "I Write the Songs." *Real Life,* September 2. https://reallifemag.com/i-write-the-songs/.
Horning, Rob. 2020c. "Significant Flavor." *Verso Books*. Retrieved March 6, 2021. https://www.versobooks.com/blogs/4656-significant-flavor.
Horning, Rob. 2021. "'This Feeling That You're Really There'." *TinyLetter.* Retrieved November 7, 2021. https://tinyletter.com/reallifemag/letters/this-feeling-that-you-re -really-there.
Horton, Donald, and Anselm Strauss. 1957. "Interaction in Audience-Participation Shows." *American Journal of Sociology* 62(6):579-87.
Horton, Donald, and Richard Wohl. 1956. "Mass Communication and Para-Social Interaction." *Psychiatry* 19(3):215-29. doi: 10.1080/00332747.1956.11023049.
Howell, Sabrina T., Theresa Kuchler, David Snitkof, Johannes Stroebel, and Jun Wong. 2021. "Racial Disparities in Access to Small Business Credit: Evidence from the Paycheck Protection Program." Available at SSRN. doi: 10.2139/ssrn.3939384.
Hu, Cherie. 2019. "Give Me What You Want." *Real Life*, February 21. https://reallifemag.com/give-me-what-you-want/.
Hughes, Thomas Parke. 1987. "The Evolution of Large Technological Systems." Pp. 51-2 in *The Social Construction of Technological Systems: New Directions in the Sociology and History of Technology,* edited by W. E. Bijker, T. P. Hughes, and T. Pinch. Cambridge, MA: The MIT Press.
Hulick, Samuel. 2016. "Slack, I'm Breaking Up with You." *UserOnboard.* Retrieved March 24, 2022. https://ux.useronboard.com/slack-i-m-breaking-up-with-you-54600ace03ea.
Hull, Gordon, and Frank Pasquale. 2018. "Toward a Critical Theory of Corporate Wellness." *BioSocieties* 13(1):190-212. https://doi.org/10.1057/s41292-017-0064-1.
Huq, Aziz Z. 2019. "Racial Equity in Algorithmic Criminal Justice." *Duke Law Journal* 68:1043-144.
Hutchby, Ian. 2001. "Technologies, Texts and Affordances." *Sociology* 35(2):441-56.

doi: 10.1177/S0038038501000219.

Hutter, Michael. 2018. "The Role of Newness in the Experience Economy." Pp. 149-4 in *Innovation Society Today: Perspectives, Fields, and Cases*, edited by W. Rammert, A. Windeler, H. Knoblauch, and M. Hutter. Wiesbaden: Springer Fachmedien.

Huxley, Aldous. 1949. "Letter to George Orwell." Retrieved December 15, 2021. https://www.openculture.com/2018/08/aldous-huxley-george-orwell-hellish-vision-future-better-1949.html.

Huxley, Aldous. 1950 [1932]. *Brave New World*. New York: Harper.

Huxley, Aldous. 1958. *Brave New World Revisited*. New York: Harper.

Ibrahim, Yasmin. 2018. *Production of the "Self" in the Digital Age*. Berlin: Springer.

Inglehart, Ronald. 1977. *The Silent Revolution: Changing Values and Political Styles among Western Publics*. Princeton, NJ: Princeton University Press.

Isaac, Mike, and Taylor Lorenz. 2021. "Facebook Wants to Court Creators. It Could be a Tough Sell." *The New York Times*, July 12.

Iyengar, Shanto, Yphtach Lelkes, Matthew Levendusky, Neil Malhotra, and Sean J. Westwood. 2019. "The Origins and Consequences of Affective Polarization in the United States." *Annual Review of Political Science* 22(1):129-46. doi: 10.1146/annurev-polisci-051117-073034.

Jackson, James. 2017. "How a Matchmaking AI Conquered (and Was Exiled) from Tinder." *Vice*, November 6.

Jager, Anton. 2022. "How the World Went from Post-Politics to Hyper-Politics." *Tribune*, January 3.

Jasper, James M. 2011. "Emotions and Social Movements: Twenty Years of Theory and Research." *Annual Review of Sociology* 37:285-303. doi: 10.1146/annurev-soc-081309-150015.

Jasper, James M. 2014. "Constructing Indignation: Anger Dynamics in Protest Movements." *Emotion Review* 6(3):208-13. doi: 10.1177/1754073914522863.

Jenkins, Henry. 2002. "Interactive Audiences? The 'Collective Intelligence' of Media Fans." Pp. 157-2 in *The New Media Book*, edited by D. Harries. London: British Film Institute.

Jenkins, Henry. 2005. "Games, the New Lively Art." Pp. 175-2 in *Handbook of Computer Game Studies*, edited by J. Raessens and J. H. Goldstein. Cambridge, MA: The MIT Press.

John, Nicholas A. 2013a. "Sharing and Web 2.0: The Emergence of a Keyword." *New Media & Society* 15(2):167-82. doi: 10.1177/1461444812450684.

John, Nicholas A. 2013b. "The Social Logics of Sharing." *The Communication Re-*

view 16(3):113-31. doi: 10.1080/10714421.2013.807119.

Johns, Fleur. 2019. "From Planning to Prototypes: New Ways of Seeing Like a State." *The Modern Law Review* 82(5):833-63. doi: 10.1111/1468-2230.12442.

Jones, Marc Owen. 2022. *Digital Authoritarianism in the Middle East: Deception, Disinformation and Social Media.* London: C. Hurst.

Joseff, Katie, Anastasia Goodwin, and Samuel Woolley. 2020. "Nanoinfluencers Are Slyly Barnstorming the 2020 Election." *Wired*, August 15.

Jurgenson, Nathan. 2012. "The Facebook Eye." *The Atlantic*, January 13. https://www.theatlantic.com/technology/archive/2012/01/the-facebook-eye/251377/.

Jurgenson, Nathan. 2013. "Review of Bauman and Lyon's Liquid Surveillance: A Conversation." *Surveillance & Society* 11(1/2):204-7. https://doi.org/10.24908/ss.v11i1/2.4725.

Jurgenson, Nathan. 2019. *The Social Photo: On Photography and Social Media.* New York: Verso Books.

Kalleberg, Arne L., and Steve P. Vallas. 2018. "Probing Precarious Work: Theory, Research, and Politics." *Research in the Sociology of Work* 31:1-30. doi: 10.1108/S0277-283320170000031017.

Kannan, Anjuli et al. 2016. "Smart Reply: Automated Response Suggestion for Email." Pp. 955-64 in *Proceedings of the 22nd ACM SIGKDD International Conference on Knowledge Discovery and Data Mining - KDD '16.* San Francisco, CA: ACM Press. https://doi.org/10.1145/2939672.2939801.

Karpf, David. 2019. "On Digital Disinformation and Democratic Myths." *MediaWell, Social Science Research Council.* Retrieved December 15, 2021. https://mediawell.ssrc.org/expert-reflections/on-digital-disinformation-and-democratic-myths/.

Karpf, David. 2020. "Two Provocations for the Study of Digital Politics in Time." *Journal of Information Technology & Politics* 17(2):87-96. doi: 10.1080/19331681.2019.1705222.

Kassabian, Anahid. 2013. *Ubiquitous Listening: Affect, Attention, and Distributed Subjectivity.* Berkeley: University of California Press.

Katzenbach, Christian. 2021. "'AI Will Fix This' -The Technical, Discursive, and Political Turn to AI in Governing Communication." *Big Data & Society* 8(2). doi: 10.1177/20539517211046182.

Katzenbach, Christian, and Lena Ulbricht. 2019. "Algorithmic Governance." *Internet Policy Review* 8(4). doi: 10.14763/2019.4.1424.

Kaye, D. Bondy Valdovinos, Xu Chen, and Jing Zeng. 2021. "The Co-Evolution of Two Chinese Mobile Short Video Apps: Parallel Platformization of Douyin and

TikTok." *Mobile Media & Communication* 9(2):229-53. doi: 10.1177/2050157920952120.

Keane, John. 1999. *On Communicative Abundance*. Centre for the Study of Democracy Perspectives. London: University of Westminster Press.

Kearney, Richard. 2021. *Touch: Recovering Our Most Vital Sense*. New York: Columbia University Press.

Keesara, Sirina, Andrea Jonas, and Kevin Schulman. 2020. "Covid-19 and Health Care's Digital Revolution." *New England Journal of Medicine* 382:e82. doi: 10.1056/NEJMp2005835.

Kellogg, Katherine C., Melissa A. Valentine, and Angele Christin. 2020. "Algorithms at Work: The New Contested Terrain of Control." *Academy of Management Annals* 14(1):366-410. doi: 10.5465/annals.2018.0174.

Kelly, Jack. 2021. "The New Trend of Wanderlust, Work-From-Anywhere Digital Nomads." *Forbes*, June 20. https://www.forbes.com/sites/jackkelly/2021/06/20/the-new-trend-of-wanderlust-work-from-anywhere-digital-nomads/.

Kelly, Kevin. 2005. "We Are the Web." *Wired*, August 1.

Kenney, Martin, and John Zysman. 2019. "Work and Value Creation in the Platform Economy." *Research in the Sociology of Work* 33:13-41.

Kenney, Martin, Dafna Bearson, and John Zysman. 2021. "The Platform Economy Matures: Measuring Pervasiveness and Exploring Power." *Socio-Economic Review* 19(4):1451-83. doi: 10.1093/ser/mwab014.

Khamis, Susie, Lawrence Ang, and Raymond Welling. 2017. "Self-Branding, 'Micro-Celebrity' and the Rise of Social Media Influencers." *Celebrity Studies* 8(2):191-208. https://doi.org/10.1080/19392397.2016.1218292.

Khan, Lina M. 2017. "Amazon's Antitrust Paradox." *The Yale Law Journal* 126(3):710-805.

Khan, Lina M. 2019. "The Separation of Platforms and Commerce." *Columbia Law Review* 119:973-1093.

Khan, Lina M. 2020. "The End of Antitrust History Revisited." *Harvard Law Review* 133:1655-82.

Kim, Jin Woo, Andrew Guess, Brendan Nyhan, and Jason Reifler. 2021. "The Distorting Prism of Social Media: How Self-Selection and Exposure to Incivility Fuel Online Comment Toxicity." *Journal of Communication* 71(6):922-46. doi: 10.1093/joc/jqab034.

Kingori, Patricia. 2015. "The 'Empty Choice': A Sociological Examination of Choosing Medical Research Participation in Resource-Limited Sub-Saharan Africa." *Current Sociology* 63(5):763-78. https://doi.org/10.1177/00113921155

90093.

Klein, Naomi. 2020. "Screen New Deal: Under Cover of Mass Death, Andrew Cuomo Calls in the Billionaires to Build a High-Tech Dystopia." *The Intercept.* Retrieved November 12, 2021. https://theintercept.com/2020/05/08/andrew-cuomo-eric-schmidt-coronavirus-tech-shock-doctrine/.

Kleinberg, Jon, Jens Ludwig, Sendhil Mullainathan, and Cass R. Sunstein. 2019. "Discrimination in the Age of Algorithms." *Journal of Legal Analysis* 10:113-74.

Knight, Adam. 2021. "Technologies of Risk and Discipline in China's Social Credit System." Pp. 237-2 in *Law and the Party in China: Ideology and Organisation,* edited by R. Creemers and S. Trevaskes. Cambridge: Cambridge University Press.

Knight, Adam, and Rogier Creemers. 2021. "Going Viral: The Social Credit System and COVID-19." Available at SSRN. doi: 10.2139/ssrn.3770208.

Koganzon, Rita. 2015. "The Politics of Digital Shaming." *The New Atlantis* 45:118-26.

Kohl, Uta. 2021. "Blockchain Utopia and its Governance Shortfalls." Pp. 13-9 in *Blockchain and Public Law: Global Challenges in the Era of Decentralisation,* edited by O. Pollicino and G. De Gregorio. Cheltenham: Edward Elgar.

Koopman, Colin. 2019. *How We Became Our Data: A Genealogy of the Informational Person.* University of Chicago Press.

Kosinski, Michal, David Stillwell, and Thore Graepel. 2013. "Private Traits and Attributes Are Predictable from Digital Records of Human Behavior." *Proceedings of the National Academy of Sciences* 110(15):5802-5. https://doi.org/10.1073/pnas.1218772110.

Kosoff, Maya. 2015. "The Vision Uber's CEO Has for His $50 Billion Company Suggests the Startup is Only Beginning to Scratch the Surface." *Business Insider.* Retrieved January 26, 2022. https://www.businessinsider.com/travis-kalanicks-vision-for-uber-2015-6.

Kostoff, Ronald N., Daniela Calina, Darja Kanduc, Michael B. Briggs, Panayiotis Vlachoyiannopoulos, Andrey A. Svistunov, and Aristidis Tsatsakis. 2021. "Why Are We Vaccinating Children against COVID-19?" *Toxicology Reports* 8:1665-84. doi: 10.1016/j.toxrep.2021.08.010.

Kotfila, Christopher. 2014. "This Message Will Self-Destruct: The Growing Role of Obscurity and Self-Destructing Data in Digital Communication." *Bulletin of the Association for Information Science and Technology* 40(2):12-16. https://doi.org/10.1002/bult.2014.1720400206.

Kramer, Adam D. I., Jamie E. Guillory, and Jeffrey T. Hancock. 2014. "Experimental

Evidence of Massive-Scale Emotional Contagion through Social Networks." Proceedings of the National Academy of Sciences 111(24):8788-90. https://doi.org/10.1073/pnas.1320040111.

Krasnova, Hanna et al. 2015. "Why Following Friends Can Hurt You: An Exploratory Investigation of the Effects of Envy on Social Networking Sites among College-Age Users." *Information Systems Research* 26(3):585-605. https://doi.org/10.1287/isre.2015.0588.

Kroll, Joshua. 2017. "Accountable Algorithms." *University of Pennsylvania Law Review* 165:633-705.

Kuehn, Kathleen, and Thomas F. Corrigan. 2013. "Hope Labor: The Role of Employment Prospects in Online Social Production." *The Political Economy of Communication* 1(1): 9-25.

Kumar, Krishan, and Ekaterina Makarova. 2008. "The Portable Home: The Domestication of Public Space." *Sociological Theory* 26(4):324-43.

Kwet, Michael. 2019. "Retail Stores Track Your Every Move." *New York Times*, June 16.

Lachance, Jocelyn. 2020. "Parental Surveillance of Teens in the Digital Era: The 'Ritual of Confession' to the 'Ritual of Repentance.'" *International Journal of Adolescence and Youth* 25(1):355-63. https://doi.org/10.1080/02673843.2019.1651351.

Lagomarsino, John. 2015. "You're Listening to Podcasts Too Fast." The Verge. Retrieved April 2, 2021. https://www.theverge.com/2015/2/17/8043077/stop-listening-to-podcasts-fast-speed.

Lambert, Paul. 2018. "SUBJECT: Write Emails Faster with Smart Compose in Gmail." *The Keyword*. Retrieved March 25, 2022. https://blog.google/products/gmail/subject-write-emails-faster-smart-compose-gmail/.

Langley, P., and A. Leyshon. 2017. "Platform Capitalism: The Intermediation and Capitalization of Digital Economic Circulation." *Finance and Society* 3(1):11-31. doi: 10.2218/finsoc.v3i1.1936.

Langlois, Ganaele, and Greg Elmer. 2013. "The Research Politics of Social Media Platforms." *Culture Machine* 14:1-17.

Lash, Scott. 2007. "Power after Hegemony: Cultural Studies in Mutation?" *Theory, Culture & Society* 24(3):55-78. doi: 10.1177/0263276407075956.

Lawson, Chappell, and James A. McCann. 2005. "Television News, Mexico's 2000 Elections and Media Effects in Emerging Democracies." *British Journal of Political Science* 35(1):1-30. doi: 10.1017/S0007123405000013.

Leadbeater, Charles. 2007. *We-Think: The Power of Mass Creativity*. London: Pro-

file.
Ledvina, Andrew. 2014. "10 Ways Facebook is Actually the Devil." Andrewledvina.com. Retrieved March 25, 2022. https://andrewledvina.com/blog/2014-07-04-10-ways-facebook-is-the-devil/.
Lee, Julie Yoonnyung. 2020. "The South Koreans Left behind in a Contact-Free Society." *BBC Worklife,* August 5.
Lee, Min Kyung, Daniel Kusbit, Evan Metsky, and Laura Dabbish. 2015. "Working with Machines: The Impact of Algorithmic and Data-Driven Management on Human Workers." Pp. 1603-2 in Proceedings of the 33rd Annual ACM Conference on Human Factors in Computing Systems. New York: Association for Computing Machinery.
Lehdonvirta, Vili. 2018. "Flexibility in the Gig Economy: Managing Time on Three Online Piecework Platforms." *New Technology, Work and Employment* 33(1): 13-29. doi: 10.1111/ntwe.12102.
Lehdonvirta, Vili, Otto Kassi, Isis Hjorth, Helena Barnard, and Mark Graham. 2018. "The Global Platform Economy: A New Offshoring Institution Enabling *Emerging- Economy Microproviders." Journal of Management Studies* 45(2):567-99.
Lehr, David, and Paul Ohm. 2017. "Playing with the Data: What Legal Scholars Should Learn About Machine Learning." *U.C. Davis Law Review* 51:653-717.
Lei, Ya-Wen. 2021. "Delivering Solidarity: Platform Architecture and Collective Contention in China's Platform Economy." American Sociological Review 86(2): 279-309. doi: 10.1177/0003122420979980.
Leibold, James. 2020. "Surveillance in China's Xinjiang Region: Ethnic Sorting, Coercion, and Inducement." *Journal of Contemporary China* 29(121):46-60. doi: 10.1080/10670564.2019.1621529.
Lessig, Lawrence. 1999. *Code: And Other Laws of Cyberspace.* New York: Basic Books.
Lessig, Lawrence. 2004. *Free Culture: How Big Media Uses Technology and the Law to Lock Down Culture and Control Creativity.* New York: Penguin Press.
Lessig, Lawrence. 2008. *Remix: Making Art and Commerce Thrive in the Hybrid Economy.* New York: Penguin Press.
Levendusky, Matthew, and Neil Malhotra. 2014. "The Media Make Us Think We're More Polarized than We Really Are." *The Monkey Cage,* February 5.
Levendusky, Matthew S., and Neil Malhotra. 2016. "(Mis)Perceptions of Partisan Polarization in the American Public." *Public Opinion Quarterly* 80(S1):378-91. doi: 10.1093/poq/nfv045.
Leveneur, Claire, and Paola Heudebert. 2020. "Blockchain, Disintermediation and the

Future of Legal Professions." *Cardozo International & Comparative Law Review* 4(1):275-319.

Levy, Karen, and Solon Barocas. 2018. "Refractive Surveillance: Monitoring Customers to Manage Workers." *International Journal of Communication* 12:1166-88.

Lewis, Michael. 2018. "Has Anyone Seen the President?" *Bloomberg*, February 9.

Lewis, Rebecca, Alice E. Marwick, and William Clyde Partin. 2021. "'We Dissect Stupidity and Respond to It': Response Videos and Networked Harassment on YouTube." *American Behavioral Scientist* 65(5):735-56. doi: 10.1177/0002764221989781.

Licoppe, Christian. 2004. "'Connected' Presence: The Emergence of a New Repertoire for Managing Social Relationships in a Changing Communication Technoscape." *Environment and Planning D: Society and Space* 22(1):135-56. https://doi.org/10.1068/d323t.

Licoppe, Christian, and Julien Figeac. 2015. "Direct Video Observation of the Uses of Smartphone on the Move: Reconceptualizing Mobile Multi-Activity." Pp. 48-4 in *Mobility and Locative Media: Mobile Communication in Hybrid Spaces*, edited by A. de Souza e Silva and M. Sheller. Abingdon: Routledge.

Licoppe, Christian, and Zbigniew Smoreda. 2005. "Are Social Networks Technologically Embedded? How Networks Are Changing Today with Changes in Communication Technology." *Social Networks* 27(4):317-35. https://doi.org/10.1016/j.socnet.2004.11.001.

Lim, Sun Sun. 2015. "On Stickers and Communicative Fluidity in Social Media." *Social Media + Society* 1(1). https://doi.org/10.1177/2056305115578137.

Ling, Rich. 2016. "Soft Coercion: Reciprocal Expectations of Availability in the Use of Mobile Communication." *First Monday* 21(9). https://doi.org/10.5210/fm.v21i9.6814.

Ling, Rich, and Chih-Hui Lai. 2016. "Microcoordination 2.0: Social Coordination in the Age of Smartphones and Messaging Apps." *Journal of Communication* 66(5):834-56. https://doi.org/10.1111/jcom.12251.

Liu, Alicia. 2018. "Death By a Thousand Pings: The Hidden Side of Using Slack." *Counter Intuition*. Retrieved March 24, 2022. https://medium.com/counter-intuition/the-hidden-side-of-using-slack-2443d9b66f8a.

Liu, Chuncheng. 2019. "Multiple Social Credit Systems in China." *Economic Sociology: The European Electronic Newsletter* 21(1):22-32.

Lobel, Orly. 2016. "The Law of the Platform." *Minnesota Law Review* 101:87-166.

Lobo, Sascha. 2014. "Auf dem Weg in die Dumpingholle." *Der Spiegel*, September 3.

Locke, John L. 2010. *Eavesdropping: An Intimate History*. Oxford; New York: Oxford

University Press.

Loubere, Nicholas, and Stefan Brehm. 2018. "The Global Age of Algorithm: Social Credit and the Financialisation of Governance in China." *Chinoiresie*, May 8. https://www.chinoiresie.info/the-global-age-of-algorithm-social-credit-and-the-financialisation-of-governance-in-china/.

Lovink, Geert. 2008. "Society of the Query: The Googlization of Our Lives." *Future Non Stop*. Retrieved June 28, 2021. http://future-nonstop.org/c/4449020673d4bb73efe4bbfbd49f45ca.

Lovink, Geert, and Nathaniel Tkacz. 2015. "Moneylab: Sprouting New Digital-Economic Forms." Pp. 14-8 in *Moneylab Reader: An Intervention in Digital Economy*, edited by G. Lovink, N. Tkacz, and P. de Vries. Amsterdam: Institute of Network Cultures.

Lupton, Deborah. 2016. *The Quantified Self. Malden*, MA: Polity.

Lury, Celia, and Sophie Day. 2019. "Algorithmic Personalization as a Mode of Individuation." *Theory, Culture & Society* 36(2):17-37. https://doi.org/10.1177/0263276418818888.

Lynden, James. 2018. "Why Mood Matters in a Digital World." *Medium*, October 9. https://medium.com/@jameslynden/markets-of-mood-in-a-digital-world-f71b67c38a29.

Mackenzie, Adrian. 2018. "48 Million Configurations and Counting: Platform Numbers and Their Capitalization." *Journal of Cultural Economy* 11(1):36-53. doi: 10.1080/17530350.2017.1393443.

MacKenzie, Donald A. 2006. *An Engine, Not a Camera: How Financial Models Shape Markets*. Cambridge, MA: The MIT Press.

MacKenzie, Donald. 2021. "Cookies, Pixels and Fingerprints." *London Review of Books*, April 1.

MacKenzie, Donald. 2022. "Blink, Bid, Buy." *London Review of Books*, May 12.

Magaudda, Paolo. 2011. "When Materiality 'Bites Back': Digital Music Consumption Practices in the Age of Dematerialization." *Journal of Consumer Culture* 11(1): 15-36. doi: 10.1177/1469540510390499.

Mair, Peter. 2002. "Populist Democracy vs Party Democracy." Pp. 81-8 in *Democracies and the Populist Challenge*, edited by Y. Meny and Y. Surel. London: Palgrave Macmillan.

Maly, Ico. 2022. "Populism as a Mediatized Communicative Relation: The Birth of Algorithmic Populism." Pp. 33-8 in *Applied Linguistics and Politics*, edited by C. W. Chun. London: Bloomsbury Academic.

Mann, Monique, Peta Mitchell, and Marcus Foth. 2021. "Between Surveillance and Technological Solutionism: A Critique of 'Privacy-Preserving' Apps for COVID-19 Contact-Tracing." Available at SSRN. https://papers.ssrn.com/abstract=3717370

Mann, Steve, and Joseph Ferenbok. 2013. "New Media and the Power Politics of Sousveillance in a Surveillance-Dominated World." *Surveillance & Society* 11 (1/2):18-34.

Mannell, Kate. 2019. "A Typology of Mobile Messaging's Disconnective Affordances." *Mobile Media & Communication* 7(1):76-93. https://doi.org/10.1177/2050157918772864.

Manning, Nathan, Ruth Penfold-Mounce, Brian D. Loader, Ariadne Vromen, and Michael Xenos. 2017. "Politicians, Celebrities and Social Media: A Case of Informalisation?" *Journal of Youth Studies* 20(2):127-44. doi: 10.1080/13676261.2016.1206867.

Manokha, Ivan. 2019. "New Means of Workplace Surveillance." *Monthly Review*, February 1.

Manzerolle, Vincent, and Michael Daubs. 2021. "Friction-Free Authenticity: Mobile Social Networks and Transactional Affordances." *Media, Culture & Society* 43(7):1279-96. doi: 10.1177/0163443721999953.

Markowitz, Dale. 2017. "The Future of Online Dating is Unsexy and Brutally Effective." *Gizmodo*. https://gizmodo.com/the-future-of-online-dating-is-unsexy-and-brutally-effe-1819781116.

Markus, Hazel, and Paula Nurius. 1986. "Possible Selves." *American Psychologist* 41(9):954-69. https://doi.org/10.1037/0003-066X.41.9.954.

Marwick, Alice. 2005. "Selling Your Self: Online Identity in the Age of a Commodified Internet." MA Thesis, University of Washington.

Marwick, Alice. 2010. "Status Update: Celebrity, Publicity and Self-Branding in Web 2.0." PhD Dissertation, University of Washington.

Marwick, Alice. 2012. "The Public Domain: Social Surveillance in Everyday Life." *Surveillance & Society* 9(4):378-93.

Marwick, Alice. 2016. "You May Know Me From YouTube: (Micro)-Celebrity in Social Media." Pp. 333-0 in *A Companion to Celebrity*, edited by P. David Marshall and Sean Redmond. Chichester: John Wiley & Sons.

Marwick, Alice. 2018. "Why Do People Share Fake News? A Sociotechnical Model of Media Effects." *Georgetown Law Technology Review* 2:474-512.

Marwick, Alice, and danah boyd. 2011a. "I Tweet Honestly, I Tweet Passionately: Twitter Users, Context Collapse, and the Imagined Audience." *New Media & Society* 13(1):114-33.

Marwick, Alice, and danah boyd. 2011b. "To See and Be Seen: Celebrity Practice on

Twitter." *Convergence* 17(2):139-58. https://doi.org/10.1177/1354856510394539.

Marx, Gary T. 1988. *Undercover: Police Surveillance in America*. Berkeley: University of California Press.

Mascheroni, Giovanna, and Jane Vincent. 2016. "Perpetual Contact as a Communicative Affordance: Opportunities, Constraints, and Emotions." *Mobile Media & Communication* 4(3):310-26. https://doi.org/10.1177/2050157916639347.

Mascheroni, Giovanna, Jane Vincent, and Estefania Jimenez. 2015. "'Girls Are Addicted to Likes So They Post Semi-Naked Selfies': Peer Mediation, Normativity and the Construction of Identity Online." *Cyberpsychology: Journal of Psychosocial Research on Cyberspace* 9(1). https://doi.org/10.5817/CP2015-1-5.

Massanari, Adrienne. 2017. "#Gamergate and The Fappening: How Reddit's Algorithm, Governance, and Culture Support Toxic Technocultures." *New Media & Society* 19(3):329-46. doi: 10.1177/1461444815608807.

Matarić, Maja J. 2017. "Socially Assistive Robotics: Human Augmentation versus Automation." *Science Robotics* 2(4). doi: 10.1126/scirobotics.aam5410.

Mateescu, Alexandra, and Aiha Nguyen. 2019. "Workplace Monitoring & Surveillance." *Data & Society Research Institute*. https://datasociety.net/wp-content/uploads/2019/02/DS_Workplace_Monitoring_Surveillance_Explainer.pdf.

Matei, Sorin. 2005. "From Counterculture to Cyberculture: Virtual Community Discourse and the Dilemma of Modernity." *Journal of Computer-Mediated Communication* 10(3). doi: 10.1111/j.1083-6101.2005.tb00262.x.

Matsuda, Keiichi. 2016. "Hyper-Reality." Retrieved November 19, 2021. http://hyper-reality.co/.

Mattioli, Dana. 2020. "Amazon Scooped Up Data From its Own Sellers to Launch Competing Products." *Wall Street Journal*, April 24.

Mattioli, Dana, and Joe Flint. 2021. "Amazon Coerces Partners by Using its Broad Reach -Technology Giant Strong-Arms Vendors in One Market to Engage with it in Others." *Wall Street Journal*, April 15.

Mau, Steffen. 2019. *The Metric Society: On the Quantification of the Social*. Cambridge, UK: Medford, MA: Polity.

Mauss, Marcel. 2002 [1925]. *The Gift: The Form and Reason for Exchange in Archaic Societies*. London: Routledge.

Maxwell, Samantha. 2017. "Google's Smart Reply: Convenience Over Connection." *The Technoskeptic*, December 20.

Mayer-Schonberger, Viktor, and Kenneth Cukier. 2013. *Big Data: A Revolution That Will Transform How We Live, Work, and Think*. Boston, MA: Houghton Mifflin Harcourt.

Mazzoleni, Gianpietro. 2008. "Mediatization of Politics." Pp. 3047-1 in *The International Encyclopedia of Communication*, Vol. vii, edited by W. Donsbach. Malden, MA: Blackwell.

Mazzoleni, Gianpietro, and Winfried Schulz. 1999. "'Mediatization' of Politics: A Challenge for Democracy?" *Political Communication* 16(3):247-61. doi: 10.1080/105846099198613.

McCabe, David, and Adam Satariano. 2022. "The Era of Borderless Data is Ending." *The New York Times*, May 23.

McGuigan, Jim. 2009. *Cool Capitalism*. London: Pluto.

McGuigan, Jim. 2014. "The Neoliberal Self." *Culture Unbound: Journal of Current Cultural Research* 6(1):223-40. https://doi.org/10.3384/cu.2000.1525.146223.

McRae, Sarah. 2017. "'Get Off My Internets': How Anti-Fans Deconstruct Lifestyle Bloggers' Authenticity Work." *Persona Studies* 3(1):13. https://doi.org/10.21153/ps2017vol3no1art640.

McStay, Andrew. 2018. *Emotional AI: The Rise of Empathic Media*. London: Sage.

Mead, George Herbert. 1934. *Mind, Self, and Society: From the Standpoint of a Social Behaviorist*. Edited by Charles W. Morris. Chicago, IL: University of Chicago Press.

Mede, Niels G., and Mike S. Schafer. 2020. "Science-Related Populism: Conceptualizing Populist Demands toward Science." *Public Understanding of Science* 29(5):473-91. doi: 10.1177/0963662520924259.

Mennicken, Andrea, and Wendy Nelson Espeland. 2019. "What's New with Numbers? Sociological Approaches to the Study of Quantification." *Annual Review of Sociology* 45:223-45. doi: 10.1146/annurev-soc-073117-041343.

Mennicken, Andrea, and Robert Salais, eds. 2022. *The New Politics of Numbers: Utopia, Evidence and Democracy*. Cham: Springer International.

Merchant, Brian. 2021a. "The Metaverse Has Always Been a Dystopian Idea." *Vice*. Retrieved September 12, 2021. https://www.vice.com/en/article/v7eqbb/the-metaverse-has-always-been-a-dystopia.

Merchant, Brian. 2021b. "The Real Reason Facebook Changed its Name." *The Atlantic*, October 28.

Meta. 2022. "Meta Reports Fourth Quarter and Full Year 2021 Results." https://s21.q4cdn.com/399680738/files/doc_financials/2021/q4/FB-12.31.2021-Exhibit-99.1-Final.pdf.

Mewburn, Inger, and Pat Thomson. 2018. "Towards an Academic Self?: Blogging during the Doctorate." Pp. 20-5 in *The Digital Academic: Critical Perspectives on Digital Technologies* in Higher Education, edited by Deborah Lupton, Inger

Mewburn, and Pat Thomson. Abingdon; New York: Routledge.

Meyrowitz, Joshua. 1985. *No Sense of Place: The Impact of Electronic Media on Social Behavior.* New York: Oxford University Press.

Microsoft. 2021a. "Converging the Physical and Digital with Digital Twins, Mixed Reality, and Metaverse Apps." Retrieved November 28, 2021. https://azure.microsoft.com/en-us/blog/converging-the-physical-and-digital-with-digital-twins-mixed-reality-and-metaverse-apps/.

Microsoft. 2021b. "What is Microsoft's Metaverse?" Retrieved November 28, 2021. https://www.youtube.com/watch?v=Qw6UCwCt4bE.

Miller, Peter, and Nikolas S. Rose. 2008. *Governing the Present: Administering Economic, Social and Personal Life.* Cambridge, UK; Malden, MA: Polity.

Miller, Vincent. 2008. "New Media, Networking and Phatic Culture." *Convergence* 14(4):387-400. https://doi.org/10.1177/1354856508094659.

Milner, Ryan M. 2016. *The World Made Meme: Public Conversations and Participatory Media.* Cambridge, MA: The MIT Press.

Miltner, Kate M., and Tim Highfield. 2017. "Never Gonna GIF You Up: Analyzing the Cultural Significance of the Animated GIF." *Social Media + Society* 3(3). doi: 10.1177/2056305117725223.

Mittelstadt, Brent Daniel, Patrick Allo, Mariarosaria Taddeo, Sandra Wachter, and Luciano Floridi. 2016. "The Ethics of Algorithms: Mapping the Debate." *Big Data & Society* 3(2). https://doi.org/10.1177/2053951716679679.

Monserrate, Steven Gonzalez. 2022. "The Cloud is Material: On the Environmental Impacts of Computation and Data Storage." *MIT Case Studies in Social and Ethical Responsibilities of Computing,* January 27. doi: 10.21428/2c646de5.031d4553.

Morley, David. 1993. "Active Audience Theory: Pendulums and Pitfalls." *Journal of Communication* 43(4):13-19. doi: 10.1111/j.1460-2466.1993.tb01299.x.9781509554522_

Morozov, Evgeny. 2013a. *To Save Everything, Click Here: The Folly of Technological Solutionism.* New York: Public Affairs.

Morozov, Evgeny. 2013b. "Machines of Laughter and Forgetting." *The New York Times,* March 30.

Morozov, Evgeny. 2014. "The Rise of Data and the Death of Politics." *The Guardian,* July 19.

Morozov, Evgeny. 2019. "Capitalism's New Clothes." *The Baffler.* Retrieved December 26, 2021. https://thebaffler.com/latest/capitalisms-new-clothes-morozov.

Morozov, Evgeny. 2020. "The Tech 'Solutions' for Coronavirus Take the Surveillance

State to the Next Level." *The Guardian*, April 15.

Morozov, Evgeny. 2022. "Web3: A Map in Search of Territory." *The Crypto Syllabus*. Retrieved January 17, 2022. https://the-crypto-syllabus.com/web3-a-map-in-search-of-territory/.

Moskowitz, Daniel J. 2021. "Local News, Information, and the Nationalization of U.S. Elections." *American Political Science Review* 115(1):114-29. doi: 10.1017/S0003055420000829.

Mozur, Paul. 2019. "One Month, 500,000 Face Scans: How China is Using A.I. to Profile a Minority." *The New York Times*, April 14.

Muise, Amy, Emily Christofides, and Serge Desmarais. 2009. "More Information than You Ever Wanted: Does Facebook Bring Out the Green-Eyed Monster of Jealousy?" *Cyberpsychology & Behavior: The Impact of the Internet, Multimedia and Virtual Reality on Behavior and Society* 12(4):441-4. https://doi.org/10.1089/cpb.2008.0263.

Muller, Jerry Z. 2018. *The Tyranny of Metrics*. Princeton, NJ: Princeton University Press.

Munger, Kevin. 2020a. "GPT-3: Informational Hyper-Inflation." Never Met a Science, August 20. https://kevinmunger.substack.com/p/gpt-3-informational-hyper-inflation?s=r.

Munger, Kevin. 2020b. "Theorizing TikTok." Never Met a Science, July 26. https://kevinmunger.substack.com/p/theorizing-tiktok?s=r.

Munger, Kevin. 2021. "Hello Goodbye." *Real Life*, April 12.

Munger, Kevin, and Joseph Phillips. 2022. "Right-Wing YouTube: A Supply and Demand Perspective." *The International Journal of Press/Politics* 27(1):186-219. doi: 10.1177/1940161220964767.

Nafus, Dawn, and Jamie Sherman. 2014. "This One Does Not Go Up to 11: The Quantified Self Movement as an Alternative Big Data Practice." *International Journal of Communication* 8:1784-94.

Nagle, Angela. 2017. *Kill All Normies: Online Culture Wars From 4Chan and Tumblr To Trump and the Alt-Right*. Winchester, UK; Washington, US: Zero Books.

Nagle, Frank, Robert Seamans, and Steven Tadelis. 2020. "Transaction Cost Economics in the Digital Economy: A Research Agenda." Available at SSRN. doi: 10.2139/ssrn.3661856.

Nakamura, Lisa. 2002. *Cybertypes: Race, Ethnicity, and Identity on the Internet*. London: Routledge.

Nash, Catherine J., and Andrew Gorman-Murray, eds. 2019. *The Geographies of Digital Sexuality*. Singapore: Springer Singapore.

Negroponte, Nicholas. 1995. *Being Digital.* New York: Knopf.

Nelson, Michelle R. 2008. "The Hidden Persuaders: Then and Now." *Journal of Advertising* 37(1):113-26. https://doi.org/10.2753/JOA0091-3367370109.

New York Times Editorial Board. 2020. "The Most Patriotic Thing You Can Do Right Now." *The New York Times,* May 24.

Newman, Andy. 2019. "I Found Work on an Amazon Website. I Made 97 Cents an Hour." *The New York Times,* November 15.

Newton, Casey. 2021. "Mark in the Metaverse: Facebook's CEO on Why the Social Network Is Becoming 'a Metaverse Company.'" *The Verge.* Retrieved November 11, 2021. https://www.theverge.com/22588022/mark-zuckerberg-facebook-ceo-metaverse-interview.

Nguyen, C. Thi. 2021. "How Twitter Gamifies Communication." Pp. 410-6 in *Applied Epistemology,* edited by J. Lackey. Oxford: Oxford University Press.

Nguyen, Terry. 2021. "Online Shopping Changed, and We Barely Noticed." *Vox.* Retrieved May 11, 2021. https://www.vox.com/the-goods/22412098/social-commerce-explainer.

Nguyen, Terry. 2022. "The Empty Promise of Instant Delivery." *Vox.* Retrieved January 20, 2022. https://www.vox.com/the-goods/22880345/pandemic-shopper-convenience-instant-delivery.

Nieborg, David B., and Anne Helmond. 2019. "The Political Economy of Facebook's Platformization in the Mobile Ecosystem: Facebook Messenger as a Platform Instance." *Media, Culture & Society* 41(2):196-218. doi: 10.1177/0163443718818384.

Nieborg, David B., and Thomas Poell. 2018. "The Platformization of Cultural Production: Theorizing the Contingent Cultural Commodity." *New Media & Society* 20(11):4275-92. doi: 10.1177/1461444818769694.

Nippert-Eng, Christena E. 1996. *Home and Work: Negotiating Boundaries through Everyday Life.* Chicago, IL: University of Chicago Press.

O'Dwyer, Rachel. 2020. "Limited Edition: Producing Artificial Scarcity for Digital Art on the Blockchain and its Implications for the Cultural Industries." *Convergence* 26(4):874-94. doi: 10.1177/1354856518795097.

O'Hara, Kenton P., Michael Massimi, Richard Harper, Simon Rubens, and Jessica Morris. 2014. "Everyday Dwelling with WhatsApp." Pp. 1131-3 in *Proceedings of the 17th ACM Conference on Computer Supported Cooperative Work & Social Computing - CSCW '14.* Baltimore: ACM Press. https://doi.org/10.1145/2531602.2531679.

O'Reilly, Seamas. 2019. "How Smart Are Gmail's 'Smart Replies'?" *The Guardian,*

February 17. https://www.theguardian.com/technology/2019/feb/17/gmail-smart-replies-seamas -o-reilly.

Oakeshott, Michael. 1991. *Rationalism in Politics and Other Essays.* Indianapolis, IN: Liberty Fund.

Ocean, Neel. 2017. "Digital Goods as Public Goods." *Neelocean.com.* Retrieved March 1, 2021. https://www.neelocean.com/digital-goods-as-public-goods/.

Orlikowski, Wanda J., and Susan V. Scott. 2014. "What Happens When Evaluation Goes Online? Exploring Apparatuses of Valuation in the Travel Sector." *Organization Science* 25(3):868-91. doi: 10.1287/orsc.2013.0877.

Ostiguy, Pierre. 2009. "The High and the Low in Politics: A Two-Dimensional Political Space for Comparative Analysis and Electoral Studies." Kellogg Institute, Working Paper No. 360.

Palmer, Annie. 2021. "Amazon is Spending Big to Take on UPS and FedEx." *CNBC,* April 30.

Pamungkas, Endang Wahyu. 2019. "Emotionally-Aware Chatbots: A Survey." *ArXiv.* http://arxiv.org/abs/1906.09774.

Papacharissi, Zizi. 2015. *Affective Publics: Sentiment, Technology, and Politics.* Oxford: Oxford University Press.

Pardes, Arielle. 2017. "What My Personal Chat Bot is Teaching Me About AI's Future." *Wired,* November 12.

Park, Gene. 2020. "Silicon Valley is Racing to Build the next Version of the Internet. Fortnite Might Get There First." *Washington Post,* April 17.

Parker, Geoffrey G., Marshall W. Van Alstyne, and Sangeet Paul Choudary. 2016. *Platform Revolution: How Networked Markets Are Transforming the Economy and How to Make Them Work for You.* New York: W. W. Norton & Company.

Pasquale, Frank. 2015. *The Black Box Society: The Secret Algorithms That Control Money and Information.* Cambridge, MA: Harvard University Press.

Pauli, Tobias, Erwin Fielt, and Martin Matzner. 2021. "Digital Industrial Platforms." *Business & Information Systems Engineering* 63(2):181-90. doi: 10.1007/s12599-020-00681-w.

Pendergrast, Kelly. 2019. "Ill at Ease." Real Life. Retrieved January 26, 2022. https://reallifemag.com/ill-at-ease/.

Perez, Sarah. 2021. "Facebook and Instagram Will Now Allow Users to Hide 'Like' Counts on Posts." *TechCrunch.* Retrieved April 3, 2022. https://social.techcrunch.com/2021/05/26/facebook-and-instagram-will-now-allow-users-to-hide-like-counts-on-posts/.

Peri, Yoram. 2004. *Telepopulism: Media and Politics in Israel.* Stanford, CA: Stanford University Press.

Peters, Tom. 1997. “The Brand Called You.” Fast Company, August 31. https://www.fastcompany.com/28905/brand-called-you.

Peterson, Richard A. 1997. *Creating Country Music: Fabricating Authenticity.* Chicago, IL: University of Chicago Press.

Phillips, Whitney. 2015. *This is Why We Can't Have Nice Things: Mapping the Relationship between Online Trolling and Mainstream Culture.* Cambridge, MA: The MIT Press.

Picone, Ike, Jelena Kleut, Tereza Pavličkova, Bojana Romic, Jannie Moller Hartley, and Sander De Ridder. 2019. “Small Acts of Engagement: Reconnecting Productive Audience Practices with Everyday Agency.” *New Media & Society* 21(9):2010-28. doi: 10.1177/1461444819837569.

Pielot, Martin, Tilman Dingler, Jose San Pedro, and Nuria Oliver. 2015. “When Attention is Not Scarce - Detecting Boredom from Mobile Phone Usage.” Pp. 825-6 in *Proceedings of the 2015 ACM International Joint Conference on Pervasive and Ubiquitous Computing-UbiComp '15.* Osaka, Japan: ACM Press. https://dl.acm.org/doi/10.1145/2750858.2804252.

Pies, Ronald. 2009. “Should DSM-V Designate ‘Internet Addiction’ a Mental Disorder?” *Psychiatry (Edgmont)* 6(2):31-7.

Pignataro, Juliana Rose. 2017. “Artificial Intelligence Dating is the Future, Tinder Co-Founder Says.” *International Business Times,* April 3.

Pine, Joseph P., II, and James H. Gilmore. 1998. “Welcome to the Experience Economy.” *Harvard Business Review,* August.

Plantin, Jean-Christophe, Carl Lagoze, Paul N. Edwards, and Christian Sandvig. 2018. “Infrastructure Studies Meet Platform Studies in the Age of Google and Facebook.” *New Media & Society* 20(1):293-310. doi: 10.1177/1461444816661553.

Plantin, Jean-Christophe, and Aswin Punathambekar. 2019. “Digital Media Infrastructures: Pipes, Platforms, and Politics.” *Media, Culture & Society* 41(2):163-74. doi: 10.1177/0163443718818376.

Pongratz, Hans J., and G. Gunter Vos. 2003. “From Employee to ‘Entreployee’: Towards a ‘Self-Entrepreneurial’ Work Force?” Concepts and Transformation 8(3):239-54. https://doi.org/10.1075/cat.8.3.04pon.

Prior, Lindsay. 2003. “Belief, Knowledge and Expertise: The Emergence of the Lay Expert in Medical Sociology.” *Sociology of Health & Illness* 25(3):41-57. doi: 10.1111/1467-9566.00339.

Public Domain Review. n.d. “Yellow Journalism: The ‘Fake News’ of the 19th Century." *The Public Domain Review*. Retrieved November 5, 2021. https://publicdomainreview.org/collection/yellow-journalism-the-fake-news-of-the-19th-century/.9781509554522_

Puro, Jukka-Pekka. 2002. "Finland: A Mobile Culture." Pp. 19-9 in *Perpetual Contact: Mobile Communication, Private Talk, Public Performance*, edited by James E. Katz and Mark Aakhus. Cambridge; New York: Cambridge University Press.

Quandt, Thorsten. 2012. "What's Left of Trust in a Network Society? An Evolutionary Model and Critical Discussion of Trust and Societal Communication." *European Journal of Communication* 27(1):7-21.

Quito, Anne. 2015. "The Next Design Trend is One That Eliminates All Choices." *Quartz*. Retrieved April 19, 2020. https://qz.com/429929/the-next-design-trend-is-one-that-eliminates-all-choices/.

Rahman, K. Sabeel. 2018. "The New Utilities: Private Power, Social Infrastructure, and the Revival of the Public Utility Concept." *Cardozo Law Review* 39:1621-89.

Rahman, K. Sabeel, and Kathleen Thelen. 2019. "The Rise of the Platform Business Model and the Transformation of Twenty-First-Century Capitalism." *Politics & Society* 47(2):177-204. doi: 10.1177/0032329219838932.

Rainie, Harrison, and Barry Wellman. 2012. *Networked: The New Social Operating System*. Cambridge, MA: The MIT Press.

Rashid, Raphael. 2021. "South Korea Cuts Human Interaction in Push to Build 'Untact' Society." *The Guardian*, December 10.

Rauch, Jonathan. 2021. *The Constitution of Knowledge: A Defense of Truth*. Washington, DC: Brookings Institution Press.

Ravenelle, Alexandrea J. 2019. *Hustle and Gig: Struggling and Surviving in the Sharing Economy*. Oakland, CA: University of California Press.

Reich, Jennifer A. 2016. *Calling the Shots: Why Parents Reject Vaccines*. New York: New York University Press.

Reich, Rob, Mehran Sahami, and Jeremy M. Weinstein. 2021. *System Error: Where Big Tech Went Wrong and How We Can Reboot*. New York: HarperCollins.

Resch, Magnus, and Stefan Heidenreich. 2019. "What the Art World Can Do to Make Art Accessible to More People." *Artsy*. Retrieved April 26, 2021. https://www.ashartsy.net/article/artsy-editorial-art-art-accessible-people.

Rettberg, Jill Walker. 2014. Seeing *Ourselves Through Technology: How We Use Selfies, Blogs and Wearable Devices to See and Shape Ourselves*. Basingstoke: Palgrave Macmillan.

Rettie, Ruth. 2009a. "Mobile Phone Communication: Extending Goffman to Mediated Interaction." *Sociology* 43(3):421-38. https://doi.org/10.1177/0038038509103197.

Rettie, Ruth. 2009b. "SMS: Exploiting the Interactional Characteristics of Near-Synchrony." *Information, Communication & Society* 12(8):1131-48. https://doi.org/10.1080/13691180902786943.

Reyburn, Scott. 2021. "JPG File Sells for $69 Million, as 'NFT Mania' Gathers Pace." *The New York Times*, March 11.

Rheingold, Howard. 2008. "Virtual Communities-Exchanging Ideas through Computer Bulletin Boards." *Journal for Virtual Worlds Research* 1(1). https://doi.org/10.4101/jvwr.v1i1.293.

Rifkin, Jeremy. 2014. *The Zero Marginal Cost Society: The Internet of Things, the Collaborative Commons, and the Eclipse of Capitalism*. New York: Palgrave Macmillan.

Ritzer, George, and Nathan Jurgenson. 2010. "Production, Consumption, Prosumption: The Nature of Capitalism in the Age of the Digital 'Prosumer.'" *Journal of Consumer Culture* 10(1):13-36. doi: 10.1177/1469540509354673.

Robb, Michael B. 2019. "Screens and Sleep: The New Normal: Parents, Teens, Screens, and Sleep in the United States." San Francisco: Common Sense Media. https://www.commonsensemedia.org/research/the-new-normal-parents-teens-screens-and-sleep.

Roberts, Margaret E. 2018. *Censored: Distraction and Diversion Inside China's Great Firewall*. Princeton, NJ: Princeton University Press.

Roberts, Sarah T. 2019. *Behind the Screen: Content Moderation in the Shadows of Social Media*. New Haven, CT: Yale University Press.

Robinson, Laura. 2007. "The Cyberself: The Self-Ing Project Goes Online, Symbolic Interaction in the Digital Age." *New Media & Society* 9(1):93-110. https://doi.org/10.1177/1461444807072216.

Robinson, M. J. 2017. *Television on Demand: Curatorial Culture and the Transformation of TV*. New York: Bloomsbury Academic.

Rochet, Jean-Charles, and Jean Tirole. 2003. "Platform Competition in Two-Sided Markets." *Journal of the European Economic Association* 1(4):990-1029. doi: 10.1162/154247603322493212.

Roettgers, Janko. 2021. "VR Wants to Save the Live Music Business, One Avatar at a Time." *Protocol*, March 26.

Rohrlich, Justin. 2019. "Online 'People Finder' Sites Are a Blessing for Identity Thieves." *Quartz*. Retrieved March 25, 2022. https://qz.com/1690801/background-check-sites-like-truthfinder-are-great-for-identity-thieves/.

Romer, Paul. 2019. "A Tax to Fix Big Tech." *New York Times*, May 7.

Rona-Tas, Akos. 2020. "Predicting the Future: Art and Algorithms." *Socio-Economic*

Review 18(3):893-911. doi: 10.1093/ser/mwaa040.

Roose, Kevin. 2018. "Is Tech Too Easy to Use?" *The New York Times*, December 12.

Rosa, Hartmut. 2013. *Social Acceleration: A New Theory of Modernity*. New York: Columbia University Press.

Rose, Nikolas S. 1991. "Governing by Numbers: Figuring out Democracy." *Accounting, Organizations and Society* 16(7):673-92. doi: 10.1016/0361-3682(91)90019-B.

Rose, Nikolas S. 1998. *Inventing Our Selves: Psychology, Power, and Personhood*. Cambridge; New York: Cambridge University Press.

Rose, Nikolas S. 1999a. *Governing the Soul: The Shaping of the Private Self*. 2nd ed. London; New York: Free Association Books.

Rose, Nikolas S. 1999b. *Powers of Freedom: Reframing Political Thought*. Cambridge; New York: Cambridge University Press.

Rosenblat, Alex, and Luke Stark. 2016. "Algorithmic Labor and Information Asymmetries: A Case Study of Uber's Drivers." *International Journal of Communication* 10:3758-84.

Roth, Emma. 2021. "Instagram Reportedly Hit 2 Billion Active Users but Probably Won't Admit It." *The Verge*. Retrieved April 1, 2022. https://www.theverge.com/2021/12/14/22834571/instagram-2-billion-active-users.

Sacasas, L. M. 2011. "A Frictionless Life Is Also a Life Without Traction." *The Frailest Thing*. Retrieved January 29, 2022. https://thefrailestthing.com/2011/05/05/a-frictionless-life-is-also-a-life-without-traction/.

Sacasas, L. M. 2013. "From Memory Scarcity to Memory Abundance." *The Frailest Thing*. Retrieved January 2, 2022. https://thefrailestthing.com/2013/01/25/from-memory-scarcity-to-memory-abundance/.

Sacasas, L. M. 2020. "A Theory of Zoom Fatigue." *The Convivial Society*. Retrieved November 19, 2021. https://theconvivialsociety.substack.com/p/a-theory-of-zoom-fatigue.

Sacasas, L. M. 2021a. "The Insurrection Will Be Live Streamed: Notes Toward a Theory of Digitization." *The Convivial Society*, January 15.

Sacasas, L. M. 2021b. "Notes From the Metaverse." *The Convivial Society*. Retrieved September 12, 2021. https://theconvivialsociety.substack.com/p/notes-from-the-metaverse.

Sadowski, Jathan. 2019. "When Data is Capital: Datafication, Accumulation, and Extraction." *Big Data & Society* 6(1). doi: 10.1177/2053951718820549.

Satra, Henrik Skaug. 2020. "A Shallow Defence of a Technocracy of Artificial Intelligence: Examining the Political Harms of Algorithmic Governance in the Domain of Government." *Technology in Society* 62:101283. doi: 10.1016/j.tech soc.2020.101283.

Saker, M., and J. Frith. 2018. "Locative Media and Sociability: Using Location-Based Social Networks to Coordinate Everyday Life." *Architecture_MPS* 14(1). doi: 10.14324/111.444.amps.2018v14i1.001.

Salerno, Jessica M., and Liana C. Peter-Hagene. 2013. "The Interactive Effect of Anger and Disgust on Moral Outrage and Judgments." *Psychological Science* 24(10): 2069-78.

Sanden, Paul. 2019. "Rethinking Liveness in the Digital Age." Pp. 178-2 in *The Cambridge Companion to Music in Digital Culture*, edited by N. Cook, M. M. Ingalls, and D. Trippett. Cambridge: Cambridge University Press.

Sandvig, Christian. 2013. "The Internet as Infrastructure." In *The Oxford Handbook of Internet Studies*, edited by W. H. Dutton. Oxford: Oxford University Press.

Sapolsky, Robert M. 2017. *Behave: The Biology of Humans at Our Best and Worst.* New York: Penguin Press.

Saurette, Paul, and Shane Gunster. 2011. "Ears Wide Shut: Epistemological Populism, Argutainment and Canadian Conservative Talk Radio." *Canadian Journal of Political Science* 44(1):195-218. doi: 10.1017/S0008423910001095.

Sauter, Theresa. 2014. "'What's on Your Mind?' Writing on Facebook as a Tool for Self-Formation." *New Media & Society* 16(5):823-39. doi: 10.1177/1461444813495160.

Savolainen, Laura, Damian Trilling, and Dimitra Liotsiou. 2020. "Delighting and Detesting Engagement: Emotional Politics of Junk News." *Social Media + Society* 6(4). doi: 10.1177/2056305120972037.

Schandorf, Michael. 2013. "Mediated Gesture: Paralinguistic Communication and Phatic Text." *Convergence* 19(3):319-44. https://doi.org/10.1177/1354856512439501.

Schatzki, Theodore R., K. Knorr-Cetina, and Eike von Savigny, eds. 2001. *The Practice Turn in Contemporary Theory.* London; New York: Routledge.

Schmidt, Eric. 2020. "A Real Digital Infrastructure at Last." *Wall Street Journal*, March 27.

Schmidt, Florian Alexander. 2019. "Crowdsourced Production of AI Training Data: How Human Workers Teach Self-Driving Cars How to See." *Hans-Bockler-Stiftung*, Working Paper No. 155.

Scholz, Trebor. 2008. "Market Ideology and the Myths of Web 2.0." *First Monday* 3(3). doi: 10.5210/fm.v13i3.2138.

Schor, Juliet. 2020. *After the Gig: How the Sharing Economy Got Hijacked and How to Win it Back.* Oakland, CA: University of California Press.

Schor, Juliet B., and William Attwood-Charles. 2017. "The 'Sharing' Economy: Labor, Inequality, and Social Connection on for-Profit Platforms." *Sociology Compass* 11(8):e12493. doi: https://doi.org/10.1111/soc4.12493.

Schor, Juliet B., and Steven P. Vallas. 2021. "The Sharing Economy: Rhetoric and Reality." *Annual Review of Sociology* 47: 369-89. doi: 10.1146/annurev-soc-082620-031411.

Schrape, Jan-Felix. 2019. "The Promise of Technological Decentralization: A Brief Reconstruction." *Society* 56(1):31-7. doi: 10.1007/s12115-018-00321-w.

Schrock, Andrew Richard. 2015. "Communicative Affordances of Mobile Media: Portability, Availability, Locatability, and Multimediality." *International Journal of Communication* 9:1229-46.

Schull, Natasha Dow. 2012. *Addiction by Design: Machine Gambling in Las Vegas*. Princeton, NJ: Princeton University Press.

Schull, Natasha Dow. 2016. "Data for Life: Wearable Technology and the Design of Self-Care." *BioSocieties* 11(3):317-33. https://doi.org/10.1057/biosoc.2015.47.

Schull, Natasha Dow. 2019. "Self in the Loop: Bits, Patterns, and Pathways in the Quantified Self." Pp. 25-8 in *A Networked Self and Human Augmentics, Artificial Intelligence, Sentience*, edited by Zizi Papacharissi. New York: Routledge.

Schwartz, Barry. 2004. *The Paradox of Choice: Why More is Less*. New York: Ecco.

Schwartz, Mattathias. 2008. "The Trolls Among Us." *The New York Times,* August 3. https://www.nytimes.com/2008/08/03/magazine/03trolls-t.html.

Schwarz, Jonas Andersson. 2017. "Platform Logic: An Interdisciplinary Approach to the Platform-Based Economy." *Policy & Internet* 9(4):374-94. doi: https://doi.org/10.1002 /poi3.159.

Schwarz, Ori. 2011. "Who Moved My Conversation? Instant Messaging, Intertextuality and New Regimes of Intimacy and Truth." *Media, Culture & Society* 33(1):71-87. https://doi.org/10.1177/0163443710385501.

Schwarz, Ori. 2012. "The New Hunter-Gatherers: Making Human Interaction Productive in the Network Society." *Theory, Culture & Society* 29(6):78-98. https://doi.org/10.1177/0263276412452619.

Schwarz, Ori. 2014. "The Past Next Door: Neighbourly Relations with Digital Memory-Artefacts." *Memory Studies* 7(1):7-21. doi: 10.1177/1750698013490591.

Schwarz, Ori. 2021. *Sociological Theory for Digital Society: The Codes That Bind Us Together*. Cambridge, UK; Medford, MA: Polity.

Schwarz, Ori, and Guy Shani. 2016. "Culture in Mediated Interaction: Political Defriending on Facebook and the Limits of Networked Individualism." *American Journal of Cultural Sociology* 4(3):385-421. doi: 10.1057/s41290-016-0006-6.

Scott, James C. 1998. *Seeing like a State: How Certain Schemes to Improve the Human Condition Have Failed.* New Haven, CT: Yale University Press.

Scott, Mark, and Laura Kayali. 2020. “What Happened When Humans Stopped Managing Social Media Content.” *POLITICO*, October 21.

Sekalala, Sharifah, Stephanie Dagron, Lisa Forman, and Benjamin Mason Meier. 2020. “Analyzing the Human Rights Impact of Increased Digital Public Health Surveillance during the COVID-19 Crisis.” *Health and Human Rights Journal* 22(2):7-20.

Senft, Gunter. 2014. *Understanding Pragmatics.* Abingdon: Routledge.

Serrano-Puche, Javier. 2021. “Digital Disinformation and Emotions: Exploring the Social Risks of Affective Polarization.” *International Review of Sociology* 31 (2):231-45. doi: 10.1080/03906701.2021.1947953.

Settle, Jaime E. 2018. *Frenemies: How Social Media Polarizes America.* Cambridge; New York: Cambridge University Press.

Seymour, Richard. 2020. *The Twittering Machine.* London: Verso.

Shao, Chengcheng, Giovanni Luca Ciampaglia, Onur Varol, Kai-Cheng Yang, Alessandro Flammini, and Filippo Menczer. 2018. “The Spread of Low-Credibility Content by Social Bots.” *Nature Communications* 9(1):1-9. doi: 10.1038/s41467-018-06930-7.

Shapin, Steven. 2019. “Is There a Crisis of Truth?” *Los Angeles Review of Books*, December 2.

Sharma, Bhakti, Susanna S. Lee, and Benjamin K. Johnson. 2022. “The Dark at the End of the Tunnel: Doomscrolling on Social Media Newsfeeds.” *Technology, Mind, and Behavior* 3(1). doi: 10.1037/tmb0000059.

Sharon, Tamar. 2017. “Self-Tracking for Health and the Quantified Self: Re-Articulating Autonomy, Solidarity, and Authenticity in an Age of Personalized Healthcare.” *Philosophy & Technology* 30(1):93-121. https://doi.org/10.1007/s13347-016-0215-5.

Sharon, Tamar. 2020. “Blind-Sided by Privacy? Digital Contact Tracing, the Apple/Google API and Big Tech’s Newfound Role as Global Health Policy Makers.” *Ethics and Information Technology* 23:45-57. doi: 10.1007/s10676-020-09547-x.

Shifman, Limor. 2014. *Memes in Digital Culture.* Cambridge, MA: The MIT Press.

Shirky, Clay. 2008. *Here Comes Everybody: The Power of Organizing Without Organizations.* New York: Penguin Books.

Shirky, Clay. 2014. “Why I Just Asked My Students To Put Their Laptops Away….” *Medium.* Retrieved February 8, 2015. https://medium.com/@cshirky/why-i-just-asked-my-students-to-put-their-laptops-away-7f5f7c50f368.

Shove, Elizabeth. 2012. "Comfort and Convenience: Temporality and Practice." Pp. 289-06 in *The Oxford Handbook of the History of Consumption,* edited by F. Trentmann. Oxford: Oxford University Press.

Silverman, Jacob. 2022. "Bitcoin Goes to War." *The New Republic*, March 3.

Silverstein, Drew. 2019. "How Technology Can Democratize Music." TEDx. https://www.ted.com/talks/drew_silverstein_how_technology_can_democratize_music.

Simmel, Georg. 1950 [1903]. "The Metropolis and Mental Life." Pp. 409-4 in *The Sociology of Georg Simmel,* edited by K. H. Wolff. New York: Free Press.

Simon, Herbert. 1971. "Designing Organizations for an Information-Rich World." Pp. 38-52 in *Computers, Communications, and the Public Interest*, edited by M. Greenberger. Baltimore, MD: Johns Hopkins University Press.

Sinha, Jay I., Thomas Foscht, and Thomas Fung. 2016. "How Analytics and AI Are Driving the Subscription E-Commerce Phenomenon." *MIT Sloan Management Review,* December 6. https://sloanreview.mit.edu/article/using-analytics-and-ai-subscription-ecommerce-has-personalized-marketing-all-boxed-up/.

Sklaroff, Jeremy M. 2017. "Smart Contracts and the Cost of Inflexibility." *University of Pennsylvania Law Review* 166(1):263-304.

Sloan, Robin. 2015. "Why I Quit Ordering From Uber-for-Food Start-Ups." *The Atlantic,* November 6.

Smith Maguire, Jennifer. 2018. "The Taste for the Particular: A Logic of Discernment in an Age of Omnivorousness." *Journal of Consumer Culture* 18(1):3-20. doi: 10.1177/1469540516634416.

Smith, Stephen. 2014. "Radio: The Internet of the 1930s." *APM Reports.* Retrieved August 13, 2021. https://www.apmreports.org/episode/2014/11/10/radio-the-internet-of-the-1930s.

Soldo, Niccolo. 2021. "The Dubrovnik Interviews: Marc Andreessen." Fisted by Foucault. Retrieved November 7, 2021. https://niccolo.substack.com/p/the-dubrovnik-interviews-marc-andreessen.

Spring, Victoria L., C. Daryl Cameron, and Mina Cikara. 2018. "The Upside of Outrage." *Trends in Cognitive Sciences* 22(12):1067-9. doi: 10.1016/j.tics.2018.09.006.

Srinivasan, Dina. 2019. "The Antitrust Case Against Facebook: A Monopolist's Journey Towards Pervasive Surveillance in Spite of Consumers' Preference for Privacy." *Berkeley Business Law Journal* 16(1):39-101.

Srnicek, Nick. 2017. *Platform Capitalism.* Cambridge, UK; Malden, MA: Polity.

Stadil, Sebastian. 2016. "Looking for the One: How I Went on 150 Dates in 4 Months." *Mission.org.* Retrieved March 25, 2022. https://medium.com/the-mis

sion/looking-for-the-one-how-i-went-on-150-dates-in-4-months-bf43a095516c.

Standaert, Michael. 2021. "Smile for the Camera: The Dark Side of China's Emotion-Recognition Tech." *The Guardian*, March 3.

Star, Susan Leigh. 1999. "The Ethnography of Infrastructure." *American Behavioral Scientist* 43(3):377-91. doi: 10.1177/00027649921955326.

Starr, Paul. 1987. "The Sociology of Official Statistics." Pp. 7-7 in *The Politics of Numbers: The Population of the United States in the 1980s,* edited by W. Alonso and P. Starr. New York: Russell Sage Foundation.

Starr, Paul. 2004. *The Creation of the Media: Political Origins of Modern Communications.* New York: Basic Books.

Starr, Paul. 2021a. "The Flooded Zone: How We Became More Vulnerable to Disinformation in the Digital Era." Pp. 67-1 in T*he Disinformation Age: Politics, Technology, and Disruptive Communication in the United States*, edited by W. L. Bennett and S. Livingston. New York: Cambridge University Press.

Starr, Paul. 2021b. "The Relational Public." *Sociological Theory* 39(2):57-80. doi: 10.1177/07352751211004660.

Statt, Nick, and Shannon Liao. 2019. "Facebook Wants to Be WeChat." *The Verge*, March 8.

Steele, Anne, and Sarah E. Needleman. 2021. "Twenty One Pilots in Concert -As Roblox Avatars." *Wall Street Journal*, October 3.

Stevenson, Megan. 2018. "Assessing Risk Assessment in Action." *Minnesota Law Review* 103:303-84.

Stokel-Walker, Chris. 2018. "'Success' on YouTube Still Means a Life of Poverty." *BloombergQuint*, February 27.

Storeng, Katerini Tagmatarchi, and Antoine de Bengy Puyvallee. 2021. "The Smartphone Pandemic: How Big Tech and Public Health Authorities Partner in the Digital Response to Covid-19." *Global Public Health* 16(8-9):1482-98. doi: 10.1080/17441692.2021.1882530.

Strate, Lance. 2008. "Studying Media AS Media: McLuhan and the Media Ecology Approach." *MediaTropes* 1:127-42.

Suler, John. 2004. "The Online Disinhibition Effect." *Cyberpsychology & Behavior: The Impact of the Internet, Multimedia and Virtual Reality on Behavior and Society* 7(3):321-6. https://doi.org/10.1089/1094931041291295.

Sundararajan, Arun. 2016. *The Sharing Economy: The End of Employment and the Rise of Crowd-Based Capitalism*. Cambridge, MA: The MIT Press.

Sundararajan, Arun. 2017. "The Future of Work." *Finance & Development* 54(2):6-11.

Sunstein, Cass R. 2015. *Choosing Not to Choose: Understanding the Value of Choice.* New York: Oxford University Press.

Sunstein, Cass R. 2019. "Algorithms, Correcting Biases." *Social Research* 86(2):499-511.

Sunstein, Cass R., and Richard H. Thaler. 2003. "Libertarian Paternalism is Not an Oxymoron." *The University of Chicago Law Review* 70(4):1159-202.

Syme, Rachel. 2018. "Gmail Smart Replies and the Ever-Growing Pressure to E-Mail Like a Machine." *The New Yorker*, November 28.

Tapscott, Don, and Alex Tapscott. 2018. *Blockchain Revolution: How the Technology behind Bitcoin is Changing Money, Business, and the World.* Updated edition. New York: Portfolio/Penguin.

Tapscott, Don, and Anthony D. Williams. 2006. *Wikinomics: How Mass Collaboration Changes Everything.* New York: Portfolio.

Tashea, Jason. 2017. "Risk-Assessment Algorithms Challenged in Bail, Sentencing and Parole Decisions." *ABA Journal*, March 1.

Taylor, Frederick Winslow. 1911. *The Principles of Scientific Management.* New York; London: Harper.

Taylor, T. L. 2018. *Watch Me Play: Twitch and the Rise of Game Live Streaming.* Princeton, NJ: Princeton University Press.

Terranova, Tiziana. 2000. "Free Labor: Producing Culture for the Digital Economy." *Social Text* 18(2):33-58.

Thaler, Richard H., and Cass R. Sunstein. 2008. *Nudge: Improving Decisions about Health, Wealth, and Happiness.* New Haven, CT: Yale University Press.

Thatcher, Jim, David O'Sullivan, and Dillon Mahmoudi. 2016. "Data Colonialism through Accumulation by Dispossession: New Metaphors for Daily Data." *Environment and Planning D: Society and Space* 34(6):990-1006. doi: 10.1177/0263775816633195.

The Economist. 2017. "The World's Most Valuable Resource is No Longer Oil, but Data." May 6.

Theeuwes, Jan. 2010. "Top-Down and Bottom-Up Control of Visual Selection." *Acta Psychologica* 135(2):77-99. doi: 10.1016/j.actpsy.2010.02.006.

Thompson, John B. 1995. *The Media and Modernity: A Social Theory of the Media.* Stanford, CA: Stanford University Press.

Thompson, John B. 2005. "The New Visibility." *Theory, Culture & Society* 22(6): 31-51. https://doi.org/10.1177/0263276405059413.

Thompson, John B. 2021. *Book Wars: The Digital Revolution in Publishing.* Cambridge (UK) and Medford MA: Polity.

Tjora, Aksel H. 2011. "Invisible Whispers: Accounts of SMS Communication in Shared Physical Space." *Convergence* 17(2):193-211. https://doi.org/10.1177/1354856510394604.

Toff, Benjamin, and Rasmus Kleis Nielsen. 2018. "'I Just Google It': Folk Theories of Distributed Discovery." *Journal of Communication* 68(3):636-57. doi: 10.1093/joc/jqy009.

Toffler, Alvin. 1980. *The Third Wave.* New York: Morrow.

Tokunaga, Robert S. 2011. "Social Networking Site or Social Surveillance Site? Understanding the Use of Interpersonal Electronic Surveillance in Romantic Relationships." *Computers in Human Behavior* 27(2):705-13. https://doi.org/10.1016/j.chb.2010.08.014.

Tokunaga, Robert S. 2016. "Interpersonal Surveillance over Social Network Sites: Applying a Theory of Negative Relational Maintenance and the Investment Model." *Journal of Social and Personal Relationships* 33(2):171-90. doi: 10.1177/0265407514568749.

Torpey, John. 2020. "A Sociological Agenda for the Tech Age." *Theory and Society* 49(5):749-69. doi: 10.1007/s11186-020-09406-0.

Tosi, Justin, and Brandon Warmke. 2020. *Grandstanding: The Use and Abuse of Moral Talk.* New York: Oxford University Press.

Treguer, Felix. 2019. "Seeing like Big Tech: Security Assemblages, Technology, and the Future of State Bureaucracy." Pp. 145-4 in *Data Politics: Worlds, Subjects, Rights*, edited by D. Bigo, E. Isin, and E. Ruppert. Abingdon: Routledge.

Treguer, Felix. 2021. "The Virus of Surveillance: How the COVID-19 Pandemic is Fuelling Technologies of Control." *Political Anthropological Research on International Social Sciences* 2(1):16-46.

Tripathi, A., T. S. Ashwin, and R. M. R. Guddeti. 2019. "EmoWare: A Context-Aware Framework for Personalized Video Recommendation Using Affective Video Sequences." *IEEE Access* 7:51185-200. https://doi.org/10.1109/ACCESS.2019.2911235.

Trottier, Daniel. 2012. *Social Media as Surveillance: Rethinking Visibility in a Converging World.* Abingdon: Routledge.

Tucker, Joshua A., Yannis Theocharis, Margaret E. Roberts, and Pablo Barbera. 2017. "From Liberation to Turmoil: Social Media and Democracy." *Journal of Democracy* 28(4):46-59. doi: 10.1353/jod.2017.0064.

Tufekci, Zeynep. 2013a. "We Were Always Human." Pp. 33-7 in *Human No More: Digital Subjectivities, Unhuman Subjects, and the End of Anthropology,* edited by Neil L. Whitehead and Michael Wesch. Louisville, CO: University Press of

Colorado.

Tufekci, Zeynep. 2013b. "'Not This One': Social Movements, the Attention Economy, and Microcelebrity Networked Activism." *American Behavioral Scientist* 57(7): 848-70. doi: 10.1177/0002764213479369.

Tufekci, Zeynep. 2014a. "Engineering the Public: Big Data, Surveillance and Computational Politics." *First Monday* 19(7).

Tufekci, Zeynep. 2014b. "Social Movements and Governments in the Digital Age: Evaluating a Complex Landscape." *Journal of International Affairs* 68(1):1-18.

Tufekci, Zeynep. 2017. *Twitter and Tear Gas: The Power and Fragility of Networked Protest.* New Haven, CT: Yale University Press.

Tufekci, Zeynep. 2019. "The Internet Has Made Dupes -and Cynics -of Us All." *Wired,* June 24.

Turkle, Sherry. 1995. *Life on the Screen: Identity in the Age of the Internet.* New York: Simon & Schuster.

Turkle, Sherry. 1996. "Parallel Lives: Working on Identity in Virtual Space." Pp. 157-5 in *Constructing the Self in a Mediated World,* edited by Debra Grodin and Thomas R. Lindlof. Thousand Oaks, CA: Sage.

Turkle, Sherry. 2008. "Always-On/Always-On-You: The Tethered Self." Pp. 121-7 in *Handbook of Mobile Communication Studies,* edited by J. E. Katz. Cambridge, MA: The MIT Press.

Turkle, Sherry. 2011. *Alone Together: Why We Expect More from Technology and Less from Each Other.* New York: Basic Books.

Turkle, Sherry. 2015. Reclaiming Conversation: The Power of Talk in a Digital Age. New York: Penguin Press.

Turner, Fred. 2006. *From Counterculture to Cyberculture.* Chicago, IL: University of Chicago Press.

Twenge, Jean M. 2017. *IGen: Why Today's Super-Connected Kids Are Growing Up Less Rebellious, More Tolerant, Less Happy - and Completely Unprepared for Adulthood - and What That Means for the Rest of Us.* New York: Simon & Schuster.

Tyson, Gareth, Vasile C. Perta, Hamed Haddadi, and Michael C. Seto. 2016. "A First Look at User Activity on Tinder." *ArXiv* July. http://arxiv.org/abs/1607.01952.

Udell, Megan. 2019. "The Museum of the Infinite Scroll: Assessing the Effectiveness of Google Arts and Culture as a Virtual Tool for Museum Accessibility." MA Capstone project, University of San Francisco.

Urbinati, Nadia. 2015. "A Revolt against Intermediary Bodies." *Constellations* 22(4):477-86. doi: 10.1111/1467-8675.12188.

Vaidhyanathan, Siva. 2018. *Antisocial Media: How Facebook Disconnects Us and Undermines Democracy*. New York: Oxford University Press.

Vallas, Steven P. 2019. "Platform Capitalism: What's at Stake for Workers?" *New Labor Forum* 28(1):48-59. doi: 10.1177/1095796018817059.

Vallas, Steven, and Juliet B. Schor. 2020. "What Do Platforms Do? Understanding the Gig Economy." *Annual Review of Sociology* 46:273-94. doi: 10.1146/annurev-soc-121919-054857.

Van Dijck, Jose. 2013a. *The Culture of Connectivity: A Critical History of Social Media*. Oxford; New York: Oxford University Press.

Van Dijck, Jose. 2013b. "'You Have One Identity': Performing the Self on Facebook and LinkedIn." *Media, Culture & Society* 35(2):199-215.

Van Dijck, Jose. 2014. "Datafication, Dataism and Dataveillance: Big Data between Scientific Paradigm and Ideology." *Surveillance & Society* 12(2):197-208.

Van Dijck, Jose, and David Nieborg. 2009. "Wikinomics and its Discontents: A Critical Analysis of Web 2.0 Business Manifestos." *New Media & Society* 11(5): 855-74. doi: 10.1177/1461444809105356.

Van Dijck, Jose, Thomas Poell, and Martijn de Waal. 2018. *The Platform Society: Public Values in a Connective World*. New York: Oxford University Press.

Vandenberg, Femke, Michael Berghman, and Julian Schaap. 2021. "The 'Lonely Raver': Music Livestreams during COVID-19 as a Hotline to Collective Consciousness?" *European Societies* 23(suppl.1):S141-52. doi: 10.1080/14616696.2020.1818271.

Vogels, Emily A. 2021. *The State of Online Harassment*. Washington, DC: Pew Research Center.

Vormbusch, Uwe. 2022. "Accounting for Who We Are and Could Be: Inventing Taxonomies of the Self in an Age of Uncertainty." Pp. 97-33 in *The New Politics of Numbers: Utopia, Evidence and Democracy*, edited by A. Mennicken and R. Salais. Cham: Springer International.

Vosoughi, Soroush, Deb Roy, and Sinan Aral. 2018. "The Spread of True and False News Online." *Science* 359(6380):1146-51. doi: 10.1126/science.aap9559.

Wahl-Jorgensen, Karin. 2019. E*motions, Media and Politics*. Cambridge, UK; Malden, MA: Polity.

Wajcman, Judy. 2015. *Pressed for Time: The Acceleration of Life in Digital Capitalism*. Chicago, IL: The University of Chicago Press.

Wang, Ju-Chiang, Yi-Hsuan Yang, and Hsin-Min Wang. 2015. "Affective Music Information Retrieval," February. https://arxiv.org/abs/1502.05131v1.

Wang, S., and Q. Ji. 2015. "Video Affective Content Analysis: A Survey of Stateofthe-Art Methods." *IEEE Transactions on Affective Computing* 6(4):410-30. https://doi.org/10.1109/TAFFC.2015.2432791.

Wang, Yilun, and Michal Kosinski. 2018. "Deep Neural Networks Are More Accurate than Humans at Detecting Sexual Orientation from Facial Images." *Journal of Personality and Social Psychology* 114(2):246-57. https://doi.org/10.1037/pspa0000098.

Watts, Rob. 2019. "New Politics: The Anonymous Politics of 4chan, Outrage and the New Public Sphere." Pp. 73-9 in *Young People and the Politics of Outrage and Hope*, edited by P. Kelly, P. Campbell, L. Harrison, and C. Hickey. Leiden; Boston: Brill.

Weber, Max. 1978 [1922]. *Economy and Society: An Outline of Interpretive Sociology*. Edited by G. Roth and C. Wittich. Berkeley: University of California Press.

Wei, Eugene. 2021. "American Idle." *Remains of the Day*. Retrieved April 28, 2021. https://www.eugenewei.com/blog/2021/2/15/american-idle.

Weinberg, Lindsay A. 2018. "From Mass Culture to Personalization." PhD Dissertation, University of California, Santa Cruz.

Weinschenk, Susan. 2012. "Why We're All Addicted to Texts, Twitter and Google." *Psychology Today,* September 11. http://www.psychologytoday.com/blog/brain-wise/201209/why-wereall-addicted-texts-twitter-and-google.

Weisenstein, Kara. 2019. "Who Watches Netflix at 1.5x Speed, and Why?" *Mic*. Retrieved April 2, 2021. https://www.mic.com/p/who-watches-netflix-at-15x-speed-why-19277720.

Weiser, Mark. 1991. "The Computer for the 21st Century." *Scientific American,* September:94-104.

Weisgerber, Corinne, and Shannan H. Butler. 2016. "Curating the Soul: Foucault's Concept of Hupomnemata and the Digital Technology of Self-Care." *Information, Communication & Society* 19(10):1340-55. https://doi.org/10.1080/1369118X.2015.1088882.

Wen, Miaomiao et al. 2015. "OMG UR Funny! Computer-Aided Humor with an Application to Chat." Pp. 86-3 in *Proceedings of the Sixth International Conference on Computational Creativity*. Provo, UT: Brigham Young University.

Wetherell, Margaret. 2012. *Affect and Emotion: A New Social Science Understanding*. London: Sage.

Weyland, Kurt. 2001. "Clarifying a Contested Concept: Populism in the Study of Latin American Politics." *Comparative Politics* 34(1):1-22. doi: 10.2307/422412.

Williams, Alex. 2015. "Control Societies and Platform Logic." *New Formations* 84-85:209-27. doi: 10.3898/neWf:84/85.10.2015.

Williams, James. 2018. *Stand Out of Our Light: Freedom and Resistance in the Attention Economy*. Cambridge: Cambridge University Press.

Williams, Raymond. 1961. *The Long Revolution*. London: Chatto and Windus.

Williamson, Ben. 2021. "Meta-Edtech." *Learning, Media and Technology* 46(1):1-5. doi: 10.1080/17439884.2021.1876089.

Williamson, Ben, and Anna Hogan. 2020. *Commercialisation and Privatisation in/of Education in the Context of Covid-19*. Brussels: Education International.

Williamson, Ben, and Anna Hogan. 2021. *Pandemic Privatisation in Higher Education: Edtech & University Reform*. Brussels: Education International.

Wolf, Gary. 2009. "Know Thyself: Tracking Every Facet of Life, from Sleep to Mood to Pain, 24/7/365." *Wired*, June 22. https://www.wired.com/2009/06/lbnp-know thyself/.

Wolf, Gary. 2010. "The Data-Driven Life." *The New York Times*, April 28.

Wood, Alex J. 2020. *Despotism on Demand: How Power Operates in the Flexible Workplace*. Ithaca, NY: Cornell University Press.

Wood, Alex J. 2021. *Algorithmic Management: Consequences for Work Organisation and Working Conditions*. Brussels: European Commission.

Wood, Alex, and Vili Lehdonvirta. 2021. "Platform Precarity: Surviving Algorithmic Insecurity in the Gig Economy." Available at SSRN. doi: 10.2139/ssrn.3795375.

Wu, Tim. 2016. *The Attention Merchants: The Epic Scramble to Get inside Our Heads*. New York: Alfred A. Knopf.

Wu, Tim. 2018a. *The Curse of Bigness: Antitrust in the New Gilded Age*. New York: Columbia Global Reports.

Wu, Tim. 2018b. "The Tyranny of Convenience." *The New York Times*, February 20.

Yglesias, Matthew. 2021. "Why Everyone is so Crazy." *Slow Boring*, August 11.

Yla-Anttila, Tuukka. 2018. "Populist Knowledge: 'Post-Truth' Repertoires of Contesting Epistemic Authorities." *European Journal of Cultural and Political* Sociology 5(4):356-88. doi: 10.1080/23254823.2017.1414620.

Yuan, Li. 2019. "Mark Zuckerberg Wants Facebook to Emulate WeChat. Can It?" *The New York Times*, March 8.

Zahn, Max, and Andy Serwer. 2021. "Zoom Meetings Will Offer 'Better Experience' than Face-to-Face: CEO." *Yahoo News*, October 25.

Zaller, John. 1996. "The Myth of Massive Media Impact Revived: New Support for a Discredited Idea." Pp. 17-8 in *Political Persuasion and Attitude Change*, edited by D. C. Mutz, P. M. Sniderman, and R. A. Brody. Ann Arbor: University of Michigan Press.

Zeavin, Hannah. 2021. *The Distance Cure: A History of Teletherapy*. Cambridge,

MA: The MIT Press.

Zhao, Shanyang. 2003. "Toward a Taxonomy of Copresence." *Presence: Teleoperators and Virtual Environments* 12(5):445-55. https://doi.org/10.1162/105474603322761261.

Zhao, Shanyang. 2005. "The Digital Self: Through the Looking Glass of Telecopresent Others." *Symbolic Interaction* 28(3):387-405. https://doi.org/10.1525/si.2005.28.3.387.

Zhao, Shanyang. 2006. "The Internet and the Transformation of the Reality of Everyday Life: Toward a New Analytic Stance in Sociology." *Sociological Inquiry* 76(4):458-74. doi: 10.1111/j.1475-682X.2006.00166.x.

Zhao, Shanyang, and David Elesh. 2008. "Copresence as 'Being with': Social Contact in Online Public Domains." *Information, Communication & Society* 11(4): 565-83. https://www.tandfonline.com/doi/full/10.1080/13691180801998995.

Zou, Sheng. 2021. "Disenchanting Trust: Instrumental Reason, Algorithmic Governance, and China's Emerging Social Credit System." *Media and Communication* 9(2):140-9. doi: 10.17645/mac.v9i2.3806.

Zuboff, Shoshana. 2019. *The Age of Surveillance Capitalism: The Fight for a Human Future at the New Frontier of Power.* New York: Public Affairs.

Zuboff, Shoshana. 2020. "You Are Now Remotely Controlled." *The New York Times*, January 24.

Zuckerberg, Mark. 2019. "A Privacy-Focused Vision for Social Networking." https://www.facebook.com/notes/mark-zuckerberg/a-privacy-focused-vision-for-socialnetworking/10156700570096634/.

Zuckerman, Ethan. 2014. "The Internet's Original Sin." *The Atlantic.* http://m.theatlantic.com/technology/archive/2014/08/advertising-is-the-internets-original-sin/376041/.

Zuckerman, Ethan. 2020. "The Case for Digital Public Infrastructure." Knight First Amendment Institute, Columbia University.

Zulli, Diana. 2018. "Capitalizing on the Look: Insights into the Glance, Attention Economy, and Instagram." *Critical Studies in Media Communication* 35(2): 137-50. doi: 10.1080/15295036.2017.1394582.

Zysman, John, and Martin Kenney. 2018. "The Next Phase in the Digital Revolution: Intelligent Tools, Platforms, Growth, Employment." *Communications of the ACM* 61(2):54-63. doi: 10.1145/3173550.9781509554522_

지은이 / 로저스 브루베이커(Rogers Brubaker)

로스앤젤레스 소재 캘리포니아 대학교(UCLA) 사회학 교수이자 UCLA 재단 석좌교수(UCLA Foundation Chair)이다.

옮긴이 / 배현석

1984년 연세대학교 사회과학대학 신문방송학과를 졸업하고, 1986년 연세대학교 동 대학원(신문방송학 전공)에서 석사 과정을 마쳤다. 1989년부터 1993년까지 방송위원회(현 방송통신위원회) 연구원을 거쳐, 1998년 미시건주립대학교 텔레커뮤니케이션학과에서 박사학위를 받았다. 1998년 영남대학교 미디어커뮤니케이션학과 객원교수를 지낸 후, 1999년부터 지금까지 동 대학에서 교수로 재직하고 있다. 주요 관심 분야는 미디어의 효과, 특히 교육적 오락물(Entertainment-Education)과 보건 커뮤니케이션이며, *Asian Journal of Communication* 편집자문위원으로 활동하고 있다.

한울아카데미 2632

초연결성과 그 불만

지은이 ❙ 로저스 브루베이커
옮긴이 ❙ 배현석
펴낸이 ❙ 김종수
펴낸곳 ❙ 한울엠플러스(주)
편집책임 ❙ 조수임
편집 ❙ 정은선

초판 1쇄 인쇄 ❙ 2026년 2월 5일
초판 1쇄 발행 ❙ 2026년 2월 27일

주소 ❙ 10881 경기도 파주시 광인사길 153 한울시소빌딩 3층
전화 ❙ 031-955-0655
팩스 ❙ 031-955-0656
홈페이지 ❙ www.hanulmplus.kr
등록번호 ❙ 제406-2015-000143호

Printed in Korea.
ISBN 978-89-460-7632-7 93300(양장)
978-89-460-8432-2 93300(무선)

※ 책값은 겉표지에 표시되어 있습니다.